알기 쉬운
학위논문
작성법

Surviving Your Dissertation
A Comprehensive Guide to Content and Process,
4th Edition

Kjell Erik Rudestam · Rae R. Newton 공저
이재영 · 임지영 · 임규연 공역

학지사

역자 서문

　박사 과정 3년 차 여름 계절학기 수업에서 『알기 쉬운 학위논문 작성법』의 원서를 처음 접하게 되었다. 이 책은 강의 계획서에 나열된 수많은 참고문헌 중 하나였는데, 본격적인 학위논문 작성을 앞두고 있던 상황에서 'Surviving your dissertation'이라는 다소 자극적인 제목이 눈길을 끌었다. 기존의 연구방법론 책과는 달리 이 책은 논문을 처음 작성하는 학생의 입장에서 글을 어떻게 써야 하는지 알려 주고 있어 학위논문을 작성하는 데 도움이 되었다. 이후 박사 과정을 마치고 귀국하여 모교에서 연구방법론 수업을 하면서 이 책의 내용을 많이 참고했다. 기존에 연구방법론과 관련된 책은 많지만 대부분 통계 위주로 내용이 구성되어 있어, 학생들에게 자료를 분석하기 전 어떠한 과정을 거쳐야 하는지 혹은 분석 결과를 어떻게 논문이라는 서식에 맞게 보고해야 하는지에 대해 알려 줄 책이 필요하다고 생각했다. 이에 이 책을 번역하면 석사 · 박사 과정 학생들에게 많은 도움이 되겠다는 확신이 들어 용기를 내었다.

　이 책은 총 3부로 구성되어 있다. 제1부에서는 연구 과정에 대한 개괄적인 설명과 주제를 선정하는 방법 그리고 연구의 양대 산맥을 이루는 양적 접근법과 질적 접근법에 대해 설명한다. 제2부에서는 논문을 구성하는 서론, 문헌 연구, 방법, 결과, 논의 순으로 각 장별 구체적인 내용 작성법에 대해 안내한다. 제3부에서는 논문을 작성하는 데 도움이 되는 글쓰기방법, 인터넷 자료 활용, 논문 서식 가이드, 연구윤리 등에 대한 내용을 제공한다. 이 책의 가장 큰 장점은 시작부터 끝까지 논문을 처음 작성하는 학생의 눈높이에 맞추고 있다는 것이다. 이 책에서는 그동안 수많은 석사와 박사를 배출한

두 분의 교수님께서 학생들을 지도하며, 학생들이 어떤 부분을 어려워하고 어떤 도움을 필요로 하는지 정확하게 파악하여 논문 작성에 대한 종합 가이드를 제공하고 있다. 책의 중간중간에는 지도 학생들의 학위논문 예시와 논문 작성에 대한 생생한 경험담과 조언이 포함되어 있어 학생에게 많은 도움이 될 것이다. 책의 또 다른 장점은 양적 연구와 질적 연구를 함께 다루고 있다는 점이다. 많은 연구방법론 책이 양적 연구 혹은 질적 연구만 다루고 있는 반면, 이 책은 양쪽을 모두 균형 있게 다루고 있어 본인이 양적 연구 혹은 질적 연구를 수행하지 않더라도 내용을 읽어 보면 다른 패러다임으로 접근하는 방법을 이해할 수 있다.

이 책을 번역하면서 원서를 읽고 이해하는 것과 번역하는 것이 완전히 다른 영역임을 뼈저리게 깨닫게 되었다. 책을 번역할 때 최대한 저자의 의도와 원문의 느낌을 살리고자 노력했지만, 문화적 차이나 언어의 차이로 인해 의미 전달이 어려운 경우에는 일부 문장을 의역했다. 그리고 사회과학에서는 전공에 따라 다양한 통계 용어를 사용하고 있어 독자들이 혼란스러울 수 있는데, 이러한 혼란을 방지하고자 주요 용어는 한글과 영어를 병기했다. 혹여나 내용의 의미 전달이 매끄럽지 않거나 원문과 다른 내용 혹은 오역이 발견되면, 이는 전적으로 역자의 책임이다.

지면을 빌려 이 책이 나오기까지 물심양면 도와주신 많은 분께 감사의 인사를 드리고 싶다. 이화여자대학교 김아영 교수님께서는 바쁘신 가운데 감수를 흔쾌히 허락해 주셨다. 서면으로 받은 세심한 피드백에서 교수님의 연륜과 애정이 느껴져 저절로 고개가 숙여졌다. 가톨릭대학교 이진 교수님께서는 질적 연구 보고와 관련한 제7장의 질적 연구방법 용어를 감수해 주셨다. 또한 이 책이 번역서로 출간될 수 있도록 애써 주신 학지사 관계자분들께도 감사를 드린다. 그리고 함께 이 책을 번역한 이화여자대학교 임규연 교수님과 임지영 교수님께도 감사를 드린다. 특히 역자의 첫 논문이었던 석사학위논문을 지도해 주신 임규연 교수님과 함께 이 책을 번역할 수 있어 개인적으로 의미가 크다. 마지막으로, 늘 바쁜 아내와 엄마를 누구보다 이해해 주는 사랑하는 남편과 아이들에게도 감사를 전한다.

누구나 논문을 쓸 때는 학계에서 주목받고 현장에 도움이 되는 좋은 논문을 쓰고 싶어 한다. 그러나 논문을 처음 쓰는 대부분의 학생은 본인의 이상과 현실 사이의 괴리에 괴로워한다. 그리고 현실과 타협하여 졸업할 수 있을 정도의 논문을 쓰겠다고 눈높이를 낮추지만 막상 졸업이 가능한 수준의 논문도 어디서부터 시작해야 하고 어떻게 써야 할지 막막한 것이 현실이다. 역자도 불과 십여 년 전 직장과 학업을 병행하면서 석사학위논문을 쓰게 되었을 때, 연구 주제 선정부터 난관에 부딪혀 답답해했던 일을 생생하게 기억하고 있다. 아무쪼록 이 책이 사회과학 분야 석사·박사 과정 학생들이 좋은 논문을 쓰는 데 미약하나마 도움이 되었으면 한다.

2022년 8월

역자 대표 이재영

감수의 글

원서의 부제목에서 나타나듯이 이 책은 사회과학 분야의 박사학위논문에 어떤 내용이 들어가야 하고 어떤 과정을 밟아야 하는지에 대한 종합적이고 철저한 가이드를 제공하는 것을 목적으로 했다. 이러한 목적에서 학위논문의 주제 선정부터 문헌 연구, 자료 수집과 분석 방법, 결과 제시방법과 논의 내용 그리고 글쓰기까지 양적 접근과 질적 접근에 따라 다양한 실제 연구예제를 가지고 설명하고 있다. 또한 인터넷 활용이 점점 더 확대되는 최근의 추세에 맞추어 연구 진행 단계마다 인터넷 사용 시 필요한 정보를 제공하고 있는 것이 특징이다. 국내에서 출간된 많은 방법론 서적이 저자들의 전문성에 따라 양적 연구방법이나 질적 연구방법 중 한 가지에 더 많은 비중을 두고 있는 반면, 이 책에서는 두 가지 접근방법을 균형감을 가지고 다루고 있어 학위논문을 시작하는 사람들뿐만 아니라 사회과학 분야의 모든 연구자에게 좋은 참고 서적이 될 것이다.

책을 번역하는 과정에서 문화적 차이로 인해 용어 번역과 예제들에 대한 해석에서 어려움을 겪었을 역자들의 노고가 엿보인다. 이 책의 번역본이 나오게 된 것은 많은 국내 연구자, 특히 아직 연구 경력이 많지 않은 초보 연구자들에게 커다란 행운이라고 생각한다.

이화여자대학교 심리학과
명예교수 김아영

저자 서문

『Surviving Your Dissertation, 4th Edition』을 출간하게 되어 매우 기쁘게 생각한다. 앞서 출간된 책과 마찬가지로 우리는 학생들이 논문 작성 단계마다 궁금해하는 질문에 답하려고 노력했다. 앞서 발간된 책 표지들은 거친 바다에 떠 있는 부표나 깊은 정글에 이르는 다리와 같이 논문을 작성하는 데 대한 어려움을 묘사했다. 그러나 이번 책의 표지([그림 1] 참조)는 높은 산 정상을 정복한 승리의 자신감을 표현하고 있다.

여러 면에서 표지의 이미지는 저자들의 경험을 반영한다. 사회과학과 행동과학 연구 분야는 지난 몇 년간 빠르게 성장했고, 우리는 종종 이 변화를 따라가기에 급급했다. 이번 책은 우리의 경험을 반영하여 지금까지 호평을 받은 책의 전반적인 틀은 유지하되 적절한 주제 선정, 문헌 연구, 연구방법과 연구 설계, 데이터 수집과 분석, 결과 해석, 제시, 논의, 연구의 함의와 같은 논문 작성 과정의 주요 내용을 보완했다. 기존 내용을 보완하면서 우리는 어떤 내용이 논문의 각 장에 포함되어야 하고, 어떻게 내용을 구성해야 하는지 구체적으로 제시하기 위해 노력했다. 추가적으로, 우리는 일반 연구방법 관련 책에서는 다루지 않지만 학생들에게 적합한 질적·양적 연구 모형, 바람직한 학문적 글쓰기방법, 논문 심사위원을 구성하고 심사원들과 협업하는 방법, 논문 작성을 방해하는 감정

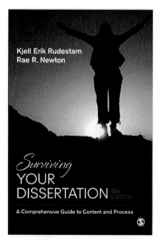

[그림 1] 『Surviving Your Dissertation, 4th Edition』의 표지

적 장애물 극복방법 등에 대해 다루었다. 전체적으로 오래된 참고문헌을 최신 문헌으로 교체했고, 우리의 지도 학생들과 동료들이 작성한 최신 논문을 예시로 다수 포함했다.

4판에는 다수의 새로운 내용이 추가되었다. 전통적인 영가설 유의성 검증 모형이 도전받고 있다는 사실을 언급했고, 임상적 혹은 실제적 유의성에 대한 내용과 효과 크기 및 신뢰구간에 대한 내용을 담았다. 우리는 통계적 결과를 제시하는 데 이와 같은 새로운 접근법으로 설명했다. 또한 연구를 설계하고 보고하는 데 있어 이론적 모형이 미치는 영향이 크다는 것을 강조하고 이런 접근방법을 활용한 연구의 예시를 제시했다. 갈수록 학계 전반에 인터넷의 영향력이 커지고 있기에 우리는 자료의 원천이자 자료 수집의 기회 그리고 자료 분석 수단으로서의 인터넷에 대해 논의했다. 또한 일반 독자들에게는 생소할 수 있으나 잠재적으로 유용한 웹사이트와 소프트웨어 프로그램들을 추천했다. 그리고 연구 자료로 데이터 아카이브, 소셜 미디어 그리고 현재 빅 데이터로 알려진 것들을 포함한 다양한 형태의 자료를 사용할 수 있다는 내용을 포함했다. 마지막으로, 귀납적, 이론 구축에 중심을 둔 질적 및 다중 연구방법에 대한 내용을 확장했다. 이 모든 주제와 관련하여 우리는 개념을 설명하고 새로운 표와 그림으로 표현하고자 했으며, 이들을 어떻게 적용할 수 있는지 매우 구체적인 세부사항에 대해 기술하려고 노력했다.

우리는 이 책이 관련 학계와 실무에 종사하고 있는 다수의 독자에게 적합하다고 생각한다. 물론 이 책의 1차적인 독자는 학위논문을 구상하고 있거나 작성하고 있는 대학원생들이다. 따라서 이 책은 연구문제를 도출하는 방법, 표와 그림을 작성하는 방법, 통계 결과를 기술하는 방법, APA 형식에 맞추어 기술하는 방법 등 학위 과정을 시작하는 학생들에게 가장 적합한 내용들로 구성되어 있다. 그러나 좀 더 심화된 내용을 필요로 하는 학생들을 위한 내용도 있는데, 예를 들어 매개 모형을 개념화하고 표현하는 방법, 중다회귀 결과 보고방법, 근거이론에서의 자료 코딩방법 등이 있다. 이 책은 연구와 관련한 중요한 세부사항들을 망각했거나 지속적으로 진화하는 연구방법을 부지런히 따라잡으려는 연구자 및 실무자 모두가 유용하게 활용할 수 있다. 또한 현재 대학원생들의 논문을 지도해야 하는 교수들에게도 유용한 정보를 제공한다.

우리는 지도 학생들에게 큰 빚을 지고 있다. 그들은 창의력으로 우리를 감동시키고 우리가 끊임없이 학습하도록 만든다. 지도 학생과 독자분들께 이 책이 도움이 되고 연구와 저술 활동의 동반자가 되기를 희망한다.

이 책이 출간되기까지 많은 분의 도움이 있었다. 우리는 동료 교수님들께 우수한 학생 논문을 추천해 달라고 부탁했고, 주요 개념과 권고사항을 설명하는 데 이 논문들을 참고문헌으로 활용했다. 자신들의 첫 번째 주요 연구물을 공유할 수 있도록 허락해 준 졸업생들에게 지면을 빌려 감사를 전한다. 또한 이 책의 3판을 검토해 주었던 Anne J. Hacker, Bernie Kerr, Karin Klenke, Kaye Pepper, Udaya R. Wagle의 비평과 통찰이 도움이 되었음을 밝힌다. 그들의 논평과 제안은 4판을 집필하는 데 많은 도움이 되었다.

우리가 이 책을 완성하는 데 도움을 주셨던 협력적이고 헌신적인 SAGE 출판사 가족분들께도 감사의 말씀을 드린다. 특히 많은 도움을 주신 발행인이자 선임 편집장인 Vicki Knight는 늘 격려와 지원을 아끼지 않으셨다. 그녀의 편집 보조였던 Jessica Miller는 우리의 빈번한 요청에도 한결같은 도움을 주었다. 프로젝트 편집인 Laura Barrett과 David Felts는 시작부터 마무리까지 편집 과정을 안내해 주었다. 카피 에디터인 Paula Fleming은 이 분야에서 정말 귀감이 되는 분이다. 그녀의 예리한 문법, 판단력, 직업윤리는 아무리 높이 평가해도 지나치지 않다. 모든 분께 감사드린다.

마지막으로, 우리 인생의 동반자인 Jan과 Kathy에게 감사를 전한다. 그녀들의 인내와 지원 덕분에 우리는 4판 집필에 집중하고 몰입할 수 있었다.

차례

제1부 시작하기

제2부 논문 내용 작성하기: 학위논문 장(chapter) 구성

제7장 질적 연구 결과 제시하기 • 221

제8장 논의 • 241

제3부 논문 작성 과정:
학위논문을 쉽게 작성하기 위해 알아야 할 내용

제9장 장애물 극복하기: 운명을 통제하면서 전문가로 성장하기 • 253

제10장 글쓰기 • 271

제1부
시작하기

제1장
연구 절차

　어떤 스님이 한 무리의 스님들을 숲으로 데려갔다. 그들은 곧 길을 잃었다. 그중 한 명이 무리를 이끄는 스님께 우리가 지금 어디로 가고 있는 중이냐고 물어보았다. 그러자 스님은 "우리가 함께 빠져나갈 방법을 찾을 수 있도록 숲의 가장 깊고 어두운 곳으로 가고 있다."라고 대답했다. 박사학위 연구는 사회과학 분야 대학원생들에게 깊은 숲속에서 길을 잃고 헤매는 것과 같은 경험을 하게 한다. 우리의 지도 학생들은 논문 작성 과정을 다양한 비유를 통해 표현했는데, 대부분 황야에서 헤매는 느낌이라는 것에 동의하는 듯하다. 한 학생은 학위 과정을 언덕 정상에 오르려고 고군분투하지만 그 뒤에 더 높은 산의 존재를 발견하게 되는 것으로 비유했다. 다른 학생은 본인에게는 외국어이지만 논문 심사위원들에게는 모국어인 화성인의 언어를 배우는 것과 같다고 했다. 또 다른 학생은 원하던 공연 입장권을 얻기 위해 끝없이 늘어진 줄에서 인내심을 가지고 기다리다가 마침내 본인의 순번일 때 줄의 맨 끝으로 돌아가라는 이야기를 듣는 것과 같다고도 했다.

　학생들이 학위를 받기 위한 여정에서 필요 이상으로 화가 나는 이유 중 하나는 그들이 현대 사회과학연구의 근간을 이루는 연구 절차와 방법에 대한 이해가 부족하기 때문이다. 현실 적용에 대한 별 고민 없이 그들의 관심 분야에 매료된 학생들은 연구에서 필수적인 부분인 현실세계(실제)에서 이론을 도출해 내는 것에 불안함을 느낀다. 최고의 현업 전문가들에게 필요한 기술(skill)은 유능한 연구자들에게 요구되는 스킬과 같다. 호기심과 가설 검정이 실증 연구의 기반이라는 사실은 이미 잘 알려져 있다. 임상심리 분야의 예를 들면, 노련한 심리치료사들은 내담자의 행동을 세심하고 예리하게 관찰한다. 그들은 끊임없이 가설을 검정한다. 그들은 가족력과 관련된 변인들과 현재 내담자의 상태 사이의 관계에 호기심을 가진다. 심리치료사들은 특정 내담자의 문제를 해결하기 위한 처방을 선택하는 데 도움이 되는 이론과 경험을 활용한다.

냉철한 논리와 명확하고 구조화된 사고는 성공적인 연구뿐만 아니라 효과적인 현업 수행을 위해서도 필요하다. 실제로 연구와 일상과의 거리는 사람들이 생각하는 것보다 훨씬 가깝다. 우리는 주변의 자료를 수집하고, 사람들이 특정한 방식으로 행동하면 어떤 일들이 벌어질지 궁금해하며, 우리의 예감을 의도적으로 검증하기도 한다. 대개 공식적인 연구도 이와 같이 문제에 대해 체계적으로 사고하는 것이다.

이 책은 박사 과정 학생들이 연구를 설계하고 논문을 작성하는 데 도움을 주고자 쓰였지만, 내용은 석사 학위논문 작성에도 동일하게 적용된다. 실제로 석사학위와 박사학위는 도전적인 과제라는 점에서 공통점이 많다. 많은 학생에게 석사 학위논문은 처음으로 시도하는 연구이다. 따라서 지도 교수의 지원과 지도가 부족하면 학생들은 논문 작성이 끝났을 때 상당한 안도감을 느끼며 더 이상 연구를 하지 말아야겠다고 다짐한다. 박사 학위논문 작성은 본인의 신념에 입각한 행위로 일반적으로 학위가 끝나면 학생은 노련하고 수준 높은 연구자가 될 것으로 기대된다. 일반적으로 공통된 의견은 박사 학위논문이 석사 학위논문보다 더 길고 독창적이며, 이론에 근거를 둔 주장에 의지하며, 학계에 큰 기여를 한다는 것이다.

대부분의 대학원에서 학위논문 프로포절을 발표하는 것은 본격적인 학위논문 작성의 시작을 알리는 것이다. 프로포절(proposal)은 연구의 필요성을 정당화하고 내용을 설명하는 계획서이다. 학위논문 작성 과정에서 종합적인 프로포절 작성은 매우 중요한 단계이다. 프로포절은 학생과 논문 심사위원들 사이에 체결하는 계약서와 같으며, 프로포절이 승인되면 자료(데이터)를 수집해도 좋으며 연구가 완료될 수 있다는 것에 대한 동의로 받아들여진다. 학생이 프로포절에 기술된 절차를 따르는 한 논문 심사위원들은 프로포절이 승인된 이후 중대한 수정을 요구해서는 안 된다. 물론 연구가 진행되면서 발생할 모든 상황을 사전에 예측할 수 없기에 연구를 진행하면서 소소한 수정이나 내용 추가 혹은 삭제를 해야 하는 상황이 발생하기도 한다.

모든 상황에서 사용할 수 있는 보편적인 연구 프로포절 서식은 존재하지 않는다. 그러나 잘 쓰인 프로포절은 관련된 문헌 연구가 포함되어 있으며, 연구문제와 가설이 정립되어 있고, 연구방법과 자료 분석 계획이 명확하게 기술되어 있다. 우리의 경험에 따르면, 프로포절이 승인되었다는 것은 논문의 상당 부분이 완료되었다는 뜻이다. 우리는 이 책을 통해 학생들이 프로포절을 작성하고 논문을 완성할 수 있도록 돕고자 한다.

연구 수레바퀴 모형

　　연구 과정 단계는 연구 수레바퀴(research wheel)라고 불리는 모형을 참조하여 생각해 볼 수 있다([그림 1-1] 참조). 여기서 수레바퀴는 연구가 선형적인 것이 아니라 반복적으로 순환되는 과정이라는 것을 말해 준다. 일반적으로 그 시작점은 실증적 관찰이라는 형태로 나타난다. 달리 말하면, 연구자가 무수히 많은 가능한 연구 주제 가운데 하나를 선택하는 것이다. 다음 단계는 명제(proposition)로 끝이 나는 귀납적 논리 과정이다. 귀납적 과정은 특정 주제를 더 큰 맥락과 연결시키고, "……일지 궁금하네."라는 형태의 직감으로 시작한다. 직감은 일반적으로 연구자의 가치, 가정 그리고 목적에 의해 영향을 받으며 향후 정교화된다.

　　연구 수레바퀴의 두 번째 단계는 발전된 명제로, 정립된 관계에 대한 진술문으로 표현된다(예: "일찍 일어나는 새가 늦게 일어나는 새보다 벌레를 더 많이 잡을 가능성이 높다.").

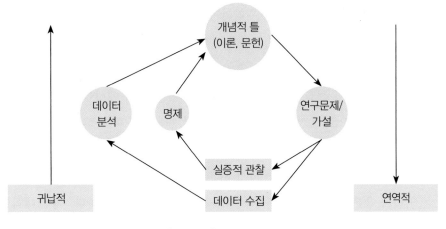

[그림 1-1] **연구 수레바퀴**

명제는 개념적 혹은 이론적 틀 안에서 존재한다. 연구자의 역할은 명제와 더 큰 맥락의 이론, 선행 연구와의 관계를 밝혀내는 것이다. 이는 논문 작성 과정에서 가장 도전적이고 창의적인 작업이다.

이론과 개념적 틀은 유사한 조건에서 발생하는 추상적인 현상을 설명하기 위해 개발된다. 이론은 연구자가 관점을 바꾸는 것을 허용하며 유사점과 차이점을 이해할 수 있도록 해 주는 언어이다. 이론보다는 덜 발전된 형태라고 할 수 있는 개념적 틀(conceptual framework)은 추상적인 개념(예: 동기, 역할)을 경험적 데이터와 연결짓는 문장으로 구성되어 있다. 연구가 이러한 맥락을 반영하지 않으면 "그래서 어쩌라는 거지?"라는 수준이 되어 버린다. 이는 초보 연구자들의 프로포절이 통과되지 못하는 주요 이유 중 하나이다. 연구문제는 본질적으로 흥미로울지 모르나 궁극적으로는 의미가 없기 때문이다. 예를 들어, "최근 대학원에 남학생보다 여학생이 더 많은가?"라는 질문은 연구 결과가 주는 개념적 혹은 이론적 시사점이 없는 한 지극히 고리타분한 연구문제이다.

현장의 실용적인 측면에서는 가치가 있을지 몰라도(예: 대학원에서 더 많은 남성을 모집해야 하는가?) 순수 응용 연구는 학위논문으로는 적합하지 않을 수 있다. 연구방법론 분야의 권위자인 Kerlinger와 Lee(1999)는 "과학적 연구의 기본 목적은 이론이다."(p. 5)라고 강조했다. 일반적으로 논문은 해당 분야의 학문적 발전에 기여해야 하며, 단순히 현장의 문제를 해결하기 위한 것만은 아니다. 따라서 논문의 명제를 개발하는 것은 자신의 연구를 위한 개념적 틀을 설정하기 위해 해당 분야의 연구와 이론적 문헌에 완전히 몰입하는 것을 포함한다.

학위논문에서 이론의 역할에 대한 우리의 주장과 관련하여 우리가 한발 물러서야 할 때도 있다. 필자들은 심리학자 그리고 사회학자로서 이 두 분야의 연구 전통에 대해 잘 알고 있다. 사회과학의 다른 분야들은 수용 가능한 논문 주제에 대해 자체적인 기준을 가지고 있다. 우리는 이 책을 최대한 일반화하고 다른 분야의 예시들을 포함하려고 노력했다. 물론 궁극적으로 독자들은 자신이 속한 단과대학 및 학교 그리고 전공 분야의 관례와 규칙을 따라야 한다.

예를 들어, 몇몇 주요 대학에서는 박사 과정생이 학위논문을 작성하는 대신 학술지에 논문을 하나 혹은 그 이상 게재하고 제출하는 것을 허용하기도 한다. 어떤 대학들은 미국 인구조사 혹은 일반사회조사(General Social Survey)와 같이 국가에서 구축한 데이터베이스나 더 큰 연구에서 수집된 자료인 2차 자료를 분석하여 연구하는 것을 권장한다. 사회복지, 교육, 정책 평가 및 직업심리와 같은 일부 분야는 학위논문에서 이론적 기여보다는 실제 문제 해결을 장려하기도 한다. 프로그램이나 인터벤션(intervention)의 효과성을 평가하는 연구가 그러한 예인데, 이런 연구들은 이론을 타당화하는 데 크게 기여하지 않는다. 정치학과 경제학은 순수 이론 연구와 응용 연구를 모두 수용하는 포괄적인 학문의 예이다. 예를 들어, 국제관계학의 세부 전공에서는 북대서양조약기구(NATO)가 느슨해진 이후 유럽 국가들의 안보 협정에 대한 조사 연구를 구상할 수 있는데, 이런 연구는 외교정책 담당자들과의 인터뷰에 의존하며 대체로 서술적·응용적인 성격이 강하다. 반대로 미국 정당의 성공에 작용하는 이데올로기의 역할에 대한 연구는 역사적 문헌과 투표 기록 분석을 바탕으로, 이데올로기가 어떻게 유권자를 끌어 모으거나 소원해지게 하는지에 대한 이론에 근거하여 진행된다.

　　연구 수레바퀴 모형에 따라 다음 단계로 넘어가면, 연구자들은 이론의 넓은 맥락에서 구체적인 연구문제로 나아가기 위해 연역적 추론을 사용한다. 연구문제는 연구자의 의도를 정확하게 진술하며, 하나 혹은 그 이상의 구체적인 가설을 동반한다. 이 과정은 연구자가 연구문제에 대한 답을 하는 데 도움이 되는 자료를 발견하거나 수집하면 종료된다. 자료 수집 과정은 본질적으로 실증적 관찰의 또 다른 작업이며, 이는 연구 수레바퀴의 다음 단계로 이어진다. 일반화는 관찰된 특정 자료에 기반하여 이루어지고(귀납적 과정), 개념적 틀과 연결되며, 추가적인 연구문제를 도출하고 그에 대한 시사점으로 이어진다.

　　연구 수레바퀴의 여러 지점에서 요구되는 기술은 Bertrand와 Russell이 오래전에 제안했던 학습 관련 사상을 떠오르게 한다. Russell에 따르면 지식 습득에는 간접지(knowledge by description)와 직접지(knowledge by acquaintance)라는 두 가지 주요한 방법이 있다. 간접지는 자동차오일을 교환하는 방법에 대해 책을 읽거나 Adam Smith의 경제학 이론에 대해 강의를 듣는 것과 같은 수동적 방법이다. 이러한 학습방법은 특히 추상적인 정보를 습득하는 데 적합하다. 달리 말하면, 오일 교환보다 경제학을 공부하는 데 더 적합하다는 것이다. 반면, 직접지는 경험을 통해 학습하는 것으로 그러한 기술 훈련에는 테니스 서브, 자동차 운전, 컴퓨터 실습이 있다. 이는 문제 해결 중심의 구체적인 지식 습득이다.

　　연구 과정은 이 두 가지 기술을 모두 요구한다. 첫째, 연구자는 개념과 아이디어를 연구하고 이론을 정립하는 데 있어 명확하고 논리적인 사고를 해야 한다. 우리의 경험에 따르면, 많은 대학원생(특히 현장 실무자 경험이 있는)이 이러한 추상적 개념화에 약한 경향이 있으며, 이 기술을 갈고 닦는 것이 논문을 작성하는 데 가장 도전적인 과제일 수 있다. 둘째, 연구자는 체계적으로 연구를 기획하고 데이터를 수집하고 분석하여 아이디어를 현장에 적용하는 데 참여해야 한다. 집중력과 문제 해결 능력 그리고 의사결정 능력이 자신의 연구를 완성하는 데 도움이 될 것이다.

제2장
적절한 주제 선정하기

　연구를 수행하는 데 있어 적절한 주제를 선정하는 것은 가장 중요한 과제이다. 많은 경우 이 난관은 주제에 대해 잘 알고 있고, 그 분야에서 광범위한 연구를 수행했으며, 어쩌면 이미 연구 주제를 몇 개 가지고 있는 지도 교수 덕분에 간단하게 해결되기도 한다. 특정 주제에 관심이 있는 학생이 해당 분야에서 저명한 연구자의 연구에 참여하는 것을 목표로 학위를 받을 학교뿐만 아니라 지도 교수를 선택하는 것은 매우 일반적이다.

　그러나 불행하게도 주변에 자신의 관심 주제에 대해 깊게 연구한 교수가 없을 수도 있다. 관심 주제를 선정하는 과정에서 적용할 만한 간단한 규칙은 없지만, 적합한 연구 주제 선정을 위해 분명히 고려해야 할 부분들은 있다. 일반적으로 해당 분야에 대해 잘 알지 못한 채로 학위논문 주제와 같이 중요한 문제를 결정하는 것은 현명하지 못하다. 방대한 양의 문헌을 읽어 보고 해당 분야 전문가와 충분한 대화를 나누어 보아야 한다. 이러한 초기 탐색 작업이 없으면 관심 주제에 대한 연구 가능성의 범위나 이미 연구된 내용이 무엇인지 알 수 없다. 대부분의 학생은 문헌 연구를 통해 아직 연구가 미진한 부분을 발견하거나, 주변의 흥미로운 관찰("나는 관리자가 회의실에 들어오면 순간 사람들이 조용해지는 것을 발견했는데 지위가 집단 과정에 어떤 영향을 미치는지 궁금하다.")을 통해, 혹은 일상이나 업무("나는 알코올중독자를 치료하는 데 어려움을 겪고 있어서 그들과 잘 협력할 수 있는 방법을 알고 싶다.")에서 연구 주제를 발견한다. 요약하자면, 좋은 연구 주제를 선정하기 위해서는 그 분야에서 앞서 나가는 연구자, 지도 교수, 동료들과 대화하고, 비판적으로 문헌을 읽고, 일과 개인의 경험을 통해 의미를 생각해 보는 등 자신이 연구에 완전히 몰입하는 것 외에는 방법이 없다.

주제 선정을 위한 지침

다음은 어떤 주제가 학위논문의 주제로 적합한지 의사결정을 하기 위한 몇 가지 지침이다.

- 오랜 기간 동안 당신의 흥미를 유지할 수 있는 주제여야 한다. 두 가지 다른 환경 조건에서 무의미 음절(nonsense syllable)[1] 학습에 대한 연구는 간단해 보여서 매력적으로 들릴 수 있지만, 연구와 관련한 Finagle의 첫 번째 법칙을 기억하라. 뭔가 잘못될 것 같은 느낌이 든다면 결국 잘못된다! 논문 작성은 예상보다 적어도 두 배의 시간이 걸리며, 당신이 혐오하는 일에 노예처럼 일하면서 시간을 보내는 것보다 더 나쁜 일은 없다. 모든 논문은 각종 데이터베이스에 저장되고 출간되며, 당신은 언제나 그 연구와 관련된다는 것 역시 기억해야 한다.
- 다른 한편으로 지나치게 거창하고 어려운 주제를 피하는 것도 현명한 선택이다. 대다수의 학생은 적정한 기한 내에 졸업하기를 원한다. 거창한 논문은 완성되기 어렵고, 최고의 논문도 학생의 포부, 논문 심사위원들의 희망사항 그리고 현실적인 여건 사이에서 타협이 이루어진다. 학위논문에서 특정 주제(예: 유럽연합)에 대해 모든 것을 논하는 것은 비현실적이며 실용주의적 관점에서 본인의 열정을 누그러뜨릴 필요가 있다. 한 학생이 말한 것처럼, "세상에는 대단한 논문과 완성된 논문, 이렇게 두 가지 종류의 논문이 있다." 때로는 연구의 편의성이나 본인의 능력을 고려하여 주제를 잡는 것도 합리적인 선택이며 개인적 관심에 기반한 심화 주

---

1) 역자 주: 의미도 없고 어떤 것도 연상되지 않는 무의미한 음절을 연결하여 만든 아무 의미 없는 단어. 기억력과 관련한 연구를 위한 일종의 실험 도구.

제는 박사 후 과정에서 탐구하는 것이 좋다.

- 개인적으로 지나치게 감정적인 문제와 연결된 주제를 피하는 것이 좋다. 흥미롭고 개인에게 의미 있는 주제를 선택하는 것은 언제나 바람직하다. 그러나 일부 학생들은 논문을 통해 개인적이거나 감정적인 문제를 해결하려고 한다. 예를 들어, 자신이 자녀의 죽음으로 인한 충격을 성공적으로 극복했다 할지라도 이런 주제는 피하는 것이 좋다. 이런 주제는 필연적으로 논문을 완성하는 데 방해가 되는 감정적인 문제를 유발한다.

- 편견을 바탕으로 주제를 선정하는 것도 피해야 한다. 연구는 한 치도 흐트러짐 없는 정직성과 객관성을 요구한다. 당신이 남자들은 집안일에 소질이 없다는 것을 증명하려고 연구를 시작한다면, 좋은 연구를 위한 냉철한 사고가 불가능할 뿐만 아니라 결론이 가설과 충돌할 가능성이 있다. 따라서 연구는 의문으로부터 시작하는 것이 좋으며(예: "남자들은 집안일에 서투른 것 같은데 그것이 어렸을 때 부모의 양육방식과 관련이 있는가?"), 개인의 견해를 입증하는 논쟁이 아니라 주제를 알아가는 흥미진진한 탐험으로 생각해야 한다.

- 마지막으로, 논문 주제를 선택할 때는 해당 분야에 독창적으로 기여할 수 있어야 하며 연구 주제와 연구방법에 대한 전문성을 입증할 수 있어야 한다. 즉, 주제는 추구할 가치가 있어야 한다. 적어도 해당 분야의 이론을 생성하거나 타당화하는 데 도움이 되어야 하며, 응용 연구가 허용되는 분야에서는 실무 발전에 기여해야 한다. 일부 학생들은 문헌 검토 중 현상을 설명하는 데 모순된 결과나 헷갈리는 경우가 발생하면 당황한다. 그러나 그 대립은 연구를 지연시키거나 그 주제로부터 다른 주제로 옮겨 가야 하는 이유가 아니라 그 문제를 해결할 기회로 받아들여야 한다. 사람들이 동의하지 않거나 현재 존재하는 설명이 불충분해 보일 때는 종종 비판적 연구를 수행할 여지가 있기 때문이다.

흥미로운 아이디어를 연구 주제로 전환하기

한 학생이 일반적인 호기심을 바탕으로 어떤 연구 주제를 선정했다고 가정하자. 연구는 문제 해결, 현상 설명, 어떤 일이 발생하는 과정 발견, 숨겨진 사실 입증, 기존 연구 재평가 및 확장, 이론 검증을 포함한다. 여기서 그 주제가 중요한지 아닌지 알기 위해서는 해당 분야의 문헌에 익숙해지는 수밖에 없다. 제4장에는 바람직한 문헌 리뷰와 평가를 위한 여러 조언이 제시되어 있다. 그동안 우리는 학생들이 흥미로운 아이디어를 연구문제로 전환하는 데 어려움을 겪는다는 점에 착안하여 그들에게 도움이 되는 간단한 활동을 만들어 보았다.

연구가 가능한 문제는 언제나 두 개 혹은 그 이상의 변인, 현상, 개념 혹은 아이디어 간의 관계를 다루며, 그 관계의 속성은 다양하다. 연구는 일반적으로 그 관계의 속성을 설명하는 방법으로 구성되어 있다. 사회과학에서 연구는 단독 구인[예: '가면현상(imposter phenomenon)'에 대한 모든 것에 대해 알아볼 예정이다]이나 단독 변인(예: 대통령 선거 투표율)으로 구성되는 경우는 거의 없다.[2] 심지어 두 개의 변인을 다룬다 하더라도 제한적인 경향이 있으며, 대개 제3의 '연결' 변인이 있을 때 아이디어가 연구해 볼 만해진다. 그러나 주의해야 할 점은 연구문제가 본질적으로 정량적이기보다 정성적인 경우에는 변인 간의 관계에 초점을 두기보다 '어떻게' 과정이 진행되는지 혹은 경험이 되는지에 관심을 둔다. 다음 장에서 이 부분에 대해 더 자세히 설명할 예정이다.

어떻게 변인을 추가함으로써 흥미로운 연구가 될 수 있는지 예를 하나 들어보도록 하자. 한 연구자가 젊은 세대는 노인을 어떻게 인식하는지에 대해 관심이 있다고 가정해 보자. 이 수준에서는 연구가 "그래서, 그게 뭐?"라는 반응이 나올 평범한 수준이다. 여기까지만 보면 젊은 사람들이 노인에 대해 어떻게 생각하는지 인터뷰나 설문 혹은 행동 관찰을 하는 것을 의미하며, 이 연구에서는 현대사회에서 노인에 대한 인식의 본질에 대한 가치나 무엇이 그러한 인식에 영향을 미치는지 알 수 없다. 그러나 두 번째 변인을 도입하면 이론적·실질적 함의를 끌어낼 수 있는 몇 가지 연구문제를 만들어 낼 수 있다. 예를 들면, 노인에 대한 사회적 인식을 형성하는 데 대중매체의 역할은 무엇인가? 조부모와 함께 사는 것은 노인을 바라보는 시각에 영향을 미치는가? 노인을 위한 특정 법안이 우리의 인식을 변화시켰는가? 중년의 성인이 자신의 부모를 대하는 태도와 노인을 바라보는 인식 사이에 어떤 관계가 있는가? 기존 연구문제에 새롭게 추

---

2) 구인(construct)은 이론을 정립하는 데 있어 과학적인 목적으로 사용되는 개념으로, 특정한 행동이나 조작으로부터 생성되는 추상적인 개념이다(예: 자아존중감). 또한 수치를 사용하여 점수를 매길 수 있으며, 이런 경우 변인(variable)이라고 언급된다.

가된 변인들은 순서대로 대중매체에 대한 관점, 조부모의 존재 유무, 제도 유형 그리고 본인 부모에 대한 태도이다. 추가된 변인들은 노인에 대한 인식에 영향을 미치는 것이 무엇인지에 대해 설명하기 때문에 연구에 의미를 부여한다.

　세 개의 기본적인 변인을 활용하여 연구문제를 만드는 예로, 한 연구자가 많은 여성이 출산 이후 남편과 심리적으로 멀어진다는 것을 추론했다고 가정하자. 이 수준에서 제안된 연구는 출산 이전과 출산 이후 관계의 친밀도를 측정하여 이러한 가정을 확인하는 것이다. 그러나 이러한 발견이 무엇을 의미하는가? 여기에 제3의 변인이나 구인을 추가하면 훨씬 더 정교하고 개념적으로 의미 있는 연구를 할 수 있다. 연구자는 다음과 같이 물어볼 수도 있을 것이다. "남편의 육아에 대한 참여가 차이를 만들어 내는 것일까? 남편의 역할은? 출산 과정에서 남편의 참여는? 결혼 기간은? 다른 자녀의 존재 여부는? 엄마의 피로도는?" 연구에 다른 변인을 추가해서 흥미로운 질문을 만들어 내는 것은 끝이 없다. 추가된 변인은 주요 변인들 간 관계의 본질에 대해 설명하는 데 도움이 된다. 실제로 연구자는 브레인스토밍을 통해 출산과 부부간의 관계를 더 잘 이해하는 데 기여하는 수많은 제3의 변인을 찾아낼 수 있다.

　제3의 변수 혹은 연결 변수의 기능은 연구의 바탕을 이루는 개념적 모형이나 이론의 논리에 따라 달라진다. 이들은 매개변인과 조절변인으로 구분할 수 있으며 연구문제에서 중요한 역할을 한다. 조절변인은 독립변인이 종속변인에 영향을 미치는 조건을 정확히 나타낸다. 엄밀하게 말하자면, 조절효과는 한 변인의 영향이 다른 변인의 수준에 따라 달라지는 상호작용 효과를 이야기한다(Frazier, Tix, & Barron, 2004). 가장 일반적으로 사용되는 조절변인은 남녀 2수준으로 이루어진 성별이다. 예를 들어, 도발과 공격 간의 관계는 여성과 남성이 매우 다를 수 있다. 맥락 또한 조절변인으로 개념화될 수 있다. 인간의 성적 행동에 관한 유명한 『킨제이 보고서(Kinsey report)』의 경우, 만약 참여자와 가족구성원이 함께 자리한 상황에서 성생활에 대한 인터뷰가 이루어졌다면 매우 다른 결과가 나왔을 것이다. 관련된 맥락적 변인을 인지하는 것은 연구를 설계하는 데 있어 중요한데, 맥락적 변인은 연구 결과의 일반화에 영향을 미치기 때문이다.

　반면, 매개변인은 독립변인(예측변인)과 종속변인(준거변인) 간의 관계에서 '언제' 혹은 '누구'보다는 '어떻게' 혹은 '왜'를 설명한다. 매개변인은 선행요인이 결과에 영향을 미치는 과정에서 거치게 되는 메커니즘이다.[3] 따라서 매개변인을 과정변인이라고 생각할 수도 있다. 예를 들어, 상담심리 분야에서 부적응적 완벽주의는 조절변인 혹은 매개변인으로 간주될 수 있다(Wei, Mallinckrodt, Russell, & Abraham, 2004). 이를 조절변인으로 개념화했을 경우, 애착불안은 부적응적 완벽주의가 높은 조건하에서만 우울감에 부정적인 영향을 미치는 것으로 나타났다(다시 말해, 부적응적 완벽주의와 애착불안은 통계적 상호작용이 있다). 매개변인으로 개념화했을 경우, 부적응적 완벽주의는 애착불안과 우울감 사이에서 중재변인의 역할을 한다(다시 말해, 불안과 우울 사이에 간접적인 관계가 형성된다). Wei와 동료연구자들에 따르면,

> 부적응적 완벽주의는 애착불안에서 우울감으로 이어지는 인과관계를 이어 주는 중간 연결고리 역할을 하기도 하고(매개변인), 애착불안과 우울감 사이의 연관성 강도를 조절하기도 한다(조절변인). (p. 203)

[그림 2-1]은 이론적 모형 안에서 매개변인과 조절변인의 차이에 대해 보여 주고 있다. 매개의 경우, 매개변인(부적응적 완벽주의)이 애착불안과 우울감 사이에 존재한다. 조절의 경우, 부적응적 완벽주의로부터 시작된 화살표는 애착불안과 우울감을 이어 주는 화살표를 가리키는데, 이는 애착불안과 우울감 사이의 관계는 부적응적 완벽주의의 수준에 따라 달라질 수 있음을 의미한다.

[그림 2-2]는 조절효과를 그래프로 나타낸 것이다. 부적응적 완벽주의가 낮은 조건에서는 애착불안이 낮거나 높을 때 우울감에 약간의 차이만 보인다. 그러나 부적응적 완벽주의가 높은 조건에서는 애착불안이 낮을 때보다 높을 때 우울감이 더 높아진다. 즉, 부적응적 완벽주의가 애착불안과 우울감을 조절한다 혹은 부적응적 완벽주의와 분리불안이 상호작용을 한다고 할 수 있다.

한 번의 연구로는 복잡한 개념 모형에 속한 모든 주요 변인 사이의 관계를 수립하고 입증하지 못한다. 필자의 동료가 말했듯이, 그랜드 캐니언의 전체 모습을 필름에 담기 위해서는 비디오카메라가 필요하겠지만, 논문은 한 마리의 노새와 노새를 탄 사람이 그랜드 캐니언의 트래킹 코스를 내려오는 모습을 찍은 스냅사진과 같다. 그러나 제시

---

3) 최근 연구에서 조절효과와 매개효과의 해석과 관련하여 적합한 통계적 분석은 무엇인지 많은 논의가 이루어 지고 있는데, 우리는 다음 문헌을 참조할 것을 추천한다. Frazier, Tix, & Barron, 2004, Hayes, 2009; Jaccard & Jacoby, 2010; Kazdin, 2007; Kim, Kaye, & Wright, 2001; Preacher & Hayes, 2008.

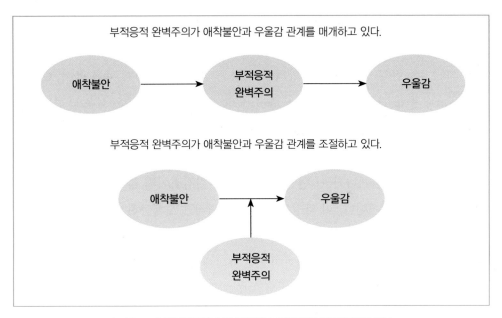

[그림 2-1] 다이어그램으로 표현한 조절변인과 매개변인의 구분

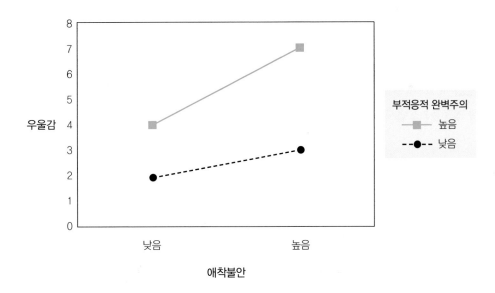

[그림 2-2] 애착불안과 우울감 관계에서 부적응적 완벽주의의 조절효과 그래프

출처: Wei, W., Mallinckrodt, B., Russell, D., & Abraham, W. T. (2004). Maladaptive perfectionism as a mediator and moderator between adult attachment and depressive mood. *Journal of Counseling Psychology, 51*(2), 201-212의 자료를 바탕으로 저자가 생성함.

된 모형은 현재와 미래 연구를 위한 유용한 맥락을 제공한다. 규모가 큰 연구는 그러한 이론적 모형에 의존한다.

연구자는 한 번의 연구를 통해 방대한 모형을 검증할 수 없다. 예를 들어, Gerald Patterson과 동료 연구자들(Patterson, DeBaryshe, & Ramsey, 1989)은 젊은 남성들의 공격적이고 일탈적인 행동을 설명하는 모형을 개발하고 검증하는 데 많은 시간을 보냈다. 그 모형은 반사회적 행동이 부모의 잘못된 양육방식 및 가족 관리와 인과관계가 있다고 가정하고 있다. 게다가 이 변인 간의 관계는 직접적이지 않으며 다른 변인 간의 네트워크에 의해 매개된다. 이 과정은 자녀가 공격적으로 행동하도록 하는 부모의 훈육(벌과 부정적인 강화에 전적으로 의존)에서부터 시작한다고 가정한다. 가족구성원 사이 강압적인 관계로 일관한 부모는 결과적으로 자녀에게 싸우는 법을 가르치게 되고, 이는 자녀가 공격적인 행동을 하고 좋지 못한 또래관계를 형성하게 하는 데 영향을 미친다. 이렇게 형성된 사회성 결핍은 학교에서 반사회적인 행동으로 이어지고, 이로 인해 정상적인 학업이 불가능해져 학교 밖 사회에서 생존할 준비를 못하게 된다. 결과적으로 이런 일련의 요인들은 높은 범죄행동에 영향을 준다. 이 모형에 대한 내용은 [그림 2-3]에 요약되어 있다.

Patterson과 동료들은 이 관계들의 속성을 정교화하기 위해 오랜 시간 수많은 연구를 수행했다. 각 연구들은 이 복잡한 모형의 한 측면만 포착한(특정 변인들 간의 관계에만 집중한) 스냅사진이다. 예를 들어, 연구자들은 신체적 싸움과 원만하지 않은 또래집

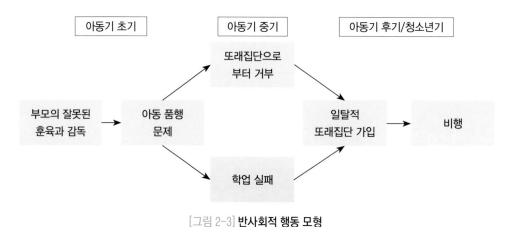

[그림 2-3] **반사회적 행동 모형**

출처: Patterson, G. R., DeBaryshe, B. D., & Ramsey, E. A developmental perspective on antisocial behavior. *American Psychologist, 44.* Copyright ⓒ 1989, American Psychological Association. 허락을 받아 게재함.

단 관계 사이에 어떤 연관성이 존재하는지 질문을 던졌다. 물리적 충돌과 또래집단 관계에 대한 하나 이상의 측정값을 통해 각 변인에 대해 조작적 정의를 내렸다. 보는 사람마다 관점이 다르기 때문에 연구자들은 부모, 동료, 교사들에게 신체적 충돌 수준에 대해 물었다. 마찬가지로 동료, 교사 그리고 학생의 자기보고는 또래집단과의 관계에 대한 측정값을 얻는 데 사용되었다. 주요 변인 간의 관계의 속성에 대해 알아보는 연구의 목적이 연구방법을 결정했다. 초기 연구에서 Patterson 등은 상황변인, 부모의 신념, 부모의 양육방식 그리고 자녀 행동 사이의 관계에 초점을 맞추었다. 그들은 훈육, 감독, 문제 해결, 개입 그리고 긍정적 강화와 같은 부모의 양육방식이 부모의 신념 및 태도와 자녀 행동 사이에서 매개변인의 역할을 한다고 결론 내렸다. 그들의 모형이 충분한 데이터로부터 검증되자 Patterson 등은 자녀의 문제 행동과 비행과의 관계에 대해 연구를 진행했다(Reid, Patterson, & Snyder, 2002).

　특정 논문이 문헌 연구를 통해 도출된 이론이나 모형을 검증하는 것으로 설계가 되었든 그렇지 않든 우리는 관련된 변인 간의 관계가 어떠한지 보여 주는 시각적 모형을 만드는 것이 연구를 안내하는 강력한 도구라고 생각한다. 아이디어를 시각적으로 나타내는 것은 연구자의 사고를 조직화하는 데 도움이 되며, 자신의 연구를 더 큰 이론적 틀안에 배치하는 데 도움이 된다.

　연구 모형은 개념적인 수준에서 변인 간의 관계를 설명하기 위해 만들어지고, 모든 경우는 아니지만 일반적으로 통계를 활용하여 그 관계를 검증한다. 이 과정은 반복적이어서 데이터에 기반하여 모형이 수정되고 이후 추가 연구에서 재평가되기도 한다. 인과관계 모형(causal model)에는 예측관계(predictive relationship)와 인과관계(causal relationship)라는 두 가지 중요한 유형이 있다(Jaccard & Jacoby, 2010). 예측관계는 한 변인이 다른 변인의 원인이라는 가정 없이 두 변인이 관련 또는 상관이 있다는 것을 의미한다. 예를 들어, 우리는 여행이 실제로 어학 능력을 향상시켰는지 알 수 없지만 어렸을 때 자주 여행한 경험은 어른이 되었을 때 외국어 구사능력과 관련이 있다는 것을 밝혀낼 수 있을 것이다. 앞에서 우리는 독립변인(independent variable)과 예측변인(predictor variable)이라는 용어를 구분 없이 사용했다. 그러나 엄밀하게 말하면 변인 간 관계의 이슈가 예측인 경우, 그 관계는 하나 이상의 예측변인과 준거변인(criterion variable)으로 설명할 수 있다(Jaccard & Jacoby, 2010).

　인과관계는 한 변인이 다른 변인을 야기한다는 것을 의미한다. 즉, 일반적으로 독립변인이라고 부르는 주요 변인의 변화가 종속변인 혹은 결과변인(outcome variable)이라고 부르는 두 번째 변인에 변화를 이끌어 내는 것이다. 인과관계 원리는 사회과학 연구에서 실험 연구의 기반이지만 과학철학자들은 수 세기 동안 인과관계가 정확하게 입증될 수 있는지에 대해 끊임없이 논쟁을 해 왔다. Jaccard와 Jacoby(2010)는 인과성에 대한 개념은 궁극적으로 우리가 속한 세계와 인간 행동에 대해 조직적인 관점을 유지하게 해 주는 발견이라고 주장했다. 우리는 인과관계 추론을 통해 변인 간의 체계적인 관계를 식별할 수 있으며 다른 변인에 영향을 미치는 어떤 변인에 조작을 가하여 사회적으로 중요한 변화를 이끌어 낼 수 있다. 인과관계를 확실하게 입증할 수 있는지 없는지 여부를 떠나 많은 연구는 인과관계를 반영한 이론적 모형에 대한 확신을 주기 위해 수행되고 있다.

인과관계에는 몇 가지 유형이 있는데, 각 유형은 인과관계 모형을 개발하는 역할을 한다. 학위논문에서 인과관계 모형이 어떻게 사용되고 평가되는지에 대한 내용은 제6장에서 다룬다. 연구와 관련한 아이디어를 기술하기 위해 인과관계 모형을 구상하고 만드는 것은 Jaccard와 Jacoby(2010)의 저서에 잘 나타나 있으며, 우리가 논의한 내용은 그 책의 영향을 받았다. Jaccard와 Jacoby는 많은 연구자가 자신들이 알고 싶은 종속변인을 찾는 것으로부터 시작한다는 것을 발견했다. 쓰레기 재활용이나 오염물 배출 감소와 같은 환경에 대한 사람들의 염려 수준이 한 예이다. 그리고 나서 환경에 대한 염려 수준에 영향을 미치거나 이것과 관련된 변인들을 찾는 것이다. 예를 들어, 연구자는 어떤 인터벤션(intervention)이 쓰레기를 재활용하려는 동기를 증진시키는지 알아보는 연구(혹은 재활용하려는 사람과 그렇지 않은 사람의 차이를 이해하는 연구)를 할 수 있다. 만약 동네에 쓰레기를 분리 배출해야만 하는 분리수거 시스템이 있다면 이 시스템이 친환경적 행동에 직접적인 영향을 미친다고 예측할 수 있을 것이다. 물론, 모든 연구가 다 종속변인을 찾는 것으로부터 시작하는 것은 아니다. 독립변수를 선택한 후 그것이 미치는 영향에 대해 생각해 보는 방법도 가능하다. 예를 들어, 오염을 많이 일으키는 산업에 종사하는 것이 건강과 사회경제적 지위 그리고 사회적 관계에 미치는 영향에 대해서 알아보는 연구도 가능하다.

간접적 인과관계는 앞에서 언급한 매개변인(mediating variable)이라고 하는 중개변인의 영향을 통해 효과가 나타나는 것이다. 매개된 인과관계는 간접적 인과관계이다. 대부분 인과 모형은 다양한 형태의 관계들의 조합으로 이루어져 있다. 모형은 변인의 개수와 그들 간의 관계로 인하여 매우 복잡해질 수 있다. 따라서 간단한 경로가 복잡한 이론적 네트워크로 진화한다. 이런 모형들은 Gerald Patterson과 같은 헌신적인 연구자(하나의 모형을 기반으로 변인 간의 관계에 대해 탐색하는 연구로 시작해 복잡한 연구 모형으로 진화했음)들의 연구 경력과 함께 발전된다. 연구자들은 큰 노력을 들이지 않고도 컴퓨터를 이용하여 다수의 변인을 동시에 다루는 것이 가능하기 때문에 대부분 한 개 이상의 연구 모형을 제시하여 검증한다.

저자의 박사 과정 지도 학생이었던 Bill MacNulty(2004)의 논문에서 소개된 연구 모형을 예로 들어보도록 하자. MacNulty는 이 모형을 문헌 연구를 기반으로 만들었으며, 타당화된 자기보고식 측정 도구를 사용해 실증적으로 검증했다. 연구는 심리적 기능에 대한 스키마 양극단 모형(schema-polarity model)을 사용하여 자기도식(self-schema: 자신과 타인에 대한 인지적 표상)이 감사하는 마음과 용서에 어떤 영향을 미치는지 살펴보고, 이 변인들이 자기도식과 신체적 건강과 웰빙 관계를 매개하는지 알아보고자 했다. 이 모형은 [그림 2-4]에 요약되어 있다. 양(+)과 음(−)의 기호는 변인들 사이의 가정된 관계의 방향을 의미한다. 연구 결과는 대부분 초기 가설을 지지했지만, 모형은 데이터에 맞게 수정될 필요가 있었다. 이는 전형적인 연구 활동의 일부로, 이론과 개념적 모형은 현실을 정교하게 반영하기 위해 끊임없이 검증되고 수정된다.

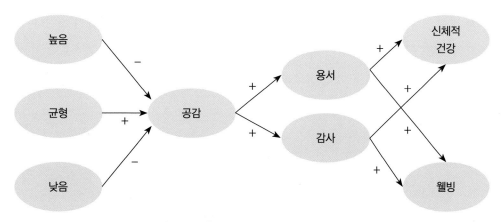

[그림 2-4] 인과관계로 제시된 이론적 틀

출처: Self-Schemas, Forgiveness, Gratitude, Physical Health, and Subjective Well-Being, by W. MacNulty, 2004, unpublished doctoral dissertation, Fielding Graduate University, Santa Barbara, CA. Copyright 2004 by W. MacNulty. 저자의 허락을 받아 게재함.

또 다른 학위논문의 예로, Jenny Knetig(2012)이 수행한 외상 후 스트레스 장애(Post Traumatic Stress Disorder: PTSD)의 위험에 노출되어 있는 현역군인들에 대한 연구가 있다. Knetig는 심리적 마음자세[psychological mindedness, 정신화 능력(mentalizing capacity)의 한 요소]가 갖추어지면 군인들이 자신의 인지적·정서적 상태를 인식하고 해석하게 되며, 회복탄력성과 도움을 구하는 행동이 촉진되어 결과적으로 스트레스가 완화될 것으로 추측했다. 연구는 문헌 연구와 연구자의 개인 경험에 바탕을 두고 있었는데, Knetig는 이 변인들의 관계가 [그림 2-5]와 같다고 가정했다.

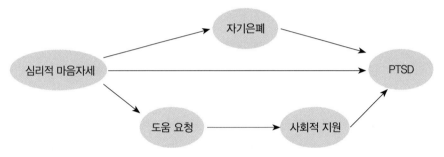

[그림 2-5] 심리적 마음자세와 PTSD의 관계에 대한 매개 모형

출처: Knetig(2012), p. 52. 저자의 허락을 받아 게재함.

데이터 수집 후 수차례에 걸친 통계적 분석(정준상관분석) 끝에 Knetig는 연구 참여자들의 경험을 좀 더 정확하게 반영하기 위해 [그림 2-6]과 같이 초기 모형을 수정했다.

요약하면, 수집된 데이터는 심리적 마음자세가 갖추어진 군인들일수록 그들의 생각과 감정을 덜 감추려고 하는 것으로 나타났다. 또한 자기은폐는 심리적 마음자세와 PTSD 증상을 매개하는 것으로 드러났다.

[그림 2-6] 심리적 마음자세와 PTSD에 대한 최종 모형

출처: Knetig(2012), p. 54. 저자의 허락을 받아 게재함.

연구문제 도출하기

학생들의 흥미로운 아이디어를 연구 가능한 연구문제로 전환하는 것을 도와주기 위해 우리는 한두 개의 변인으로 시작해서 변인들을 추가해 나가는 브레인스토밍을 활용한다. 브레인스토밍을 할 때는 정해진 시간 내에 개방적이고 무비판적으로 가능한 아이디어를 모두 나열한다. 이후에 각각의 아이디어에 대해 좀 더 비판적인 분석을 하고 흥미롭지 않거나 의미가 없거나 실질적이지 못한 내용을 삭제한다. 물론, 최종적으로는 문헌 분석을 통해 연구가 가능할지 결정하는데, 이는 문헌에 개인의 지식 범위를 뛰어넘는 방대한 학문적 연구 결과물이 담겨 있기 때문이다.

우리는 이 브레인스토밍을 소집단으로 진행할 것을 제안하는데, 그렇게 하면 지도를 받는 학생은 다른 구성원들이 제시하는 아이디어들을 기록할 수 있다(〈글상자 2-1〉참조). 그리고 5~10분 후 다른 학생의 연구 주제로 넘어가면 된다. 우리는 대개 3~4명 규모로 브레인스토밍을 진행하는데, 학생들은 집단 간 이동이 가능하며, 이를 통해 더 많은 동료로부터 기존 학계의 입장이나 특정 사고방식에 오염되지 않은 자연스러운 피드백을 받을 수 있다.

브레인스토밍 활동은 비판적인 사고를 유보하고 새로운 아이디어를 촉진한다. 이 활동은 특히 사고를 확장하고 창의적인 것에 흥미를 느끼는 확산적 사고를 하는 사람에게 잘 맞을 것이다. 수렴적 사고를 하는 사람에게 이 활동은 부담스러울 수도 있지만, 주의와 신중을 요구하는 이후의 연구 단계에서 결국 만족감을 느끼게 될 것이다. 논문의 각 장은 확산적 요소와 수렴적 요소를 모두 포함하고 있다.

글상자 2-1   브레인스토밍 연습

관심 있는 한두 개의 변인(혹은 구인)을 정의하는 것으로 시작한다. 그리고 그 변인들을 확장하거나 그들 사이의 관계를 설명할 수 있는 추가적인 변인(혹은 구인)들의 목록을 작성한다. 목록의 변인들은 최종적으로 당신이 선정할 연구문제에서 독립변인, 종속변인, 조절변인 혹은 매개변인이 될 것이다. 후보 변인 목록을 브레인스토밍한 후 연구할 가치가 없어 보이거나 재미있을 것 같지 않은 변인을 제거한다. 두세 개 정도 남은(최종적으로 선정된) 변인 간의 관계를 알아보는 연구문제를 진술할 수 있는지 확인한다. 궁극적으로 각각의 변인은 연구를 발전시켜 나가면서 조작적 정의를 내려야 한다.

다음은 이 브레인스토밍 연습을 다른 전공 주제에 적용한 예이다.

정치학

시의회 회의에 시민이 참여하는 것에 관심을 가지는 것으로 시작한다. 이 변인에 영향을 미치거나, 영향을 받거나, 혹은 관련 있어 보이는 변인이나 현상들을 목록으로 작성한다.

연구문제 예시: "입법을 위한 시의회 회의에 시민의 참여가 미치는 영향은 무엇인가?"

시민 참여 ⟶ 입법활동
(독립변인)   (종속변인)

교육학

정부 지원금(Aid to Families with Dependent Children: AFDC)을 받고 학교로 돌아온 미혼모들에 대한 관심에서 시작한다. 이 현상에 영향을 주거나, 영향을 받거나, 관련 있어 보이는 변인 목록을 작성한다.

연구문제 예시: "정부 지원을 받는 미혼모들이 학업을 지속하는 데 있어 양육 지원 여부가 미치는 영향은 무엇인가?"

육아 지원 여부 ⟶ 학업 유지
(독립변인)   (종속변인)

범죄학

범죄감시 프로그램과 강도 사건 비율과의 관계에 대한 관심에서 시작한다. 이 두 변인 사이의 관계를 확장하거나 관계에 영향을 줄 수 있는 변인 목록을 작성한다.

연구문제 예시: "도시와 지방에서 범죄감시 프로그램이 절도에 미치는 영향은 무엇인가?"

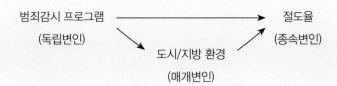

범죄감시 프로그램 ⟶ 절도율
(독립변인)   (종속변인)
도시/지방 환경
(매개변인)

심리학

신체적 매력과 자부심 간의 관계에 대한 관심에서 시작한다. 두 변인 간의 관계를 확장하거나 관계에 영향을 주는 변인 목록을 작성한다.

연구문제 예시: "신체상(body image)과 신체적 매력은 자부심 형성에 어떤 역할을 하는가?"
　　　　　　　 "신체적 매력과 자부심 간의 관계를 신체상이 매개하는가?"

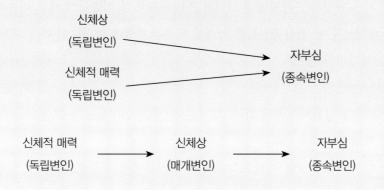

　주의할 점은 모든 가치 있는 연구가 세 개(혹은 그 이상)의 변인에 초점을 두는 것이 아니라는 것이다. 많은 연구가 두 변인 사이의 관계를 살펴보며, 일부 기술적 연구들(descriptive studies)은 하나의 변인이나 개념을 다룬다. 후자는 일반적으로 전공 분야에서 해당 주제에 대해 알려진 바가 거의 없는 연구의 초기 단계에서 발생한다. 일부 연구자들은 현상에 대해 깊은 이해를 하려고 노력하여 새로운 연구 주제를 소개하는 선구자 역할을 하며, 다른 연구자들이 향후 검증할 가설들을 정립한다. 그럼에도 불구하고 많은 학생은 가장 흥미롭고 실용적이며 이론적으로 의미 있는 연구가 변인 간의 관계를 고려하는 것이라는 사실을 과소평가한다.

　연구문제를 발전시켜 가는 브레인스토밍 활동은 하나의 선택사항에 불과하다. Jaccard와 Jacoby(2010)는 연구자들이 흥미로워할 만한 연구문제나 현상에 대해 창의적으로 생각할 수 있는 스물여섯 가지 방법을 제시했다. 구체적으로 연구자 개인의 경험분석, 사례 연구 활용, 해당 분야의 전문가와 면담, 역할연기, 생각실험 수행 등이 있다. 그중에서도 생각실험(thought experiment)은 특히 유용할 수 있다. Jaccard와 Jacoby는 연구자가 마음속으로 데이터를 수집하여 결과를 분석해 보는 것을 생각실험이라고 했다. 연구자는 생각실험에서 새로운 변인을 추가하거나 상황을 달리하여 시뮬레이션을 해 볼 수 있다. 하나의 예로, 생각실험에서는 현재와 반대되는 가정(counterfactuals;

Tetlock & Belkin, 1996)을 해 볼 수 있다. 반사실적 가정(counterfactuals)이란 행정가가 아닌 학부모가 공립학교를 운영한다면 어떤 일이 일어날까와 같이 '만약 ~였더라면'이라는 시나리오를 의미한다. 연구자들은 아직 제시되지 않았거나 인정되지 않은 이론적인 대안을 제시할 때 이 전략을 사용할 수 있다.

우리는 이 장을 〈글상자 2-3〉의 개요로 마무리하고자 한다. 〈글상자 2-3〉에는 논문 프로포절을 작성하는 과정에서 고려하고 대응해야 할 이슈들에 대한 내용이 제시되어 있다. 대체로 논문 심사위원들은 학생들의 프로포절과 관련하여 다음 세 가지 사항에 대해 납득되어야 한다.

- 연구문제가 명확하고 연구할 수 있는 수준인가? 연구문제에 대한 답은 학계의 지식을 확장할 수 있는가?
- 연구자는 선행 연구를 바탕으로 자신의 연구문제를 도출했는가? 즉, 선행 연구를 충분히 숙지했고, 관련 바탕이 되는 연구들을 고려하여 연구문제를 수립했는가?
- 연구문제에 대한 답을 탐구하기에 제시된 연구방법은 적절한가?

글상자 2-2 학생들이 제안한 적절한 주제 선정방법

수년간 우리의 지도 학생들은 논문을 완성하는 데 유용한 팁을 제공해 주었다. 다음은 그들의 제안 중 논문 작업 초기 단계에 적용되는 제안의 일부이다. 나머지 제안들은 이후 해당되는 장에서 제시될 것이다.

- 나중에 참고하기 위해 좋은 아이디어를 저장할 수 있는 컴퓨터 파일을 만들어야 한다. 파일에는 도서관에서 찾아보아야 할 책과 논문 목록, 인용할 좋은 문구, 향후 연구를 위한 영감, 나중에 유용할지도 모르는 어설픈 생각 등을 기록하라.
- 자신의 연구 주제를 한 조각이 빠진 커다란 직소(jigsaw) 퍼즐이라고 생각하라. 그 누락된 조각이 당신의 전공 분야에서 당신의 연구로 채우고자 하는 부분이다. 어떤 부분이 빠졌는지 발견하려면 관련 분야의 선행 연구들을 가능한 한 많이 읽어야 한다.
- 연구를 시작하기 전에 지도 교수가 추천하는 잘 쓴 학위논문을 몇 개 읽어야 한다.
- 논문이 진행되는 과정에서 당신의 연구문제는 한 사람이 감당할 수 있는 프로젝트 수준으로 축소될 것이다. 그러나 낙담할 필요는 없다. 작은 연구문제라 할지라도 분야에 큰 기여를 할 수 있다.

- 연구의 의미에 대해 잊어버리지 않으려면 당신의 연구결과에 대해 알고 싶어 하는 사람들을 상상하라. 세상에 오직 25명만이 이 연구에 관심이 있다하더라도 그들이 마치 눈앞에 있는 것처럼 연구하라.
- 나와 일부 동료들에게는 논문을 시작하는 단계에서 주요 일정을 미리 계획하는 것이 매우 도움되었다. 또한 동료들끼리 주기적으로 일정을 확인해 주면서 책임감을 가질 수 있었다. 그리고 일정을 친구 및 가족들과 공유하고 눈에 잘 보이는 곳에 붙여 놓음으로써 매일 확인하는 것도 도움이 되었다.
- 관심이 가는 연구자들에게 연락해 보아라. 연락해서 나쁠 것은 없으며, 의외로 많은 도움을 받을 수 있다.
- 관심 있는 연구 분야와 관련된 학회에 최소 한 번 이상 참여하라. 나는 내 연구 주제인 가족폭력과 관련된 학회에 참석을 했었는데, 내가 연구 주제에 대해 생각했던 것보다 많이 알고 있다는 사실을 알게 되었으며, 나의 연구 아이디어를 학회 발표자와 공유할 수 있었다. 학회 참석 이후 나는 활력을 되찾았고, 논문을 끝내고 싶은 간절한 마음이 생겼다.

글상자 2-3 **학생 연구자들이 프로포절을 작성할 때 고려해야 할 사항**

문헌 연구
- 이 분야에서 가장 영향력 있고 고전이라고 일컬어지는 연구들은······.
- 내가 연구하고자 하는 분야에 특화된 저널들은······.
- 내가 분야에 추가하고자 하는 내용은······.
- 내 연구 분야의 전문가들은······.

연구문제
- 이 연구를 통해 내가 해결하고자 하는 문제는······.
- 이 연구를 통해 내가 줄이고자 하는 도덕적·정치적·사회적 혹은 실제적 문제는······.

연구방법
- 내 연구문제에 대한 답을 하기 위해(혹은 내 주장을 입증하기 위해) 사용할 방법은······.
- 이 연구를 수행하는 또 다른 방법은······.
- 이 연구에서 제안한 연구방법을 사용하여 수행된 주요 연구는······.
- 이 연구방법이 연구문제, 가설 혹은 주제에 적합한 이유는······.

- 이 연구방법의 약점은…….
- 내가 이 연구방법을 사용하기 위해 갖추어야 하는 스킬은…….
- 이 스킬 중에서 내가 필요로 하는 스킬은…….
- 내가 이 스킬을 습득하기 위해 해야 하는 것은…….

제3장
연구방법:
양적 · 질적 접근방법

비형식적이고 직관적인 탐구와는 달리 과학적 탐구의 주요 특징은 지식을 확장하기 위하여 분야의 학자들이 신뢰할 수 있고 타당하다고 여기는 이성적 · 합리적인 절차를 적용한다는 것이다. 논문 작성은 학자 집단에 소속되는 사회화 의식이므로 학생은 자신의 전공 분야에서 요구하는 학문적 절차를 완벽하게 숙지해야 한다. 문제를 해결하기 위해 접근하는 방식은 문제의 속성과 전공 분야에 따라 달라질 수 있다. 사회과학 연구의 전통은 무시할 수 없을 정도로 오래되었지만, 보편 타당하게 받아들여지는 방법은 없으며 선택된 방법에는 타당한 이유가 있어야 한다. 과학적 방법은 신뢰할 만한 지식을 생산하기 위해서 정립된 타당한 공개적 절차에 따라야 하며 이는 비공식적 문제 해결방법과는 다르다.

현재 사회과학에서는 지식을 구성하는 것이 무엇인지, 그리고 그 지식을 얻기 위한 절차는 무엇인지에 대한 논쟁이 한창이다. 일반적으로 연구가 전공 분야의 지식에 어떻게 기여하는지에 대해서는 Marilyn Freimuth가 제안한 지식의 3수준 위계를 통해 생각해 볼 수 있다.

가치론적/인식론적 수준　해당 분야의 내용과 방법의 근본을 형성하는 기본 가설들의 기저 단계이다. 인식론(epistemology)이 지식의 속성을 연구하는 것을 의미하는 반면, 가치론(axiology)은 윤리, 가치 그리고 미학에 대한 연구이다. 이 수준에 속하는 구인의 예로는 인과관계 법칙과 개방체제 개념이 있다.

이론적 수준   모형과 이론에 대한 수준이다. 이론은 데이터를 설명하는 전제이며, 이를 풀어서 설명하면 이론은 데이터를 기반으로 하여 현상을 설명하는 것이다. 경제학에서의 손실회피 심리 이론(Tversky & Kahneman, 1991)과 심리학에서의 성격 5요인 이론(McCrae & Costa, 2003)이 그 예이다. 이론과 모형이라는 용어는 사회과학에서 종종 구별 없이 사용되기 때문에 구분하기가 힘들지만, 가장 기초적인 수준에서 이론과 모형은 모두 개념 간의 관계를 설명한다. 우리의 해석으로 모형이라는 용어는 상위 수준의 이론으로 다른 이론에 영향을 주고 다른 이론에 의해 영향을 받을 수 있는 높은 추상화 단계에 있는 표상체제이다[이 개념은 연구자를 인도해 주는 체계나 세계관과 비슷한 개념이며, Thomas Kuhn(1996)은 이를 '패러다임(paradigm)'이라고 명명했다]. 따라서 정신분석은 신비한 인간 행동을 바라보고 이해하는 광각렌즈와 같은 모형으로 볼 수 있다. 각 모형은 일련의 가정을 수반한다. 정신분석의 경우 이러한 가정은 인과적 결정론과 무의식적 동기에 대한 통합적 중요성이다. 여기서 사용된 모형이라는 용어는 제2장에서 논의되었던 가설적 연구 모형과는 다르다는 것에 주의하기 바란다.

실증적 수준   인식론에서 실증주의(empiricism: 그리스어로 문자 그대로 '경험에 근거하여'라는 의미)란 경험을 통해 지식을 습득하는 것을 의미한다. 실증주의는 종종 합리주의와 비교되는데, 합리주의란 순수하게 사유와 이성을 통해 나온 지식과 결론을 내리는 데 있어 좀 더 자연스러운 철학적이고 종교적인 전통을 의미한다. 현재 맥락에서 실증적 수준은 과학적 연구에 대한 가설, 방법 및 데이터가 포함된다. 가설은 일반적으로 이론에 기반한 연구문제에 대한 잠정적인 답이다.

이 세 수준의 스키마 내에서 연구의 중요한 역할은 이론과 실제를 연결하는 것이다. 이론이 그 기능을 하려면 데이터가 뒷받침되어야 하는 반면, 방법(methods)은 본질적으로 이론적 가정을 바탕으로 한다. 여기서 주의해야 할 사실은 연구 결과가 가치론적/인식론적 수준이나 기본 모형에 직접적으로 영향을 주지 못한다는 점이다. 가치론적/인식론적 수준과 이론적 수준은 데이터(특히 학문적 연구에 의해 생성된 데이터)가 제시되어도 변하기 힘든 개인의 가치관과 선호도를 반영하고 있다. 일련의 연구가 제공하는 축적된 지식에도 가치관은 변하기 힘들며, 이러한 가치관의 중대한 변화 없이 인지심리학자가 행동주의자가 되거나 공화당 지지자가 민주당원이 되는 것은 상상하기 힘들다. 대다수의 연구자는 그들의 연구에 특정 가치를 내세우고 개인의 선호도를 적용하기 때문에, 한편으로 신념과 의견 그리고 데이터에 기반한 입증 가능한 견해를 구분하는 것은 매우 중요하다.

과학의 역사를 잠시 되돌아보면 연구를 통해 진리를 발견한다는 잘못된 생각을 불식시키는 겸허한 경험을 할 수 있다. 정신병의 원인인 귀신을 퇴치하기 위해 두개골에 구멍을 내는 것이 용인되었으며, 태양이 지구 주변을 돈다는 주장이 받아들여진 것은 그리 오래전의 일이 아니다. 사람들은 현대 과학에서 진실로 알려진 사실이 언제 내일의 터무니없는 믿음으로 변할지 궁금해한다. 이러한 현실에서 연구가 기여하는 바는 이론의 타당성을 지지하거나 의문을 제기하는 일련의 사려 깊은 관찰이며, 이는 결과적으로 검증할 수 없는 믿음과 가정에 기반한다. 이따금 학문적 격변의 시기가 오면 현상을 더 잘 설명하고 추가적 탐구를 가능하게 하는 새로운 패러다임이 등장한다.

사회과학 분야별로 그리고 연구자별로 지식을 창출하는 데 있어 선호하는 방법이 존재한다. 예를 들어, 여론 관련 연구는 일반적으로 설문조사 방식에 의존하고, 유아 심리분석 연구는 관찰방법을 사용하며, 조직 유효성 연구는 액션 리서치방법이나 사례연구방법을 적용하고, 정치적 혹은 사회적 사건에 대한 역사적 탐구는 기록물과 내용분석에 의존하고, 인지 관련 실험 연구는 실험설계와 가설 검증을 강조한다. 그러므로 자신이 속한 분야에서 어떻게 해야 자신의 연구가 신뢰할 수 있는 지식으로 정당성을 인정받을 수 있는지 질문하는 것이 중요하며, 의심할 여지없이 질문에 대한 답은 내면의 인식론적 가정과 가치로부터 나온다. 연구전략은 연구자가 다루는 연구문제와 연구결과에 따라 달라진다. 차후에 언급하겠지만, 연구방법을 선택할 때 중요하게 고려해야 하는 점은 연구자와 연구 주제 간 관계의 특성이다.

우리는 사회과학 분야 연구자들이 논문에 적합한 연구방법을 정의하는 데 근시안적이었다고 생각한다. 사회과학 분야 학생들은 일찍이 독립변인과 종속변인의 차이에 대해 배우며 독립변인을 조작하는 실험 연구에서 종속변인에 미치는 영향을 어떻게 관찰하는지 배운다. 이 기본적이고 전형적인 전략은 농업 생산력 향상을 위해 비료에 대해 체계적인 연구를 실시한 것에서 그 역사를 찾을 수 있으며(Cowles, 2000), 이 방법은 사회과학에서 사람을 대상으로 하는 연구의 기초로 남아 있다. 그러나 이는 연구를 수행하는 유일한 방법이 아니다.

과학적 지식에 유일하게 보편적으로 적용되는 방법은 잠정적이고 수정이 필요한 결론에 도달하기 위해 논리적인 주장과 근거를 사용하는 것이다. 활발한 연구 활동을 하는 훌륭한 연구자들은 종종 '공식적(official)' 과학철학과 정형화된 방법론에서 벗어나 있다. 전임 미국심리학회 회장인 William Bevan(1991)은 다음과 같이 이야기했다.

> 효과적인 연구가 무엇인지 알고 싶다면 창의적인 연구자들이 그들의 공식적 신념체제에 대해 이야기하는 것에 대해 귀 기울이지 말고 그들이 무엇을 하는지 주의 깊게 살펴보아야 한다. 훌륭하고 효과적인 연구 활동에 몰입해 있을 때 그들은 가정에 연연해하지 않는다. 오히려 문제 해결을 위한 실질적인 의사결정에 몰입한다. (p. 478)

완성된 연구를 평가하는 핵심은 선정된 연구방법이 엄격하고 연구문제에 적합한가 그리고 연구가 개념적으로나 이론적으로 근거가 있는가이다. 연구자가 연구방법에 대해 많이 알면 알수록 본인 연구에 더 적합하고 앞선 연구방법을 선택할 가능성이 높아진다. 종종 학생들은 연구문제를 결정하기도 전에 특정 방법론에 매혹되어 연구방법을 먼저 결정하는 경우가 있다. 이 경우 비록 논문이 혁신적이고 유망한 연구방법을 사용한다 하더라도 이는 말 뒤가 아니라 앞에 수레를 가져다 놓는 것과 같다. 일반적으로 연구방법은 연구문제로부터 전개되어야 하고 연구문제에 의해 결정되어야 한다.

양적 연구방법

20세기 사회과학의 인식론적 토대는 논리실증주의(logical positivism)였다. 논리실증주의 학파에 의하면 모든 지식은 직접적인 관찰과 이를 통한 논리적 추론에 의해 도출된다. 넓은 의미에서 인간을 객관적으로 연구한다는 개념은 자연을 이해하는 데 있어 현상을 관찰하고 자연의 법칙을 설명하기 위하여 수학적 규칙을 만들어 내는 것을 추구하는 자연과학자들의 영향을 받은 것이다. 현재 사회과학은 경험적·양적 연구 전통이 지배적이다.

통계적인 방법은 관계나 패턴을 관찰하고 이것을 숫자로 표현하는 데 매우 유용하다. 기술통계는 이러한 행동 패턴을 설명하는 반면, 추론통계는 표본으로부터 도출한 결과를 모집단에 일반화하기 위한 확률적 주장을 도출한다. Kerlinger(1977)는 통계학을 다음과 같이 정의하면서 추론 과정을 강조했다.

> 현상에서 나타나는 분산(variance)의 근원을 비교 및 연구하고, 현상 간의 가설적 관계를 지지하거나 기각하는 의사결정을 돕고, 경험적 관찰을 바탕으로 하는 신뢰할 수 있는 추론을 지원하기 위해 표본으로부터 획득한 양적 자료를 분석하는 이론이자 방법이다. (p. 185)

자연과학 연구에서는 개인차가 아닌 평균 혹은 집단효과에 대한 연구에 초점을 둔다. 이런 연구 모형에서 도출된 추론적 진술은 확률적으로 사람들 혹은 일련의 사건 전체를 대변한다(예: "설문조사에 따르면, 대부분의 사람은 경찰관이 범죄자들을 다루는 데 과도한 공권력을 사용한다고 생각한다." 혹은 "감정을 표현하는 것은 힘든 일이 닥쳤을 때 효과적으로 대처하는 것과 관련이 있다.")

실험 연구에서 양적 연구 설계는 대상 집단이나 부류 간의 전체적인 차이를 확인하기 위해 사용되며, 정확한 측정 및 오차의 통제를 강조한다. 따라서 관심변수(독립변수)를 분리하고 조작하여 이것이 두 번째(종속) 변수에 미치는 영향을 관찰하는 데 그 목적이 있다. 이 절차는 가외변인(extraneous variables)을 '통제'함으로써 촉진되며, 두 변수(혹은 그 이상) 사이의 인과관계를 추론할 수 있게 한다.

방법론적인 통제는 일반적으로 무작위 원칙에 의존하는 두 가지 방법에 의해 이루어진다. 하나는 잠재적 연구 대상자 집단에서 표본을 추출할 때 표본으로 뽑힐 확률이 모두 동일한 무작위 추출법(random sampling)이다. 연구 대상을 무작위로 추출한 경우 연구자는 연구 결과를 표본이 속한 모집단 전체에 일반화할 수 있다. 다른 하나는 집단 간 동질성 확보를 위해 각 집단이나 실험 조건에 피험자를 무선 배정하는 무선화(randomization)이다. 이 경우 실험에서 조작하거나 처치를 가한 것 외에는 피험자의 특성이 무작위로 배분되어 실험 결과로 발생한 집단 간 차이가 조작된 변인에 의한 것이라고 추론할 수 있다.

불행히도 실험 상황에서의 통제는 인간을 대상으로 하는 사회과학 연구에서 적용하기 불가능할 때가 종종 있다. 예를 들어, 심리학은 엄격한 연구방법을 사용하는 명예로운 실험실 연구 전통이 있지만 임상 상황이나 사회 영역에서는 실험 연구에서 규정하는 통제를 가하는 것이 허용되지 않을 수 있다. 이런 딜레마는 사회학, 교육학, 정치학과 같은 학문 분야에서 수행되는 현장 연구에서도 현저히 두드러진다. 퓰리처상 수상자로 지리학자이자 생물학자인 Jared Diamond(2005)는 태평양 섬의 삼림 파괴 문제를 조사하기 위하여 양적 '자연실험(natural experiments)'을 수행했다. 그와 동료 연구자인 Barry Rolett은 81개의 태평양 섬에서 이루어지고 있는 삼림 파괴 규모를 숫자로 등급을 매긴 다음, 강우량, 마을로부터의 거리, 토양 복원 능력 등과 같은 9개 변수와의 조합에서 나온 결과를 통계적으로 추정했다. 또 다른 맥락을 예로 들자면, 현실적으로 두 가지 다른 양육방식을 적용하여 어린아이를 기르는 것은 불가능할 뿐만 아니라 실험 상황이라 할지라도 아동학대가 미치는 영향을 연구하기 위해 윤리적으로 아동을 학대할 수 없다. 그러나 연구자들은 진실험 설계(pure experimental design)를 사용하여 관심 변인과 유사한 변인들을 연구할 수 있다(예: 연구자는 부모에게 그들의 자녀가 특정 행동을 하면 연구자가 알려 준 특정 방법을 사용하라고 요청할 수 있다). 치료법의 효과를 평가하는 연구 혹은 프로그램과 관련된 변화 연구 역시 실험 설계에 적합하다. 그러나 연구 대상을 치료집단과 치료를 받지 않는 집단으로 무작위 배정을 하는 것이 불가능할 수도 있다. 치료가 필요하지만 치료받기를 거부하는 환자의 윤리적 문제를 다루기 위하여 위약(placebos)과 무처치 대기군(waiting-list controls) 활용 등 창의적인 해결책들이 다수 제안되었다(Kazdin, 2002).

일반적으로, 사회과학에서는 통제된 실험 설계의 엄격함을 일부 포기하지만 실험 연구의 논리와 주장은 유지하는 준실험 설계(quasi-experimental design)를 활용한다(Kline, 2009; Shadish, Cook, & Campbell, 2001). 준실험 설계는 체계적이고 경험적인 접근을 취한다. 연구자는 통제집단 혹은 연구 대상자를 각 조건에 무선할당하는 방법을 적용하지 않는다. 왜냐하면 많은 경우 이미 사건이 발생했거나 충분히 조작할 수 없는 상황이기 때문이다. 준실험 설계에서는 일련의 사건을 인과관계로 추론할 수 있는 상황이라 하더라도 이를 상관관계로 바꾸어 진술한다. 이는 이론적 모형이 실증 연구의 토대가 되어야 하는 중요한 이유이다. 연구 모형은 그 자체로 연구 결과를 의미 있게 해석하려는 연구자의 시도를 보여 준다. 그러나 진실험 설계 조건이 일부 누락된 준실험 설계로는 인과관계를 주장하기 힘들기 때문에 이런 연구에서는 독립변수보다 '예측

변수(predictor variable)'라는 용어를 사용한다(Kline, 2009).

　연구 대상자들이 스스로 집단을 나누는 경우, 연구 결과의 의미를 해석하는 데 주의가 필요하다. 한 가지 재미있는 예는, 다양한 지역에서 발견되는 노새의 수와 그곳에 살고 있는 박사들의 수 사이에 존재하는 명백한 부적 상관관계이다. 노새가 많은 지역에는 박사가 많지 않다는 사실과 그 반대의 사실은 통계적으로 상관계수의 형태로 표현될 수 있는 경험적 관찰에 의한 것이다. 연구자는 도시화 정도와 같은 제3의 (매개)변수를 통해 두 변수를 연결하는 이론적 모형을 제시하지 않는 한 두 변수 사이의 인과관계를 주장하기 힘들 것이다. 이론적으로는 상관관계 연구를 실험 연구로 바꾸는 것이 가능하다. 어떤 지역에 노새를 다수 유입시킨 후 박사 인력들이 해당 지역을 떠나는지 확인하는 것이 그 예이다.

　이 책은 연구 설계에 대한 책이 아니지만, 연구 전략을 선택하는 것은 논문의 최종 형태에 영향을 미친다. 연구가 진실험 설계이건 준실험 설계이건 혹은 횡단 조사 설계이건 사회과학에서 가장 일반적으로 사용하는 전략은 집단 간의 비교이다. 즉, 피험자들을 무작위로 할당한 후 각각의 집단을 실험집단과 통제집단으로 사용한다. 이 전략에서 가장 잘 알려진 사전-사후검사 통제집단 설계(pretest-posttest control group design)는 동등한 두 집단에 모두 사전-사후검사를 적용하고 한쪽 집단에게만 실험적 처치를 가하는 방식이다(〈표 3-1〉 참조).

　이 설계에서는 통제집단이 비교를 위한 기준을 제공하기 때문에 처치의 영향에 대해 평가할 수 있다. 예를 들어, 연구자는 관상동맥 우회수술 사후관리 프로그램에 배우자를 참여시키는 것이 환자가 식이요법을 더 잘 준수하게 되는지를 평가하기 위해 이런 설계를 사용할 수 있다. 혹은 자동차의 에어백이 운전자의 신체적 상해율에 미치는 영향을 평가하기 위한 연구를 설계할 수 있다. 일부 자동차에는 에어백을 설치하고 일부 자동차에는 설치하지 않았을 때 부상의 종류와 상해율의 변화가 종속변인이 된다.

　간단한 사전-사후검사 통제집단 설계는 실험 처치의 효과를 가외변인(extraneous

〈표 3-1〉 사전-사후검사 통제집단 설계

	사전검사	처치	사후검사
실험집단	실시	실시	실시
통제집단	실시	미실시	실시

variable)이 아닌 처치로 귀인하도록 한다. 그러나 연구 대상자가 무작위로 할당되지 않았다면 이 설계를 사용한 연구 결과에 대한 해석은 위태로워질 수 있다. 예를 들어, 앞에서 언급한 에어백 연구에서 자동차와 운전자가 각 조건에 무작위로 할당되지 않은 경우, 안전을 중요하게 생각하는 운전자는 보다 안전한 기능을 가진 자동차를 선택할 것이다. 무작위 할당이 항상 가능한 것은 아니기 때문에 피실험자들이 동일한 모집단 소속이 아니더라도 두 집단의 동등성을 입증하는 것은 중요하다. 그러기 위해서 연구자가 할 수 있는 방법은 두 집단의 나이, 성별, 건강 상태 혹은 운전 기록과 같은 연구의 주요 변인을 일치시키는 것이다.

기본적인 사전-사후검사 통제집단 설계는 사전검사가 피험자에게 미칠 수 있는 영향을 적절하게 통제하지 못한다. 일부 평가는 피험자가 현재 연구에 참여하고 있음을 인식하게 하거나 연습 경험을 제공하기 때문에 사후검사 결과에 대한 타당도를 오염시키기도 한다. 간단한 사후 설계(posttest-only design)를 통해 이런 문제를 피해 갈 수는 있지만 많이 사용되지 않고 있다(Campbell & Stanley, 2005). 기초적인 연구 설계를 선택한다고 해서 연구자가 가능한 오류와 연구 결과에 대한 대안적 설명에 대해 신중하고 창의적으로 생각할 필요가 없어지는 것은 아니다.

대부분의 실험 설계는 앞에서 설명한 실험 및 통제 집단 형식의 변형이다.[1] 실험 설계를 하면 연구자가 변인들 사이의 관계에 대해 인과성을 추론할 수 있다. 반면, 일반적으로 상관(혹은 관찰)연구로는 연구자가 변인 간의 인과관계를 입증할 수 없다. 인과관계에 대한 결론은 연구 결과보다는 연구의 기반을 이루는 이론으로부터 유추해 내야 한다.

실험 또는 상관 설계를 기반으로 한 연구는 추론 통계를 사용하여 분석할 수 있는 자료를 생성한다. 개입의 효과성 혹은 집단 간 차이를 평가하기 위해 사용되는 분산분석(ANOVA) 혹은 t-검정과 같은 통계분석은 집단 간 차이(예: 처치효과)의 크기와 개인차로 인한 집단 내 차이의 크기를 비교한다. 이러한 분석방법은 해당 연구가 전통적 실험 연구를 기반으로 하고 있음을 보여 준다. 그러나 상관 패러다임의 논리는 꽤나 다르다(Cronbach, 1975). 상관은 음주 및 수명과 같은 두 변인의 측정치의 분산을 비교한다. 다

---

1) 많은 다른 통계적 모형도 가외변인들을 통제한다. 여기서는 가장 흔하게 사용되는 두 가지 모형만 제시했다.

중회귀와 같이 상관에서 파생된 통계분석은 설문, 조사, 측정 도구, 연속변인들의 관계에 의존하는 사회과학에서 특히 많이 사용된다. 일반적으로 상관 연구에서는 연구 대상을 집단에 무작위로 할당할 수 없기 때문에 사회과학에서 두 번째로 중요한 통제 유형인 통계적 통제(statistical control)를 사용한다. 통계적 통제는 주요 관심 독립변인들 외에 다른 변인으로 인한 집단 간의 차이 혹은 관계에 미치는 영향을 제거하기 위해 통계적 절차를 사용하는 것을 의미한다. 그러나 유의할 점은 변인 간의 관계에 대한 서술 유형을 결정하는 것은 통계방법이 아닌 연구 설계라는 점이다.

실험 전통과 상관 전통 모두 양적 자료 분석에서 중요한 위치를 차지하고 있으며, 이에 대한 자세한 비교는 이 책의 범위를 넘어선다. 그러나 통계가 과학적 추론을 위해 필수 불가결한 도구이지만 올바른 통계가 잘못된 연구 설계를 대체할 수는 없다는 것을 기억해야 한다. 많은 경우, 실험적·관계적 패러다임을 기반으로 하는 통계적 방법은 양쪽 모두 동등하게 타당하다. 실제로 하나의 자료를 여러 가지 방법으로 분석하는 것이 가능하다. 예를 들어, 통제 소재(locus of control)와 예방적 차원에서 의료기관을 방문하는 빈도 간의 관계를 알아본다고 가정하면, 연구자는 이 관계를 상관계수를 사용하여 표현할 수도 있고 표본을 통제 소재에 따라 두 집단 혹은 그 이상으로 나누어 집단 간 의료기관 방문 빈도 결과를 비교할 수도 있다. 일반적으로 자료를 버리는 것[자료를 버린다고 함은 연구자가 연속변수를 임의로 내적/외적 분류와 같이 두 개 혹은 그 이상의 이산값(discrete value)으로 줄이는 것을 이야기한다]은 좋은 생각이 아니며, 이러한 결정은 통계적 전문지식과 이론적 근거를 통해 내려야 한다.

〈표 3-2〉는 연구 설계에서 외부 요인을 통제하기 위한 방법론적·통계적 방법에 대해 요약한 것이다.

우리는 양적 연구와 관련하여 두 가지 내용을 추가적으로 언급하고자 한다.

첫째, 사회과학에서 통계적으로 유의한 결과의 중요성에 대해 지나치게 강조하면서 임상적으로나 사회적으로 유의한 결과의 중요성에 대해서는 충분히 강조하지 않는 경향이 있다. 달리 말하면, 어떤 차이가 특정 유의 수준(일반적으로 .05 혹은 .01)에서 유의하다고 해서 그 차이가 실질적인 측면에서 의미가 있는 것은 아니라는 뜻이다. 예를 들어, 우울을 측정하는 데 5점 차이가 통계적으로는 유의할 수 있지만 임상적으로는 의미가 없을 수도 있다. 종종 학생들은 연구의 목표가 행동에 대한 유의미한 추론을 이끌어 내는 것이 아니라 통계적 유의성을 확보하는 것이라고 생각한다. 검정력 분석의 아버

〈표 3-2〉 통제방법: 비교집단, 통제집단, 통계

방법	통제 유형	예시
무선화	방법론적	연구 대상을 무선으로 실험집단과 통제집단에 할당
대응 추출(짝 추출)	방법론적	처치 관련 변수를 고려하여 실험 대상자들을 짝짓고 처치 조건에 무작위로 할당
도수분포대응	방법론적	E와 C 집단별 평균값들은 처치와 관련된 변인들과 연결
비교집단	방법론적	무선할당이나 무작위로 짝짓지 않고 비슷한 두 집단 비교
위계적 회귀	통계적	연구 주요 변인을 측정하기 전 잠재적 혼재(confounding)로 인한 변산성(variability) 제거
공분산 분석	통계적	주효과, 상호작용 효과를 알아보기 전 공변인으로 인한 변산성 제거

지라 불리는 Jacob Cohen(1990)이 상관분석에 끌린 이유는 효과 크기인 r을 산출하기 때문이다. 즉, p값과 달리 상관계수는 변수 간 관계의 크기를 직접적으로 나타낼 수 있으며, 이는 통계적 유의성 유무보다 훨씬 더 많은 정보를 제공한다. Cohen은 연구자들이 계산하는 것보다 관찰하는 것으로부터 때때로 더 많은 것을 배울 수 있다고 강조했다. 또한 복잡한 통계 분석을 수행하기 전, 혹은 이를 수행하는 대신 산점도나 줄기잎 다이어그램 등과 같이 데이터를 시각적으로 표현해 볼 것을 주장했다(결과를 제시하는 전략에 대해 설명하는 제6장에서 이 주제에 대해 더 다룰 예정이다).

둘째, 연구자들은 사회과학 연구자로서 사용할 수 있는 설계와 통제의 종류를 고려하면서 근본적인 딜레마에 대해 인지해야 한다. 좋은 연구는 통제와 의미 사이에서 끊임없이 균형을 잡는 것이다. 한 극단에서는 가능한 한 많은 혼재변수(confounding variables)에 의한 영향을 제거하면서 변수를 관찰하고 측정하는 것을 강조한다. 이런 엄격한 실험 연구는 결과에 대해 자신감을 가질 수 있지만, 특별히 흥미롭지 않을 수 있다. 또 다른 극단은 현장에서 어떤 통제도 없이 복잡한 인간 행동을 현장에서 관찰하는 것으로, 연구 결과는 매력적이지만 신뢰하기 어려울 뿐 아니라 연구를 재현할 수 없다. 사회과학 연구의 흐름은 측정의 정확도와 결과의 일반화를 강조하는 쪽과 맥락에 대한 설명 그리고 깊이를 강조하는 쪽의 양극단을 오간다. 최근 연구의 축은 연구 인식론에 대한 재평가와 가능해진 다양한 연구 전략으로 인해 의미(meaningfulness)를 강조하는 쪽으로 움직이고 있는 듯하다.

질적 연구방법

실험 및 준실험 설계를 사용하는 연구자는 연구 현장을 가능한 한 통제하려고 하고, 비교적 좁은 범위의 행동에 초점을 맞추며(종종 연구 대상을 단일 변수로 좁히기 위해 실험 조건을 조작함) 연구 대상과 거리를 둔 객관적 관찰자로서 연구에 영향을 미치지 않으려고 한다. 사회과학에서는 이와 반대되는 동향이 있는데, 연구자가 자연스러운 상황에서 현상을 즉흥적이고 유연하게 탐구하는 것을 허용하며 실험 연구의 인위적인 측면과 협소함을 피하기를 요구한다. 이러한 연구방법 중 일부는 전통적인 사회과학 연구의 인식론적·철학적 토대에 이의를 제기하는데, 이는 알려진 세계에 대한 믿음, 사회적 행동에 대한 보편적 특성, 진리 추구와 같은 연구 문화와 양립 가능하다(Gergen, 2001). 연구에 대한 논리적이고 실증적인 접근방법은 포스트모던 세계관(진리를 추구하는 수단인 과학적 방법의 정당성에 정면으로 도전하고, 신념이나 명백한 '현실'은 있는 그대로가 아니라 사회적으로 구성된다는 인식을 촉진)과 일치하지 않을 수 있으며, 문화나 시대, 상황에 따라 다르게 나타날 수 있다(Neimeyer, 1993). 구성주의(constructivism)는 사람들이 객관적 지식 혹은 진실이라 생각하는 것은 어떤 관점의 결과라고 보는 인식론이다. 구성주의자들에게 지식이란 존재하는 사실로부터 '찾아내거나 발견하는 것'이 아니라 능동적으로 만들어 가는 것이다.

학자마다 견해가 조금씩 다르긴 하지만,[2] 공통적으로 구성주의는 인간이 자신의 세계와 경험을 이해하기 위한 의미 체계를 어떻게 창조하는지에 초점을 둔다. 사회적 구성주의(social constructivism)에서 의미는 일반적으로 개별적인 인지 과정을 통해서가 아니라 사회적 교환 과정의 일부로 인간관계 안에서 생겨난다. 따라서 지식을 보유하고 있는 한 사람에게 집중하기보다는 역사적·문화적·맥락적 요인 안에서 지식이 어디에 위치하고 요인들에 어떻게 의존하는지 강조한다. 한 사람이나 사건을 서술하는 것은 단순히 '무엇이 존재하는지'를 보여 주는 것이 아니라 언어와 가치관을 매개로 하여 의미가 사회적으로 어떻게 구성되는지를 이해하는 것이다.

---

2) 구성주의에 대한 추가적인 내용은 Holstein과 Gubrium(2008)의 연구를 참조하기 바란다.

질적인 방법은 경험자 관점에서 그 경험을 이해하는 데 초점이 맞추어져 있기 때문에 일반적으로 구성주의 이론과 연결되어 있다. 그러나 또 반드시 그런 것은 아니다. 질적 연구의 세계에는 다양한 관점이 존재한다. 극단적인 한편에는 인간 행동과 사회체계에 적용된 논리적 실증주의의 타당성에 의문을 제기하면서 이상적이거나 중립적인 연구자의 존재 가능성에 이의를 제기한다(Feyerabend, 1981; Popper, 1965; Toulmin, 1972). 이들은 현대 물리학에서 힌트를 얻어 관찰자의 존재는 필연적으로 관찰 대상을 변형시키며 실제로 연구자와 연구 대상을 분리할 수 없다고 주장한다. 페미니스트 학자들은 다른 이유로 전통적인 실험방법을 비판한다. 그들은 전통적인 실험방법에서는 위계적인 권력이 형성되는데, 이는 연구자(많은 경우 남성)가 지시하고 관찰하며 기록하는 형태, 심지어 때로는 피험자를 속이는 상황으로 나타난다고 주장한다(Peplau & Conrad, 1989). 그러나 실험 혹은 비실험 방법의 사용 여부는 연구자의 남녀차별 없는 연구에 대한 노력과 아무런 관련이 없다는 점에 유의해야 한다.

연구방법과 관련한 과학철학의 발전은 특히 지난 20년간 지대한 영향을 미쳤다. 수많은 대안적 연구 패러다임이 진화했고, 현재 사회과학 연구에 적용되고 있다. 이런 접근 방법은 '현상학적' '해석학적' '경험적' '변증법적' 연구 등으로 불린다. 이와 같은 다양한 연구전략을 통합하는 데 가장 일반적으로 사용되는 일반적 용어는 '질적 연구'이다. Crotty(1998)는 양적 연구와 질적 연구의 근본적인 차이는 이론 혹은 인식론적 수준이 아니라 연구방법 수준에서 드러난다고 주장했다. 게다가 질적 연구자들은 전적으로 그들만의 차별화된 방법을 가지고 있지 않다(Denzin & Lincoln, 2011). 질적 연구자들은 인터뷰, 텍스트 분석, 설문조사, 참여자 관찰, 심지어 통계도 활용할 수 있다. 시간이 지남에 따라 아동에 대한 정신분석학 연구(psychoanalytic studies), 문화에 대한 문화기술지(ethnographic studies)와 같이 특정 주제를 연구하는 데 있어 특정 관점을 갖도록 하는 연구 전통이 진화해 왔다. 이런 영역에서 연구자는 다양한 방법을 사용할 수 있는데, 인터뷰와 관찰적 서술을 모두 사용하는 문화기술지가 그 예이다. 일반적으로 질적인 연구는 양, 강도, 빈도를 측정하기보다 과정과 의미를 강조한다(Denzin & Lincoln, 2011). 앞서 언급했듯이 새로운 세대의 질적 연구자는 사회적으로 구성된 실제의 본질, 연구자와 연구 대상 간의 밀접한 관계 그리고 연구에 영향을 미치는 맥락을 강조한다.

다양한 학문 분야가 필요에 따라 방법론을 변형하여 자신의 관점을 채택함에 따라 양적 연구와 질적 연구 사이의 경계는 점점 더 모호해지고 있다. 우리는 과도한 일반화

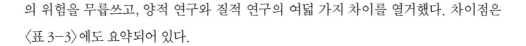

의 위험을 무릅쓰고, 양적 연구와 질적 연구의 여덟 가지 차이를 열거했다. 차이점은
〈표 3-3〉에도 요약되어 있다.

- 가장 명백한 차이는 데이터가 양적 연구에서는 숫자로 표현된다는 것으로, 숫자
  는 연구자의 관심 변인을 측정, 설명, 진단 및 일반화하는 지표이다. 질적 연구에
  서 데이터는 글이다. 그러나 일부 정성적(혹은 혼합) 연구에서 글은 숫자 형태로 코
  딩·분류·표현되며 정량적으로 분석되기도 한다.
- 양적 연구는 연구 설계에서 자료 수집 전 변인에 대한 구체적인 사항과 가설을 규
  정하는 가설-연역적 접근(hypothetico-deductive approach)을 사용한다. 반대되는
  예로, 탐색적 조사 연구와 요인분석 연구는 결과를 해석하는 데 연역적인 절차보
  다 귀납적인 절차에 의존한다. 이와는 대조적으로, 질적 연구는 구체적인 관찰에
  서 시작하여 연구 사례에서 나타나는 일반적인 원리를 발견한다. 연구자는 관찰
  을 하기 전에 자료를 구조화하거나 자료의 상호관련성에 대한 가정을 하지 않는
  다. 그러나 이는 연구가 철저한 계획 없이 진행된다는 의미는 아니다.
- 양적 연구자는 일반적으로 제한된 숫자의 변수에 집중하기 위해 연구의 장소와 맥
  락을 통제하려고 한다. 특히 준실험 연구에서는 일부를, 진실험 연구에서는 완벽
  한 통제를 하려고 한다. 반면, 질적 연구자는 자연적으로 발생하는 맥락 안에서 고
  유한 복잡성과 함께 현상을 이해하려고 한다. 그러나 연구가 현장에서 이루어졌
  다고 해서 반드시 질적인 형태의 연구가 된다는 의미는 아니다.
- 양적 연구는 특정 변인들을 조작적으로 정의하며, 관찰과 연구를 위해 이들을 분
  리한다. 이는 질적 연구와는 대조적인 것으로, 질적 연구는 현상을 전반적으로 탐
  구함에 있어 보다 전체적이고, 사람이나 프로그램, 상황에 대해 심리적으로 깊고
  풍부한 이해를 목표로 한다.
- 양적 연구는 가능한 한 연구 절차와 측정을 표준화하고 연구자와 연구 대상 사이
  에 거리를 둠으로써 객관성을 추구한다. 질적 연구자는 참여자들의 주관성을 중
  요시하며, 그들의 고유한 특성을 최소화하거나 제거해야 할 '오류'가 아니라 연구
  상황에서 가치 있는 것으로 인식한다.
- 양적 연구의 목표는 예측하고 통제하며 이론을 검증(설명)하는 것이다. 어떤 상황
  에서 한 사건이 다른 사건에 영향을 미친다는 것 혹은 변수가 다른 변수와 관련이

있음을 예측하는 것은 사회과학의 중요한 현상을 설명하는 데 도움이 된다. 질적 연구의 목표는 서술하고 탐구하며 의미를 탐색하는 것 혹은 이론 구축에 더 초점을 둔다. 질적 연구는 발견 지향적인 접근이라고 할 수 있다.

• 질적 연구에서 연구자의 입장은 양적 연구와는 다르다. 양적 연구자는 연구 참여자에게 제공되는 정보뿐만 아니라 연구의 조건을 통제하고 조작함으로써 연구를 추진한다. 질적 연구자는 연구 대상을 연구에 참여하도록 초청하여 다른 방법으로는 접근할 수 없는 개인의 관찰 불가능한 경험적 측면에 대해 그들이 기여하도록 한다(때때로 공식적인 협력자로 초청하기도 한다).

• 양적 연구는 자료를 분석하기 위해 통계적 방법에 의존한다. 여기에는 변수 간의 관계, 집단 간의 차이에 대한 유의성, 인터벤션의 효과를 알아보기 위해 기술적·추론적 통계를 사용하는 것이 포함된다. 질적 연구에서는 응답 내용을 분류하고 주제(themes)를 발견하기 위해 일종의 텍스트 분석을 실시한다. 그다음 현상을 밝혀내기 위하여 주제를 주관적으로 평가한다. 현상을 더 깊게 이해하기 위해 개인적인 차이를 탐색할 수도 있지만, 개인 간 혹은 집단 간 차이는 질적 연구의 초점이 아니다. 대신 그러한 차이는 이론을 정립하거나 발전시키는 데 사용된다.

〈표 3-3〉 양적 연구와 질적 연구의 차이점

	양적 연구	질적 연구
1	데이터가 숫자로 표현됨	데이터가 글자로 표현됨
2	연역적	귀납적
3	통제된 연구 상황	자연스러운 상황, 맥락적
4	조작적으로 정의된 변인의 분리	현상에 대한 전체적인 관점
5	객관성 추구	주관성에 관심
6	예측과 설명 강조	서술, 탐구, 의미 강조
7	연구자는 지시하고, 조작하고, 통제함	연구자는 참여하고 협력함
8	통계적 분석	텍스트 분석

적절한 연구방법의 선택은 맥락에 따라 다르며, 자신이 속한 전공 분야에서 통용되는 기준에 따라 좌우된다. 예를 들어, 질적 연구방법은 19세기 등장한 인류학과 사회학의 문화기술지 및 현장 연구에서 많이 활용된다. 심리학자 및 정신과 의사들 또한 그 무렵에 환자에 대한 상세한 이력을 기록하기 시작했다. 질적 방법의 분류는 간단하지만 오늘날 질적 연구는 널리 활용된다. 현대 사회과학 분야 논문에서 자주 활용되는 방법으로는 현상학적 연구, 문화기술지 연구, 근거이론 연구, 내러티브 연구가 있다. 각 방법에 대해서는 이 책의 다른 장에서 구체적으로 다룰 예정이다.

Crotty(1998)가 밝혔듯이, 연구방법론(methodology)과 방법(방법론은 자료 수집과 분석에 대한 절차와 기법과 같은 특정 방법 선택에 영향을 미치는 전략, 액션플랜 혹은 설계로 간주될 수 있다)의 선택은 이론적 맥락을 제공하는 철학적 입장에서 비롯된다. 이론과 연구방법은 논리적으로 연결되어야 한다. 그러나 서로 다른 이론적 관점을 바탕으로 매우 유사한 방법을 사용할 수 있다. 예를 들어, 사례 연구는 자료 수집 방법으로 널리 알려져 있다. 그러나 유명한 정치인들의 선거 전략을 알아보기 위해 관찰을 하는 것, 국제적 문제에서 종교의 역할에 대해 달라이 라마와 인터뷰하는 것 그리고 자폐아동의 사회적 행동을 치료 전후로 살펴보는 것에는 큰 차이가 있다. 앞서 언급한 모든 예는 공식적으로 사례 연구로 설명될 수 있지만, 연구에 대한 관점이 모두 다르다. 연구 패러다임 사이에는 서로 겹치는 부분이 많아 이런 중복 분류에 대한 이해가 필요하다. 그리고 우리는 연구문제에 따라 연구방법을 선택할 것을 다시 한번 강조한다.

현상학적 연구

현상학자들은 실증주의 과학에 문제를 제기하며 과학적 세계는 우리가 일상적으로 경험하는 '살아 있는(lived)' 세계가 아니라고 주장한다. 현상학의 창시자로 알려진 Edmund Husserl(1970)은 전통적인 과학이 사람들을 일상적인 경험의 세계로부터 멀어지게 한다고 주장했다. 이론이나 개념, 가설이 없어도 사람은 직접적으로 편견 없이 경험을 인식할 수 있다. 현상학적 운동은 Husserl의 유명한 격언인 "현상 그 자체로 돌아가라![(Back) to the things themselves!]"에서 영향을 받았다.

현상학적 연구(phenomenology)의 철학적 근간에 대한 역사적 관점에 대해 알고 싶은 독자들은 Crotty(1998), Giorgi(2009), Gubrium과 Holstein(1997)의 연구를 참고하기

바란다. 특히 Crotty는 북미의 현상학적 연구가 기존 현상학 이론이 제시한 것보다 참
여자들의 일상적 경험이 훨씬 더 주관적이고 무비판적으로 수용될 정도로 진화했다고
주장했다. Gubrium과 Holstein은 현상학이 어떻게 민속방법론(일상 대화와 사회적 상호
작용의 의미에 대한 연구)과 대화 분석(그러한 일상 대화와 상호작용의 구조에 대한 연구)과
같은 해석적 연구 전략의 철학적 기반이 되었는지 설명했다.

　가장 일반적으로 받아들여지는 내용은 개인의 경험과 그 살아 있는 경험이 언어를
통해 충실하게 표현되는 것에 현상학적 연구의 초점이 있다는 것이다. 따라서 현상학
적 연구는 인간 경험의 의미를 기술하려고 노력한다. 다른 형태의 연구보다 현상학적
연구는 사람들의 의식에 깔려 있는 구조(생각의 본질)에 따라 자신의 경험을 어떻게 기
술하는지 깊이 이해하려고 시도한다. 현상학적 연구자들은 자료의 출처로 면담이나 확
장된 대화를 사용한다. 연구자에게 중요한 기술은 듣기, 관찰하기, 대상과의 공감대 형
성이다. 연구자는 제시되는 주제를 주의 깊게 관찰하는 입장으로 머물러야 하며, 초기
에 관찰된 의미를 구조화하거나 분석하려는 유혹에 빠지지 않아야 한다. 관찰된 기초
자료가 기록되면 자료는 공식적인 문서로서 축소되고 재구조화되며 분석된다.

　많은 연구자는 현상학적 연구를 두 부류로 나눈다(Polkinghorne, 2010).

　첫째, '경험적' 현상학 연구는 Husserl의 철학적 입장을 직접적으로 계승한 연구이
다. 경험적 현상학은 van Kaam(1996)의 '이해받는 느낌'에 대한 연구를 시작으로 듀케
인 대학교의 전통 학문으로 대표된다. Giorgi(2009)의 연구 역시 이러한 점을 반영한다.
즉, 연구자는 연구 참여자로부터 개방형 질문과 대화를 통해 어떤 현상에 대한 생생한
설명을 수집한 다음, 경험의 구조를 설명하기 위해 이야기를 성찰적으로 분석(reflective
analysis)하고 해석한다. 이는 마음이 대상을 원시적 감각 자료가 아닌 범주의 지표로
식별한다는 Husserl의 주장과 일치한다.

　둘째, '실존적' 혹은 '해석적' 현상학 연구(Polkinghorne, 2010)는 Husserl의 제자인
Heidegger의 실존주의적 기여를 기반으로 학자들 사이에서 점점 더 많이 사용되는 접
근법이다. Heidegger는 사람들 사이에서 발견되는 분류체계보다 개인의 고유성에 관
심이 있었다. 해석적 현상학은 유사한 삶의 사건들에 대해 개인이 어떻게 다르게 이해
하고 의미를 부여하는지 나타낸다. 예를 들어, 군 복무를 마치고 집으로 돌아간 경험을
연구 참여자들이 어떻게 다르게 이해하고 표현하는가를 나타낸다.

　현상학 연구 창시자 중 한 명인 Clark Moustakas(1994)는 자신의 현상학 연구를 '발견

하다' 혹은 '찾다'라는 의미를 가진 발견적 연구(heuristic research)라고 언급했다. 연구 과정은 자신과 세상의 관계를 이해하는 것으로 연구자 개인에게 의미 있는 질문이나 문제로부터 시작한다. Moustakas의 외로움에 대한 초기 연구가 그 예이다. Moustakas에 따르면, 발견적 연구는 Duquesne의 접근법과는 다소 차이가 있다. 연구 과정에서 구조적 분석보다 참여자 개인의 이야기에 더 깊은 관심을 가진다. 또한 개인이 처한 단일 상황보다 넓은 범위를 다루고 단순한 서술적 설명뿐만 아니라 일대기, 대화, 일기, 미술품 등이 자료의 출처가 될 수 있다.

우리 박사 과정 학생 중 일부는 현상학 중심 질적 면담을 기반으로 학위논문을 작성했다. 한 예로, Lauri Francis(2012)는 교육 리더십 분야 논문에서 면담과 글쓰기 활동을 통해 어떤 교육 경험이 교실에서 학업적 엄격함을 장려하는 교사의 능력에 영향을 미치는지 알아냈다. 또 다른 학생은 예상하지 못했던 치명적으로 위험한 경험에 대해 사람들이 어떤 의미를 부여하는지 탐구했다. Veronica Clark(1997)는 운동을 하던 중 목숨을 잃을 뻔한 사건을 경험한 사람 10명을 대상으로 면담을 실시했다. 산문체로 제시된 면담 내용에 대한 연구자의 분석과 성찰은 그 사건이 참여자들로 하여금 어떻게 복합적인 현실을 경험하고 겹겹으로 이루어진 인간의 경험을 더 깊게 이해하도록 했는지 보여 주었다. 마지막으로, Sharon Sherman(1995)은 천식을 앓으며 사는 의미에 대해 현상학적 논문을 작성했다. 천식을 앓고 있는 성인들과의 면담은 이러한 경험을 이해하기 위한 개념적 모형 개발로 이어졌다.

문화기술지 연구

문화기술지 패러다임에는 인류학적 서술, 자연주의적 연구, 현장조사, 참여관찰이 포함된다. 문화기술지 연구자들은 사람들의 행동양식, 관습, 생활방식을 관찰함으로써 특정 집단의 삶의 구체적인 측면을 이해하고 포착하려고 노력한다. 자연스러운 상황에서 발생하는 일상적인 행동에 대해 정보원들(informants)로부터 구체적이고 완전한 설명을 얻어내는 데 초점을 맞춘다. 가설을 검증하기보다 특정 사회적 현상의 본질 탐구를 강조한다(Atkinson & Hammersley, 1994). 문화기술지 연구자들은 사람들의 행동의 의미를 명확하게 해석하기 위해 코딩되지 않은 비정형 자료로 작업하는 경향이 있다. 문화기술지 연구(ethnographic inquiry)는 문화인류학과 사회학 분야에서 중요한 연구방법이다.

　문화기술지 연구는 문화, 사회, 조직 생활에 대한 있는 그대로의 묘사부터 이론적 설명까지 걸쳐 있다. 연구자는 보다 귀납적 측면에서 서술적이고 해석적인 과정으로부터 이론을 개발하고, 연역적인 측면에서는 확립된 이론적 틀로부터 연구를 수행한다. 일반적으로 문화기술지 연구자는 연구 주제로부터 가능한 한 거리를 유지하면서 연구 환경에 장기간 머물며 몰두한다. 사실적 환경은 Erving Goffman(1961)이 50년 전 연구를 했던 정신병원일 수도 있고, Liebow(1968, 2003)의 연구 배경인 흑인 실업자가 밀집한 길모퉁이일 수도 있다. 전통적인 인류학 연구의 예로, 미국 인류학의 지배적 형태인 사회적 상대주의를 발전시킨 저명한 민족주의 학자 Mead, Malinowski 혹은 Franz Boas에 의해 수행된 인디언 보호구역 혹은 비서구권 문화에서 거주하는 원주민들의 건강과 관련한 관습에 대한 연구가 있다. 연구자는 몇 달간 현장에서 생활하기 위한 준비로 문헌 기록과 유물들을 살펴보면서 문화와 역사에 대한 기초적인 지식을 얻을 수 있다. 현장에서 지내는 동안 연구자는 관찰하고 상호작용했던 내용을 모두 현장 노트에 작성하고 관찰한 내용에 대해 심도 있는 면담을 통해 추가적으로 알아본다. 자료는 가급적 연구 참여자가 사용한 언어 그대로 기록하고 이후에 분석과 발표를 위해 요약한다. 문화기술지 연구와 관련한 상세한 내용은 Schensul, Schensul과 LeCompte(2013), Fetterman(2010)의 문헌을 참고하기 바란다.

　문화기술지 연구를 수행할 때 객관적이고 분리된 관찰자와 감정적으로 연루된 참여자 역할 사이에 긴장 상태가 형성된다. 연구자는 특정 집단의 행동, 신념, 지식을 이해하려고 애쓰며, 두 개의 구분되는 역할을 동시에 수행한다[내부적 관점을 에믹(emic), 외부적 관점을 에틱(etic)이라고 한다]. 19세기 후반과 20세기 초에 활동했던 사회심리학자이자 철학자 George Herbert Mead(1934)는 공동체에 녹아들려면 다른 사람 역할을 해야 하며 이렇게 다른 사람의 관점을 채택하는 것이 문화기술지 연구에 이르게 한다고 주장했다. 오늘날 문화기술지는 비판적 연구를 통해 변화하고 있는데, 이는 문화를 이해하려는 노력을 넘어 그 안에서 벌어지는 정치적인 측면을 다루는 것을 의미한다(Crotty, 1998). 따라서 전통적인 문화기술지 연구는 연구자가 사실을 객관적으로 기록하는 존재로 연구의 배경에 배치하는 반면(즉, 현실주의자 입장), 일부 현대 문화기술지 연구자들은 종종 사회에서 소외된 집단을 대표하는 연구 대상을 옹호하는 입장을 취한다. 후자는 '비판적' 관점(Madison, 2012)이라 알려져 있다. 문화기술지 연구의 또 다른 분파는 연구자가 연구의 대상이 되는 자문화기술지(autoethnography)이다. Stacy Holman Jones(2005)는 질적 연구자가 다른 연구 참여자들과 같이 자신의 성별, 계층, 문화적 신념과 행동을 어떻게 다루어야 하는지를 보여 주었다.

원형 동료정신(peer spirit circling)이라 불리는 현대 집단 과정의 변혁적 역량에 대한 Sarah MacDougall(2005)의 창의적인 학위논문은 문화기술지 연구를 바탕으로 작성되었다. MacDougal은 효과적 문제 해결 수단으로 원형 의회(circle council)를 고대 및 현대 토착문화에서 증거로 찾았고, 그러한 관행이 협업 사회로 이어지는 개인의 변혁적 경험을 어떻게 촉진하는지 입증하기 위하여 초점 집단, 참여자 관찰, 면담, 자문화기술지를 사용했다. 산타크루즈에 위치한 캘리포니아 대학교에서 사회학 분야 우수 논문으로 선정된 Rebecca Scott(2007)의 연구는 웨스트버지니아의 탄전 문화가 환경 및 사회 파괴를 유발하는 산꼭대기 노천 탄광에 대한 지지에 어떤 영향을 미치는지 알아보았다. 그녀는 연구를 위해 탄전에서 시간을 보내고 이해 관계자들과 면담을 진행했다.

근거이론

질적 연구 중 가장 두드러진 유형은 근거이론이다. Crotty(1998)에 따르면, 근거이론(grounded theory)은 이론 개발을 위해 명확한 일련의 절차에 의존하는 문화기술지 연구의 한 형태이다. 연구자들이 근거이론이라는 용어를 사용할 때 일반적으로 분석적 단계(제7장 참조)를 언급하지만, 근거이론이라는 용어는 연구방법 그 자체에도 적용될 수 있다. 근거이론은 문화기술지 연구에도 영향을 미친 상징적 상호작용 이론(theory of symbolic interactionism)에 기반을 둔다(Crotty, 1998). 상징적 상호작용 이론은 George Herbert Mead의 독창적인 공헌을 통해 사회적 상호작용 연구에 대한 실용적 접근법으로 진화했다. 이 이론은 모든 사람이 사회의 구성 요소라고 주장한다. 즉, 사람들은 언어, 의사소통, 공동체라는 수단을 사용하여 개별적으로 사회와 상호작용한다. 사회적 상호작용 관점에서 연구자는 다른 사람의 관점으로 세상을 바라보고 그들 행동의 의미를 이해하기 위해 그 사람의 역할에 자신을 투사하여야 한다(Crotty, 1998).

연구방법으로서 근거이론 접근법은 개인 간 경험의 유사성을 개념화하는 방법이며, 자료를 수집하고 이론을 구축하는 일련의 절차를 제공하는 발견 지향적 접근이다. 따라서 연구자는 연구문제를 가지고 있지만 연구에서 도출된 결과를 해석하기 위한 이론적 주장이나 가설은 거의 없다.

근거이론은 Glaser와 Strauss의 1967년 저서를 통해 연구방법으로 대중화되었다. 몇 년 후 두 저자는 협업을 끝내고 Strauss는 그의 동료인 Juliette Corbin(Strauss & Corbin, 1998) 그리고 Glaser(1998)는 독자적으로 저서를 출판했다. 그들 간 접근방식의 차이는 매우 흥미로운데(예: Rennie, 1998 참조), 주요 차이 중 하나는 전통적 가설 검증 패러다임에서 이론을 검증하는 것과 달리 이론이 연구자의 선입견 없이 발견된다는 것이다. 따라서 일부 근거이론 학자들은 Strauss와 Corbin이 질적 자료를 분석하기 위해 정교한 코딩 절차를 개발하는 데 있어 지나치게 규범적인 것을 우려한다. 범주 자체가 연구자의 관심과 편견을 반영할 수 있기 때문에 코딩 절차는 연구 과정에서 연역적인 요소를 추가한 것으로 간주되었다. 전통적인 근거이론 관점에서 방법은 좀 더 직접적이지만 유연한 방법으로 참여자의 살아 있는 경험(즉, 자료) 속으로 스며드는 것이다.

문제를 더욱 복잡하게 만드는 것은 대부분의 연구자가 Strauss, 특히 Glaser의 연구 성향이 실증주의적이고 객관적이라고 바라보는 반면, 최근 연구자들은 보다 명백하게 구성주의적이고 포스트모던적이다. 예를 들어, Willig(2013)는 발견(discovery)이라는 용어는 연구자가 자료 안에 이미 존재하는 의미를 찾는 것을 암시하지만, 의미는 현상으로 부터 떠오르는 것(emerge)이 아니라 언제나 자료와의 상호작용을 통해 연구자에 의해 구성된다고 주장했다. 따라서 아무리 엄격한 방법을 적용한다 하더라도 자료의 해석에 대한 연구자의 영향을 완벽하게 차단할 수 없다. 사회적 구성주의 계열의 현대 근거이론 연구는 어떤 현상을 보고하거나 검증하기보다 해석하는 데 초점을 둔 Charmaz(2005, 2014)의 연구에서 잘 나타난다. 그녀는 근거이론 연구에서 생성되는 이론은 연구자에 의해 형성되고 자료와의 신중한 상호작용을 통해 도출된다고 주장한다. 따라서 도출된 이론은 유일한 '진실'이라기보다는, 말하자면 전체 파이 중 한 조각일 뿐이다. Charmaz(2005)는 근거이론이 실증주의자들이 인정하는 질적 연구 수행방법이라고 주장했다.

학생으로서 자신이 무엇을 연구하는지, 왜 하는지에 대해 잘 이해하고 있고 일관성 있게 연구를 수행하는 한, 어떠한 근거이론 접근방식을 채택하는지는 그다지 중요한 문제가 아닐 수 있다. 근거이론 연구 수행 절차는 제5장에 더 자세히 제시되어 있다.

Glaser와 Strauss(1967)의 입장을 취하는 고전적 근거이론 연구의 좋은 예는 Victor Chears(2009)의 「타인에 대한 입장 취하기」라는 논문이다. Chears는 리더십이 다른 사람의 삶과 조직에 중요한 변화를 촉진한다고 믿는 사람들을 연구하면서 사전에 형성된 개념을 검증하기보다 수집된 자료로부터 이론을 형성했다. 이 이론은 사람들이 관계를 구축하고 고객들의 역량을 향상시키는 것을 도와주려고 사용한 전략에서 비롯되었다. Virginia Hedges(2003)의 논문은 공교육 체계하에서 이례적으로 성공한 남미계 학생들이 지나온 여정을 연구하기 위하여 근거이론 접근방법을 사용했다. 일대일의 개방형 면담을 통해 수집된 자료는 지속적 비교방법(constant comparative method)을 통해 분석되었다(제7장 참조). 남미계 학생들이 자신의 문화적 정체성을 강화한 과정을 묘사하면서 격려, 가족, 의미 있는 관계, 목표 지향과 같은 개념적 범주들로 구성된 근거이론이 형성되었다. 또 다른 근거이론의 예는 Candice Knight(2005)의 논문으로, 뛰어난 인본주의 심리치료사의 역량 계발에 기여했던 중요한 교육 경험에 대한 연구이다. 미국과 캐나다에 거주하는 연구 참여자 14명과의 면담을 녹화하여 전사한 자료로부터 다변량 이론적 훈련 모형이 형성되었다.

내러티브 연구

우리는 내러티브 연구(narrative inquiry)를 네 번째 주요 질적 연구방법으로 다루고자 한다. 최근 연구에서 자주 활용되고 많은 지도 학생이 이 방법을 논문 작성에 사용하기 때문이다. 내러티브 연구는 간략히 말하자면 한 사람이 살아온 전기적 경험을 다루는 질적 연구방법이다(Chase, 2012). 내러티브 연구의 선구자들은 20세기 초 사회학자들과 인류학자들이 사용한 생애사 방법을 사용했다. 생애사는 종종 주목할 만한 문화나 하위 집단의 방대한 자서전에 기초한다. Lewis(1961)의 『산체스의 아이들』이라는 제목으로 출판되어 알려진 멕시코 가족에 대한 연구는 '가난의 문화'라는 개념을 소개했다. 일상에서의 구술 내러티브를 공부한 사회언어학자와 여성 내러티브의 특수성에 대해 다룬 여성운동가 역시 내러티브 연구의 발전에 영향을 미쳤다. 후자의 예로, Belenky, Clinchy, Goldberger와 Tarule(1986)의 『여성이 이해하는 방법(Women's Ways of Knowing)』이라는 책이 있다.

Chase(2012)에 따르면, 내러티브는 자연스럽게 발생하는 대화, 면담 혹은 현장에서 구두 혹은 서면의 방법을 통해 발생한다. 내러티브는 취업 면접 혹은 연애와 같은 특정 사건에 대한 이야기이거나 신체 활동이나 죽음과 같은 중요한 삶의 문제를 반영한 이야기일 수 있으며, 한 사람의 인생 전체에 대한 이야기일 수도 있다. 현대 내러티브 연구에서 분명한 것은 단순히 일대기나 경험을 문서화하는 것이 아니라 의미를 이끌어 내는 것에 초점을 맞추는 것이다. 내러티브 연구자는 화자의 경험을 정리하고 구조화하면서 그들의 생각, 느낌, 해석을 이끌어 내고 들어야 하기 때문에 면담 기법에 대한 상당한 훈련이 필요하다. 개인의 사고 과정뿐만 아니라 그 과정이 형성되는 맥락이 독특하기 때문에 개개인의 내러티브는 유일무이하다. Chase(2005)는 내러티브가 같은 시공간 안에서 특정 목적을 위한 화자와 청자의 산물이라는 개념을 포착하기 위하여 "사회적 맥락에서의 상호작용(p. 657)"이라고 언급했다.

내러티브 연구의 마지막 단계에서 연구자는 자신의 연구 결과를 해석하고 의미를 이끌어 내면서 본인 역시 화자(narrator)가 된다. 이러한 노력으로 연구자와 연구 참여자의 주관성은 연구 과정의 일부가 된다. 연구자가 어떤 해석을 하고 판단을 내렸는지에 대한 성찰은 자료의 일부가 되고 그 역시 기록된다. 성찰성(reflexivity; Josselson & Lieblich, 2003)이라고 알려진 자신에 대한 성찰은 현대 내러티브 연구에서 근본적인 구성 요소이다.

내러티브 연구에서 구체적인 접근방식은 전공 분야에 따라 다소 차이가 있을 수 있다(Chase, 2012). 심리학자들은 이야기의 내용을 강조하는 경향이 있으며, 살아온 이야기 간의 관계와 정체성 발달 과정에 관심이 있다(삶과 이야기는 다르지만 서로 영향을 미칠 수 있다). 예를 들어, Denise Humphrey(2003)의 논문은 입양된 여성들의 양모, 생모, 자녀 간의 복잡한 관계를 연구하기 위해 내러티브 접근법을 사용했다. Humphrey는 Kohut(1978~1991)의 자기 대상 욕구와 기능(self-object needs and functions)의 개념을 통해 이 여성들의 내러티브를 해석했다. Humphrey는 입양되었던 경험이 있는 여성에게 엄마가 되는 경험은 입양 과정에서 경험한 결핍을 극복하는 데 도움을 주는 회복 기능이 있다고 결론 내렸다. 두 번째 학생인 Ellen Schecter(2004)는 일반적인 여성, 특히 레즈비언 여성은 성적 정체성 측면에서 성적 유동성(sexual fluidity)에 대해 어떻게 합의하는지에 대해 거의 알려진 바가 없다고 주장했다. 그녀는 심층 면접을 통해 오랜 기간 레즈비언이었지만 중년에 남성과 파트너가 된 여성들의 경험을 조사했다. 내러티브에서 공통 주제들이 발견되었는데, 이는 사회적·개인적 경험이 독특한 성적 정체성을 형성하는 데 어떻게 사용되는지 보여 주는 새로운 개념 모형의 기반이 되었다.

이러한 심리학적 연구와 대조적으로 사회학자들은 연구 참여자들이 제도적 혹은 조직적 맥락 안에서 그들의 경험을 어떻게 구성하는지, 혹은 그들의 삶의 특정 측면을 어떻게 이해하는지에 초점을 맞춘다. 예로, Catherine Riessman(1990)의 남성과 여성의 이혼에 대한 연구가 있다. 이는 오랜 시간 동안 공동체 구성원들과 관계를 맺으면서 이혼과 관련한 경험을 기술한 인류학자의 연구로, 내러티브 연구와 문화기술지 연구 사이의 연결이 잘 드러난다.

질적 연구 논문에 대한 시사점

질적 연구의 특수성은 프로포절와 논문 작성에 영향을 미친다. 질적 연구 설계는 일반적으로 이론을 증명하거나 검증하기 위한 것이 아니며, 자료가 수집된 이후 이론이 나타난다(전통적인 연역적 접근보다 귀납적 접근). 이는 연구자가 문헌 연구에서 인용한 선행 연구들의 이론적인 측면을 무시할 수 있다는 의미는 아니다. 그러나 일부 질적 연구자들은 해당 연구에서 자료를 분석하기 전에 선행 연구에 기반한 이론적 지식을 고려하는 것을 반대한다. 우리는 이론의 역할에 대해 중도적인 입장을 견지하는 Miles와 Huberman(1994)에 대체로 동의한다. 그들은 개념적 틀(conceptual framework)을 "연구된 영역에 대한 연구자들의 최신판 지도"(p. 20)라고 본다. 이는 연구가 진행되면서 개념 틀이 변경될 수도 있다는 것을 의미한다. 사전에 구조화할 수 있는 부분은 현상에 대해 문헌에서 밝혀진 내용, 사용 가능한 측정 도구 그리고 연구에 할당된 시간에 따라 달라진다. 느슨한 설계로 인해 처음에는 중요해 보이는 많은 양의 자료를 모두 수집하지만, 결국 필요한 내용을 선별하는 데 많은 시간이 걸리고 대부분은 직접적인 관련이 없다고 결론이 난다. 적어도 개념적 틀은 비슷한 주제를 연구하는 연구자들이 서로 소통하고 경험과 연구 결과를 비교할 수 있어야 한다.

잠정적인 개념적 틀을 채택하는 것은 연구자로 하여금 누구를, 그리고 무엇을 연구하고 연구하지 않을 것인가에 대한 경계를 구분 짓고 연구에 집중할 수 있게 한다. Miles와 Huberman(1994)은 사건, 상황, 과정, 이론적 구인 명칭이 붙은 그래픽 상자로 개념 구조를 표현한다. 그들은 연구자가 이러한 상자들의 내용에 대한 아이디어를 가지고 연구를 하게 될 것이라고 했다. 예를 들어, 교도소 수감자의 행동에 대한 질적 연구는 과거 범죄 이력(사건)이나 경비 수준이 높은 교도소(장소), 수감자 간 혹은 교도관과의 상호작용(과정), 권위나 조직 규범(이론적 구인)보다는 현재 행동에 초점을 맞춰 진행될 것이다. 물론 이러한 의사결정과 구분은 이론적 실증적 문헌의 영향을 받는다.

　연구문제는 이론적 가정을 설명하고 연구자(그리고 논문 심사위원들)의 호기심을 유지하면서 연구의 주요 목표와 과제에 대한 방향을 결정한다. 연구자는 수감 생활의 모든 측면에 대해 연구할 수 없다. 더욱이 연구자에 의해 포착된 문제와 서술된 연구문제는 연구방법을 선택하는 데 직접적인 영향을 미친다. "수감자와 교도관은 갈등을 어떻게 해결하고, 갈등은 관계에 어떤 영향력을 미치는가?"와 같은 연구는 표본이 될 행동 사건과 정보를 수집하는 데 활용되는 연구 도구(예: 현장 노트, 면담 기록, 일기, 내부 문서)에 영향을 미친다. 질적 연구에서 연구문제는 연구가 진행되면서 수정되거나 재구성될 수 있다.

　질적 연구를 수행하는 학생들은 논문 심사위원에게 자신이 질적 연구자의 역할에 대해 이해하고 있다는 것을 보여 주어야 한다. 연구자가 사전에 확정된 연구문제 없이 참여자의 주관적인 세계로 들어가서 연구 과정 내내 과학적 엄격함을 유지해야 하는 세심한 면담 경험이 그 예이다. 연구자는 완전하게 분리된 객관적 관찰자라기보다는 자신의 조작적 세계를 통해 연구를 수행하기 때문에 연구자가 자신의 내면에 존재하는 가치관, 가정, 기대 등을 이해하고 인식하며 공유하는 것이 필요하다. 이러한 측면은 문헌 연구와 연구방법 장에서 명확하게 제시되어야 한다. 게다가 연구자의 주관성은 다양한 자료 처리 절차에 의해 줄여 나갈 수 있다. 현장 노트를 보완해 줄 수 있는 오디오 혹은 비디오 녹화가 가능한가? 연구자의 반응을 다양한 시점에서 기록할 수 있는가? 연구 절차의 적합성을 검증하기 위하여 파일럿 연구를 수행할 수 있는가? 출판 전 연구 참여자들에게 확인차 연구 결과를 공개할 것인가? 이러한 내용을 프로포절에 구체적으로 기술함으로써 연구의 엄격성을 보여 주어야 하며, 이는 심사위원을 설득하는 데 도움이 될 것이다.

　질적 자료는 사건, 상황, 행동에 대한 구체적인 설명 그리고 사람들의 경험과 믿음에 대한 직접 인용구로 구성되어 있기 때문에 논문의 결과 장에서 있는 그대로 제시된다. 학생들은 구체적인 가설과 통계적 검증이 없다는 이유로 질적 연구가 수행하기 더 쉽다고 오해한다. 그러나 방대한 분량의 개방형 응답을 거르고 걸러 일관성 있게 정리하는 것은 통계분석만큼이나 많은 노력이 필요하며, 연구자는 그 과정에서 좌절감을 느낄 수도 있다. 좋은 연구는 어떻게든 그 값을 치러야 한다.

기타 가능한 논문 접근방법

해석학

해석학(hermeneutics)은 문자에 대한 해석 혹은 기록된 의미를 뜻한다(Polkinghorne, 2000). 연구자는 맥락에 대해 깊이 이해하기 위해서 해석적 접근을 취한다. 전문적 연구의 한 분야로 해석학은 17세기 성경학자들에 의해 개척되었는데, 이들은 텍스트를 분석하고 해석함으로써 종교적 의미를 끌어냈다. 최근 사회과학 분야 연구자뿐만 아니라 비평문학 분야 학자도 세속적 텍스트를 해석하는 데 해석학을 적용하기 시작했다.

해석학 분야에서는 해석자와는 별개로 텍스트 자체가 의미를 담고 있다고 생각하는 객관주의자들과 텍스트에 대한 이해를 위해 적극적인 해석이 중요하다고 보는 입장 간에 끊임없는 논쟁이 이어져 오고 있다. 후자의 입장은 과학철학에서 현대 구성주의자들의 입장과 매우 유사하다(Winograd & Flores, 1986). 이런 측면에서 이해란 현상에 대한 관점과 해석자 관점의 결합이다. 누구나 자신의 경험과 기대를 기반으로 해석을 하지만, 자신에 대한 이해조차 제한적이고 부분적으로 표현될 수밖에 없다. 그렇기 때문에 텍스트의 의미와의 상호작용은 관찰자와 관찰되는 것 모두에 대한 심도 있는 이해를 가능하게 한다. Mahoney(1990)가 언급했듯이, "새로운 혹은 변화된 의미는 텍스트와 독자의 능동적인 만남에 의해 발생한다."(p. 93)

예를 들어, 고대 텍스트는 그 의미를 현대 이슈에 적용하는 것을 목표로 당시 역사적 맥락 안에서 분석되어야 한다. 일반인이 이해할 수 있으면서 주제에 대한 준거 틀에 충실한 방식으로 현상에 대한 의미를 보여 주어야 한다는 생각은 공식적인 연구문제로 이어질 수 있다. 해석학에서는 자료가 연구자에게 주어지는 반면, 현상학적 연구에서는 연구자가 연구 대상을 인터뷰하면서 이야기를 만들어 내는 것을 돕는다(Hoshmand, 1989). 앞서 살펴본 바와 같이, 현상학적 연구는 서술보다 해석을 하는 해석학적 입장을 기반으로 하고 있다. 이러한 접근방법의 좋은 예로, 가족/이혼 조정관이 별거 중인 부부 사이의 갈등을 해결하는 과정에서 어떻게 심리적 균형을 유지하고 집중할 수 있는지에 대해 Smith(1998)가 작성한 논문이 있다. Smith는 국가에서 인정받는 7명의 조정관을 세 차례에 걸쳐 면담했고, 이 조정관들의 의식 안에 존재하는 겹겹의 의미를 밝혀내기 위해 인터뷰 내용을 귀납적으로 분석했다. 연구방법으로 해석적 현상학은 연구 대상의 경험을 기록한 문학, 시, 예술작품, 비디오 등을 자료로 활용할 수 있다(Hein & Austin, 2001). Elliott(1997)의 학위논문은 이러한 해석적 접근의 전형적인 예이다. Elliott은 캐나다 혁신과 관련한 5개의 콘퍼런스를 연구하면서 콘퍼런스 워크숍과 회의를 기록한 비디오테이프, 공식/비공식 서류와 보고서, 공식 발표 문건, 미디어 보도 자료 등을 자료로 활용했다. 연구 결과는 입장 차이를 좁히기 위한 담론적 시도에서 상호작용의 질에 기여하거나 방해하는 요인에 대한 이해였다.

연구에 대한 해석학적 접근은 매우 복잡하다. 언어가 이해의 핵심으로 간주되기 때문에 연구자는 반복적으로 자료로 돌아와서, 말하자면 자료와 대화를 해야 한다. 연구자는 자료의 출처인 사람에게 그 자료가 의미하는 바가 무엇인지 알아내고 그 의미와 연구자에게 의미하는 바를 통합해야 한다. 이러한 연구방법은 전체적 의미가 부분적 의미에 어떤 영향을 미치는지, 부분적 의미가 전체 의미를 어떻게 설명하는지 추론하기 위한 일련의 단계로 19세기 Wilhelm Dilthey(1996)가 최초로 제안했으며, 해석학적 원형 방법(hermeneutic circle method)이라고도 한다. Dilthey는 텍스트의 의미를 재구성하는 데 사용될 수 있는 '주관적 과학(science of subjectivity)'을 창조하는 데 객관주의 입장을 고수했지만, Gadamer(2013)와 Habermas(Habermas & McCarthy, 1985)와 같은 후속 해석주의자들은 연구자들이 글 쓴 사람의 마음속에 절대 들어갈 수 없다는 점을 강조하며 이런 입장을 수정했다. 우리의 해석은 상황에 따른 정황(situational circumstances)에 대한 이해를 바탕으로 하기 때문에 하나의 옳은 해석이나 객관적인 의미가 존재하지 않는다(Packer, 2010). 우리가 상황에 대한 맥락, 아이디어, 감정에 대해 파고들 때 해석적으로 접근하려는 경향이 있음에도 불구하고 해석적 연구는 사회과학에서 비교적 드물게 이루어진다. 해석적 연구로 잘 알려진 예로, Erik Erikson의 『청년 루터(Young Man Luther)』와 현대 문제를 서술하기 위하여 전형적인 신화적 관점을 사용한 칼 융의 작품이 있다.

해석학은 특정 연구방법이라기보다는 이론적 관점에 가깝다고 할 수 있다. Martin Packer(1985, 2010)에 따르면, 해석학적 접근은 모든 인간 행동 연구에 적용할 수 있으며, 여기서 행동은 텍스트 구조를 가진 것처럼 취급된다. 인간 행동 연구에 대한 실증적 혹은 이성적 접근으로부터 해석학을 구분하는 것은 어떤 행동이 추상적인 개념이나 인과관계라기보다 그것이 발생하는 맥락에 대한 이해를 통해서만 이해될 수 있다는 믿음이다. Packer(1985)는 다음과 같이 언급했다.

> 이성론자 혹은 경험론자의 설명과 해석학 설명의 차이는 도시의 지도와 그 도시에 사는 사람에 의해 설명된 도시의 차이와 비슷하다. (p. 1091)

지도 제작자가 그린 지도는 형식적이고 추상적인 반면, 해당 지역 거주자의 지도는 개인적이고 편향적이다.

더욱이 David Rennie(2012)는 모든 질적 연구는 방법적 측면에서 해석학이라고 볼 수 있다고 제안했다. Rennie는 질적 연구를 ① 경험의 의미를 구조, 이야기, 범주, 주제로 개념화하고 현상학, 내러티브 분석, 근거이론을 포함하는 경험적(experiential) 방법, ② 화용론 혹은 언어의 기능을 연구하고 대화 및 담화 분석을 포함하는 담론적(discursive) 방법, ③ 주제 분석 및 사례 연구 방법을 포함하는 경험적/담론적 방법 등 세 가지 접근법으로 나누었다. Rennie는 Dilthey(1996)에 의해 제안된 분석방법인 해석적 원형이 발견 중심 분석과 관련이 있으며, 그런 분석은 거의 모든 현대 질적 연구의 특징이라고 주장했다.

사례 연구

사례 연구는 일반적으로 개인, 조직, 사건, 프로그램, 과정, 혹은 Stake(2000)가 "구체적이고 특별한 시스템"(p.436)이라고 부르는 것에 초점을 맞춘 연구를 의미한다. 많은 전공에서 사례 연구로 학위논문을 쓰는 것을 좋아하지 않는데, 이는 단일 사례나 예에서 개념적 가치를 이끌어 낼 수 있을지에 대해 의문이 있기 때문이다. 그러나 사례 연구는 교육, 사회복지, 경영, 도시계획, 공공행정과 같은 실무 중심 분야에서 자주 활용되며 일부 전통적인 사회과학 분야에서도 활용된다(Yin, 2013). 사례 연구는 양적 · 질적 관점에서 고려할 수 있다. 고전적 실험 전통에서 양적 접근법으로 단일 대상 혹은 $N = 1$ 설계가 있다. 이 실증적 접근은 특정 통계 절차와 관련이 있다(Gast & Ledford, 2009; Richards, Taylor, Ramasamy, & Richards, 2013). 단일 대상 양적 연구(single-subject quantitative studies)는 반복 측정을 통해 현상의 변화를 측정하거나 특정 처치를 없애거나 반대로 실행한 다음, 종속변인의 차이를 평가하는 데 사용할 수 있다. 단일 대상 연구 전략은 특히 새로운 처치를 개발하거나 개선하고 개인의 행동을 면밀히 조사하는 데 적합하다.

그러나 사례 연구는 어떤 복잡한 맥락 안에서 대상을 이해하려고 집중적인 노력을 하는 질적인 설계와 일반적으로 더 관련이 있다. 연구문제는 다양하지만 연구 목적은 항상 사건에 대한 종합적인 이해에 둔다. Stake(2005)가 조언한 대로, "복잡한 현상을 이해하는 데 최선을 다해야"(p. 449)하며, 의미를 발굴하기 위해 관찰과 성찰 기술을 활용해야 한다.

"더 많은 대상에게 일반화하는 것은 얼마나 중요한가?"에 대한 질문의 답은 그때그때 다르다. Stake(2005)는 본질적 사례 연구(intrinsic case study)가 특정(혹은 일반적인) 사람, 단체, 사건을 이해하려고 노력하기 때문에 일반화와는 무관하다고 설명했다. 그는 도구적 사례 연구(instrumental case study)를 하나의 사례에 초점을 맞추기보다 이슈를 조명하거나 일반화를 검증하기 위한 것으로 설명했다. 우리는 순수한 기술적 혹은 탐색적 사례 연구는 이론적 의미를 갖는 설명적 요소를 포함하지 않는 이상 박사 학위 논문의 요건을 충족시키지 못한다고 생각한다. 이것은 연구자가 다른 가능한 사례에 반대하여 이론을 일반화할 필요가 있다는 것을 의미한다. 이는 또한 조사 및 응용 연구와 관련된 '누가' '무엇을' '어디서'와 같은 서술적 질문보다 '어떻게' 혹은 '왜'라는 범주에 속한다는 것을 의미한다. 그러나 우리는 이것이 보편적인 기준이 아니라는 것을 알고 있다. 여기에 대해 관심이 있는 독자는 이와 관련된 쟁점에 대해 다소 다른 관점에서 논의한 Stake(2000)와 Yin(2013)을 참조하기 바란다.

좋은 사례 연구는 구체적으로 어떤 자료 수집 방법이 사용되는지 언급해야 하는데, 여기에는 면담, 행동관찰, 참여관찰(문화기술지 연구와 같이), 문헌 및 기록물 검토가 포함된다. 대표적인 사례 연구의 예로는 사회학적 접근을 보여 준 중서부 소도시인 미들타운(Middletown)에 대한 '작은 중서부 마을'(Lynd & Lynd, 1929), W. F. Whyte(1955)의 『거리 모퉁이 사회(Street Corner Society)』, Freud(1905~1909/1997)의 『도라: 히스테리 사례분석(Dora: An Analysis of a Case of Hysteria)』이 있다. 따라서 학생들은 사례 연구 방법을 사용하여 논문을 쓰는 것이 아니라 어떤 방법을 하나의 사례에 적용하는 것으로 생각하는 것이 좋다. 우리 대학에서 작성된 사례 연구 중에는 에살렌 연구소(Esalen Institute)의 공동 설립자인 Richard Price의 성격 분석적 전기가 있다. 이 연구는 상호주관성 이론을 사용했고, 동료, 친구, 가족 구성원과의 면담, 개인사 기록물, 기타 문건으로부터 그의 게슈탈트 이론에 대한 기여 및 연구소의 발전에 미친 영향을 알아내기 위하여 Price의 주관적인 세계에서 발견되는 반복되는 주제와 패턴을 밝혀냈다(Erickson, 2003). 또 다른 사례 연구로, 세 가지 정신역학 심리치료에 대한 사후 연구(ex post facto study)를 실시한 Paula Holtz(2003)의 논문이 있다. 이 연구는 각 치료 회차 동안 치료사와 환자의 음성 행동 타이밍에 대한 자기 조절과 상호 조절 그리고 조화에 대해 연구했다. 음성 행동 점수를 전산화하여 반복적 단일 사례 설계 및 시계열 분석을 사용했다. 연구 결과는 치료사 혹은 환자가 상대의 목소리 행동과 함께 자신의 목소리 행동 타이밍을 스스로 조절한다는 정신분석적 상호 시스템 관점을 뒷받침하는 상당한 증거를 제공했다. 마지막으로, 예일 대학교 졸업생인 Cristina Balboa(2009)는 환경 관련 비정부단체(NGO)들과 그들의 지배구조 운영에 대한 정성적 비교 사례 연구로 권위 있는 상(Gabriel G. Rudney Memorial Award)을 수상했다. 그녀는 조직 구조와 정신(ethos)에 대한 이론을 바탕으로 파푸아 뉴기니, 팔라우, 필리핀의 세 민간 환경 보존 네트워크의 책무성을 평가하고 연구했다.

혼합 모형: 양적 연구와 질적 연구

양적 방법과 질적 방법을 함께 사용하여 논문을 설계하는 접근이 갈수록 인기를 얻고 있다. 이는 실험, 준실험, 상관 설계와 같은 양적 연구 설계 및 연구 자료의 엄격성과 정밀성 그리고 질적 방법과 자료에 대한 깊이 있는 이해를 결합한 접근법이다. 따라서 이 방법은 서로에 대한 상호보완 혹은 서로 다른 수준의 분석이 가능하다. 모형을 혼합하는 데는 다양한 방법이 있다. Teddlie와 Tashakkori(2009)는 양쪽 패러다임을 결합한 혼합방법 연구(mixed methodology studies)로 가능한 몇 가지 연구 설계를 제시했다. 이들의 실용적 접근방법에서는 지배적 패러다임이나 세계관의 채택과 관련한 질문은 부차적이다. 따라서 확인적 성격의 가설과 탐색적 성격의 일반적 질문, 양적 측면의 구조화된 인터뷰 및 측정 도구와 질적 측면의 개방형 인터뷰와 관찰, 결론의 의미를 확장하기 위한 양쪽의 전통적 분석방법을 혼합하는 것이 가능하다. 혁신적 혼합방법을 활용한 초기 예로 Mary Gergen(1988)의 여성이 갱년기에 대해 생각하는 방식에 관한 연구가 있다. Gergen은 집으로 여성들을 초대하여 갱년기에 대한 집단 토론과 갱년기에 대한 태도를 묻는 설문조사를 실시했다. 연구 보고서에는 설문에 대한 응답을 양적으로 분석한 결과와 토론을 통해 나온 주제들을 질적으로 분석한 내용이 종합적으로 제시되었다. 다른 분야에서는 벌목 공동체에서 목재의 감소가 미치는 경제적 영향을 양적으로 분석하고 산업에 종사하는 근로자와 가족들에게 미치는 정서적 영향을 질적으로 분석한 예가 있다.

혼합 모형 논문에서 혼합방법은 자료 수집 단계, 자료 분석 단계, 자료 해석 단계에서 발생한다. 간단하게는, ① 양적 요소와 질적 요소가 순차적이거나 동시에 제시되는 방법, 그리고 ② 한 방법이 다른 방법에 내재되어 있거나 한 방법이 다른 방법을 통해 얻어진 결과를 확인하는 데 사용되는 방법으로 나누어 볼 수 있다. 순차적인 전략으로 연구자는 양적 혹은 질적 접근법으로 시작해서 다른 접근법을 사용하여 발견한 내용을 확장하거나 구체화할 수 있다. 예를 들어, 연구 결과를 설명하고 확장하는 데 도움이 되기 위하여 질적인 요소를 양적 연구에 포함하는 것이다. 다른 방법으로는 질적인 연구로 시작하여 나중에 양적인 자료 수집을 추가하는 것이다. 이런 설계를 통해 질적 연구로부터 양적 타당화까지 신생 이론을 개진할 수 있다(Morgan, 1998). 또한 이는 연구자가 측정 도구를 설계할 때 질적 방법을 통해 문항을 구성하고 선별한 다음 도구의 타당성을 통계적으로 검증할 때 선택할 수 있는 방법이다.

동시(혹은 병렬) 설계에서 연구자는 양적·질적 형태의 자료를 동시에 수집하거나 분석한다. 가장 일반적인 형태는 양적 접근과 질적 접근이 동일 연구 내에서 서로를 보완하기 위해 사용되는 것이며, 각 방법은 다른 방법으로부터 얻어진 결과를 확인하거나 검증하여 연구 결과를 강화한다. 연구자들은 한 가지 접근법의 장점이 다른 접근법의 약점을 보완해 주기를 기대한다.

내재적 설계(Bazeley, 2009)에서는 한 가지 지배적인 방법이 있고, 연구자가 연구 중인 현상에 대해 풍부한 관점을 얻을 수 있도록 다른 방법이 그 안에 내재된 형태이다. 연구자는 주요 방법으로 탐구하고 있는 연구문제가 아닌 다른 질문에 대해 알아보기 위해 내재적 방법을 사용할 수도 있다. 일반적인 적용 예로는, 대규모 집단을 대상으로 양적 연구를 수행하고 추가적인 정보를 얻기 위해 그 집단 내 일부를 인터뷰하는 것이 있다. 또 다른 적용 예로는, 주요 방법으로 질적 연구를 수행하면서 참여자들에 대해 좀 더 알아보기 위해 양적 자료를 수집하는 것이 있다. Bazeley의 연구 그리고 Teddlie와 Tashakkori의 연구 모두 다양한 혼합방법 설계에 대해 열거했다.

혼합 모형 연구는 실행 측면에서 많은 어려움이 발생한다. 두 가지 다른 방법을 사용하여 자료를 수집해야 할 뿐 아니라 두 가지 다른 연구 패러다임에 대해 잘 알고 익숙해져야 하기 때문이다. 이러한 어려움에도 불구하고, 점점 많은 학생이 이 접근방법을 사용하여 논문을 작성하는 추세이다.

아마도 가장 일반적인 혼합방법론의 적용은 표준화된 검사 도구를 활용하거나 현장 연구 또는 실험 연구에서 측정을 통해 대규모 연구 대상자를 진단하고, 현상에 대한 깊은 이해를 위해 그 대상의 일부와 개방형 면담을 수행하는 것이다. 우리 박사 과정 학생의 논문(Slanger, 1991)이 그 예인데, 어떤 점이 '극한' 운동선수(예: 암벽 등반가)로 하여금 일반인들이 자기 파괴적이라고 여기는 행동에 몰입하게 하는지 연구한 논문이다. 이 논문은 타당화를 거친 측정 도구를 통해 자극 추구와 자신이 인식한 역량을 측정하고 질적인 측면에서 무작위 하위 표본으로 선택된 사람들과 개방형 면담을 실시하여 이를 결합했다. Slanger는 그 방법들이 서로를 보완하고 있다는 사실을 발견했다. 양적 자료에서는 극한 위험, 고위험, 취미 수준 운동선수를 구분하는 주요 예측 변수가 밝혀졌고, 정성적 면담에서는 영성(spirituality)과 몰입(flow; Csikszentmihalyi, 1991)과 같은 개념이 나타났다.

또 다른 졸업생(Christensen, 2005)은 퀘이커교 방식으로 학생들을 교육하는 학교에서 일어나는 갈등에 대해 알아보기 위하여 혼합방법 설계를 활용했다. Christensen은 학교 이사진 및 학교 운영위원회와 함께 일한 컨설턴트와의 면담을 통해 심도 있는 자료를 수집했고, 더 많은 관련인들에게 전자 설문을 보내 양적 자료를 수집하여 먼저 수집한 질적 자료를 보완했다. 연구자는 통합된 자료를 통해 역동적인 조직 안에서 성장의 예측변수를 파악할 수 있었고, 이사회 준비와 교육을 위한 모듈 기반 프로그램을 설계할 수 있었다.

비슷한 예로, Hardy(2011)는 상담과 임상심리학을 전공하는 대학원생을 대상으로 선을 넘거나 관리감독 관계 위반 경험에 대해 연구했다. 자료 수집은 구체적인 사례들이 포함된 웹 기반 설문을 통해 실시되었다. 경계를 침해하는 사건과 그것이 어떻게 정의되고 인식되는지 관련한 세 가지 가설이 통계적으로 검증되었다. 참여자들은 사건과 관련한 자신들의 경험이 개인적 · 직업적으로 미친 영향에 대해 설명했다. 연구의 질적인 요소는 이야기에 대한 해석적 분석이었다.

마지막으로, David Nobles(2002)는 조지 W. 부시 대통령의 마약 통제정책 시행 연설에 대한 논문에서 매우 다른 혼합 모형 접근법을 사용했다. Nobles는 연설문, 언론을 통한 대담, 공식석상에서의 발언 등으로 구성된 33개의 자료를 세 가지 연구 모형(극적/은유적 분석, 수사학적 비평, 커뮤니케이션 이론) 관점에서 분석했다. 연구 결과는 '마약과의 전쟁'이라는 은유가 마약 사용과 통제 정책에 미친 영향을 설명한다.

혼합방법으로 논문을 작성할 학생들은 어떤 연구방법이 우선적으로 적용이 될 것인지, 어떻게 자료 수집 순서를 정할 것인지, 일관성 없는 결과를 어떻게 설명하고 통합할 것인지, 더 큰 이론적 관점이 전체 연구 설계의 틀이 되어야 하는지에 대한 수많은 의사결정을 내려야 한다. Creswell과 Plano Clark(2011)는 이러한 전략적 선택의 기준을 찾는 사람들에게 도움이 되는 참고 자료를 제공한다.

양적 연구나 질적 연구 그 어느 쪽이든 인식론과 관련하여 강한 신념을 가진 학자들은 혼합 모형 접근방식을 채택하기를 꺼린다. 그들은 각 접근법의 기저 가정이 양립될 수 없다고 본다. 반복과 과도한 단순화의 위험에도 양적 연구는 연구자의 주장과 실제 세계의 현상(진리대응론, correspondence theory of truth)을 일치시킴으로써 지식을 검증하려는 객관주의적 인식론 전통에 의지한다. 이런 전통에서 이론은 실증적으로 검증될 보편적 가설로 제안된다. 한편, 질적 연구는 포스트모더니즘 운동과 관련한 구성주의 전통으로부터 나왔다. 여기서 지식은 발견되는 것이 아니라 만들어지는 것이다. 더욱이, 지식은 지역적 관습에 의해 결정되고 내적 일관성과 사회적 합의에 의해 입증되는 특정 맥락 안에 존재한다. 이는 연구자가 현상에 대한 열린 호기심을 유지해야 하며, 이론은 자료로부터 나온다는 것을 의미한다. 즉, 이론을 연역적으로 검증할 수 있는 단 하나의 진정한 현실이라는 것은 존재하지 않는다.

Morgan(2007)은 학계에서 패러다임을 전환하는 딜레마에 대해 논의했으며, 연구 설계에 실용적 입장을 취하는 것이 엄격한 인식론적 입장을 고수하는 것보다 장점이 많다고 주장했다. 그녀는 실용적 접근법(pragmatic approach)이 다음의 내용을 대체할 것이라고 했다.

- 이론과 데이터를 연결하는 데 있어 질적 연구와 관련된 순수 귀납적 추론 혹은 양적 연구와 관련된 순수 연역적 추론이 '가추법(abductive reasoning)'으로 대체
- 연구 과정과 관련하여 질적 연구의 주관성 혹은 양적 연구의 객관성이 '상호주관성(intersubjectivity)'으로 대체
- 데이터로부터 추론을 할 때 맥락만을 강조(질적)하거나 표본으로부터 모집단으로

일반화(양적)하는 것이 '전이성(transferability)'으로 대체

여기서 가추(abduction)란 귀납법과 연역법 사이를 오가며 추론하는 방법을 이야기하며, 관찰이 이론으로 이어지고 또 현실세계 실천으로 이어지는 것을 말한다. 상호주관성(intersubjectivity)은 '진리'를 추구하거나 지식의 주관성에 전적으로 의존하기보다는 특정 집단 내에서 공유된 의미를 강조하는 것을 말한다. 전이성(transferability)은 자료로부터 추론을 하는 관점에서 한 맥락에서 학습된 것이 다른 맥락에서 어떻게 적용될 수 있는지 강조한다. 이것은 표본에서 모집단으로 일반화하거나 연구에서 얻은 지식이 맥락적 한계에 의해 제한되는 것과는 대조적이다. 모든 사람이 Morgan의 가정에 동의하는 것은 아니지만, 종종 양립할 수 없다고 여겨지는 양극화된 연구 패러다임 간의 의사소통과 이해를 증진하기 위해 실용적 방법을 찾으려는 그녀의 노력에 감사한다.

우리의 입장은 양적 연구와 질적 연구 모두 무수한 철학적 관점에서 접근될 수 있다는 것이다. 우리는 학생들이 연구 주제에 대해 구체적으로 생각한 다음 관심 질문에 답하는 데 가장 적합하고 가치와 일치하는 연구방법을 적용할 것을 권장한다. 핵심적인 질문을 하고 그리고 나서 본인과 다른 사람들을 설득하기 위해 무엇을 해야 하는지 질문하는 것으로 연구를 시작해야 한다는 것이다. 연구를 수행하는 동안 연구방법과 관련된 규칙을 준수하고, 방법론의 장점과 한계점에 대해 명확하게 이해하고, 방법론이 자신이 연구하고 있는 현상에 대한 가정에 영향을 미치는지 명확하게 이해하고 있어야 한다.

이론적 논문

논문 작성을 위한 또 다른 접근방법은 이론적 논문(theoretical dissertation)을 작성하고 자료 수집을 완전히 생략하는 것이다. 그러나 이것은 결코 쉬운 대안이 아니다. 독창적인 이론적 기여를 하는 것은 지적인 측면에서 엄청난 도전이다. 양적 혹은 질적 연구와 이론적 연구에 필요한 지식 간의 차이는 관광객과 현지인의 차이를 생각하면 된다. 관광객은 지도를 보고 풍습과 언어를 경험하며 그 나라에 대해 많은 것을 배울 수 있지만, 현지인만큼 그 나라에 대해 완벽하게 알지 못할 가능성이 크다. 연구도 마찬가지이다. 독창적인 이론적 기여를 위해서는 연구자가 연구하는 영역에 대해 속속들이

알고 있어야 하며, 그 분야의 쟁점과 논쟁에 대해 잘 알고 있어야 한다. 만약 연구를 시작하기 위해 관심 분야를 검토하기 시작했다면 실증적 설계를 선택하는 편이 더 낫다. 물론 대부분의 박사 학위논문은 이론에서부터 도출되어야 하며, 이론적으로 시사하는 바가 있어야 한다. 또한 수집한 자료와 분석 결과는 해당 분야에서 새로운 사고를 할 수 있도록 장을 마련해야 한다. 그러나 이는 '의식과 관련한 새로운 이론' 혹은 좀 더 겸손하게 '단기기억에 대한 수정이론'과 같이 완전히 새로운 이론을 만들어 낸다는 기대를 가지고 시작하는 것과는 상당히 다르다.

만약 이론적 논문을 작성하려면 지금까지 인정된 것과는 다른 방식으로 현상을 이해해야 한다는 주장을 펼쳐야 한다. 사회과학에서 이론적 논문의 형태는 두 개의 다른 영역을 통합하거나 연결하는 것이다. 예를 들어, 우리 지도 학생 중 한 명은 심리치료 이론과 심리치료 사이에 괴리가 있다고 믿었고, 이러한 관점은 심리치료에서 개인 이론의 타당성이라는 훌륭한 논문으로 이어졌다(Glover, 1994). 또 다른 학생은 「유기적 구성주의와 살아 있는 과정 이론: 통합적 구성주의 인식론과 지식론(Organic Constructionism and Living Process Theory: A Unified Constructionist Epistemology and Theory of Knowledge)」(Krebs, 2005)이라는 매우 학술적인 책 한 권 분량의 이론적 논문을 완성했다. 덜 추상적인 수준에서 Rainaldi(2004)는 정신분석적 충동 이론과 생물학 분야의 최근 이론을 바탕으로 하여 통합적인 여성성과 관련된 새로운 이론을 개발했다.

메타분석

메타분석(meta-analysis)은 동일한 주제에 대한 서로 다른 연구 결과를 요약하고 비교하는 것을 목표로 하는 기존 자료에 대한 2차 분석의 한 형태이다. 메타분석은 사회과학 분야에서 점점 더 증가하고 있는데, 이는 학계의 개별 연구들을 종합하여 독자들에게 현상에 대해 풍부한 이해를 제공할 수 있기 때문이다.

메타분석이라는 용어는 Glass(1976)가 '분석에 대한 분석(analysis of analyses)'을 의미하기 위해 사용했다. 보다 다양하고 구체적인 메타분석 방법에 대한 설명은 Newton과 Rudestam(2013)에서 확인할 수 있다. 메타분석은 각 연구들의 결과를 통합하여 해당 주제에 대한 결론을 도출하기 위해 다양한 분석의 단위(예: 특정 연구 전체 혹은 연구 내 개별 결과들) 그리고 다양한 통계적 기법을 적용한다.

메타분석을 수행하는 첫 번째 단계는 방법론적 엄격성을 위해 기존 연구를 검토하고 선택하는 것이다. 그다음 통계적 기법을 사용하여 모든 연구의 결과를 공통 메트릭으로 변환한다. 마지막으로, 요약분석은 새롭게 확장된 표본을 사용하여 변인 간 관계의 강도(효과 크기)에 대한 정보를 산출한다.

물론 모든 논문은 주제와 관련하여 비판적 문헌 검토를 실시한다. 메타분석 연구를 구성하는 핵심 역시 정밀한 통계적 분석을 포함하는 문헌 검토이다. 우리는 치밀하게 수행된 메타분석이 학위논문으로 적합하지 않을 이유가 없다고 생각한다. 메타분석에 대한 추가적인 내용이 필요하다면 Borenstein, Hedges, Higgins와 Rothstein(2009)의 개론서를 추천한다.

액션 리서치

박사 학위논문을 수행하기 위한 또 다른 접근법으로 액션 리서치가 있다. 이는 대다수의 학생에게 큰 도전이 될 수 있다. 액션 리서치(action research)는 "사회적 변화와 사회적 분석을 촉진하기 위한 목적으로 지식을 창출하는 연구의 한 형태"(Greenwood & Levin, 2006, p. 6)로 정의된다. 액션 리서치는 일반적으로 어떤 조직 혹은 공동체 내에서 특정 문제 상황을 해결하고자 시작되기 때문에 순수 학문적 목적으로 수행되는 이론적 연구와는 구별된다. 액션 리서치의 또 다른 특징은 연구가 누군가에게(to) 수행되는 것이 아니라 조직 혹은 공동체의 내부자에 의해(by) 혹은 최소한 내부자와의 협력을 통해(with) 수행된다는 점이다. 이러한 체계적이고 성찰적 과정은 실제 맥락에서 이론을 만들고 실험적 개입을 통해 이론을 검증하는 것을 포함한다(Herr & Anderson, 2005; Stringer, 2013).

대부분의 액션 리서치 연구자는 Kurt Lewin(1948)의 기여와 사회 변화를 위한 그의 헌신을 인정한다. 액션 리서치는 설문, 면담, 초점집단, 문화기술지, 생활사, 통계 등 다양한 기법과 관련되어 있으며, 본질적으로 양적 연구일 수도 있으며 질적 연구일 수도 있다. 액션 리서치가 생겨난 초기 단계에서는 연구자가 특정 방향으로 변화를 시도했지만 최근에는 변화의 목표가 참여적 문제 해결을 통해 집단 구성원에 의해 결정된다. 연구의 중심이 되는 조직이나 집단 구성원들은 연구 과정에서 공동 연구원이 된다. 따라서 연구자는 자신의 행동(변화에 대한 방어적 태도를 포함)에 대해 연구할 구성원들의 참여를 효과적으로 촉진하는 집단 과정 기술을 갖춘 촉진자(facilitator)여야 한다.

　좋은 액션 리서치 프로젝트는 Lewin(1948)이 소개한 계획(plan)−행동(act)−관찰(observe)−성찰(reflect)로 알려진 순환 단계를 따른다.

- 계획 단계에서는 문제점을 인지하고 목표 달성을 위해 가설과 문제 해결 절차를 수립한다.
- 행동 단계에서는 개입(intervention)이 이루어진다.
- 관찰 단계에서는 행동과 그 행동이 목표 달성에 미친 영향에 대해 기록한다.
- 성찰 단계에서는 자료와 액션 플랜을 검토하고 새로운 가설을 수립한다. 이는 새로운 연구로 이어지며, 연구는 지속적인 학습 과정이다.

　Herr과 Anderson(2005)은 학위논문으로서 액션 리서치 연구는 일반화에 기여하고 이전 가능한 지식뿐만 아니라 연구가 이루어지고 있는 환경에 유용한 지식이어야 한다고 조언했는데, 우리는 이 점에 깊이 공감한다. 액션 리서치는 비슷한 다른 문제 상황에서 적용 가능한 새로운 이론뿐만 아니라 폭넓은 사용이 가능한 새로운 도구나 산출물을 만들어 낸다. Herr과 Anderson은 학위논문으로 액션 리서치를 수행하려는 학생들에게 잠재적 갈등을 인지해야 한다고 강조했다. 먼저, 액션 리서치는 절차와 결과를 예측하기 힘들기 때문에 연구가 계획대로 흘러가지 않을 수 있다. 따라서 논문 심사위원들은 잠재적 결과에 대해 유연함을 유지해야 하며, 연구가 진행되는 동안 연구방법과 절차가 수정될 수도 있다는 것을 이해해야 한다. 다음으로, 학생들은 자신이 학생, 연구자, 연구 참여자 그리고 조직구성원이라는 다양한 역할을 수행하면서 아슬아슬한 상황에 놓여 있다는 사실을 인식해야 한다. 학생들은 연구 결과와 결과에 따른 윤리적 영향을 충분히 인지하고 의사결정을 내릴 준비가 되어 있어야 한다. 마지막으로, 다른 많은 사람이 공동 연구자로 역할을 했을 수도 있지만 논문에 대한 저자의 기여도를 파악하는 것이 중요하다.

　우리 학교에서 수행된 액션 리서치 학위논문은 대부분 교육과 조직 개발 분야에서 수행되었지만, 사회복지학, 간호학, 범죄학 분야에도 적용이 가능하다. Judy Witt는 지역 전문대학에서 기획과 의사결정 과정에 협동적 조직 학습을 사용하는 것을 탐구하기 위하여 액션 리서치를 수행했다(Witt, 1997). Judy는 대학의 보직자, 교수, 행정직원

들과 함께 공동 연구자로서 연구를 수행했다. 연구팀의 구성원들은 프로젝트에 각자
의 전문성을 제공했고, Judy 역시 액션 리서치에 대한 그녀의 전문 지식을 제공했다.
연구팀은 대학의 학습 과정에 대한 효과성을 평가하기 위하여 기록물뿐만 아니라 회의
록, 일기, 면담, 참여자 관찰 현장 노트 자료를 분석했다.

제2부
논문 내용 작성하기:
학위논문 장(chapter) 구성

제4장
문헌 연구 및 연구문제 설정하기

앞서 사회과학 연구에 대한 개요와 함께 적절한 연구 주제를 발전시켜 나가는 방법에 대해 논의했다. 이 장에서는 문헌 연구라는 수단을 활용하여 연구문제를 도출하기 시작할 것이다.

서론

일반적으로 문헌 연구에 앞서 간략한 서론이 제시된다. 서론은 해당 연구에서 해결하고자 하는 문제(research problem)가 무엇이고 왜 그 문제가 탐색할 만한 가치가 있는지, 혹은 해당 연구가 이론 혹은 실제(이론과 실제 두 가지를 모두 다루기도 한다)에 어떠한 기여를 할 수 있는지에 대한 내용으로 구성된다. 서론은 보통 2~3페이지 분량이다. 연구의 폭넓은 맥락을 제시하는 것으로 시작할 수는 있으나 해당 연구가 해결하고자 하는 문제에 대한 정의로 신속히 초점을 좁혀 나간다. 연구를 진행하는 과정에서 연구문제가 일부 수정될 수도 있지만 서론의 기술 형식은 프로포절이나 논문이나 동일하다. 역설적이게도, 문헌 연구와 연구방법론 장(chapter)을 마무리하기 전까지는 서론을 완성하는 것이 거의 불가능한데, 이는 이 두 개의 장을 통해 연구문제 및 이에 대한 조작적 정의(operationalization)가 도출되기 때문이다.

　해당 연구를 통해 해결하고자 하는 문제는 이 주제에 대해 별 관심이 없는 독자도 이해할 수 있도록 명확하게 기술해야 한다. 예를 들어, 연구자는 "이 연구는 화학 산업에서 환경 보호와 관련된 입법 활동이 환경오염에 미치는 영향을 평가하는 데 그 목적이 있다."와 같은 문장으로 서문을 열 수 있다. 이어서 관련된 가정이나 가설을 제시하고, 주요 변인을 규명하며, 연구문제(research question)를 탐색하기 위한 절차를 설명한다. 이 과정에는 해당 연구 및 연구문제를 도출하게 된 근거를 설명하기 위한 논리가 포함되어야 한다. 해당 연구와 직접적으로 관련이 있거나, 중요한 시사점을 제공하거나, 혹은 실증적·이론적 근거가 되는 몇몇 연구를 인용할 수는 있지만, 서론은 문헌 연구를 수행하는 자리가 아니다. 기술적인 세부 내용은 피하고 짧은 분량을 유지해야 한다.

문헌 연구

　문헌 연구는 프로포절에서 가장 길이가 긴 부분이며, 서론의 바로 다음에 위치한다. 학위논문에서 문헌 연구 장은 해당 연구의 맥락이 무엇인지, 왜 이 연구가 중요하고 시의 적절한지를 보여 준다. 따라서 연구 주제와 관련하여 선행 연구들과 해당 연구 간의 관계를 명확히 밝혀 주어야 한다. 이를 통해 해당 연구가 선행 연구와 어떤 점에서 차별화되는지 그리고 왜 가치 있는지에 대해 독자를 설득할 수 있기 때문이다. 또한 문헌 연구는 학생이 가지고 있는 학자로서의 역량이 드러나는 부분이기도 하다. 많은 학생이 문헌 연구를 통해 자신이 다른 사람들의 연구에 대해 알고 있는 것이 많다는 점을 보여 주려고 하지만, 이는 잘못된 접근이다. 이러한 오해 때문에 문헌 연구가 선행 연구들의 단순한 나열, 즉 "Smith의 연구에 따르면……." "Jones의 연구 결과에 따르면……." "Anderson은 ……라고 주장했다." 등과 같은 문장들의 나열에 그치는 경우가 많다. 이는 바람직하지 않은 글쓰기일 뿐 아니라 문헌 연구의 핵심을 놓치는 것이다.

　Jeremy Shapiro에 따르면, 글을 쓰는 목적에 대한 명확한 이해가 없다면 글을 쓰는 데 들이는 많은 노력이 쓸모없어진다(Shapiro & Nicholsen, 1986). 예를 들어, 문법에 맞는 문장, 적절한 접속 부사 사용, 글의 초점을 흐리지 않는 간결함 유지 등과 같은 일반적인 글쓰기에 어려움을 겪는다면 논문에서 이러한 약점은 더욱 극명히 드러나게 되며 연구자의 주장에 대한 논리나 설득력이 약해짐은 물론이다. 교육 과정에서 문법은 과거에 비해 주목을 덜 받고 있다. 좋은 문법을 구사해야 하는 필요성에 대해서는 Lynne Truss(2006)의 조언인 "문장부호(punctuation)는 독자가 걸림돌 없이 글을 이해할 수 있도록 돕기 위해 고안된 장치(p.7)"라는 것을 참조할 만하다. 문장부호는 교통신호와 같아서 글을 읽을 때 언제 멈추고, 언제 주의를 기울여야 하며, 어느 지점에서 돌아가거나 혹은 멈추어야 하는지를 알려 준다.

효과적인 학술적 글쓰기 기술은 습득 가능하다. 기본적인 글쓰기 기술을 개발하기 위해 외부의 도움을 받는 것도 좋다. 무엇보다도 논문을 작성하는 데 요구되는 글쓰기 양식은 문학적 글쓰기 양식과 다르다는 점을 인지해야 한다. 과학적인 글쓰기는 직접적이고 간결하며, 화려하지 않다. 글쓰기 양식 및 과정은 이 책의 제10장에서 상세히 다룬다.

적합한 연구문제를 고안해 내기 위해서는 나와 관계있는 것, 혹은 나의 호기심을 자극하는 것이 무엇인지 파악하는 것이 좋다. 하나 혹은 그 이상의 가능한 연구문제를 고민하면서 관련 연구문제에 관심을 보이는 다른 사람들의 아이디어를 들어 보고 현상에 대한 관찰하는 것은 나의 주장을 형성해 가는 과정이다. 자신의 주장을 전개해 나가는 포럼 공간이 곧 문헌 연구이며, 이는 연구자와 독자 간의 대화 형식을 취한다. 효과적으로 대화를 나누기 위해서 연구자는 독자가 해당 논문을 읽으며 어떤 질문을 떠올릴지, 내용을 어떻게 이해하게 될지를 미리 생각해 보아야 한다. 학술논문의 심사 과정에서 "이 부분의 핵심이 무엇인가?" "왜 이런 주장을 하는가?" "근거가 무엇인가" "그래서(so what)?"와 같은 코멘트를 받는 것은 매우 흔한 일이다. 자신의 글을 읽는 사람이 하게 될 질문을 예상해야만 자신의 주장을 보다 탄탄하게 전개할 수 있으며, 이를 통해 상호이해가 가능해진다. 학위논문은 여러 버전의 초안을 거치는데, 이러한 과정은 신중하고 풍부한 지식을 지닌 전문가의 질문에 답하는 과정으로 이루어진다.

문헌 연구는 사실과 느낌을 단순히 모아 놓은 것이 아니라 연구자가 제안하는 연구를 향해 전개되는 일관된 주장이다. 따라서 연구자가 어디를 향해 가고 있는지 미스터리처럼 숨겨 두어서는 안 된다(문헌 연구를 할 때는 스스로에게 "그래서 이걸 가지고 무슨 이야기를 하려는 것인가?"라는 질문을 지속적으로 던져 보는 것이 좋다). 언제나 처음부터 명확하게 이 논문의 목적이 무엇인지, 주장이 어떤 구조로 제시되는지에 대해 진술해야 한다. 문헌 연구의 말미에 다다르면 독자가 "이 연구는 분야의 지식을 확장하기 위해서

이 시점에 꼭 필요한 연구"라고 결론을 내릴 수 있어야 한다. 충분한 논리적 · 경험적 근거를 제시함으로써 심사자에게 연구자의 주장이 정당함을 설득해야 하는 것이다. 이를 위해 어떤 주장이 보편적으로 받아들여지는지, 또 어떤 주장에 대해 근거 데이터가 필요한지에 대해 끊임없이 의사결정을 해야 한다. 예를 들어, 자살시도 후 생존한 사람은 전문가의 도움이 필요하다는 주장을 하고자 할 때, 심사자는 이렇게 주장하는 이유가 무엇인지, 이들에게 도움이 필요하다는 근거가 무엇인지, 왜 (비전문가가 아닌) 전문가의 도움이어야 하는지 등에 대해 궁금해할 것이다. 쉽게 반박할 수 있는 '상식'을 바탕으로 하는 진술은 피해야 한다. 예를 들어, 어떤 연구자가 최근 이혼율이 급증했다는 주장을 한다고 해 보자. 이 주장은 틀렸을 뿐 아니라 '최근'이라는 시기적 표현이 불분명하다. 그러나 Freud가 정신분석학의 아버지라는 주장은 심리학에서 이미 사실로 받아들여지고 있으므로 추가적인 근거를 제시할 필요가 없다.

다른 연구자가 숙고하여 제안한 주장을 자신의 연구에 반영하는 것은 얼마든지 가능하다. 이는 점진적, 누적적 과정을 거쳐 발전하는 과학의 속성에 대해 연구자들이 이해하고 있는 바와 일치한다(Kuhn, 1996).[1] 한편, 숙련된 연구자는 리뷰 논문이나 2차 자료(secondary sources)에 의존하기보다는 원자료를 참조한다. 2차 자료에 요약되어 있는 분석 결과는 결과의 일부만 보고되었거나 오류가 있을 수 있기 때문에 이를 인용할 때는 매우 조심해야 하는데, 자신의 핵심 논제와 관련된 중요한 연구 결과에 대해서는 연구 설계부터 분석, 결과 등에 관하여 자료의 원문을 꼼꼼히 확인하는 것이 좋다.

Becker(1986)는 이러한 과정을 직소 퍼즐에 비유했다. 자신이 퍼즐 조각 몇 개를 설계하고, 나머지 조각은 다른 학자가 이미 만들어 둔 형태 그대로 빌려 온다고 생각하는 것이다. 선행 연구에 지나치게 사로잡히게 되면 자신의 주장이 변형되기 때문에 연구의 중심을 잃게 된다는 점 또한 염두에 두어야 한다. 참고문헌 하나가 누락되었다는 불안감 때문에 추진력을 잃어서는 안 된다. 누락된 문헌 혹은 새로운 문헌은 언제든 보완할 수 있다. 그러나 어떠한 경우에도 온전하게 참고문헌을 기록하여 아이디어의 출처를 밝혀야 한다.

---

1) Kuhn 역시 패러다임 전환을 과학적 사고의 진화 과정에 있어 불연속적이고 더 파괴적인 변화(disruptive changes)로 규정했다.

일반적인 문제

초보 연구자가 연구 단계마다 범하는 실수는 자신의 힘과 권위를 포기하는 것인데, 이는 문헌 연구, 즉 이론적 배경을 기술하는 장에서 특히 두드러진다. 연구자로서 자신이 연구를 총괄하고 있다는 점, 특히 박사학위논문이라면 자신이 다루고 있는 특정 주제에 대해서만큼은 스스로가 세계적인 전문가라는 점을 받아들여야 한다. 그 권위를 포기하는 하나의 예로, 문헌 연구에서 Émile Durkheim 또는 John Dewey가 이렇게 말했기 때문에 그것이 타당하다며 타인에게 권위를 넘겨 주는 것을 볼 수 있다. 연구자는 다른 사람의 글을 읽고 연결지어 생각하는 과정에서 비판적 관점을 견지해야 한다. "Jones에 따르면……."과 같은 표현으로 시작되는 문장은 문헌 연구의 초점을 자신의 주장에서 다른 사람의 주장으로 바꿔 버리기 때문에 이를 최소화해야 한다. 자신이 말하고자 하는 주제를 전개한 다음 자신의 주장을 뒷받침해 주는 다른 연구를 인용하거나, 주장과 관련된 주목할 만한 예시 혹은 고려할 만한 반대되는 예시(counterexamples)를 제공하는 것이 바람직하다. 다음은 이를 보여 주는 가상의 예시이다.

> Illuminatus(2010)는 계절별 일조량이 우울증에 미치는 영향을 연구했으며, 이를 위해 연중 다양한 시기에 시애틀과 샌디에이고 주민의 우울증 발병률을 비교했다. 연구자는 남쪽에 위치한 도시보다는 북쪽에 위치한 도시에서, 그리고 여름보다 겨울에 우울증이 더 많이 발병할 것이라는 가설을 세웠다. 연구 결과는 가설을 지지했다.

앞과 같은 방식으로 기술하면 문헌 연구의 초점이 다른 연구자에게 돌아간다.

> 일조량의 차이는 우울증의 발병에 영향을 미칠 수 있다. 예를 들어, 북쪽에 위치한 시애틀 거주자는 남쪽에 위치한 샌디에이고 거주자에 비해 높은 비율로 우울증을 보였는데, 그 차이는 겨울에 더욱 크게 나타났다(Illuminatus, 2010). 이러한 결과는 어두운 환경이 정서장애를 악화시킬 수 있음을 시사한다.

이와 같이 기술하면 현상에 대한 초점을 유지하면서 참고문헌을 내 주장에 대한 실증적 근거로 활용할 수 있다.

연구자가 자신의 권위를 제한하는 또 다른 예는 직접 인용을 과도하게 사용하는 것이다. 직접 인용을 과도하게 사용하면 주장의 논지가 연구자의 통제를 벗어나게 된다. 직접 인용은 특히 임팩트가 있는 문구 혹은 다른 말로 바꾸어서 전달하기 힘들 정도로 독특하게 기술된 경우에 한해 사용한다. 게다가 어려운 개념을 설명하기 위해 자신의 언어로 기술하면, 연구자가 이 내용을 제대로 이해하고 있다는 것을 자기 자신 그리고 독자에게 보여 줄 수 있다.

어떤 분야의 문헌을 충분히 읽고 나면 자신이 알게 된 모든 것에 대하여 쓰고 싶은 마음이 들 수 있는데, 이러한 유혹에 절대로 넘어가면 안 된다. 좋은 문헌 연구는 선별적이어야 하며 연구자가 읽은 논문 중 상당수는 논문에 인용되지 않는 것이 당연하다. 그 모든 서적이나 논문을 읽을 필요가 없었다는 의미가 아니다. 그것들을 읽었기 때문에 연구자에게 필요한 전문 지식이 확보된 것이다. 학위논문에 있어 연구자의 역할은 도서관, 즉 자료 모음집을 만드는 것이 아니라 논리를 세워 나가는 것이라는 점을 명심해야 한다. 어떤 사람은 이러한 과정을 법정 재판에 비유한다. 증인은 해당 사건 및 그 순간에 다루어지는 질문과 관련된 증언만 할 수 있다는 의미이다. "이 연구 혹은 인용이 왜 필요한가?"를 끊임없이 질문하라. 이와 유사하게, 논문에 포함되는 각각의 문장은 관련 내용을 설명하거나 혹은 독자의 이해를 돕는 등 존재해야만 하는 목적이 있어야 한다. 단순히 분량을 채우기 위한 것이어서는 안 된다.

연구자의 주요 임무는 자신의 주장을 세워 나가고 관점을 제시하는 것이지만, 자신의 논지와 반대되는 혹은 의문을 제기하게 되는 문헌을 배제하는 것은 옳지 않다. 주장에 대한 상반된 의견을 모두 제시할 정도로 객관적이어야 하며, 증거의 무게가 어느 쪽으로 기울어지는지 인지해야 한다. 가장 의미 있는 혹은 가장 빈번히 인용되는 논문은 대개 서로 상충되는 실증적 결과와 서로 다른 이론적 관점하에서 도출된 결과들을 다루며, 이러한 다양한 시사점을 새롭고 보다 포괄적인 설계를 통해 조율한다.

연구자는 독자가 길을 잃지 않도록 문헌 연구 전반에 걸쳐 이정표를 남겨 두어야 한다. 이는 여태까지 연구자가 어떠한 논의를 했으며, 각종 근거를 바탕으로 어떠한 결론을 도출했는지에 대해 알려 주는 것이다. 또한 본인의 연구를 정당화하기 위해서 선행연구에 대해 연구자가 충분히 폭넓은 그리고 깊이 있는 지식을 가지고 있음을 독자가 확신할 수 있도록 해야 한다. 해당 연구 주제나 연구문제에 대한 선행 연구가 존재하지 않는다는 주장만으로는 결코 연구의 필요성을 정당화할 수 없다. 연구할 가치가 없는 것들도 많기 때문이다.

문헌 연구의 목적 중 하나는 연구자(및 독자)가 이를 통해 이론화하고 가설을 세우게 하기 위함이다. 따라서 거의 모든 박사학위논문은 이론을 바탕으로 해야 한다. 이는 자신의 연구에 적용할 수 있는 여러 이론을 단순히 검토하라는 의미가 아니다. 연구를 뒷받침하는 이론적 방향과 관련한 자신의 관점을 수립해야 한다. 마지막으로, 학생들은 학문적 글쓰기가 현학적이거나 건조하거나 혹은 지루한 톤이어야 한다고 생각한다. 아마도 지도 교수로부터 혹은 다른 논문들을 읽으며 그렇게 배웠기 때문일 것이다. 우리는 이에 대해 이의를 제기하며 구체적인 내용은 이 책의 제10장에서 다룰 예정이다. 물론 명확하고 정확하게 글을 쓰는 것이 첫 번째 목표이다. 그러나 논문 형식을 갖추면서 동시에 전문 용어(jargon) 없이 이 목표를 달성할 수 있다면 그 편이 훨씬 낫다. 결국 문헌 연구는 이야기를 하는 것이며, 흥미로운 방식으로 전달되어야 한다. 독자의 관심을 불러일으키는 잘 작성된 문헌 연구의 예로 Gilbert, Pinel, Wilson, Blumberg와 Wheatley(1998)의 논문을 참고할 수 있다. 그들의 논문은 일반적인 독자가 해당 분야의 전문 지식이 없어도 연구자가 하고자 하는 이야기의 핵심을 이해하도록 돕는 것이 문헌 연구의 목적임을 잘 보여 준다.

논문 비평하기

연구자는 관련된 문헌을 단순히 보고하는 것이 아니라 비평(critique)해야 한다. 비평을 통해 독자에게 해당 분야에서 신뢰할 수 있는 지식이 무엇인지 알리고 후속 연구에서 피해야 할 오류를 규명할 수 있다. 관심 분야의 논문들을 읽을 때는 비판적인 관점을 유지해야 한다. 해당 연구 자체의 강점이 무엇인지, 동일한 혹은 유사한 문제를 다루는 다른 연구와 비교하면 어떤지를 평가하는 것이다. 비평한다는 것은 자신이 읽는 모든 논문의 결점 혹은 약점을 찾아내야 한다는 의미가 아니다. 학생들이 작성한 비평을 보면 종종 논문의 연구방법 등과 관련한 '약점' 목록 같을 때가 있다. 이러한 것은 가치가 거의 없다.

비평을 할 때는 자기 자신의 연구에 해당 내용을 어떻게 적용할 수 있는지를 평가해야 한다. 이를 위해서는 다음의 세 가지 요소에 특히 주의를 기울여 실증 연구를 읽어야 한다.

- 문제(problem)는 어떻게 정의되었는가? 이 정의는 본인이 문제와 관련 개념 및 변수를 개념화하고 정의하는 방식과 유사한가 아니면 다른가?
- 변수를 측정하고 집단 간 차이 혹은 처치의 효과를 평가하기 위해 어떤 도구가 사용되었는가? 이 측정 도구들은 본인이 사용하고자 하는 도구와 유사한가 아니면 다른가?
- 어떤 모집단에 대해 연구했으며, 표본은 어떻게 표집되었나? 본인이 연구하고자 하는 모집단과는 유사한가 혹은 다른가? 표집은 무작위, 편의 표집 혹은 의도적 표집 가운데 어떤 방식이었나?

이러한 질문에 대한 답은 연구자가 하고자 하는 연구의 관점에서 해당 논문의 관련성 및 일반화 가능성의 제약에 대해 생각해 볼 수 있는 기회를 제공한다. 이 외에도 해당 논문의 연구자가 연구 설계를 바탕으로 어떠한 적절한 결론을 내릴 수 있을지에 대해 질문을 던지는 것도 좋다. 예를 들어, 연구 변수 간에 인과관계가 존재한다는 결론을 내릴 수 있는가, 아니면 단순히 상관관계가 존재하는 것인가 등을 생각해 볼 수 있다.

〈글상자 4-1〉에 제시된 개요는 연구논문을 비평할 때 참고할 수 있다. 물론 이 모든 항목들을 문헌 연구 대상 논문에 적용할 수는 없을 것이다. 본인 연구와의 직접적인 관련성 정도에 따라 각 문헌에 주의를 기울이는 정도에 차이가 있으며, 논점의 흐름을 벗어나서는 안 되기 때문이다. 그럼에도 불구하고 이 목록은 연구논문을 어떻게 읽어야 하는지, 자신의 연구와 관련하여 해당 논문이 기여하는 바를 어떻게 비판적으로 평가해야 하는지 점검할 때 도움이 될 것이다.

글상자 4-1   연구논문 비평을 위한 제언

1. 개념화
- 어떤 문제 혹은 이슈를 주로 탐색하고 있는가?
- 주요 개념이 얼마나 명확히 정의/설명되었는가?

2. 이론적 틀(theoretical framework) 및 가설

- 연구문제를 명확히 기술했는가?
- 가설이 있는가? 그렇다면 명확하게 기술했는가?
- 주요 변수 간 관계가 명확하며 타당한가?
- 가설을 검정 가능한 방식으로 기술했는가?

3. 연구 설계

- 연구 설계를 통해 가외변인(extraneous variables)을 적절히 통제할 수 있는가?
- 연구 설계의 측면에서 개선의 여지가 있는가? 그렇다면 어떻게 개선할 수 있나?
- 변수들의 조작적 정의는 명확하고 타당한가?
- 범주 혹은 분류 기준의 선택이 합리적인가?
- 측정의 신뢰도와 타당도에 대해 논의했는가?
- 측정 도구의 선택이 적절한가?
- 연구의 모집단이 연구문제에 비추어 보았을 때 적절한가?
- 표본이 명시되어 있으며 적절한가?
- 표본을 고려했을 때 결과를 합리적으로 일반화할 수 있는가? 일반화한다면 어떠한 모집단에?

4. 결과 및 논의

- 적절한 자료를 수집했는가?
- 적절한 통계적 방법을 적용했는가? 타당하게 기술했는가?
- 자료 분석 시 통제 변수가 적절히 다루어졌는가?
- 고려되었어야 하는 다른 통제 변수가 존재하는가?
- 연구의 결과가 통계 분석 결과와 일관되는가?
- 자료가 의미하는 바와 일치하는 대안적인 결론에 대해 논의했는가?
- 연구 결과의 이론적 및 실증적 시사점을 적절하게 논의했는가?
- 연구의 제한점을 명시했는가?

5. 요약

- 연구문제를 탐색함에 있어서 이 연구가 타당하게 수행되었는지에 대한 전반적인 의견은 어떠한가?
- 해당 연구 분야에서 이 연구의 기여도에 대한 전반적인 의견은 무엇인가?

원거리 촬영 및 근접 촬영

우리의 동료인 Joseph Handlon은 문헌 연구를 하는 것을 영화 제작에 비유했다. 영화를 제작할 때 피사체와 카메라 간의 거리에 따라 원거리, 중거리 그리고 근접 촬영으로 나누어 생각해 볼 수 있다. 원거리에서 촬영할 때(long shots) 피사체는 특정 주제의 배경이 된다. 배경이 되는 대상을 인지할 필요는 있지만 전면에서 다루어지는 대상과 같은 수준으로 상세히 다루지는 않는다. 예를 들어, 거주 지역을 옮길 때 발생하는 스트레스의 영향에 대한 연구는 다음과 같이 시작할 수 있다.

> 스트레스에 대해 실증적으로 접근하는 방법에는 다음의 세 가지가 있다. 첫째, 스트레스를 독립변수로 상정하고 스트레스 유발 요인의 속성이나 강도에 초점을 맞출 수 있다. Holmes와 Rahe(1967)의 연구가 이러한 예이다. 둘째, 스트레스를 종속변수로 상정하고 스트레스를 유발하는 사건의 생리심리학적 · 심리학적 영향에 초점을 맞출 수도 있다. 이 분야에서 중요하게 언급되는 Hans Selye(1956)의 연구가 이에 해당된다. 또 다른 방법은 스트레스를 자극과 반응 간의 처리 과정으로 간주하며, 이러한 과정이 몇몇 인지적 변수로 조절된다는 접근이다. Lazarus와 Folkman(1984)에서 찾아볼 수 있는 이러한 접근이 바로 이 연구의 개념적 기초를 형성하고 있다.

앞의 예시에서 언급된 참고문헌들은 매우 오래된 것들이다. 그러나 이들은 고전적인 연구에 해당되며, 따라서 이 맥락에서 인용될 가치가 있다.

자신의 연구문제와 직접적인 관련이 없어서 연구 내용에 대해 구체적으로 서술하지는 않지만, 대표적인 연구를 인용하는 방식(원거리 촬영 접근)의 예시를 살펴보자. 다음은 MMPI와 성범죄자에 대해 작성한 Peter Ellsworth(2013)의 박사학위논문 프로포절 중 일부이다.

> MMPI/MMPI-2 점수를 활용한 여러 연구가 성범죄자 집단을 대상으로 수행되었다(Craig, 2005). MMPI/MMPI-2 점수가 다양한 성범죄자 집단을 대상으로 비교되었는데, 그 예로는 성범죄자와 일반인의 비교(Davis & Archer, 2008), 상습범과 비상습범의 비교(Erickson, 1987; McCreary, 1975), 정적 요인으로 측정한 고위험 및 저위험 성범죄자

의 비교(Coxe & Holmes, 2009), 성직자 및 비성직자 성범죄자의 비교(Langevin et al., 2000), 성직자 아동 성추행과 국가적 규범(Plante & Aldridge, 2005), 치료 센터 및 기타 다양한 집단의 아동 성추행 성직자(Terry et al., 2011)에 대한 연구 등이 있다.

중거리 촬영은 원거리 촬영과 근접 촬영의 사이에 존재하며, 원거리 촬영보다는 더 풍부한 서술이 필요하다. 예를 들어, 어떤 연구자가 사회적 저항과 폭력에 대한 위협이 낙태 클리닉 근로자의 복지에 미치는 영향을 탐색하고자 한다고 가정해 보자. 원치 않는 임신을 한 여성을 지원하는 클리닉에서 일하는 데 필요한 감정 노동에 대한 깊은 이해뿐만 아니라, 다양한 맥락에서 잠재적으로 폭력적인 사회적 저항의 영향에 대해 포괄적으로 작성하는 것 역시 중요하다. 이렇듯 관련된 이슈를 다루는 연구들에 대해 상세히 기술할 필요는 없지만, 연구자가 하고자 하는 연구의 방향을 명확하게 보여 줄 수 있을 정도로는 충분히 요약을 해야 한다.

마지막으로, 근접 촬영(close-ups)의 경우 연구자가 제시한 연구문제와 가장 직접적인 관련성이 있기 때문에 해당 연구에 대해 주의 깊게 검토해야 한다. 간혹 한두 건의 논문을 현재 진행 중인 연구의 기초를 형성하기 위해 비판적인 관점에서 수정 혹은 보완하기도 한다. 상대적으로 좁은 범위의 주제를 다루고 있는 논문들을 모아서 정리하는 것이 프로포절에 있어 중요한 역할을 한다. 어떠한 경우든 이 논문들은 단순히 인용되는 수준을 넘어 비판적인 검토의 과정을 거쳐야 하며, 이를 통해 독자는 해당 현상과 관련하여 이미 밝혀진 것들이 무엇인지, 이를 바탕으로 제안된 결론이 얼마나 신뢰할 수 있고 타당할 것인지, 그리고 선행 연구의 제한점들을 프로포절이 어떻게 다루어 해당 분야의 진보에 기여할 것인지 등에 대해 이해할 수 있게 된다. 불임 치료가 부부간의 의사소통에 미치는 영향을 탐색하는 연구자는 관련 문헌 가운데 가장 관련성이 높은 (가상) 논문 두 건의 연구 대상, 측정 도구, 연구 절차를 기술한 뒤 다음과 같이 상세히 설명할 수 있다.

연구문제와 직접적인 관련이 있는 두 건의 연구 가운데 Sterile(2010)은 장기 불임 치료를 경험한 부부의 경우 서로 간의 의사소통이 개선되었다고 보고한 반면, Ripe과 Fertile(2012)은 치료가 장기화될수록 불임 부부간의 의사소통이 빈번하게 논쟁으로 확대된다고 밝혔다. Sterile의 연구에서 특히 주의 깊게 보아야 하는 점은 부부가 함께 인터뷰를 했기 때문에 이들이 전적으로 정직하지 않았을 수 있으며, 부부 중 한 사람의 응답에 대해 배우자가 선입견을 가지고 있었을 가능성이 있다는 것이다. 이와 같은 타당도에 대한 위협 외에도, 이 두 연구의 상충되는 결과는 불임치료의 영향이 부부간의 의사소통 패턴에 미치는 영향에 대해 보다 심도 있는 탐색이 필요함을 시사한다.

좋은 문헌 연구를 위한 전략으로써 교집합이 존재하는 원으로 구성된 벤다이어그램([그림 4-1] 참조)을 활용할 수도 있다. 원거리 촬영 혹은 광각렌즈를 활용하여 검토한 연구들은 3개의 주요 변수 각각에서 나머지 변수와는 독립적인 부분으로 표시된다. 중거리 촬영은 두 개의 변수 간 교차하는 영역이다. 근접 혹은 좁은 각도로 검토한 연구들은 3개 변수 모두가 교차하는 가운데 영역이다. 일반적으로 본인의 연구에서 다루는 주요 변수나 구인을 모두 포함하는 기존 문헌들은 자신의 연구와의 관련성이 매우 높기 때문에 특히 주의 깊게 살펴야 한다. 본인의 연구 변수 중 일부(예: 2개)와 연관이 있는 문헌 역시 짤막하게나마 설명을 해야 한다. 연구 변수 중 하나만을 다루거나, 연관성이 낮은 변수를 다루는 등의 문헌은 배경이 된다. 이들은 보통 너무나 많아서 각각에 대해 상세히 다루기 어려우며, 현재 본인의 연구와 직접적인 관련이 없는 내용이 많다.

한 가지 더 예를 들면, 중년 남성이 경험하는 우울감에 초점을 맞추기 위해 중년의 우울을 다루는 모든 연구를 살펴볼 필요는 없다. 남성이나 중년에 대한 모든 선행 연구를 고려할 필요도 없다. 그러나 젠더 이슈와 중년기 발달 쟁점은 연구에 대한 중요한

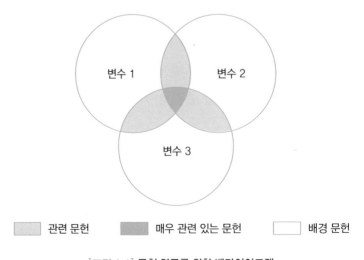

[그림 4-1] 문헌 연구를 위한 벤다이어그램

배경지식 및 이론적 토대를 제공할 수 있다. 더욱이 연구자는 중년의 우울에 대한 모든 연구를 소개할 필요는 없지만, 해당 분야의 광범위한 선행 연구에 대해 익숙해져야 할 필요는 있다.

질적 박사학위논문의 문헌 연구

각 연구 전통에는 학위논문 작성에 대한 고유한 접근 방식이 있다. 앞서 기술한 내용은 사회과학 분야의 지배적인 모형이다. 그러나 본질적으로 질적인 속성을 지니는 연구는 문헌 연구에 있어 다른 접근을 취할 수 있다. 질적 연구는 이론을 검증하는 방식과는 달리 귀납적 혹은 이론 구축의 특성을 가지기 때문에 공식적인 문헌 검토가 논문의 마지막이 되어서야, 즉 결론 및 논의 장에서야 비로소 등장하는 경우가 있다. 이론이 모습을 드러내고(emerge) 이를 연구자가 기존 문헌과 연결 지어 논의하기 때문이다.

내러티브 연구의 전통과 관련하여 Ruthellen Josselson(Josselson & Lieblich, 2003)은 독자에게 기존의 문헌이 지니는 관점을 제공해야 할 필요성을 인지하고 있으나, 이는 동시에 탐색의 가능성을 제한할 수 있음을 우려한다. 지나치게 포괄적이거나 혹은 지나치게 폭이 좁은 문헌 연구는 연구자로 하여금 자신의 자료를 열린 마음과 호기심을 가지고 대하기 어렵게 만들기 때문이다. 그녀는 프로포절과 같은 문헌 연구 장을 선호한다. 이를 통해 이미 존재하는 이론 및 관련 실증 연구를 포함하여 문헌에 대한 충분한 깊이의 복잡성을 보여 주되, 수행하고자 하는 연구의 경계를 독자에게 안내하며 연구를 시작하는 방식이다. 이러한 배경 자료는 보다 친근하게 다음과 같이 이야기한다. "나는 이 현상에 대해 관심이 있는데 이 현상에 대하여 이해할 수 있도록 도와주는 이론으로는 이러저러한 것이 있다. 실증적인 방법으로 이 현상을 이해하고자 시도한 연구로는 이러저러한 것이 있으며, 그들이 그간 밝혀낸 내용은 이러한 것이다. 내 생각에 중요한 것은(호기심을 가지고 탐색한 결과에 따르면) 잠정적이기는 하지만 바로 이것이다." 그리고 이제 연구자는 연구가 진행됨에 따라 계속 문헌을 읽어 나가야 하며, 결론 및 논의 장에서 이를 연구의 결과와 연결하여 충실히 기술해야 한다.

또 다른 맥락에서, 유명한 근거이론 연구자인 David Rennie(1998)는 우리 박사 과정 학생의 학위논문에 대한 외부 심사위원을 맡았을 때, 학생에게 프로포절의 100페이지에 달하는 문헌 연구를 상당 부분 줄이라고 조언했다. Rennie가 보기에 학생의 문헌 연구는 발견 지향적인 질적 연구임을 감안할 때 지나치게 포괄적이고 부적절했다. 따라서 학생이 일단 데이터를 수집하여 분석한 후 인터뷰 대상자가 해당 주제를 언급할 때 관련 문헌을 다시 소개할 것을 권했다. 이와 관련하여 근거이론가인 William Glaser(1992)는 다음과 같은 입장을 취했다.

> 연구 중인 주제와 관련된 문헌을 검토하지 않을 필요가 있다. 이는 자료로부터 진정으로 적합한 범주, 속성 및 이론적 코드를 생성하려는 연구자의 노력을 오염시키거나, 제한하거나, 억제하거나, 억누르거나 혹은 방해하지 않으려는 것에서 비롯된다. (p. 31)

그러나 이미 살펴보았듯이 근거이론 전통 내에서도 연구를 수행하기 전에 완벽한 수준까지는 아니더라도 어느 정도는 관련 문헌에 노출될 필요는 있다는 관점에 대하여 극단적인 입장을 취하지는 않는 연구자들도 있다.

우리가 예상할 수 있듯이 귀납적이고 발견 지향적인 사고방식이 논문의 문제 진술(Statement of the Problem) 및 연구방법 장에도 적용된다. 이러한 구분은 이 책의 다음 장에서 논문의 각 부분을 다룰 때 보다 명확히 드러난다. 어쨌든 학생은 자신의 연구 분야 및 전공 학과에서 공식적으로 적용하는 구조 및 글쓰기 규칙을 우선시해야 한다.

연구의 문제 진술

문헌 연구의 결론 즈음이면 독자는 연구에 대한 상당히 명확한 아이디어를 갖게 되었을 것이다. 연구자는 자신의 논리를 신중하게 전개하고 독자로 하여금 자신이 전개한 길로 인도했다. 또한 자신의 연구와 관련된 기존 문헌을 검토하고 비판하여 적절한 맥락을 부여함으로써 해당 주제에 대해 연구자가 숙지하고 있음을 보여 주었을 것이다. 이어지는 당면 과제는 문헌 연구에서부터 해결하고자 하는 연구문제의 진술로 적절히 전환하는 것이다. 이러한 전환을 통해 문헌 연구 장과 이 연구 간의 연결고리를 표현해야 하는데, 이를 위한 방법 중 한 가지는 문헌 연구에 대한 요약을 작성하는 것이다. 좋은 요약은 주요 결론을 강조하고, (앞서 검토한 문헌 가운데) 관련성이 높은 문헌을 제시하며, 독자로 하여금 다음 단계에 대해 기대감을 가질 수 있도록 한다.

　연구문제는 간혹 별도의 장으로 기술되기도 하며 문헌 연구의 말미에 제시하는 경우도 있다. 논문의 서두에서 이미 기술한 내용을 문헌 연구 마지막 즈음에 보다 구체적으로 기술할 수 있다. 문제를 구체적으로 기술하는 것은 매우 중요하다. 이는 아직 규명되지 않은 현상 혹은 관계들에 대해서 우리가 오해하는 것들을 모아놓은 것 이상이어야 한다. 이러한 기술은 일반적으로 하나 이상의 연구 질문 및 가설의 형태로 제시된다. 공식적인 연구가설을 제시하는 것이 권장되지만, 가설을 수립할 것인지의 여부는 연구의 유형, 연구 문제에 대해 이미 알려진 내용 그리고 연구자가 속해 있는 연구 분야 및 전공의 관례에 따라 달라진다. 이와 유사하게, 문제의 기술은 주요 개념에 대한 개념적 정의를 포함하기도 한다. 연구 분야 내에서 해당 개념에 대해 다양한 정의가 존재하거나 서로 충돌하는 경우 특히 그렇다(예: 나의 연구가 개인의 속성으로서 불안을 다루는지, 아니면 현재 상태의 불안을 다루는지, 혹은 불안이라는 구인에 대해 다른 개념을 적용하는지 등에 대해 명확히 언급할 필요가 있다).

　연구문제는 설명적 근거가 있어야 한다. 즉, 연구에서 해결하고자 하는 문제를 기술한 부분(section)에는 이 연구의 기저에 깔려 있는 개념적 토대에 대한 간략한 요약을 기술해야 한다. 더스트 보울 경험주의(dust bowl empiricism)는 무분별하게 난사하는 산탄총 방식의 접근(shotgun approach)을 지칭하는 다소 경멸적인 표현으로, 왜 그러한 예측을 하게 되었는지에 대한 일련의 전제와 논증을 설득력 있게 전개하지 않은 채로 바깥세계에 무엇이 있는지에 먼저 관심을 두는 방식을 의미한다. 성별, 목소리, 설득이라는 변수들 간에 어떠한 상관이 존재하는지에 대해 단순히 '궁금(wondering)'해하는 것은 연구문제가 아니다. 이는 적절한 연구문제가 될 수 없다. 반면, 가설은 연구 변수들이 어떻게 연관되어 있는지에 대한 이해를 바탕으로 하기 때문에 연구문제를 설명하는 특징이 있다.

　구체적인 가설이 없는 연구문제의 예시로는 "여성 범죄자의 범죄 행위에 있어서 남성 지인이나 배우자의 역할은 무엇인가?"가 있다. 이 질문은 범죄를 저지른 여성이 그녀의 남자 친구나 남성 지인으로부터 어떤 영향을 받았는지에 대한 정보를 수집하는 연구라는 점을 시사한다. (아마도 관련 주제에 대한 정보가 충분하지 않기 때문에) 예측가설 없이 이러한 질문을 던지는 연구는 탐색적(exploratory) 연구라 할 수 있다. 우리는 학생들이 자신의 학위논문을 쓸 때 기저 개념에 대해 깊이 있게 고찰하고 자신의 아이디어를 선행 연구와 관련지어 생각하는 도전적인 과제를 피하기 위한 방편으로 탐색적 연구를 진행하는 모습을 종종 보게 된다.

대부분의 경우 가설을 수립하는 것이 가능하다. 관련 연구가 상대적으로 부족한 분야에서도 해당 연구와 관련이 있는 연구나 이론은 존재할 가능성이 높다. 앞선 예시에서 연구자는 여성 발달 이론에 대한 지식 그리고 범죄 행위에 있어서 또래 집단의 역할에 대한 지식을 바탕으로 연구문제에 대한 타당한 직감을 발휘할 수 있다. 이러한 직감은 여러 연구가설로 정교화된다.

첫 번째 연구 가설의 예시는 "긍정적인 신체상(body image)과 성형수술을 받고자 하는 동기 사이에 부적 관계가 있다."이며, 두 번째 예시는 "안정적이지만 불행한 결혼생활을 하는 부부는 안정적이고 행복한 결혼생활을 하는 부부에 비해 더 많은 갈등 회피방법을 사용한다."이다. 첫 번째 가설은 신체상과 성형수술에 대한 동기가 통계적으로 유의하게 상관이 있다는 연구를, 두 번째 가설은 여러 부부를 두 집단으로 나누어 갈등 관리를 어떻게 하는지 비교하는 연구를 시사한다. 어떠한 경우든 가설에 포함된 변인을 어떻게 조작적으로 정의되어야 하며, 어떻게 측정할 것인지 밝혀야 한다. 여기에 대한 구체적인 내용은 보통 연구방법 장에서 다룬다. 첫 번째 예시에서 연구자는 신체상 척도 및 성형수술에 대한 동기 척도를 통해 측정된 점수 간의 부적 관계를 예측할 수 있다. 두 번째 예시에서는 '안정적/불안정적 결혼생활'과 '갈등 회피방법'이라는 용어에 대해 개념적으로 조작적 정의를 내려야 하며, 부부들을 두 집단으로 구분해야 한다.

일반적으로 명확하고 간결하며 의미 있는 연구문제와 가설을 도출하기 위해서는 수차례의 수정과정을 거쳐야 한다. 연구가설은 보통 현재 시제의 긍정적인 주장 형식으로 기술되며 영가설 형태로 기술하지 않는다. 우리는 추론통계를 적용할 경우 영가설, 즉 집단 간 차이가 없다거나 변인 간 관계가 없다는 가설을 기각하는 방식으로 접근한다는 것을 알고 있다. 반면, 연구가설은 영가설이 아니라 서론과 문헌 연구를 거치며 도출해 낸 주장에 따라 기술되어야 한다. 영가설은 연구자가 하고자 하는 이야기와 상반되기 때문에 혼란스럽다. 가설의 배경이 되는 논리가 명확하지 않을 경우, 이론적 배경 장에서 도출한 이론적 명제가 어떻게 해당 가설과 관련되는지에 대한 간략한 근거를 각 가설의 앞 혹은 뒤에 기술하는 것도 좋은 방법이다. 문헌 연구에서 기반을 다지지 못한 채, 혹은 제대로 된 참고문헌이 없는 채로 갑작스럽게 가설을 선언하는 것은 흔히 발견되는 실수이다.

좋은 연구가설은 애매모호함 없이 둘 이상의 변인 간 관계를 표현하며, 실증적으로 검증할 수 있어야 한다(Locke, Spirduso, & Silverman, 2013). 흔한 실수 중 하나는 복잡한 문장 안에 여러 개의 가설을 포함시키는 것이다(예: "남편보다 수입이 많은 여성은 그렇지 않은 여성에 비해 자신감이 높고, 친구가 많으며, 집안일에 있어 더 많은 도움을 받는다.").

어떤 논문은 가설이 있는 연구문제와 가설이 없는 연구문제를 함께 제시하기도 한다. 가설이 있는 연구문제는 선행 연구의 결과에 반하는 내용을 주장하거나 이론을 검증하기 위해 사용하고, 가설이 없는 연구문제는 연구자가 탐색하고자 하는 내용을 개방형으로 표현한다. 예를 들어, 심리치료사가 자신을 드러내는 양상에 대해 연구하는 학생이라면 심리치료사의 자기 표현과 교우관계 간의 관계에 대해 구체적인 가설을 세울 수 있다(예: "환자에게 자신을 많이 드러내는 치료사는 친구가 적다."). 그러나 자기 표현과 치료의 단계에 대해서는 명확한 가설을 세우기 어려울 수 있다(예: "치료사가 환자에게 자신을 드러내는 정도와 심리치료의 단계 간에는 어떠한 관계가 있는가?")

연구문제와 가설을 결합하기 위해 흔히 사용하는 방법은 연구문제를 보다 일반적인 탐색 주제로 제시한 후 이어서 검증이 가능한 형태의 구체적인 가설을 기술하는 것이다. 산전 우울증의 증상을 완화하기 위한 대안적 처방으로 요가의 효과를 탐색한 Jennifer Mitchell의 연구(2012)는 연구문제와 가설을 동시에 활용한 실험 연구의 예이다. Mitchell의 연구문제와 가설은 다음과 같다.

연구문제 1: 요가 치료 요법에 참여하면 우울증이 유의하게 감소하는가?

가설 1: 요가 프로그램에 참여한 처치집단은 부모교육 프로그램에 참여한 통제집단에 비해 CES-D 척도로 측정한 점수에서 치료 전과 후에 있어 더 큰 차이가 있을 것이다.

연구문제 2: 요가 치료 요법에 의해 가장 큰 영향을 받는 우울 증상의 유형은 무엇인가?

가설 2: 요가 프로그램에 참여한 처치집단은 부모교육 프로그램에 참여한 통제집단에 비해 CES-D 우울 정서와 체세포의 신체적 장애 징후(vegetative signs) 하위 척도로 측정한 점수에서 치료 전과 후에 있어 더 큰 차이가 있을 것이다. (p. 12)

또 다른 논문의 예로, Ellen Goldberg(2003)는 "가정과 학교에서 저혈당의 예방, 감지, 치료와 관련하여 당뇨병에 대한 자가관리 행동을 예측하는 부모 및 자녀 요인은 무엇인가?"를 연구문제로 상정했다. Mitchell의 두 집단 비교 실험 연구 설계와는 다르게, Goldberg의 주요 가설은 변인 간의 관계를 서술하는 방식이며, 상관 분석을 실시할 것임을 시사한다.

> 가설 1(a): 자녀의 저혈당에 대해 부모가 느끼는 두려움의 정도는 학교에서 자녀 스스로 당뇨병을 관리하기를 기대하는 부모의 기대와 부적 관계가 있을 것이다.
>
> 가설 1(b): 자녀의 저혈당에 대한 두려움의 정도는 가정에서 자녀 스스로 당뇨병을 관리하기를 기대하는 부모의 기대와 부적 관계가 있을 것이다.
>
> 가설 2(a): 자녀의 기질적 규칙성 및 과제 지향성에 대한 부모의 인식은 자녀 학교에서의 당뇨병에 대한 자율적 자기 관리에 있어서의 자녀의 책임에 대한 부모의 기대와 부적 관계가 있을 것이다.
>
> 가설 2(b): 자녀의 기질적 규칙성 및 과제 지향성에 대한 부모의 인식은 가정에서의 당뇨병에 대한 자율적 자기 관리에 있어서의 자녀의 책임에 대한 부모의 기대와 부적 관계가 있을 것이다.
>
> 가설 3: 당뇨병의 자율적 자기 관리에 대한 부모의 기대는 학교환경보다 가정환경에서 더 낮을 것이다.
>
> 가설 4: 당뇨병의 자율적 자기 관리에 대한 부모의 기대는 대사 조절과 부적 관계가 있을 것이다.
> (pp. 51-52)

가설에 명시된 변인들 역시 조작적으로 정의해야 한다. Ellen Goldberg(2003)의 예시에서 연구자는 저혈당에 대한 두려움 조사(Fear of Hypoglycemia Survey)와 당뇨병 가족 책임 조사(Diabetes Family Responsibility Questionnaire)를 측정 도구로 활용하여 가설을 검증했다. 앞선 예시에서 연구문제와 가설은 기본적인 실험 연구 및 상관 연구의 패러다임을 명확히 보여 준다. 최근에는 조절변인이나 매개변인 혹은 보다 복잡한 분석을 요하는 논문들을 자주 볼 수 있다. 이러한 유형의 연구에 대한 예시는 이 책의 제6장에서 논의한다.

학생들이 직면하는 주요 어려움 중 하나는 바로 가설을 명확하게 기술하는 것이다. 이와 관련된 예시 및 가설을 보다 잘 작성하기 위한 우리의 제안은 다음과 같다.

예시 1

가설 초안: 청소년의 균형 잡힌 자기 인식은 심각한 정신병리학 증상과 부적 상관이 있을 것이다.

코멘트: 이 가설에는 두 가지 문제가 있다. 첫째, 이 가설을 작성한 학생은 보다 균형 잡힌 자기 인식을 가지고 있을수록 정신병리학적 문제는 줄어들 것이라고 말하고 있다. 그러나 "균형 잡힌 자기 인식"은 "자기 인식"이라는 변인의 하위 범주에 속하며, 이는 균형이 잡혀 있는 지점과 그렇지 않은 지점 간의 연속선상에 존재한다. 따라서 이 학생은 변인이 아닌, 변인이 포괄하는 연속선상에서 특정 지점을 지칭하고 있다. 둘째, "심각한 정신병리학 증상"의 의미가 명확하지 않다. 여기서 "심각한"은 통계적으로 유의한 수준이라는 의미인지 아니면 의학적 측면에서 일정 수준을 넘어서기 때문에 문제가 된다는 의미인지 모호하다. 따라서 우리는 다음과 같이 기술할 것을 제안한다. "청소년의 자기 인식이 개선될수록 우울증은 감소한다." 시계열적 분석을 하지 않아도 되는 또 다른 타당한 연구가설은 다음과 같다. "청소년의 자기 인식은 우울증과 부적 상관이 있다."

예시 2

가설 초안: 조기에 발병한 만성 우울증을 가진 사람은 Arlin 형식 추론 검사(Arlin Test of Formal Reasoning) 도구로 측정했을 때 7점 이하의 점수로 인지 발달에 있어 전조작기 단계의 수행을 보일 것이다.

코멘트: 이 문장은 관계에 대해 표현하지 않기 때문에 가설이 아니다. 이 가설은 모집단(조기에 발병한 만성 우울증을 가진 사람)을 규정했고, 이 모집단의 인지 발달을 측정했을 때 그 결과가 어떨 것인지 나타낸다. 비교집단을 명확히 하고 공식적인 가설의 형태로 기술하기 위해서는 "조기에 발병한 만성 우울증을 가진 사람은 Arlin 형식 추론 검사 측정 도구로 측정했을 때 7점 이하의 점수로 인지 발달에 있어 전조작기 단계의 수행을 보일 것이며, 우울증이 없는 사람은 동일한 측정에서 더 높은 점수를 획득할 것이다."와 같이 수정할 수 있다. 이렇게 하면 조기에 발병한 만성 우울증을 가진 사람들과 우울증이 없는 사람들이라는 두 집단을 다룬다는 것 그리고 Arlin 검사에서 7점 이하를 받아 인지 발달 단계에서 전조작기에 해당되는 사람과 7점을 초과하여 해당 단계에 속하지 않는 사람이라는 두 가지의 결과 역시 존재한다는 것이 보다 명확해진다.

일부 심사위원들은 가설에 사용한 변인의 개념을 조작적으로 정의하기 위해 사용한 측정 도구를 밝히라고 요구하는데, 모두가 그런 것은 아니다. 이 책은 후자의 입장이지만, 측정 도구를 언급함으로 인해 가설이 지나치게 길어지거나 복잡해지지만 않는다면 문제가 될 것은 없다. 따라서 "조기에 발병한 만성 우울증을 가진 사람과 그렇지 않은 사람은 인지 발달에 있어 유의한 차이가 있을 것이다." 혹은 "벡 우울척도(Beck Depression Inventory)에 의거하여 조기에 발병한 만성 우울증 환자로 진단받은 사람은 그렇지 않은 사람과 비교했을 때 Arlin 형식 추론 검사 도구로 측정한 인지 발달 단계에서 전조작기에 해당될 가능성이 유의하게 높다."라고 기술할 수도 있다.

질적 연구의 문제 진술

명확한 연구문제 진술(problem statement) 방식은 학문 분야 및 연구의 전통에 따라 다양하다. 질적 연구는 개방형 질문을 다루는 경우가 많다. 현상학적인 전통하에 출산의 경험을 탐색하는 논문은 "아이를 낳는다는 것은 어떠한 경험인가?"라는 질문을 던질 수 있다. Moustakas(1994)에 따르면 연구자는 개인적으로 중요하거나 사회적으로 의미 있는 주제, 즉 연구자의 경험을 반영하는 동시에 다른 사람들이 높은 관심을 가지는 주제를 선택한다. 연구문제는 다음과 같은 속성을 지녀야 한다.

- 인간 경험의 본질과 의미를 충실히 드러내고자 한다.
- 행동과 경험에 있어서 양적 요인이 아니라 질적 요인을 발견하고자 한다.
- 연구 참여자가 온전히 몰입할 수 있도록 하고, 이들의 개인적이고 열정적인 참여를 유지한다.
- 인과관계를 예측하거나 결정하고자 하지 않는다.
- 측정, 순위 혹은 점수가 아닌, 경험에 대한 세심하고 포괄적인 기술, 생생하고 정확한 묘사를 활용한다(Moustakas, 1994, p. 105).

이러한 관점을 보여 주는 예로 지역 전문대학의 리더를 대상으로 '혁신가의 딜레마'를 탐색한 Otto Lee(2009)의 현상학적 논문이 있다. 이 딜레마는 직원의 저항, 학문적 전통 및 기타 장애 요인에 직면하면서 혁신의 임무를 힘겹게 수행해야 하는 딜레마를 다룬다. Lee의 핵심 연구 질문은 "조직의 혁신과 관련하여 의사결정을 할 때 지역 전문대학 리더는 어떠한 경험을 하는가?"이다.

　　질적 연구에서는 일반적으로 전체를 아우르는 하나의 질문을 던지지만, 이러한 핵심 질문에 이어 일련의 하위 질문을 활용하기도 한다. 혹은 어떤 경우에는 하나 이상의 핵심 질문을 던지기도 한다. 예를 들어, 우리 대학원생인 Sara Katz(1995)는 만성적으로 재발하는 통증에 대처하는 경험에 대한 현상학적 연구를 수행했는데, 이러한 경험은 비교적 특이한 의학적 상태로 치료를 꺼리는 경우가 많다.

- 여성들은 만성적 통증을 어떻게 견뎌내며 살아가는가?
- 만성적 통증을 가지고 있는 여성들은 자신의 질병, 자기 자신 그리고 자신의 상황에 대해 어떻게 정의를 내리고 있는가?
- 통증에 있어서 자신의 신체에 대한 인식이 어떻게 생성되고 변화하며, 어떤 결과를 초래하는가?
- 통증에 대한 자신의 감정적 반응이 어떻게 생성되고 변화하며, 어떤 결과를 초래하는가?
- 자기 형성(shaping of the self)은 만성 통증이 있는 여성 자신의 상태에 대한 신체적인 감각과 정서적 반응에 대한 의미 부여와 어떤 관계가 있는가?

　　이 모든 질문은 만성적인 통증이라는 현상에 대한 경험을 정의하는 주제와 맥락을 따라가며, 해당 경험에 대한 느낌과 생각을 구조화할 수 있는 틀을 제공한다. 이러한 질문들은 경험 혹은 현상의 의미를 탐구한다는 현상학적 전통을 반영한다.

　　근거이론 연구에서 주요 연구 질문은 근거이론과 현상학적 연구 전통 간에 중복되는 부분이 있기는 하지만, 앞선 예시가 보여 주듯이 주로 과정 질문(process question)으로 표현된다. 출산에 대한 예시를 생각해 보면, 근거이론의 접근을 취하는 전형적인 연구 문제의 형식으로 기술한다면 "관리 의료 시스템하에서 여성들은 어떻게 출산을 준비하는가?"가 될 수 있다. 이 질문은 양적 연구의 관점에서 보면 지나치게 광범위하고 개방형이다. 그러나 근거이론 연구의 주요 목적은 탐구하고자 하는 현상과 관련된 이론을 생성하는 것이라는 점을 생각해야 한다.

　　주요 연구문제에 이어 자료 분석을 위한 직접적인 시사점을 제공하는 일련의 심화된 연구문제를 제시할 수 있다.

- 이 과정은 시간이 지남에 따라 어떻게 달라지는가?
- 그 과정에서 주목해야 하는 사건은 무엇인가?
- 무엇이 과정을 촉진하는가?
- 무엇이 과정을 방해하는가?
- 과정에 있어서 주요 참여자는 누구이며, 그들의 역할은 무엇인가?
- 결과물은 무엇인가?

또 다른 학생인 Lawrence Dong(2003)은 동남아시아 및 동아시아 청소년 범죄자의 민족적 정체성(ethnic identity) 형성과 관련하여 근거 이론을 생성/개발하기 위한 논문을 설계했다. 그의 연구는 다음의 주요 연구문제들을 바탕으로 했으며, 이 연구문제들은 연구를 이끄는 역할도 했다.

- 동남아시아 및 동아시아 청소년 범죄자의 민족적 정체성은 어떻게 형성되는가?
- 이 청소년들의 민족적 정체성 형성 과정에 어떤 패턴이나 공통점이 존재하는가?
- 이들의 민족적 정체성 형성에 영향을 미치는 요인은 무엇인가?
- 이들의 민족적 정체성 형성이 범죄의 위험성에 어떠한 영향을 미쳤는가?
- 범죄에 대한 완충장치 역할을 할 수 있는 민족적 · 문화적 보호 메커니즘이 있는가?

문화기술지 연구에서는 연구문제를 기술할 때 문화의 측면에 초점을 맞추는 경향이 있는데, 여기서 문화는 광범위한 의미를 갖는다. 출산에 대한 연구를 다시 살펴보면, "대도시에 위치한 대형병원 분만실의 문화를 어떻게 설명하고 해석할 수 있는가?"가 전체를 아우르는 연구문제가 될 수 있다. 이러한 연구문제는 출산이 일어나는 상황을 기술하고, 주요 주제를 분석하며, 환자와 의료진의 행동을 해석해야 함을 시사한다. 문화기술지의 접근을 취한 학위논문의 예로 미국 중서부에 위치한 기업의 조직 문화에 인터넷이 미치는 영향에 대해 연구한 Julianne Lynch-Ransom(2003)이 있다. 이 연구의 연구문제는 다음과 같다.

- 이 조직의 고유한 진정성(authenticity) 개발의 바탕이 되는 미션이나 비전, 핵심가치는 문화가 형성됨에 따라 어떠한 방식으로 나타나는가?

- 상징, 신념, 행동의 패턴을 통해 의미를 구성하는 과정은 부서와 단위조직 구성원들의 정체성을 통합하거나 혹은 분열시키는 데 있어서 어떠한 결과를 야기하는가?
- 상징, 신념, 행동의 패턴을 통해 의미를 구성하는 과정은 인터넷 집단에 있어서 문화로서의 리더십 행동에 있어 어떠한 결과를 야기하는가?
- 이 조직의 인수에 따른 문화적 합병에 있어서 상징, 신념 및 패턴을 통한 정체성 및 동일시 과정은 어떻게 나타났는가?

내러티브 탐구는 사람들이 이야기를 하고 또 이러한 이야기를 반복하는 과정을 통해 자신의 삶의 의미를 구성한다고 가정한다(McAdams, Josselson, & Lieblich, 2001). 이러한 전통하에서 출산에 대한 연구를 수행한다면 아이를 낳고 양육하는 경험이 여성의 자기인식 및 타인과의 관계에 어떠한 영향을 미치는지 물어볼 수 있다. 발달 관련 주제에 대하여 내러티브 탐구의 접근을 취한 심리학 분야의 한 논문은 다음과 같이 질문했다.

- 여성이 아버지와 유사한 수준의 경제적인 수입을 가지고 있는 어머니 밑에서 성장했으며, 자신의 성취에 대해서 충분한 인정을 받았다면, 이러한 과정은 모녀관계에 있어 어떠한 역할을 하는가?
- 딸의 주체성에 대한 경험에 미친 영향은 무엇인가?
- 어린 시절 가정에서 권력의 균형을 어떻게 인식하며, 그러한 인식은 자신의 가능성과 욕구 그리고 여성으로 살아간다는 것의 의미에 대한 이해 형성에 어떠한 영향을 미치는가?
- 이러한 인식은 일과 인간관계에 있어서의 선택 그리고 주체성을 가지고 행동하는 데 어떠한 영향을 미치는가?
- 그들은 일, 인간관계, 경제적인 보상 그리고 개인적인 성취의 의미를 어떻게 구성하는가?
- 성인으로서의 삶을 준비하며 어떠한 어린 시절의 경험에(그러한 경험이 있다면) 주목하는가? (Jersild, 2007, p. 65)

내러티브 탐구의 접근을 적용한 또 다른 논문의 예시로 Elke Schlager(2013)를 들

수 있는데, 이 연구의 주요 연구문제는 "처음으로 엄마가 된 여성이 친모 혹은 초기 양육자와 문화적 동화를 경험하는 것이 어머니 역할 적응에 어떠한 영향을 미치는 가?"이다.

- 엄마라는 역할에 동화되고 있는 여성은 친어머니로부터 지원을 받을 때와 받지 못할 때 자신에 대해 어떻게 느끼는가?
- 임신 중 혹은 출산 후의 우울한 감정은 자신의 어머니 혹은 자신의 배경이 되는 문화에 대한 갈망과 어떤 형태로든 관계가 있는가?
- 어떠한 유형의 모녀관계(혹은 스스로 인식하는 모녀관계)가 산모를 산후우울증으로부터 더 보호하는가?
- 어떠한 유형의 모녀관계가 여성을 더 큰 위험에 처하게 하는가?
- 문화에 적응 중인 여성이 산후우울증을 경험하지 않도록 보호해 주는 또 다른 회복력 관련 요인은 무엇인가?
- 미국에 오게 된 이유(예: 학업, 경제적 기회, 경력 개발 등)를 고려했을 때 아기를 갖는 것은 여성에게 어떤 의미인가?

다른 분야 연구를 살펴보면 연구문제를 그들의 고유한 방식으로 표현한다. 예를 들면, 액션 리서치를 수행한 Stringer(2013)에서는 문헌 연구 말미에 연구문제를 구체적으로 제시하지 않았다. 그 대신 서론에 연구에서 해결하고자 하는 문제를 진술(statement of the problem)했는데, 다음과 같은 내용으로 구성했다.

- 이 연구가 다루고자 하는 쟁점이나 문제
- 연구의 맥락과 연구와 관련된 이해관계자
- 문제에 영향을 미치는 조직, 정책, 프로그램, 서비스
- 연구의 목적
- 연구의 의의
- 이어서 기술하고자 하는 각 장의 내용 개관

문헌 연구는 학술적 문헌 혹은 연구와 관련된 이슈를 다루고 있는 공식적·비공식적

문헌(정부의 정책보고서, 조직의 업무 관련 매뉴얼, 각종 보고서, 뉴스 등)을 함께 활용할 수 있다. Stringer(2013)에 따르면 이러한 자료들은 자신의 주장을 뒷받침하기 위한 기본 가정, 개념 및 이론을 표현하고 이어서 기술할 연구방법론을 준비하기 위해 활용된다. 문헌 연구 장을 기술하는 방식은 논문의 다른 장들도 다 그렇겠지만, 실험 연구에 비해 더 내러티브한 형식을 취한다.

연구에서 해결하고자 하는 문제는 정확한 연구문제(question)나 연구가설과 함께 제시될 때 문헌 연구를 연구방법으로 전환시켜 주는 역할을 수행한다. 이 책의 제5장에서는 연구방법을 기술하는 방법에 대한 가이드라인을 제공한다.

참고문헌 관리

참고문헌의 관리는 컴퓨터에게 맡기는 것이 이상적이다. 방대한 분량의 서적, 학술지 논문, 공문서 혹은 어떠한 형태로 기록된 문헌이나 오디오 자료, 시각 자료를 검색·조직·요약하고자 한다면 서지 관리 소프트웨어를 사용하는 것이 좋다. 이러한 일을 도와주는 프로그램은 30여 가지가 있으며 다양한 기능을 수행한다. 이들은 크게 오픈소스 소프트웨어, 일반 개인이 구매할 수 있는 소프트웨어 그리고 웹 기반 소프트웨어 등 세 가지 유형으로 분류할 수 있다.

오픈소스 소프트웨어는 보통 무료이며 소프트웨어의 저작권 소유자가 소프트웨어를 연구·변경·배포할 수 있는 권한을 누구나 어떤 목적으로든 사용할 수 있도록 허가한다(St. Laurent, 2004, p. 4.). 개인이 구매 가능한 소프트웨어는 일반 대중에게 소매 형식으로 판매되는데, 다운로드를 받거나 디스크 형태로 구매 가능하며 라이센스가 필요할 수도 있다. 저자의 학생들은 Endnote(http://endnote.com)를 많이 사용하는데, 그 밖에 Biblioscape(www.biblioscape.com), 맥 OS에서 사용 가능한 Bookends(www.sonnysoftware.com/bookends/bookends.html) 그리고 무료 버전 및 프리미엄 버전이 있는 Qiqqa(www.qiqqa.com) 등이 있다. 웹 기반 소프트웨어는 보통 웹 서버 또는 중앙에서 호스팅하는 웹 사이트를 통해 접근 가능하다.

서지 관리 소프트웨어에 대한 폭넓은 평은 위키피디아(http://en.wikipedia.org/wiki/Comparison_of_reference_management_software)에서 찾아볼 수 있다. 오픈소스 소프트

웨어를 선택하기 전에는 다음과 같은 질문을 고려해 보기 바란다.

- 해당 소프트웨어가 내 컴퓨터 OS에서 작동하는가?
- 내가 사용하는 파일 형식으로 불러오기 혹은 내보내기를 할 수 있는가?
- 나의 학위논문이 요구하는 참고문헌 작성 방식에 맞추어 참고문헌 목록을 작성할 수 있는가?
- 우리 대학교 도서관은 어떠한 소프트웨어를 권장하는가?
- 내가 사용하는 워드프로세서 소프트웨어와 호환되는가?
- 내가 주로 사용하는 데이터베이스나 검색엔진으로부터 참고문헌을 불러올 수 있는가?
- 필요할 때 온라인 기술 지원을 받을 수 있는가?
- 온라인 학습 자료를 제공하는가?

이러한 질문에 대한 답변 및 30여 개의 소프트웨어에 대한 링크는 앞서 제시한 위키피디아 링크를 통해 확인할 수 있다. 많은 경우 자신이 지불한 비용만큼 얻게 되며, 어떤 것을 선택하든 신중히 고려해야 한다.

참고문헌 관리 프로그램 외에 논문을 교열하고, 문법이나 오탈자, 형식 등을 점검해 주는 웹기반 프로그램이 있다. ErrNET(www.errnet.net)은 웹기반 애플리케이션으로서 무료 평가판 버전을 사용하거나 주간, 월간, 연간 라이센스를 구매할 수 있으며, WhiteSmoke(www.whitesmoke.com)는 일반 개인이 구매할 수 있으며, 연간 혹은 평생 라이센스 구매 옵션이 있다. 이러한 프로그램을 통해 글쓰기의 품질을 향상시킬 수 있으며, 워드프로세서가 제공하는 문법 및 맞춤법 검사 이상의 기능을 활용할 수 있다.

| 글상자
4-2 | 문헌 연구와 문제 제기에 대한 학생들의 의견 |

- APA 출판 매뉴얼(Publication Manual of the American Psychological Association; APA, 2010b)[2]을 처음부터 사용해야 한다.[3] 참고문헌에 논문과 도서를 정확하게 인용하는 습관을 들이는 것이 나중에 따로 서식을 수정하는 것 보다 낫다. 특히 정확한 페이지 수가 표기되어야 하는 직접 인용을 할 때는 더욱 그러하다. 본문과 참고문헌에서 APA 서식을 자동으로 완성해 주는 Endnote라는 소프트웨어를 활용하면 작업이 한결 쉬워진다.

- 문헌을 검토할 때 같은 내용이 반복되고 문헌에서 인용되는 저자와 논문이 익숙해지면 이제 문헌 연구를 그만해도 될 때이다.

- 자신이 읽은 문헌의 목록을 정리하고 내용을 조직화하는 시스템을 만들어야 한다. 나의 경우를 예로 들면, 책이나 논문을 읽으면서 새롭게 발견되는 내용에 번호를 붙였고, 최종적으로 인용 가능한 38개 주제가 도출되었다. 이후에 컴퓨터에 그 번호 순서대로 참고문헌을 정리했다.

- 자신이 공부하고 있는 이론가의 원전을 읽어야 한다. 다른 사람들이 원전을 잘못 해석했을 가능성이 있기 때문이다. 예를 들어, Piaget는 미국에서 너무나 잘못 이해되고 있다. 게다가 원전의 내용이 훨씬 풍부하다. 다른 사람을 신뢰하기 전에 자기 자신을 신뢰해야 한다. 읽어서 완전히 이해가 되지 않는다면 시간을 들여 내용을 이해해야 한다. 일반적으로 고차원의 사상은 이해하는 데 어려움이 따른다.

- 학생들이 직면하는 문제 중 하나는 다양한 학문 분야(예: 사회 심리학, 사회학, 인류학, 커뮤니케이션, 이문화 등)를 통해 주어진 주제를 추적하는 것이다. 종종 연구는 철학적 지향의 차이가 아닌 분열된 학계라는 사회적 장벽에 의해 분리되어 있다. 따라서 같은 현상에 대해 다른 이름으로 연구되어 있을 수도 있다.

- 참고문헌 정리는 나중에 하는 것보다 문헌을 처음 읽었을 때 기록해 놓는 것이 훨씬 쉽다. 논문을 다 작성하고 나서 페이지 수와 출판 연도를 다시 찾아 기록하는 일은 시간이 많이 걸리고 난감한 작업이다.

- 문헌 연구를 작성할 때 구성과 흐름을 유지하기 위해 소제목을 활용해야 한다. 소제목은 독자가 내용과 흐름을 이해하는 데 충분한 정보를 제공하여야 한다.

---

2) 역자 주: APA 출판 매뉴얼 7판이 2022년 『APA 논문작성법』(학지사)으로 출간되었다.
3) 역자 주: 가장 최근에 출판된 7판(2020)을 기준으로 논문을 작성하는 것을 추천한다.

문헌을 선택하고 검토하는 팁

- 자신이 사용하는 데이터베이스(예: PsycINFO, Medline)를 이해하고 본인이 사용하는 키워드에 따라 문헌이 검색된다는 사실을 알아야 한다. 가능한 많은 유사한 용어를 사용해서 검색해야 한다.
- 최신 연구문헌과 도서를 먼저 검토하고 시간의 역순으로 자료를 검토해야 한다.
- 해당 분야의 고전이라 일컬어지는 연구와 해당 분야의 사람들이 특히 중요하다고 생각하는 연구를 찾아야 한다.
- 자신의 관점에 일치하지 않거나 가설과 반대되는 연구를 무시하지 말아야 한다.
- 논문 작성 후반까지도 최신 연구를 끊임없이 확인해야 한다. 학술지 최신호의 목차를 항상 살펴보아야 한다.
- 속독하는 법을 배워야 한다. 모든 것을 세세하게 읽기에는 정보의 양이 너무나 많다. 초록(abstract)을 읽는 것부터 시작해서 각 장의 서론과 결론을 훑어본 다음 자신의 연구와 관련이 없으면 넘어가야 한다.
- 문헌을 주제와 항목별로 집단화하고 연구들이 서로 어떻게 다른지 생각해 보고 아직 연구되지 않은 부분을 확인해야 한다.
- "선행 연구가 존재하지 않는다."라고 주장하지 말고 찾을 수 없었다고 해야 한다. 또한 자신의 연구에 시사점을 줄 수 있는 유관한 다른 분야로 검색 범위를 넓힐 수 있어야 한다.

글쓰기와 문법 팁[4]

다음에 제시되는 조언은 경험상 학위논문에서 반복되는 문제점들을 반영한 것이다.

- 자주 요약하는 것이 좋으며, 문단 간에는 전환이 명확해야 한다.
- 아포스트로피(')를 정확하게 사용해야 한다(예: it's vs. its).
- 대명사와 수를 일치시켜야 한다(예: 단수 및 복수 대명사가 한 문장에서 일관성 있게 사용되어야 한다). 예를 들어, "군인이 참전할 때마다 그들은 외상 후 스트레스 장애에 노출될 위험이 있다."라는 문장에서 대명사(그들, they)는 관련된 명사(군인, member)와 일치하지 않는다. 따라서 "군인들이 참전할 때마다 그들은 외상 후 스트레스 장애에 노출될 위험이 있다." 혹은 "참전하는 군인들은 외상 후 스트레스 장애에 노출될 위험이 있다."라고 써야 한다.
- 현재형과 과거형을 정확하게 사용해야 한다. 과거형은 과거에 행동이 발생했을 때 사용해야 하고

---

4) 역자 주: 원서의 내용이 영어 논문을 기준으로 작성되어 한글 논문 작성 시 해당되지 않는 내용이 일부 포함되어 있다. 그러나 영어로 논문을 작성하는 경우에는 참고가 가능하다.

현재형은 진행되고 있는 사실에 대해 사용해야 한다. 일반적으로, 연구는 표본을 가지고 수행하지만 일반화는 해당 연구의 모집단을 대상으로 한다. 예를 들어, 선행연구를 참조할 때 다음과 같이 문장을 작성할 수 있다. "음악을 틀면, 그리즐리 곰은 덜 공격적이었다. 따라서 음악은 동물을 진정시킨다고 연구자는 결론을 내릴 수 있었다."

- 콤마(,)와 세미콜론(;)의 차이를 구분해야 한다. 세미콜론은 '그리고' '혹은' '그러나'와 같은 접속사가 없을 때 완전한 복수의 절(clause, 일반적으로 주어와 동사가 있음) 결합에 사용한다. 세미콜론은 독자로 하여금 다음 예시와 같이 두 부분이 관련이 있거나 같은 내용의 일부라는 것을 알려 준다. "존스는 남성과 여성에게 설문조사를 했다; 스미스는 남성에게만 설문조사를 했다."
- 속어 및 불필요한 전문용어 사용을 피해야 한다.
- 어떤 상황에서도 표절은 피해야 한다. 자신의 생각이나 말이 아닌 것은 인용을 해야 한다.

우리의 동료교수인 Judy Stevens Long은 논문을 잘 쓰고 싶어 하는 학생들에게 다음과 같은 조언을 해 주었다(그러나 과장된 측면이 없지 않다).

- 한 문장이 세 줄을 넘지 않도록 해야 한다(약 30 단어). 긴 문장은 이해하기 어렵다.
- 한 문장에 전치사구 또는 부정사구를 3개 이상 넣지 않아야 한다. 문장의 요지를 흐리기 때문이다. 전치사구는 in, through, under와 같은 전치사로 시작한다. 부정사구는 to로 시작하며 동사가 따라온다.
- 문장에서 주어를 가장 먼저 쓰고 동사를 가급적 가까이 배치해야 한다. 이렇게 해야 독자가 글쓴이의 의도를 쉽게 이해할 수 있다. 동사는 논문에서 가장 과소평가되는 경향이 있는데, is나 was를 대체하는 정확한 동사를 찾아야 한다.
- 부사는 동사의 적이다. 매우, 정말, 유일하게와 같은 부사는 불필요하다. 정확한 동사는 스스로를 설명한다.
- 형용사는 명사의 적이다. 정확한 명사를 찾으면 형용사 사용을 줄일 수 있다.

글쓰기에 관심이 있는 독자들은 다음의 웹사이트에서 글 쓰는 데 유용한 많은 팁을 얻을 수 있다. (http://pages.stern.nyu.edu/~wstarbuc/Writing/Fussy.htm).

본문에서 인용하기

APA 방식은 본문과 참고문헌에서 정확하게 연구들을 인용하는 방법에 대해 알려 준다. 본문에서 연구자들은 적어도 두 가지 다른 방법으로 인용할 수 있다. 두 예시에서 괄호가 어떻게 다르게 사용되었는지, 마침표가 어디에 찍혀 있는지 확인해 보기를 바란다.

a. 남성이 여성보다 길을 묻는 것을 더 꺼리는 것으로 확인되었다(Knowitall, 2004).
b. Knowitall(2004)의 연구에 따르면, 남성이 여성보다 길을 묻는 것을 더 꺼리는 것으로 확인되었다.

다수의 저자를 인용할 때 비슷하지만 중요한 차이점이 있다. 단어와 엠퍼샌드(&) 사용의 차이에 유의해야 한다.

a. 여성이 남성보다 쇼핑을 더 즐긴다고 믿을 만한 이유가 있다(Bargain & Spend, 2005).
b. Bargain과 Spend (2005)는 여성이 남성보다 쇼핑을 더 즐기는 것을 발견했다.

도서관 활용법 배우기

모든 연구 활동에서 중요한 부분이지만 특히 학위논문 작성 과정에서 중요한 부분은 자신이 연구하고 있는 분야 그리고 유관 분야의 연구물들을 효과적이고 효율적으로 탐색하는 것이다. 많은 책이 관련 주제에 대해 다루고 있기 때문에 이 책에서는 도서관을 활용하는 기술이나 기법에 대해 충분히 다루지 않을 예정이다. 그러나 도서관 사서인 Stefan Kramer과 Margaret Connors가 제공하는 도서관 활용과 관련된 내용은 공유할 만한 가치가 있다.

1. 무료로 접근할 수 있는 웹 검색엔진과 도서에만 의존하는 것은 대학원 수준의 연구를 하는 데 충분하지 않다.
2. 도서관 자료 검색 기술과 기법을 학습하는 데 몇 시간 혹은 며칠만 투자한다면 원하는 자료를 못 찾아 끝도 없이 검색에 낭비하는 시간을 절약할 수 있다.
3. 자료 검색에 익숙하지 않은 경우 대학 도서관에 소속되어 일대일로 자문을 해 줄 수 있는 전문 사서에게 문의해야 한다. 또한 도서관 웹사이트에는 자료 검색과 관련된 자료와 도서관에서 제공하는 단기 세미나 등의 정보를 제공하고 있으므로 참고하면 좋다.
4. 다음과 같은 내용과 관련하여 도서관이 제공해 줄 수 있는 것이 무엇인지 찾아보아야 한다(등록금에 이런 서비스 비용이 다 포함되어 있다!).
   a. 연구 주제와 관련한 적합한 온라인 데이터베이스와 다른 정보원 탐색하기
   b. 효과적으로 다양한 온라인 자료들을 검색하기
   c. 참고문헌을 보고 원문 검색하기
   d. 인용 색인을 사용하여 관심 논문을 인용한 다른 저자 또는 다른 저자에 의해 인용된 저자를 찾을 수 있다고 하기
   e. 주제에 대한 검색을 구체화하고 검색 논문 수를 줄이거나 늘이는 기법 사용하기. 여기에는 검

색. 연산재[(a OR b) AND (x OR y OR z) 쿼리 구조] 사용, 여러 단어 형식을 검색하기 위한 와일드 카드 및 절단 검색, 근접 연산자 사용이 포함됨

f. 정교한 주제 검색을 위해 가능하면 동의어 사전 사용하기

g. 정확한 검색을 위해 온라인 데이터베이스의 특정 분야 및 색인 선택하기

h. 검색결과 구성하고 저장하기

i. 서지관리 도구 및 스타일 매뉴얼 사용하기

j. 저작권 존중하기

제5장
연구방법:
연구 계획 서술하기

    논문에서 연구방법을 서술한 장(chapter)은 연구가설과 연구문제를 해결하기 위해 수행할 구체적인 단계를 기술한다. 따라서 문헌 연구에서 연구문제가 도출되듯, 문제 진술(statement of the problem)에서 연구방법이 논리적으로 도출된다. 논문에서 연구 방법 장은 구체적인 연구 단계에 대한 명확하고 완전한 설명을 제공해야 한다. 연구 절차는 독자가 연구를 복제하여 실행할 수 있을 정도로 충분하고 상세하게 설명되어야 한다.

    제3장에서 우리는 학생들이 연구방법을 선택하기 전에 연구문제부터 발견해야 한다고 했다. 그러나 어떤 논문에서는 연구방법 자체가 연구 주제일 수 있다. 어떤 학생은 적절한 연구문제를 생각하기도 전에 자료 수집을 위한 특정한 기술과 방법의 가능성을 보고 기뻐할 수 있다. 그러나 대부분의 경우 연구방법은 해당 연구문제와 그 문제를 탐구할 수 있는 적합한 방법에 대한 깊은 고민 끝에 결정된다. 이어지는 내용은 양적 논문과 질적 논문에 대한 두 부분으로 나뉘는데, 우리는 독자들이 양쪽 모두를 읽어 보기 바란다. 연구방법에서 고려되어야 할 사안들은 서로 관련이 있으며 어떤 방법을 선택해도 내용이 상당히 중복된다.

양적 논문에서 연구방법 장 작성하기

연구방법 장에서는 연구문제와 가설을 검증하기 위한 단계에 대해 빈틈없이 열거해야 한다. 연구방법 장은 일반적으로 연구 대상, 측정 도구, 연구 절차와 같은 세 가지 하위 항목이 있다. 또한 프로포절의 연구방법 장에서는 자료를 어떻게 처리할 것인지 통계분석 혹은 자료 분석과 관련한 내용이 포함된다. 특수 장비를 사용하는 연구의 경우에는 장비의 특성 및 유형을 설명하는 도구 항목이 포함된다.

연구방법 장에서 자주 범하는 실수는 문헌 연구에서 이미 언급된 내용을 반복하는 것이다(제4장 참조). 연구방법 장은 특정 연구를 수행하기 위한 일련의 방법으로 보아야한다. 우리는 연구방법 장의 각 하위 항목을 서술할 때 이런 관점을 유지할 예정이다.

연구방법 장 시작하기

연구방법 장을 시작하는 합리적인 방법은 연구 설계와 연구방법 장의 구조를 서술하는 도입 단락을 작성하는 것이다. 이는 앞으로 제시될 내용에 대해 예측할 수 있도록 함으로써 내용을 이해할 수 있는 틀을 제공한다. 이 단락은 독자에게 "이것은 연구방법 장이며, 이 장은 이렇게 구성되어 있으며, 연구 설계는 이렇습니다."라고 설명한다. 도입 단락에서 가장 어려운 부분은 연구 설계 부분일지도 모른다. 연구 설계를 주제로 다룬 책은 수없이 많고, 이 책의 목적은 이런 방대한 자료를 정리해서 알려 주는 것이 아니다. 이러한 맥락에서 우리는 도입 단락에서 연구자가 독자를 위해 연구방법에 관하여 짧게 한두 문장을 제시하는 것을 제안한다. 기본적인 연구 설계는 간단하다. 설계는 실험 연구, 준실험 연구 혹은 상관 연구일 수 있다. 설계는 횡단 연구 혹은 종단 연구일 수 있다. 종단 연구 설계는 오랜 기간에 걸쳐 동일한 대상을 연구했을 수도 있고 그렇지 않을 수도 있다. 이런 기본적인 구분은 처음부터 명확하게 하는 것이 중요하다.

예를 들어, 다섯 개의 예측변수가 독립변수로 사용되고 두 개의 결과 값이 종속변수로 사용되는 횡단 설계를 가정해 보자. Gilbert(2007)의 학위논문이 그러한 연구 설계의 예이다.

이 연구는 다섯 개의 독립변인(조직몰입, 부정적 정서, 감정표현 상실, 정서 인식 수준, 신체상 혼란)과 두 개의 종속변인(폭식 빈도, 정서적 과식 빈도)을 사용한 횡단연구 설계를 적용했다. 연구의 주요 목적은 독립변인이 폭식과 정서적 과식에 어떤 관련이 있는지 조사하는 것이다. (p. 96)

자신의 연구에 가장 적합한 설계 유형을 결정하기 위해 연구 설계와 관련한 많은 문헌(예: Goodwin, 2010; Shadish, Cook, & Campbell, 2001)을 참조할 수 있지만, 특정 설계 유형 그 자체보다 본인 연구 설계에 대한 명확한 설명이 더 중요하다. 예를 들어, Zachariades(2012)는 만성통증을 가진 사람들의 불면증에 대한 인지행동치료(Cognitive Behavioral Therapy: CBT) 자기 관리에 대한 연구를 다음과 같이 서술했다.

이 연구는 두 집단(불면증에 대한 자가치료 CBT 매뉴얼을 받은 치료군과 일반적인 표준 치료를 받는 대기 대조군)을 대상으로 무작위 배정 실험(RCT) 연구 설계를 사용했으며, 세 번(처치 전, 처치 후, 처치 후 3개월 후)에 걸쳐 데이터가 수집되었다. 연구자는 연구 대상자가 기본 검진을 받기 전에 난수표를 생성하여(Hahr, 2010) 무작위로 선발했다. (p. 36)

표본에 대한 기술

연구방법 장에서 연구에 참여할 사람들의 소속과 인원(프로포절의 경우) 혹은 연구에 참여한 사람들의 소속과 인원(완료된 연구의 경우)에 대한 정보를 제공해야 한다. 사람(정보원 혹은 참여자)을 지칭하는 '연구 참여자(participant)'라는 용어는 지난 수십 년간 연구에서 사용된 '연구 대상(subject)'이라는 용어를 대체했다. 물론 기본 분석 단위는 사람이 아닐 수 있으며, 조직, 사건, 문서 혹은 광고의 부분, 사회 전체가 연구 대상이 될 수 있다. 연구방법 장에서는 연구 대상이 선택된 이유와 방법에 대해 설명해야 한다.

우리가 지켜본 바에 따르면, 학생들은 연구 참여자 표본 추출 과정에 대해 서술하는 것과 연구 참여자들로부터 데이터를 수집하는 것을 혼동한다. 표본 추출에서 이러한 측면을 완전히 분리하는 것은 힘들지만, 전자는 '연구 참여자'라는 제목 아래 속하는 반면,

후자는 '연구 절차'라는 제목 아래 속한다. 연구 참여자라는 제목하에서 특히 중요하게 다루어야 할 내용은 구체적인 표본 추출 절차와 연구 참여자 수를 정한 근거 그리고 연구 참여자를 어디서 모집했는지이다. 무선 표집, 층화 표집, 목적 표집 등 어떤 표집 방법을 사용할 예정인가? 연구 참여자는 어디에 소속되어 있는가? 연구에 얼마나 많은 연구 참여자가 필요한가?와 같은 각 질문에 대한 답은 중요하며, 연구 참여자 제목하에서 다루어져야 한다. 각각의 내용에 대해 구체적으로 살펴보도록 하자.

표본 추출 설계   일반적인 연구 설계가 그렇듯 표집 관련 문제는 복잡하다. 그러나 우리의 목적은 표본 추출의 난해함을 논하자는 것이 아니다. 연구자가 할 일은 모든 이론적·실질적 사안들을 고려하여 이 문제를 어떻게 해결해 나갈 것인지에 대해 설명하는 것이다. 연구에서 표집방법에 대해 적절하게 서술하기 위해서는 다양한 표집 방법에 대한 지식이 선행되어야 한다.

다음의 두 가지 예가 표집과 관련하여 도움이 될 것이다. 첫 번째 예는 다음과 같다.

연구 참여자는 캐나다 오타와 병원 재활센터와 마취학과 소속 통증 클리닉에서 모집한 만성 통증이 있는 성인 외래 환자였다. 환자는 근골격계 혹은 신경장애로 인한 만성통증을 진단받았으며, 진료와 후속 예약을 위해 내원했으며, 수면에 영향을 미치는 다른 의학적 요인을 가지고 있지는 않았다. 그들은 최악의 상태는 아니었으며, 심각한 정신질환을 앓고 있지 않았다. 모두 18세 이상 65세 이하로 영어로 의사소통이 가능했다. 참여자가 수면제를 처방받은 사실은 표본에서 제외되는 기준으로 적용되지 않았다. (Zachariades, 2012, p. 36)

다음은 두 번째 예이다.

연구 참여자 중 절반(*N* = 410)은 '다중 사이트 입력 기법(multiple site entry technique)' (Reips, 2000)을 통해 모집되었다. 연구 참여자 모집 안내는 필딩 대학원의 임상 심리 및 인간과 조직 개발 프로그램 메일링 리스트를 통해 배포되었다. 참가 링크는 "Psychology Research on the Web"과 "SpiritualityandHealth.com"라는 두 개의 웹사이트에 게시되었고, 이 연구에 관심을 표명한 사람들은 이메일로 초대장을 받았다. 이메일을 받은 사람들은 메일을 제3자에게 전달하여 그들이 연구에 참여하도록 초대할 수 있었다. 웹사이트를 통해 설문조사를 마친 연구 참여자들은 일반적인 인구 통계학적 질문을 받았으며, 이를 넘어서는 개인 식별 가능 정보가 요구되지 않았고 참가에 대한 어떠한 인센티브도 지급되지 않았다. 연구 참여자들에게는 연구 결과가 언제 웹사이트에 게재되는지 날짜를 알려주었다.

웹사이트를 통해 연구에 참여한 사람들은 스스로 연구 참여를 선택했으며 이 사실은 타당도에 잠재적인 위협이 될 수 있다(Buchanan, 2000). 연구 참여자를 모집할 때 자발적 참여자들로만 구성하면 응답 범위가 심각하게 제한될 가능성이 있다. 이런 이유로 나머지 참여자(N = 392)는 캘리포니아 북부에 위치한 주립대학에서 모집되었다. 참여자들은 학부생으로 연구방법론을 수강하고 있었으며 이 연구여 참여하여 1학점을 받았다(MacNulty, 2004, p. 84).

엄격한 무선 표집은 많은 경우 실용적이지 않을 수 있다. 대학 기반 연구에서 자주 활용되는 대학교 2학년 학생들도 그들만의 특성을 가진 집단으로 연구 결과를 다른 사람들에게 일반화하기에는 한계점이 있다. 중년의 나이에 부모와 함께 사는 남성이나 위탁 가정에서 성장한 성인과 같이 비교적 흔하지 않은 대상으로 연구를 수행하는 학생들은 충분한 수의 참여자를 확보하기 위해 눈덩이(snowball) 표집이나 다른 비무작위 표집방법을 사용해야 할 수 있다. 비무작위 표집은 방법에 내재된 잠재적 편향에 대해 연구가 허용하는 정도에 따라 적절할 수도 적절하지 않을 수도 있다. 관련된 예로 Carol Crane(2005)의 학위논문이 있다. 그녀는 희귀한 신경심리학적 조건인 발달적 공감각을 가진 사람을 대상으로 연구했고, 많은 수의 대상이 필요했다. 질적 연구에서는 연구 참여자를 선정하기 위해 눈덩이 표집이 흔히 사용된다. Diane Armstrong(1995)의 선천적 혹은 후천적 시각장애인 18명을 대상으로 연구한 꿈의 속성에 대한 논문과 매우 성공한 어머니를 둔 여성에 대한 Devon Jersild(2007)의 연구는 눈덩이 표집을 활용한 예이다.

최근에는 인터넷을 활용하여 참가자를 모집하고 자료를 수집하는 방법이 많이 사용된다. 연구와 관련된 모든 설문 문항과 측정 도구가 웹사이트에 입력되고, 참여자들이 편한 시간에 개인 컴퓨터를 사용해 참가할 수 있도록 하며, 설문은 명확하고 체계적인 방법으로 제시된다. 각 참여자의 응답은 데이터베이스에 저장되고 다운로드될 수 있어 자료를 쉽게 처리하고 분석할 수 있다. 때때로 참여자들은 설문 웹사이트나 연구에 적합한 특성을 갖춘 개인이 관심을 가질 만한 토론방이 개설된 인터넷을 통해 모집된다.

우리 학생들은 두 가지 다른 접근법을 사용했는데, 하나는 자신의 웹사이트를 설계하는 것이었다. Tracy Zemansky(2005)는 알코올중독자들의 모임에 소속된 장기 회원들의 회복 과정에 대한 논문 작성을 위해 웹사이트를 설계했다. 그녀는 연구에 적합한 대상자 164명을 단시간에 모을 수 있었다. 그러나 자료 수집 전략으로 자신의 웹사이트를 구축하는 것은 시간도 오래 걸리고 좋은 대안이 아닐 수 있다. 또 다른 접근법으로는 기존 서비스를 사용하는 방법으로 설문과 자료 수집을 위해 공개된 웹사이트에 측정 도구를 올리는 것이다. 연구 참여자는 이메일, 메일링 목록, 서신, 개인적 연락망 등을 통해 모집되며, 설문에 참여할 수 있는 웹사이트를 안내받는다. 그런 다음 웹사이트에서 아이디와 암호를 만들어 계정을 생성하고 연구에 접근할 수 있는 인증번호를 받는다. 연구 참여자의 연구 참여 동의서 또한 제공된다. Corinne Goodwin(2006)은 앞서 언급한 온라인 연구 서비스(www.psychdata.com)를 이용하여 임상심리학자 훈련에서 관리자와의 관계의 질에 대한 논문을 완성했다. 그녀는 이런 전략을 사용하여 단기간에 그녀가 예상했던 것보다 많은 연구 참여자를 확보할 수 있어 만족해했었다.

인터넷으로 연구 참여자를 선발하는 방법의 장점과 단점은 무엇인가? 우리는 온라인 대 오프라인 표본의 공통점에 대해 깊게 다루지 않겠지만 상당한 연구가 이와 관련된 주제를 다루고 있다(예: Duarte Bonini Campos, Zucoloto, Sampaio Bonafé, Jordani, & Maroco, 2011; Gosling, Vazire, Srivastava, & John, 2004; Tourangeau, Conrad, & Couper, 2013; van den Berg et al., 2011; Wright, 2005). 예를 들어, 온라인 설문에 대한 응답률은 지필로 실시한 설문의 응답률과 유사하다는 증거가 있다(Sue & Ritter, 2007). 컴퓨터에 대한 접근성과 컴퓨터를 다루는 능력과 관련하여 편향이 생길 수 있지만 전통적 자료 수집 전략으로는 가능하지 않은 지리적으로 이질적인 표본을 획득할 가능성 역시 존재한다. 또한 많은 참여자는 연구자를 직접 대면하는 것보다 기계를 대면하면서 얻을 수 있는 익명성을 선호하고 신뢰한다. 물론 비대면 형식을 사용하기 때문에 응답을 성의 없이 할 가능성도 존재한다. 그러나 연구자들이 인터넷을 통해 매우 효과적으로 많은 수의 응답을 얻고 비교적 수월하게 분석할 수 있는 형태로 자료가 수집된다는 것은 명백하다. 앞서 논의한 내용은 인터넷 기반의 자료 수집과 관련된 내용을 모두 담고 있지 않으며, 이는 논문 작성 과정에서 매우 중요한 문제이기 때문에 우리는 제11장 전체를 인터넷을 통한 자료 수집 전략과 자료 출처로서의 인터넷에 대해 다루고 있다.

적합한 연구 참여자 수   연구 설계에서 적절한 참여자 수를 결정하는 것은 어려운 문제 중 하나이다. 학생들은 비용과 시간을 고려하여 심사위원들이 허락하는 가장 적은 수의 참여자를 대상으로 연구를 진행하고자 한다. 그러나 이러한 결정은 임의로 내리지 않아야 한다. 만약 학생이 필요한 연구 대상이나 사례 수를 과소 추정하면, 검정력이 낮아지며 가설을 뒷받침할 수 있는 중요한 효과를 놓칠 수 있다. 반대로 연구 대상의 수를 과대 추정하면, 불필요한 데이터 수집에 시간, 비용, 에너지를 낭비하게 된다. 대부분의 학생은 자료로부터 의미 있는 결론을 도출하는 데 필요한 참여자 수를 과소 추정하는 경향이 있다. 예를 들어, 교육심리 분야에서 연구자가 공립학교에 다니는 학생들과 홈스쿨링을 하는 학생들의 자존감을 비교하는 연구를 설계했다고 가정해 보자. 실제로 자존감 수준에 차이가 있다면 연구자는 통계적으로 유의한 차이를 보여 줄 수 있을 만큼 충분한 자료를 수집해야 한다. 차이가 적으면 적을수록 더 많은 자료를 수집해야 한다.

참여자 수를 결정하는 가장 좋은 방법은 검정력 분석이다. 검정력 분석은, ① 모집단에서 변수들의 효과의 크기, ② 사용될 통계적 검증 방법, ③ 연구의 유의 수준(알파 수준)을 고려하여 연구자에게 독립변수의 효과를 알아내기 위해 얼마나 많은 연구 참여자가 필요한지 알려 준다. 확률로 표현되는 검정력 수준은 연구자가 2종 오류를 피할 수 있는 확률을 알려 준다. 2종 오류는 영가설이 거짓임에도 불구하고 기각하지 못하는 것을 의미한다. 거짓인 영가설을 기각하지 못한다는 의미는 효과는 존재하나 연구에 의해 발견되지 못했다는 것을 의미한다. 2종 오류가 발생할 확률이 높아질수록 연구의 검정력은 감소한다. 실제로 검정력은 1에서 2종 오류를 뺀 값과 같다. 따라서 만약 2종 오류가 발생할 확률이 .15라면 검정력은 .85(1-.15 = .85)이다. 다시 말해, 검정력이 낮은 연구는 결과가 유의하지 않은 경향이 있다.

과거에는 검정력을 계산하는 것이 어려웠고 학생들과 논문 심사위원들은 적정 연구 참여자 수를 결정할 때 경험에 의존했다. 그러나 컴퓨터 프로그램은 이러한 계산을 간단하게 수행하기 때문에 논문 기획 단계에서 이를 사용할 것을 강력하게 권장한다. 대부분 검정력 분석 소프트웨어는 개별적으로 구입해야 하거나 기존 소프트웨어의 추가 기능으로 구매가 가능하다. 개별적으로 구입할 수 있는 프로그램으로는 nQuery

Advisor(www.statistical-solutions-software.com)가 있다. nQuery Advisor는 연구자가 다양한 통계 절차와 설계를 사용하여 충분한 검정력을 가진 연구를 수행하는 데 필요한 표본 크기와 효과 크기를 결정하는 데 도움을 준다. 기존 프로그램에 추가하여 사용하는 프로그램의 예로는 SPSS의 Sample Power라는 모듈이 있다. 이러한 프로그램들의 한 가지 문제점은 비용이다. 그러나 학교와 협약을 맺은 프로그램은 학생 할인을 제공한다. 따라서 정확한 가격을 확인하려면 소속 대학에 문의해야 한다. 또 하나의 대안으로는 G*Power(www.psycho.uni duesseldorf.de/abteilungen/aap/gpower3/)라는 무료 소프트웨어를 사용하는 것이다. G*Power는 윈도우와 맥 환경에서 모두 사용 가능하며, 우리 지도 학생 대부분이 유용하게 활용했다.

검정력에 대해 더 알아보고자 한다면, Cohen(1988)의 『Statistical Power Analysis for the Behavioral Sciences』와 Murphy, Myors와 Wolach(2008)의 『Statistical Power Analysis: A Simple and General Model of Traditional and Modern Hypothesis Tests』 그리고 Wilcox(2010)의 『Fundamentals of Modern Statistical Methods: Substantially Improving Power and Accuracy』를 추천한다. 마지막으로, 검정력과 효과 크기에 대한 개념에 대한 자세한 내용은 저자들의 다른 출판물인 『Your Statistical Consultant: Answers to Your Data Analysis Questions』(Newton & Rudestam, 2013)의 4장을 참조하기 바란다. 여기서는 검정력과 효과 크기에 대한 쟁점과 대안적 형태의 통계적 가설 검증을 깊게 논의한다.

앞서 언급된 홈스쿨링과 전통적 학교교육을 받은 학생을 비교하는 연구의 예에서 t-검정은 이 두 집단의 창의성 수준을 비교하는 데 사용될 수 있다. 〈표 5-1〉은 "검정력 .80, 유의 수준 .05에서 두 집단의 평균 차이를 검정하려면 얼마나 많은 참여자가 필요한가?"라는 질문에 대답하도록 설계된 검정력 분석 예이다. 표는 효과 크기(즉, 표준편차와 비례한 평균 차이)가 작거나, 중간 혹은 크다면 유의 수준 .05(일반적으로 받아들여지는 기준), 효과 크기 .80(일반적으로 받아들여지는 표준 수준)에서 필요한 연구 참여자 수를 보여 준다.

〈표 5-1〉 *t*-검정력: 유의 수준 .05(α)에서 검정력 .80을 얻기 위해 필요한 표본 크기

효과 크기	집단별 인원	총 인원
작다	393	786
중간	64	128
크다	26	52

〈표 5-1〉은 중간 크기의 효과가 예측되는 경우, 유의 수준 .05에서 검정력 .80을 얻으려면 집단별로 64명의 참여자가 필요하다는 것을 보여 준다. 효과의 크기가 클 때에도 연구자는 동일한 검정력(.80)을 얻으려면 집단별로 적어도 26명의 참여자가 필요하다. 이는 달리 이야기하면, 만약 연구가설이 사실이라 할지라도 표본 크기가 충분하지 않으면 이 가설을 지지하는 데 실패할 수도 있다는 것이다. 표본 크기가 증가하면 자료 내 존재하는 효과를 통계적으로 탐지할 가능성이 높아진다.

마지막으로, 검정력 분석 사용과 관련하여 세 가지 중요한 요점을 제시하고자 한다.

첫째, 많은 논문에서 검정력 분석 사용은 비현실적일 수 있다. 때로는 순수한 수학적 절차의 요건을 충족하기에 참여 대상이 충분하게 존재하지 않을 수 있고, 질적 논문, 사례 연구, 구술역사 그리고 면담은 통계적 검증과 무관하게 학생과 논문 심사위원회의 판단에 따른다.

둘째, 양적 분석이 필수적인 경우 학생들은 많은 변수를 사용한 다변량 분석을 사용한다. 이런 경우 필요한 참여자 수는 단순 두 집단 *t*-검정에서 필요한 수보다 훨씬 많을 것이다.

셋째, 검정력 분석은 선행 연구와 연구문제 맥락에서 의미 있는(임상적으로 혹은 실질적으로 중요한) 효과 크기에 대한 고려에 의해 영향을 받는다. 예를 들어, '중간' 정도 효과라는 맹목적 수용에 근거한 검정력 분석은 권장되지 않는다. 그렇다면 어떤 기준이 사용되어야 하는가? 우리는 다음의 두 가지를 제안한다.

• 문헌 검토 결과, 사용하고자 하는 변수와 동일하거나 유사한 변수를 사용하여 발견된 효과 크기는 무엇인가? 이 값이 본인 연구에서 효과 크기를 추정하는 데 기준이 될 수 있다. 오래된 연구들은 효과 크기를 보고하지 않을 수도 있는데, 이는 제시된 자료를 통해서도 계산을 할 수 있다. 예를 들어, 연구자는 평균과 표준편차 혹은 제곱의 합으로부터 설명된 분산을 통해 Cohen의 *d*값을 계산할 수 있다.

• 문헌 연구를 바탕으로 임상적으로나 실질적으로 중요하고 의미 있는 효과 크기는 무엇인가? 이 정보는 유용한 추정치를 제공할 수 있다.

넷째, 양적 연구라 할지라도 통계적 추론의 사용이 적합하지 않을 수 있고, 따라서 검정력 분석 역시 의미가 없을 수 있다. 이런 경우 유의성 검정을 하지 못했거나 검정력이 부족하다고 비판하는 것은 불합리하다. 모든 양적 연구가 통계적 유의성에 의존하지 않는다. 제6장에는 수년간 양적 자료를 평가하는 지배적 패러다임이었던 영가설 검정(Null Hypothesis Significance Testing: NHST)에 대한 최근 비판적 시각을 포함하여 통계적 결과를 보고하는 것에 대한 정보를 제공하고 있다.

측정 도구: 연구 도구에 대한 설명

연구방법 장 측정 도구 부분은 연구에 사용한 측정 도구(measurement)와 연구문제 및 가설에 포함된 변수들을 측정하는 방법에 대하여 서술한다. 이 부분에서는 왜 이 측정 도구가 최선이고 본인의 특정 연구 맥락에 가장 적합한지 설명해야 한다.

만약 연구자가 이 전에도 사용된 적이 있고 표준화되어 널리 알려진 도구를 쓴다면 프로포절에서 서술한 모집단과 맥락을 서술하고 이 측정 도구를 사용하는 것이 적합한 것인지, 측정 도구의 특징은 무엇인지 척도와 점수화 방법을 고려해야 한다. 이에 대한 각각의 사항은 별도로 논의된다.

측정 도구는 적합한가   동일한 현상을 측정할 수 있는 척도는 여러 개 존재할 수 있다. 그렇다면 연구자들은 어떻게 가장 좋은 측정 도구를 선택할 수 있는가? (또는 연구자가 다른 측정 도구를 사용했었어야 했다는 주장에 어떻게 방어할 수 있는가?)

첫 번째 단계는 연구를 위해 선택된 모집단에 측정 도구를 사용하는 이유를 설명하는 것이다. 성인에게 적합한 측정 도구는 청소년이나 아동에게 효과적이지 않을 수 있다. 어떤 문화권에서 설계된 측정 도구는 다른 문화권에서 제대로 역할을 하지 못할 수 있다. 연구자는 자신의 연구와 가장 비슷한 대상에게 측정 도구를 사용한 실증 연구들을 찾아내야 한다.

두 번째 단계는 선택된 측정 도구의 저자가 동일한 현상에 대해 연구자와 유사한 관점으로 현상을 인식하는지 입증하는 것이다. 예를 들어, 우울증을 측정하는 검사 도구는 모두 다르다. 왜냐하면 검사 도구를 제작한 연구자들은 우울증을 다양한 이론적 관점에서 바라보고 검사 도구의 내용은 이런 다른 입장을 반영하기 때문이다. 따라서 연구자가 특정 측정 도구를 선택한 이유는 해당 측정 도구가 연구자의 관점과 동일하게 현상을 개념화하고 있기 때문이라는 것을 설명하는 것이 중요하다.

도구의 측정학적 특징은 무엇인가   측정 도구의 특징이란 신뢰도, 타당도, 측정 구조를 의미한다. 신뢰도는 일관된 결과를 얻을 수 있는 것을 의미한다. 타당도는 측정하고자 하는 것을 측정하는 것을 가리킨다. 구조는 주어진 측정 도구에 포함된 하위 요인의 수와 의미를 의미한다.

프로포절 단계에서 측정 도구의 신뢰도와 타당도에 대한 정보는 선행 연구에서 확인할 수 있다. 학생은 자료를 수집한 후 새로운 표본에서 확인한 측정 도구의 신뢰도와 타당도를 보고함으로써 기존 연구에 기여할 수 있다. 측정 도구의 신뢰도는 측정 도구가 사용되는 모집단에 따라 부분적으로 달라진다. 따라서 어떤 표본에서 높은 신뢰도를 보였다고 해서 반드시 다른 표본에서 동일한 수준의 신뢰도를 보이는 것은 아니다.

어떻게 측정 도구를 실시하고 점수화하는가   독자는 측정 도구가 어떻게 시행되고 점수화되는지 이해해야 한다. 일부 측정 도구는 자기보고식으로 시행하는 것이 가능하고, "현재 당신의 감정을 가장 잘 대변하는 표현에 체크하시오."와 같은 지시사항과 함께 배포된다. 로르샤흐(Rorschach) 검사와 같은 일부 측정 도구는 검사를 시행하고 점수를 부여하는 데 광범위한 교육을 필요로 한다. 사람들에게 점수를 매기는 방법을 공개하지 않으며, 전산으로 채점하기 위해 (물론 유료로) 시행된 검사 결과를 본사로 보낸다. 측정 도구를 연구자가 직접 만들거나 표준화된 연구 도구를 쓰거나 그 어느 쪽을 선택하든 예비 검사를 시행할 것을 추천한다. 이때 예비 검사 참여자들에게 어떤 지시사항이 이해하기 어렵고 어떤 항목이 헷갈리는지 물어보는 것이 도움이 될 수 있다.

최근 박사논문(Szuromi, 2012)에서는 허리 통증을 자기보고식으로 측정하는 도구에 대해 설명하는 데 우리가 무엇을 고려해야 하는지 알려 준다. 설명에는 신뢰도와 타당도뿐만 아니라 측정 도구의 구조와 측정에 대한 정보를 포함하고 있다. 앞서 언급했듯이, 제안된 연구와 가장 유사한 대상으로 한 측정 도구의 신뢰도와 타당도에 대한 간략한 평가를 포함하는 것이 중요하다.

　오스웨스트리 허리 통증 장애 문항(OLBPDQ; Fairbank, Davies, Couper, & O'Brien, 1980; Roland & Morris, 1983)은 의사가 허리 통증과 직접적으로 관련된 장애를 평가하는 데 도움이 되는 열 가지 일상생활 영역과 활동이 환자의 허리 통증에 영향을 미치는 정도에 대한 것이다. 이 도구는 백분율에 대한 단일 총점을 산출한다. 10개의 영역별로 환자는 그들의 상태를 가장 잘 설명하는 하나의 항목에 표시를 한다. 집계된 점수의 합은 총점으로 나눈다. 이러한 자기보고식 설문의 신뢰도는 높은 것으로 알려져 있으며, 내적 일관성 신뢰도(Cronbach's alpha)는 0.71에서 0.87 사이로 보고되었다(Fairbank et al., 1980). 검사-재검사 신뢰도는 24시간 이후($N = 22, r = .99$), 1주 후($N = 22, r = .83$)에 측정되었다(Fairbank et al., 1980). 구인타당도는 퀘백요통척도(Quebec Back Pain Scale)와 롤란-모리스 설문(Rolan-Morris Questionnaire)과의 상관관계(각 0.80, 0.82)를 통해 검증되었다(Finch, Brooks, Stratford, & Mayo, 2012). (Szuromi, p. 53)

　Gilbert(2007)의 논문은 감정인식척도(Levels of Emotional Awareness Scale: LEAS)에 대해 다음과 같이 서술하고 있다.

　LEAS는 응답자가 20개의 짧은 사례를 읽고 각각의 장면을 상상하는 자기보고식 설문이다. 질문의 예시는 다음과 같다. "이웃이 가구를 수리해 달라고 요청했다. 이웃이 보는 앞에서 망치로 못을 박기 시작했는데 실수로 손가락을 내리쳤다. 이 상황에서 당신의 감정은 어떠할 것 같습니까? 이 상황에서 당신 이웃은 어떤 감정을 느낄 것 같습니까?"(Lane et al., 1990, p. 101). 응답지는 용어 해설 및 채점 매뉴얼에 따라 질문별로 점수가 매겨지고 각 점수를 합해 총점을 계산한다.
　LEAS는 높은 평가자 간 신뢰도를 보였고($r(20) = .84$) 내적 일관성 또한 높았다(Cronbach's alpha = .81). 구인타당도 검증을 위해 LEAS와 감정 인식 척도, 가상감정 추론능력 척도 점수를 비교했다. LEAS는 자아 발달과 부모가 설명하는 인지적 복잡성 점수와 상관이 있는 것으로 나타났다.

가능하다면 각 측정 도구는 응답자를 위한 지시문과 함께 학위논문 부록에 첨부해야한다. 그러나 저작권이 있는 측정 도구를 부록에 포함하는 것은 적절하지 않으며, 그런 도구는 일반적으로 학위논문이나 연구 간행물에 포함하지 않는다. 연구에 저작권이 있는 도구를 사용하려면 저작권자로부터 서면으로 허가를 받아야 한다.

직접 도구를 개발한다면

드문 경우이긴 하지만, 연구자가 측정하고 싶은 구인에 대한 측정 도구가 없을 수도 있다. 우리의 첫 번째 조언은 도서관이나 인터넷에서 측정 도구를 더 찾아보라는 것이다. 우리는 학생이 측정 도구를 개발하는 것은 좋은 생각이 아니라고 생각한다. 충분한 사전 검증을 거치지 않고 신뢰도와 타당도 측면에서 의심스러운 급조된 도구를 기반으로 수행된 연구는 과학적인 가치가 거의 없다. 만약 만족스러운 도구를 찾을 수 없다면 변인 간의 관계를 보는 연구에서 새로운 도구를 설계하고 타당화하는 연구로 연구의 초점을 변경할 수도 있다. 그런 도구 개발은 학위논문 주제로 가능하다. 이 경우 도구를 개발하는 것이 중심 주제가 되고 다른 변인들과 관계를 조사하는 것은 새로운 도구의 타당도를 수립하기 위한 과정의 일부가 된다. Woodard(2001)는 성격 구인인 강인성, 스트레스, 대처, 생리적 기능 간의 관계를 보는 연구로 시작했다. 그러나 그의 논문은 용기를 측정하는 도구를 만들고 검증하는 것으로 마무리되었는데, 용기는 진실성이라는 실존주의적 개념의 필수 요소이고 강인성의 세 요소(통제, 헌신, 도전)를 포함하는 것으로 나타났다.

도구를 개발하는 연구는 가치가 있고 기존 측정 도구를 사용하여 새로운 방식으로 변인 간의 관계를 살펴보는 것보다 훨씬 더 큰 기여를 한다. 도구 개발 연구는 많은 수의 연구 대상과 잦은 재검증, 높은 수준의 통계를 요구한다. 학생과 지도 교수는 이런 연구를 수행하는 장단점을 면밀하게 따져 보아야 한다. 다음 여섯 단계는 일반적으로 도구를 설계하는 절차이다.

1. 문항을 작성하기에 앞서 도구의 내용 타당도와 구인 타당도를 높이기 위하여 관련된 내용을 조사한다. 이는 이론적 실증적 문헌을 읽고 전문가의 의견을 구함으로 촉진된다.

2. 다른 도구의 문항들도 포함하여 초기 문항 풀(pool)을 구성한다. 이 단계에서는 응답 형식(예: 7점 리커트 척도)을 결정하고 측정하고자 하는 구인의 하위 요인을 반영하는 논리적이고 모호하지 않으며 이해하기 쉬운 문항을 많이 작성한다.

3. 전문가 집단을 통해 문항의 적절성(내용 타당도)과 명료성(용어)을 평가받는다. 체계적 기준을 바탕으로 점수가 낮은 문항을 제거한다.

4. 남은 문항을 가지고 설문조사를 실시한다. 이때 응답자가 자신에 대한 긍정적인 인상을 만드는 경향을 통제하기 위하여 사회적 바람직성(social desirability) 측정 도구를 포함하는 것과 같이 문항과 상관관계가 있는 다른 측정 도구를 포함할 수도 있다. 응답자들은 측정 도구가 대상으로 하고 있는 모집단을 대표해야 한다.

5. 측정 도구의 구조를 결정하고 도구와 하위 요인의 신뢰도를 조사한다. 이는 측정 도구의 내적 일관성[즉, 알파계수(coefficient alpha)와 같은 신뢰성 척도를 사용하여 문항 간의 상관관계가 어떠한지 살펴보고 각 문항이 측정 도구의 전체 점수와 어떤 상관관계를 보이는지 살펴보는 것을 평가하는 것을 포함하고 탐색적·확인적 요인 분석 과정 또한 포함한다. 변별력이 없는 문항(예: 모든 사람이 찬성하거나 반대하는 문항)과 전체 점수와 충분한 상관관계(정적이든 부적이든)가 없는 문항은 삭제한다.

6. 적절한 새로운 응답자 풀을 대상으로 새로운 측정 도구에 대한 타당화 검사를 수행한다. 여기서는 측정 도구에 대한 응답과 다른 측정 도구의 응답이 상관이 있거나(수렴 타당도) 상관이 없는지(변별 타당도)를 검토한다. 연구자는 관련 기준(예: 학업 잠재력 검사는 학교 성적을 예측하는가)을 효과적으로 예측하는지 확인하기 위하여 예측 타당도 또한 포함할 수 있다. 확인적 요인 분석 또한 이 단계에서 사용될 가능성이 있다.

기존 도구를 수정해야 한다면

학생들이 기존 도구에 문항을 추가하거나 수정하는 것은 흔히 일어나는 일이다. 예를 들어, 어떤 도구를 어린아이들을 대상으로 사용한다면 문항의 단어를 수정하고 적합하지 않은 내용의 문항은 제거할 필요가 있다. "나의 사회 생활은 만족스럽다."와 같은 문구는 7세 아동에게 적합하지 않기 때문이다.

우리는 기존 도구를 수정하는 것은 괜찮다는 입장이지만 이는 도구의 신뢰도와 타당도에 영향을 미칠 수 있다. 최근 사용되는 측정 도구들을 면밀히 살펴보면 많은 연구자가 측정 도구를 차용해서 쓰고 있는 것을 알 수 있다. 측정 도구를 수정하게 되면, 학생은 도구의 수정된 내용을 정당화할 수 있어야 하며 수정된 도구의 신뢰도와 타당도를 입증해야 한다.

우리는 학생이 설계한 새로운 도구를 기존의 도구와 함께 사용할 것을 권한다. 학생이 자신의 도구가 더 낫다고 생각하더라도 단일 개념을 측정하는 데 다양한 도구를 사용하는 것은 새로운 도구의 신뢰도와 타당도를 입증하는 데 매우 유용하다. 대부분 그렇게 되긴 하지만, 학생이 개발한 도구가 신뢰도와 타당도를 입증하는 데 실패하면 기존 도구를 대신 사용하면 된다. Slanger(Slanger & Rudestam, 1997)가 고위험 스포츠를 즐기는 사람들에 대한 논문을 작성할 때, 그녀는 자기효능감 측정 도구를 새로운 분야에 적용하는 것이 상황적 특수성으로 인해 제약이 있다는 것을 알게 되었다. 따라서 그녀는 일반적 자기효능감 측정 도구를 그녀가 설계한 신체적 위험을 감수하는 것에 초점을 둔 측정 도구로 대체했고, 다행히 기존의 측정 도구보다 그녀의 타당화를 거치지 않은 측정 도구가 종속변인을 더 잘 예측하는 것으로 나타났다.

대부분 논문에는 인구통계학적 자료가 포함된다. 여기에는 성별, 인종, 근무기간, 혼인 상태, 교육 수준 등과 같은 질문이 포함되어 있다. 그런 질문들은 중요하지만 그러한 질문을 기존 도구에 추가하는 것이 측정 도구 개발이라고 생각하지 않는다. 우리는 미국 국민여론조사센터(National Opinion Research Center: NORC)의 일반사회조사(General Social Survey: GSS)에서 인구통계학적 정보를 어떻게 얻고 있는지 설문을 검토해 볼 것을 제안한다. 수백 개의 인구통계학적 질문에 대한 정확한 표현과 GSS 정보를 보려면 www.icpsr.umich.edu/icpsrweb/ICPSR/series/28 또는 https://sda.berkeley.edu/archive.htm을 방문하면 된다.

기존 자료를 사용한다면

많은 학위논문은 2차 자료라고 불리는 다른 목적을 위해 수집되었거나 다른 사람들이 수집한 자료를 가지고 작성된다. 행동관찰, 면담, 잡지나 신문기사, 영화, 소셜미디어, 미국 인구통계국과 FBI 범죄 보고서와 같은 기록 등이 그러한 2차 자료에 포함된다. 이들은 모두 연구가 가능한 유효한 자료이며, 많은 훌륭한 연구가 사전에 수집되었거나 다른 연구자들에게 공개된 자료를 사용하여 설계되었다. 방대한 2차 자료는 향후 추가 연구를 위한 풍부한 기회를 제공하며, 이미 존재하는 자료를 두고 다시 자료를 수집할 이유는 없다. 그러나 일부 전공 분야나 학과에서는 2차 자료를 사용하는 것이 자연스러운 일인 반면, 어떤 분야나 학과에서는 학생들이 스스로 자료를 수집하도록 규정하고 있다. 어떤 경우든 학생들은 자신의 논문을 기존 자료에 의존하여 작성할 때 예상되는 문제점들에 대해 주의를 기울여야 할 필요가 있다. 다음은 학생이나 논문 심사위원이 고려해야 할 세 가지 사항이다.

- 우리 경험에 비추어 보면 학생들이 연구문제를 도출하기 전에 (혹은 연구 관심 분야가 생기기도 전에) 대규모 자료를 우연히 발견하거나 제공받는 경우가 종종 있었다. 이런 경우 학생들은 자료와 일치하는 적당한 연구문제와 가설을 도출하고자 한다. 그러나 이는 말 앞에 수레를 놓는 것이나 마찬가지다. 가능하다면 연구방법은 연구문제 도출 전에 결정되는 것이 아니라 연구문제에 의해 결정되어야 한다. 연구문제는 그 가치 자체로 정당화되어야 한다.
- 2차 자료는 종종 결측이 있거나 불완전하거나 연구 목적에 완벽하게 적합하지 않은 자료일 가능성이 높다. 이러한 문제는 불충분한 표본 크기, 원래 자료 수집에 포함되지 않은 주요 변수에 대한 정보 부재, 혹은 오래되거나 적합하지 않은 측정 도구를 사용한 형태로 나타날 수 있다. 학생은 연구에 적합한 자료를 사용할 책임이 있으며, 자료의 설계 혹은 데이터의 결함에 대한 책임을 다른 사람에게 전가해서는 안 된다.
- 2차 자료는 일반적으로 타인이 소유하고 있거나 관리한다. 학위논문 작성에 그런 자료를 사용하려면 학생은 자료에 접근할 수 있고, 결과를 출판하고 그에 대한 저자권을 가질 수 있음을 확인해야 한다.

하나의 사례를 이야기하자면 다른 사람의 자료로 연구를 하던 한 학생이 데이터 분석 중 자료의 소유자가 모든 자료를 가지고 출국한 사실을 알게 되었다.

우리는 2차 자료를 활용하여 연구를 하는 학생들을 보면 한편으로는 불안하지만 많은 훌륭한 연구가 2차 자료를 기반으로 나온다는 것도 잘 알고 있다. 예를 들어, Janie Black(2011)은 미국 북동부에 있는 지역 정신건강 클리닉에서 외래 환자로 정신과 치료를 받고 있는 성인 남성 12,188명의 설문 결과를 포함한 대규모 2차 자료를 통해 열악한 신체적 건강, 우울감, 심리사회적 스트레스, 대인갈등, 공황 그리고 자살 사이의 관련성에 대한 임상 모델을 테스트했다. 원래 이 자료는 처치 결과 패키지(Treatment Outcome Package; Kraus, Seligman, & Jordan, 2005)라고 알려진 진단 도구의 타당화를 위해 수집된 자료였는데, Janie는 이 데이터베이스에 접근할 수 있는 허가를 받았다. 그녀가 자신의 복잡한 개념 모형을 검증하기 위해 그에 상응하는 자료를 수집한다는 것은 불가능했을 것이다.

　그녀의 논문은 보관 기록 자료 혹은 2차 자료의 장점을 활용한 좋은 예이다. 왜냐하면 Janie는 이미 존재하는 중요하고 관련성 높은 자료를 사용했고, 이 자료는 효과적으로 재생산이 불가능하기 때문이다. 또 다른 예로 Aparna Rao(2010)가 작성한 우수한 논문을 들 수 있는데, 그는 코넬 대학교의 아동학대 및 방임에 관한 종단자료(1997~2000)를 사용했다. 자료에는 도시에 거주하는 다양한 인종으로 구성된 저소득층 아동 263명에 대한 쿠퍼스미스 자존감 문항(Coopersmith Self-Esteem Inventories), 캘리포니아 Q-Sort, 아동우울 검사 점수가 포함되어 있었다. Aparna는 고위험 환경에서 살고 있는 아동들 사이에서 외적 자기존중 변동성을 반영한 외부 생태적 스트레스 요인과 우울 증상을 유발할 수 있는 감정조절장애와 같은 내적 대처 반응 사이의 관계를 보여 주는 강력한 예측 모형을 만들었다.

　마지막 예는 MMPI-2[1] 임상척도의 심리측정적 건전성을 탐색하고 Tellegen과 동료들이 개발한 재구성 임상척도(Restructured Clinical: RC; Tellegen et al., 2003)의 대안적 척도를 개발한 Michelle Ranson(2010)의 야심찬 연구이다. Ranson은 자신의 방대한 자료 분석에서 이 척도들을 재구성하는 데 적절한 실증적 기준을 결정하기 위해 78,159명의 MMPI-2 검사 결과가 기록된 25개의 익명 기록물(archive)에 접근했다.

　지난 50년 동안 유행가 가사를 분석하여 수십 년에 걸쳐 낭만적 관계가 어떻게 표현이 되었는지 밝히고자 하는 경우처럼 기록물 자료가 연구에 절대적으로 필요한 경우가 있다. 연구소나 연구 기관에서 2차 자료가 필요한 경우는 연구자들이 동일한 주제에 대해 각자 다른 연구문제를 가지고 연구하려고 광범위한 자료를 수집하고 사용할 때이

---

1) 역자 주: MMPI-2는 미네소타 다면적 인성검사로 알려져 있는 MMPI(Minnesota Multiphasic Personality Inventory)의 문제점과 부족한 점을 보완하여 개발된 측정 도구이다.

다. 제11장에서는 온라인에서 접근할 수 있는 웹 자료에 대해 언급하고 있으며, 학생들이 2차 자료를 구할 수 있는 기록물 저장소를 정리한 표를 제공하고 있다.

연구 절차:
어떻게 연구를 수행했는지(혹은 수행할 예정인지) 기술하기

연구 절차 부분에서는 연구자가 어떻게 연구 참여자를 모집했고, 협조를 이끌어 냈으며, 진단 도구를 시행했는지 각 단계에 대한 구체적인 설명이 있어야 한다. 이 부분을 읽고 나면 독자는 자료가 언제, 어디서, 어떻게 수집되었는지 알 수 있어야 한다. 예를 들어, 우편 설문조사를 했다면, 연구자는 ① 연구에 대한 사전 안내 서신 발송, ② 1주 후, 설문지 발송, ③ 2주 후, 무응답자에게 응답 독려 서신 발송과 같은 단계에 대해 서술해야 한다. 사전 연구 관련 안내 서신과 설문지를 포함한 커버레터 사본은 학위논문의 부록으로 첨부되어야 한다. 표본 추출 절차는 연구 참여자 부분에서 서술되고, 측정 도구는 측정 도구 부분에서 서술되어야 하는 점을 기억해야 한다. 표본과 측정 도구에 대한 정보가 연구 절차 부분에서 반복될 필요가 없다. 연구 절차가 복잡하고 수차례에 걸쳐 다양한 진단 도구를 사용해야 한다면 그 절차를 흐름도나 표로 정리하여 시각적으로 보여 주면 도움이 된다.

연구 참여자의 수나 특징에 잠재적 영향을 미치는 정보는 반드시 포함시켜야 한다. 예를 들어, 많은 사회과학 연구는 대학생들을 대상으로 수행되는데, 학생들은 자발적으로 참여했는지, 연구 참여에 대한 대가로 학점을 부여받았는지, 연구 참여가 수강 필수 조건이었는지에 대한 내용이 제시되어야 한다. 설문이 서면으로 진행되었다면 주소를 직접 손으로 썼는지 혹은 컴퓨터 프린트로 출력을 했는지와 같은 사소한 요인도 응답률에 영향을 미친다. 이런 정보는 연구를 재생하고 표본이 추출된 모집단의 정확한 속성을 이해하는 데 중요하다. 연구자는 모집단에 접근한 절차에 대해서도 반드시 서술해야 한다. 예를 들어, 연구자가 고등학생을 대상으로 연구를 했다면 학교 운영위원회나 학교장의 허가를 받는 절차가 필요했는지, 6교시 수업을 모두 표본에 포함했는지 등에 대해 서술한다. 마지막으로 연구 참여에 대한 동의를 어떻게 받았는지 그 절차에 대해서도 구체적으로 서술해야 하며, 참여 동의서 사본은 부록에 포함해야 한다. 이는 특히 법적으로 연구 참여에 대한 동의를 스스로 할 수 없는 미성년자들을 대상으로 연구를 수행할 때 중요하다(제13장에서 연구 참여 동의와 기타 윤리적 문제에 대해 더 구체적으로 논의하고 있다).

일반적으로 연구 참여자에 대한 안내문뿐만 아니라 사전동의서도 부록에 포함되어야 한다. 사전동의서는 연구 참여자들에게 연구 참여로 인한 잠재적 위험(예: 불쾌한 감정), 비밀보장, 향후 수집된 자료의 활용 계획에 대해 알려 주며 연구 참여의 자발성을 분명히 밝혀 주기 때문에 중요하다(극히 드물게 참여가 비자발적으로 이루어질 수도 있다). 사전동의서는 연구자와 연구 참여자를 모두 보호하는 데 그 목적이 있다. 사전동의서는 연구자로 하여금 연구의 대상이 된 인간의 신체적·감정적 웰빙에 대해 생각하게 한다. 대부분의 대학이 윤리적인 연구를 수행하도록 엄격한 절차를 마련해 놓는데, 보통 프로포절은 연구윤리심의위원회 혹은 인간대상연구위원회를 거치게 되어 있다. 일반적인 연구 사전동의서 양식의 예시는 제13장의 〈글상자 13-2〉에 소개되어 있다. 동의서에는 연구에 대한 설명과 연구 참여를 거절할 수 있는 권리에 대한 정보, 참여에 따른 위험과 잠재적 불편함에 대한 설명, 불이익 없이 참여를 철회할 수 있는 기회, 피드백 제공 수단 등에 대한 정보가 포함되어야 한다.

자료분석: 분석을 어떻게 정당화하고 서술할 것인가

프로포절에는 연구문제와 가설에 어떻게 접근할 것인지 통계 검정에 대한 설명이 포함되어 있다. 여러 측정 도구를 통해 다수의 가설을 검증하고 다양한 통계적 분석 방법을 사용하기에 이 부분을 작성하는 것이 특히 어려울 수 있으며, 학생들이 일반적으로 가장 두려워하는 부분이기도 하다(왜냐하면 학생들은 특정 연구문제에 적용된 형태가 아닌 추상적으로 통계를 배우기 때문이다). 방법 부분은 자료 수집과 분석 전에 구조화되고 명확하게 설명되어야 한다. 이 부분을 작성하는 가장 큰 이점은 자료를 어떻게 다룰 것인지에 대해 생각하게 만든다는 것이다. 계획 단계에서 이런 문제에 대해 생각하는 것은 추후 발생할 상당한 고통의 시간을 줄여 준다. 예를 들어, 학생들은 올바른 자료 형식이 아니라서 분석이 불가능한 자료를 수집하는 데 드는 많은 시간을 절약할 수 있다. 다음 장에서는 자료분석이 끝나면 연구 결과를 어떻게 제시하는지에 대해 구체적으로 설명한다. 이 장에서는 실제 분석에 앞서 어떻게 특정 분석방법을 선택할 것인지에 대해 논의하고자 한다.

학생들이 자신의 연구에 통계를 적용할 준비가 되어 있지 않다는 사실과 별개로 다음과 같은 이유로 학생들은 자료 분석을 어려워할 수 있다. 첫째, 통계적 분석은 사실상 절대로 한 번에 이루어지지 않는다. 자료는 사전에 올바르게 처리되어야 하고 연구자가 만족할 때까지 수도 없이 분석되고 재분석된다. 처음에는 완벽하고 합리적으로 보였던 방법이 나중에는 사례 수 혹은 표본의 분포로 인하여 부적합해지는 수도 있다. 둘째, 흥미로운 질문들은 초기 분석이 끝난 다음에서야 떠오른다. 만약 가설이 지지되지 못했다면, 연구자는 지지되지 못한 부분을 설명하는 데 도움이 되는 대안적 변인들을 찾을 것이다. 예를 들어, 가설이 교육 수준이 높은 참여자들에 한하여 지지되었을 수도 있다. 이 경우 표본에서 대학을 졸업하지 않은 많은 수의 참여자가 대졸자와 분리되어 분석될 때까지 그 관계가 모호할 수 있다(즉, 교육 수준이 조절변인이 된다).

그렇다면 학생들은 무엇을 해야 하는가? 먼저, 우리는 학생들이 가설 속성을 고려했을 때 가장 적합하다고 여겨지는 분석 방법과 독립변수와 종속변수의 수, 각 변인들의 측정 수준에 대해 지도 교수와 상의할 것을 강력하게 추천한다. 다음 장에는 통계적 방법의 사용에 대한 조언이 포함되어 있다. 컴퓨터 프로그램 역시 통계적 분석방법의 선택을 도와줄 수 있으며, 많은 통계 관련 서적은 학생에게 적합한 통계적 방법을 안내하는 흐름도(flow chart)를 제공한다. 자료 분석 부분을 기술할 때에는 통계 책에 설명된 분석방법을 구구절절 쓰지 않아야 한다. 대신 왜 특정 방법이 본인 연구에 가장 적합했는지에 대한 이유를 간략하게 서술해야 한다. 복잡하지 않은 분석일 경우, 가설을 진술하고 변인들이 어떻게 조작적으로 정의되었는지, 그리고 결과를 위한 통계 검정에 대해 서술하는 것만으로도 충분하다.

우리는 지도 학생들에게 주요 변인들과 그 변인들을 측정하는 측정 도구를 표로 제시할 것을 주문한다. 〈표 5-2〉는 Tara Collins Samples(2012)의 논문인 「정신적 외상에 노출된 저소득 흑인 여성의 자살행동을 예방하는 회복탄력성 효과: 조절된 매개 연구(The Protective Effects of Resilience Against Suicide Behaviors Among Trauma Exposed Low-Income African American Women: A Moderated Mediation Study)」를 기반으로 작성되었다.

여섯 개의 주요 변인이 표 상단 가로열에 나열되고, 측정 도구명과 자료의 형태, 문

〈표 5-2〉 구인과 측정 도구 개요

	구인					
	학대	우울	회복탄력성	외상적 사건	외상 후 스트레스	자살 행동
도구	아동기 외상 질문지(CTQ)	벡 우울 설문지-II (BDI-2)	코너-데이비슨 회복탄력성 설문 (CDRISC)	외상적 사건 설문(TEI)	수정된 외상 후 스트레스 증상 척도(MPSS)	연구자가 설계한 설문(SBI)
자료 형태	양적	양적	양적	양적	양적	양적
점수 유형	세 가지 학대 유형을 측정하는 15문항: 성적 학대(5문항), 신체적 학대(5문항), 정서적 학대(5문항)	21문항	10문항	전 생애에 걸쳐 외상적 사건을 선별하는 15문항 도구	지난 2주간 외상 후 스트레스에 대한 종합적 증상을 평가하는 17문항	4문항

출처: Samples(2012). 저자의 허락을 받아 수정함.

항 수와 점수 유형이 행을 이루고 있다. 〈표 5-2〉 안에 포함된 모든 정보가 방법 장의 측정 도구 부분에 글로 설명되지만, 표는 독자가 읽기 쉽도록 요약해 준다. 표에서 본문의 내용이 모두 축약되어 있으면 유용하다.

측정 도구에 대한 설명이 끝나면 다음으로는 가설을 검증하는 방법과 어떤 통계방법을 사용해야 하는지 설명해야 한다. 따라서 우리는 학생들에게 이 정보를 요약해서 표로 만들 것을 주문한다. 〈표 5-3〉 역시 Samples(2012)의 연구에서 발췌한 예이다. 각각의 가설은 표의 열을 이루고 있으며, 6개 측정 도구의 약어와 통계 분석이라는 제목이 붙은 추가적 열이 제시되고 있다. 이 표와 유사한 표를 제시하라고 요청받지 않았다 하더라도 관련 내용을 표로 정리하는 것이 좋다. 지도 학생 중 한 명이 이런 이야기를 해 주었다. "Newton 교수님이 측정 도구와 각각의 가설을 어떻게 검정할 것인지 보여 주는 표를 방법 장에 추가하라고 하셨어요. 별로 내키지 않았는데 정작 표를 추가하고 나니 제 연구에 대해 이해하고 다른 사람에게 제 연구를 설명하는 데 도움이 되었어요."

자신의 생각을 정리하고 다른 사람의 이해를 돕는 또 다른 방법은 그림으로 보여 주는 것이다. 경로 모형이라고 불리는 그림은 연구자의 이론적 틀과 통계적 분석 구조를 보여 주는 데 사용된다. 예를 들어, 만약 우리가 〈표 5-3〉에 제시된 Samples(2012)의 가설을 재검증한다고 한다면, 첫 번째 가설에서 그녀는 어린 시절 학대와 자살행동 사

CTQ ➡ SBI

혹은

학대 ➡ 자살행동

[그림 5-1] 직접 효과를 보여 주는 경로 모형

이 관련성을 예측한 것을 알 수 있다. 경로 분석 형태로 [그림 5-1]에 보는 것처럼 단방향 화살표를 사용하여 독립변인에서 종속변인으로 영향의 방향성을 표시한 경로 다이어그램(경로 모형이라고도 한다)을 제시할 수 있다.

〈표 5-3〉 가설과 통계적 분석

가설/측정 도구	학대 (CTQ)	우울 (BDI-2)	회복 탄력성 (CDRISC)	외상 (TEI)	외상 후 스트레스 (MPSS)	자살 행동 (SBI)	통계적 분석
어린 시절 학대는 자살 행동과 선형적 관계가 있다.	IV					DV	켄달의 타우-b
우울과 외상 증상은 어린 시절 학대와 자살 행동을 각각 매개할 것이다.	IV	Med.			Med.	DV \	병렬다중 매개 모형. PROCESS 모형 4를 사용한 부트스트랩 중다회귀
심리적 회복탄력성은 어린 시절 학대와 자살 행동을 매개할 것이다.	IV		IV			DV	PROCESS 모형 1을 사용한 부트스트랩 중다회귀 (상호작용 항은 두 선행변인을 평균중심화한 후 곱하여 생성)
심리적 회복탄력성은 우울/외상 증상과 자살 행동 간의 관계를 조절할 것이다.	IV	Med.	IV	Cov.	Med.	DV	PROCESS 모형 14를 사용한 부트스트랩 중다회귀(조절된 매개 모형. 상호작용 항은 두 선행변인을 평균중심화한 후 곱하여 생성)

출처: Samples(2012). 저자의 허락을 받아 수정함.

참고: Childhood Trauma Questionnaire (CTQ); Beck Depression Inventory-II(BDI-2); Connor-Davidson Resilience Inventory (CDRISC); Traumatic Events Inventory (TEI); Modified PTSD Symptom Scale (MPSS); Suicide Behaviors Interview (SBI); IV = 독립변인; DV = 종속변인; Med. = 매개변인; Cov. = 공변인

두 번째 가설을 보면 Samples(2012)는 우울과 외상 징후는 어린 시절 학대와 자살 행동을 매개한다고 예측했다. 두 번째 가설을 포함한 구체적 모형은 [그림 5-2]에 경로 모형으로 제시되어 있다.

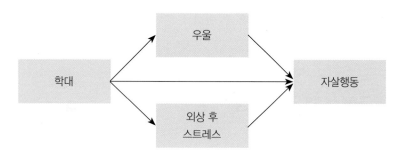

[그림 5-2] 직접 효과와 매개 효과를 보여 주는 경로 모형

출처: Samples(2012). 저자의 허락을 받아 수정함.

[그림 5-2]와 같은 접근법을 사용하는 것은 가설을 나타내는 데 효과적이다.

첫째, 모형은 개별 관계를 검증하는 독립된 가설들의 묶음으로 연구를 바라보는 것에서 나아가 넓은 관점에서 행동 결과를 예측하는 동시 발생 변인들 사이의 복잡한 상호 관련성에 대해 고민하게 한다.

둘째, 통계적 분석을 위한 가능성을 확장한다. 따라서 앞의 4개 변수 사이의 가능한 6개 상관관계를 단순히 조사하는 것과는 달리, 보다 정교한 모델링 접근법을 사용할 수 있다. 예를 들어, [그림 5-2]에서 화살표로 보이는 5개 경로와 학대(CTQ)에서 우울(BDI-2)을 거쳐 자살행동(SBI)으로 이어지는 매개 효과 그리고 자살행동을 예측하는 직접 그리고 간접 효과를 보여 주는 모형의 적합도를 검증할 수 있다. 이런 방법으로 연구자는 자신의 연구를 더 흥미롭고 정교화된 방법으로 개념화 할 수 있다.

본인 연구의 한계점에 대해 논해야 하는가

우리는 학생들에게 논문 프로포절 방법 장의 마지막 부분에서 연구의 제한점과 한계점에 대해 서술하라고 권한다. 제한점(delimitation)은 연구자가 의도적으로 부과한 연구 설계에 대한 제한으로 주로 학생들은 연구 결과를 일반화할 수 있는 모집단을 제한

한다. 예를 들어, 연구자가 남성만을 대상으로 연구하겠다고 결정했으면 이는 연구자 가설의 근거가 되는 이론이 여성을 대상으로 하지 않았거나 연구자가 쉽게 접근할 수 있는 대상이 남성이기 때문이다. 반면, 한계점(limitation)은 연구자가 연구 상황에서 통제할 수 없는 부분이다. 예를 들어, 연구하고자 하는 모집단의 일부에만 접근할 수 있거나 연구방법으로 의한 한계가 있을 수 있다.

질적 연구에서 연구방법 장

학생들은 종종 질적 연구 설계의 비교적 비구조화된 특성을 논문의 방법 장에서 명료성과 구체성을 생략해도 되는 것으로 여긴다. 질적 연구는 연구 계획 수립 단계를 무시할 수 있는 기회로 여겨서는 안 된다. 질적 연구는 다른 연구들과 마찬가지로 연구 대상을 정하고, 참여를 부탁하고, 자료 수집 도구와 연구 자료를 준비하고, 연구를 진행한다. 독자는 연구문제와 방법 그리고 결과와의 관계를 이해하기 위하여 연구자가 어떻게 사고하고 무엇을 했는지 알 필요가 있다.

방법 장의 구조와 내용은 연구자의 연구 모형과 전공 분야의 관례 그리고 논문 심사위원들의 선호도에 따라 달라질 수 있다. Josselson와 Lieblich(2003)는 방법(method)이라는 용어는 연구자가 연구문제에 대해 어떻게 생각하는지보다 절차에 더 초점을 두는 것처럼 보이기 때문에 방법에 대한 탐구 계획(plan of inquiry to method)이라는 용어를 선호한다. 질적 연구를 수행하는 학생들은 자신의 연구 설계를 뒷받침하는 철학(philosophy of science)을 설명하는 데 과도하게 지면을 할애하는 경향이 있다. 그러나 그런 장황한 설명은 불필요한 사과를 하는 것처럼 보인다. 양적 연구에서는 논리적 실증주의에 대해 그런 장황한 설명을 하지 않는다. 기본적으로 이 단계에서 연구자는 가능한 한 구체적으로 독자에게 자신의 연구 전략과 연구 자료는 어떻게 생성될 것인지 설명해야 한다.

질적 연구의 표본 추출, 측정, 자료 분석에 대한 관점은 전통적 합리주의 연구자들의 관점과 정면으로 배치된다. Lincoln과 Guba(1985)는 이를 "자연주의적 탐구의 역설"이라고 불렀으며, "전통적 패러다임에 따른 연구 설계는 마치 프로크루스테스의 침대[2]와 같아서 자연주의 연구자가 눕기 불편한 정도가 아니라 아예 누울 수조차 없게 한다."

(p.225)라고 주장했다. 그럼에도 불구하고, 양적 연구과 질적 연구에서 이러한 쟁점 간의 실질적인 차이는 고려할 만한 가치가 있다.

질적 연구에서 표본 추출과 표본 크기

자료를 어디서 그리고 누구로부터 수집할지 결정하는 것은 표집에 대한 일반적인 고려 사항과 유사하다. 양적 연구는 연구 결과를 표본에서 모집단으로 일반화하기 위하여 무작위나 대표적 표집에 의존하지만 무작위 표집은 많은 경우 질적 연구자에게 적합하지 않다. Morse(2007)는 그 이유가 질적 연구가 근본적으로 편향되어 있기 때문이라고 지적했는데, 질적 연구자는 현상에 대한 이해를 높이는 데 크게 기여할 수 있는 응답자를 의도적으로 찾기 때문이다. 따라서 무작위 추출은 연구 목적에 부합하지 않은 사례를 포함하여 연구를 방해할 수 있다. 질적 연구자는 자료의 다양성과 범위를 확대하고 참여자의 표본으로부터 다양한 관점을 알아내기 위하여 이론적·의도적 표집을 하는 경향이 있다. 다시 말해, 질적 연구자들은 연구에서 다루어지는 주제 혹은 연구문제를 깊게 이해하는 데 기여할 수 있는 참여자를 의도적으로 찾는다. Patton(2002)에게 목적적 표집(purposive sampling)이라는 용어는 연구문제에 대해 학습하는 데 상당한 기여를 할 수 있는 '풍부한 정보가 있는 사례'를 찾는 것이라는 의미를 내포한다. Polkinghorne(2005)는 표집(sampling)이라는 용어 자체가 통계적 추론에 근간을 두고 있기 때문에 질적 연구에 매우 적합하지 않다고 주장했다. 선발(selection)이라는 용어가 질적 연구 맥락에서 더 나을지도 모른다.

현상학적 연구에서는 일반적으로 탐구되는 현상을 경험했거나 경험하고 있는 참여자를 연구 대상으로 정한다. 현상학적 전통에서 표집은 개별 사례 선택에 초점을 두고 있으며, 특정 모집단으로 일반화하려는 시도를 하지 않는다. 연구 참여자는 연구되고 있는 현상에 대한 경험적 전문가들이다. 이는 대학교 2학년 집단에서 무작위로 표본을 추출하거나 편의 표집을 사용한 것이 아니라는 것을 의미한다. 오히려 연구의 기준

---

2) 역자 주: 프로크루테스의 침대(Procrustean bed)는 그리스 신화에서 나오는 이야기로 프로크루테스라는 강도는 지나가는 여행자를 자기 침대에 눕혀 보고 키가 큰 사람은 다리를 자르고 작은 사람은 침대에 맞게 늘였다고 한다. 여기서는 자신의 기준으로 다른 사람의 생각을 억지로 자신에게 맞추려고 하는 독단적이고 무리한 획일화를 의미한다.

에 밀접하게 맞는 참여자를 선발하는 준거 표집(criterion sampling)을 사용한다. 예를 들어, Katz(1995)의 연구에서 연구 참여자는 다음과 같은 선발 기준을 충족해야 했다. 연구 참여자는 1년 이상 "넓은 부위 혹은 특정 부위 피부에 불편한 증상이 일시적 혹은 계속적으로 나타나는"(p. 91) 여성으로 의도적으로 다양하고 대표성을 갖는 표본으로 구성되어야 했다. Katz는 연구 참여자를 의료기관으로부터 추천받았다. 대부분 현상학적 연구는 비교적 적은 수(10명 혹은 그 이하)의 참여자를 오랜 시간(최소 2시간) 참여시키는데, 이런 내용은 방법 장에 세심하게 기록되어야 한다.

근거이론(grounded theory)은 귀납적이며 자료를 수집하고 탐구하면서 이론이 발전되기 때문에 정확한 표본 크기를 사전에 설정하는 것은 불가능하며 추천하지 않는다. Strauss와 Corbin(1998)은 연구 단계별로 다양한 형태의 표본 추출이 적합하다고 강조했다. 표본을 선정하는 요령은 진화하는 이론에 기여할 수 있는 가장 밀접한 경험이 있는 참여자를 선택하는 것이다. 따라서 초기에는 편의 표집이 가장 적합할 수 있다(Morse, 2007). 비록 선택된 참여자들이 연구와 관련된 현상을 경험했거나 익숙할 것이라고 추정되지만 이론적으로 의미 있는 개념이 입증된 것이 아직 없기 때문에 편견 없이 참여자를 선발하는 것이다. 실제로 연구자는 목록에서 n번째마다 해당되는 이름을 선택하여 최대한 개방적이고 유연한 입장을 취할 수도 있다. 이러한 접근법을 지지하는 연구자들은 20~30명 정도의 참여자를 합리적 표본 크기라고 여긴다(예: Creswell, 2013). 다른 근거이론 학자들은 다수의 참여자들로부터 축적된 대량의 자료를 처리하는 것을 경계한다. 그들은 연구자가 관심 있는 현상과 관련 있는 대여섯 명으로부터 연구를 시작하는 것을 권한다. 만약 연구 중인 현상을 이해하는 데(혹은 일반화하는 데) 중요하게 부각된 어떤 특성을 대표한다면 최초의 표본과 다른 참여자가 추가된다.

연구가 진행되면서 표본의 중요한 기준은 이론적 연관성으로 옮겨 간다. 이 시점에서 연구자는 초기 수준의 이론을 이해하기 시작하고 다양한 상황에서 그리고 다른 개념들과 관련한 개념의 범위나 변화를 보여 주는 예를 찾기 원한다. 이를 이론적 표집(theoretical sampling; Corbin & Strauss, 2014)이라고 하며, 진화해 가는 이론과 관련된 개념을 발전시키기 위해 표본을 늘려 나가는 것을 의미한다. 다시 말해, 연구자의 점진적이고 심층적인 이해를 돕기 위하여 더 많은 자료를 수집하는 것이다. 표집은 개념을 포화(saturate)시키기 위해 수행되는데, 이는 해당 개념과 다른 개념들과의 관계를 철저하게 탐구하여 이론적으로 의미가 생성되는 것을 의미한다. 이론이 자료로부터 형성되기 때문에 사전에 표본을 선정할 수 있는 방법은 없다. 대신에 연구자가 현상을 이론적으로 이해하는 데 중요하게 떠오른 핵심 변인들을 바탕으로 표본을 선택적으로 수집한다. 범주를 포화시키고 연구를 완성하기 위한 비교분석의 가능성을 높이기 위해 대상과 장소, 문서를 선택하는 절차는 차별적 표집(discriminate sampling)이라고도 한다. 연구자는 새로운 자료를 수집하는 것뿐만 아니라 과거에 실시한 인터뷰나 자료로 다시 되돌아갈 수도 있다. 더 이상 새로운 자료가 모이지 않고 범주가 개발되고 타당화가 이루어질 때까지 자료를 수집하는 이론적 포화(theoretical saturation)가 일어날 때까지 연구가 진행된다. Corbin과 Strauss(2014) 그리고 Morse(2007)는 그들의 저서에서 근거이론 연구와 관련한 다양한 표집방법에 대해 상세하게 설명하고 있으므로 관심 있는 독자들은 참조하기 바란다.

내러티브 연구에서 Josselson과 Lieblich(2003)는 동일한 결과가 반복되기 시작하면 자료 수집을 멈추는 포화(saturation)가 표본 크기를 결정하는 핵심이라는 데 동의한다. 그러나 두 연구자는 응답자 개개인은 연구에 무언가 새로운 기여를 할 수 있기 때문에 실질적으로 포화는 절대로 일어나지 않는다고 주의를 준다. 그들은 일반적으로 포화되는 주체가 연구자라고 주장한다. 따라서 과도하지 않은 범위에서 현상을 넓고 깊게 대변하는 충분한 자료를 수집하는 것이 중요하다. 일반적으로 연구가 길고 구체적이며 집중적일수록 참여자 수는 적으며, 현실적으로 5~30명 규모의 연구 참여자를 모집한다. 내러티브 연구의 목적은 연구 결과를 일반화하는 것이 아니라 삶의 다양한 경험과 그 경험들 간의 관계를 깊이 있게 이해하고, 가능하다면 그것을 관련된 상황을 이해하는 데 적용하는 것에 있다(Wertz, Charmaz, McMullen, Josselson, & Andersen, 2011).

문화기술지 연구자들은 다른 어려움이 있다. 문화기술지 연구자와 연구 집단 간의 관계는 상세하게 파악되고 기술되어야 한다. 일부 문화기술지 연구에서 연구자는 이미 연구 대상 집단 구성원 자격을 가지고 있을 수도 있다. 더 흔한 경우는 연구 대상 집단과의 접촉을 통제하는 문지기(gatekeeper) 역할을 하는 사람이 존재하는 경우이다. 만약 그 사람과 관계가 형성이 되면 집단 전체에 접근할 수 있는가? 표집은 심사숙고한 결과인 기준에 따를 것인가? 참여자는 편의에 따라 혹은 참여를 원하는 순으로 선택될 것인가? 인공물(artifacts)을 사용하고 연구자가 관찰하고 기록한 자료의 다른 출처를 서술할 때도 같은 원칙이 적용된다. Guest, Namey과 Mitchell(2013)은 현장의 이해관계자들을 알고 그들로부터 지속적으로 이야기를 듣는 것 그리고 실제 자료 수집 전부터 협력하는 것에 대한 중요성을 강조했는데, 이런 개인들이 연구를 촉진하거나 방해할 수 있는 영향력을 가지고 있기 때문이다. Guest와 동료들은 표본을 모집하기 위한 많은 가능한 방법을 제시했다.

Elizabeth Moore(1995)의 조직문화를 연구한 문화기술지 연구에서는 연구에 적합한 회사를 선택하기 위해 적용한 11개 기준(규모, 역사, 구성원 근무기간, 관찰 기회, 문서와 구성원 접근 용이성 등)이 제시되어 있다. 그녀는 제시된 기준을 충족하면서 조직에 접근하는 데 제약을 두지 않는 한 화학회사에서 연구를 할 기회를 얻었다. 그녀는 29명의 조직 구성원과 비공개 면담을 제안했는데, 조직의 대다수 구성원뿐만 아니라 창립자들과 그들의 배우자까지도 면담하게 되었다. 면담은 다음의 네 가지 형태였다.

- 조직이 발전하는 데 있어 매우 중요했던 시기에 발생했던 주요 사건 면담
- 조직의 인공물과 가치를 다룬 문화기술지적 면담
- 배우자 면담
- 고객 면담

Moore는 한 달 동안 참여관찰을 수행하고, 조직의 문서를 분석했다. 표집 절차, 면담, 관찰, 문헌은 방법 장에 기술되어 있으며, 면담 절차와 문항은 논문의 부록으로 첨부되었다.

Ronnie Boseman(2010)은 문화기술지 논문에서 다른 종류의 문화에 접근했다. Boseman은 주요 대도시 거리에서 비정규직 신문 판매원인 노상 판매원들(street hawkers)의 문화에 대해 연구했다. 그는 4개월에 걸쳐 2,880시간 동안 거리에서 그들을 관찰했고, 이들로부터 이야기를 수집했다. 이야기에는 그들이 노상 판매원이 된 동기와 이 업무를 하면서 경험하는 위험과 재미, 현재 그들의 상황과 미래를 어떻게 전망하고 있는지에 대한 내용이 담겨 있다. 그들과 높은 신뢰관계를 구축하면서 그는 연구 대상을 관찰하고 면담할 수 있었으며(대화를 기록해도 된다는 허락을 구하고), 그들의 생활방식을 이해할 수 있었다. 그의 연구 결과는 노상 판매원들이 심각한 사회적·경제적 어려움에도 불구하고 자신의 삶을 통제하는 자기실현 리더십(self-actualized leadership)을 어떻게 만들어 가는지를 보여 주었다.

질적 논문에서 측정 도구

질적 연구자에게 도구는 관찰자인 사람이다. 따라서 질적 연구자들은 관찰을 개선하는 것을 특히 강조하며 이성주의적 측면에서 도구의 타당도나 신뢰도에 대해 주장하지 않는다(양적 연구에서 타당도와 신뢰도에 대한 논의는 이 장의 뒷부분에서 소개된다.). 관찰 연구로 프로포절을 제출하는 학생들은 관찰자들에 대한 훈련과 절차에 대해 특히 강조하여 서술해야 한다.

질적 연구자들은 연구 저변에 깔린 사상에 근거하여 더 전통적인 도구를 더 사용하는 것 역시 인정한다. 일반적으로 우리 학생들은 주요 연구문제와 관련한 논의를 이끌어 내기 위하여 면담을 사용했다. 이러한 경우, 도구 부분에서는 면담에 대해 서술하고 면담이 연구문제에 대한 논의를 하기 위한 충분한 역할을 하는지 입증하여야 한다.

비록 면담 그 자체는 느슨하고 유연하지만, 현상학적 연구자들은 일반적으로 사전에 질문을 미리 준비하고 필요하다고 판단되면 면담 진행 중에 문항을 수정하기도 한다. 비록 질문이 조금씩 다를 수는 있지만 일부 문항은 매우 형식적이다. 질문은 연구 참여자가 자신의 경험과 그 경험이 삶에 미치는 영향에 대해 생각하도록 유도하는 도구이다. 따라서 연구자는 연구 참여자에게 긴장을 풀고 그 사건이나 현상에 집중하여 "당신이 무엇을 했고 말했고 생각했는지에 대해 설명하라."라고 요청할 수 있다. 추가적인 질문은 연구 참여자가 그 경험에 대한 의미를 더 깊게 생각하도록 유도한다.

> 그 경험의 어떤 측면이 당신에게 중요합니까?
> 그 경험이 당신에게 어떤 영향을 주었습니까?
> 그 경험 이후 당신의 인생에서 어떠한 변화가 생겼습니까?

근거이론은 일기나 다른 기록물, 참여자 관찰도 사용하지만 일반적으로 면담 기법을 주로 사용한다. 면담은 개인 혹은 집단을 기반으로 하며 집단을 기반으로 한 면담은 초점 집단(focus group) 기법으로 널리 알려져 있다. 전통적인 근거이론 연구에서 연구자는 개방형의 열린 질문부터 시작하는 것이 일반적이다. Victor Chears(2009)의 인생 과도기에 직면한 흑인 남성과 소년을 위한 멘토링 논문에 이러한 예가 잘 나타나 있다. 멘토 역할을 수행한 연구 참여자들과 면담을 시작할 때 Chears는 "당신이 한 일에 대해 말씀해 주세요."라고 이야기했고, 그 요청이 그의 연구 주제에 대해 터놓고 이야기 하는 것을 가능하게 했다.

LaPelle(1997)의 근거이론 학위논문에서는 면담을 시작하는 또 다른 좋은 예를 보여 주고 있다.

당신의 흥미나 동기, 성과, 경력 관련 의사결정에 중요하게 영향을 미쳤던 성과평가 면담 경험을 떠올려 주시기 바랍니다. 당신이 기억하는 한 구체적으로 그 상황과 관련한 경험들에 대해 설명해 주시기 바랍니다. (p. 37)

이어지는 질문은 업무 책임, 관리자와의 상호작용, 보상이나 인정, 평가 결과로 인한 자기계발, 평가의 개인적 의미 등이 포함되었다. 면접에서 내러티브 부분이 완료된 이후에는 업무 이력과 근무환경에 대한 정보를 얻기 위하여 보다 객관적인 질문이 포함되었다. 처음 질문은 사람들의 경험에서 공통점을 발견하기 위한 질문임에 주목할 필요가 있다. 이런 관점에서 근거이론 연구자로 알려진 David Rennie(1998)는 연구자들이 코딩을 위한 범주(categories)와 일치하는 일련의 질문으로 시작하지 말아야 한다고 경고했다. 이 충고에 귀 기울이지 않으면 범주는 자료로부터 나온 것이 아니게 되고, 자료 분석은 내용분석(content analysis)이 된다.

설문 연구를 하는 연구자들이 구체적이고 정확한 일련의 질문을 일정한 순서대로 준비해야 한다고 주장하는 반면, 질적 연구를 하는 연구자의 대부분은 공식적 질문 문항이 아닌 일반적인 질문으로부터 시작한다. 방법 장은 적어도 하나 이상의 열린 질문을 포함해야 하며, 그리고 나서 이어지는 면담의 흐름에 따라 추가적 질문이 이어져야 한다. 후속 질문은 구조화된 연구의 요소라기보다는 연구 내용을 상기시키는 용도로 사용된다.

어머니와 자녀 사이 관계에 대한 Jennifer Fleming(2007)의 독창적인 논문은 반구조화된 면담 형식을 사용한 내러티브 연구의 좋은 예이다. 이 논문은 질적 연구가 면담 외 다른 자료를 사용할 수도 있다는 것을 보여 주는 좋은 사례이기도 하다. Fleming의 연구를 이끈 질문은 "반복하고 싶지 않은 어머니의 모습이 내 모습이라면 어머니보다 더 나은 엄마가 되기 위해 어떻게 해야 하는가?"이다. Fleming은 연구를 시작하기 위해 비디오 작가로서 그리고 심리학자로서 어머니와 자녀의 첫 8개월간 자연스러운 상호작용을 비디오에 담았다. 그러고 나서 1년 동안 두 번에 걸쳐 어머니들과 자녀와의 관계, 어머니와의 관계에 대한 자녀들의 인식 그리고 자신의 어머니와의 관계에 대해 면담을 실시했다. 첫 인터뷰를 위한 면담 가이드에는 다음과 같은 질문이 포함되었다(p. 57).

- 어린 시절 첫 번째 기억은 무엇입니까?
- 임신하기 전 자녀들과의 관계는 어떠했습니까? 임신 초기, 임신 기간 중, 출산 시점, 출산 직후 몇 주, 출산 후 3개월 동안, 최근에는 어떠했습니까?
- 자녀와의 관계로 인해 힘들다고 느끼면 무엇을 하십니까? 자녀의 어떤 감정이 읽히십니까? 자녀를 어떻게 진정시키십니까? 자극합니까? 그들이 어떤 상태인지 어떻게 알 수 있습니까?
- 자녀와 처음으로 분리(separation)된 경험을 말씀해 주시겠습니까? 자녀와 가장 오랜 시간 떨어져 있던 기간은 얼마입니까?
- 현재 ○○세(구체적 나이) 자녀의 어머니로 어떤 역할을 하고 계십니까? 양육을 하는 데 있어 감정적인 편입니까? 이것이 어디서부터 시작이 되었습니까?
- 어머니가 되어 자녀에 대한 가장 놀라운 사실은 무엇입니까?
- 자녀가 어머니인 당신에 대해 느끼고 있는 감정에 대해 어떻게 생각하십니까? 자녀가 당신의 나이대가 되어 당신의 양육 방식에 대해 어떻게 이야기할 것 같습니까?
- 본인 어머니와의 관계를 설명하는 형용사 5개를 말씀해 주세요. 어떤 기억이나 경험이 각각의 형용사를 선택하게 했습니까?
- 당신의 어머니와 비교하여 당신의 양육방식은 어떻습니까? 비슷합니까, 다릅니까?
- 당신이 어머니가 되기 전에는 이해하지 못했거나 이해할 수 없었지만 지금은 어머니에 대해 이해하는 점이 있다면 무엇입니까? 어머니와의 관계가 일생을 걸쳐 어떻게 변화해 왔습니까?

일 년 후 두 번째 면담은 자녀와의 관계, 자신의 유년시절과 현재 양육 방식 그리고 부모 역할의 어려움에 초점을 맞춰 진행되었다. 이러한 다양한 자료를 통합하여 Fleming은 자녀와의 관계에서 역할의 반복, 반응, 변화와 대인관계 역학이 어떻게 세대를 거쳐 반복되고 전해지는지 이해하게 되었다.

면담기법을 통해 자료를 생성하고자 하는 학생은 논문 프로젝트를 시작하기 전 질적 면담을 수행하기 위한 충분한 훈련을 받아야 한다. 심층면담으로 역사적인 사건(때때로 '구전 역사'라고 일컬어진다)에 초점을 둔 현상학 연구나 사례 연구를 수행할 수 있다(Guest et al., 2013). 사람들은 경험으로부터 의미를 구성하는데, 훌륭한 면담자는 질문을 하고 지속적으로 이야기들을 이끌어 내고 인내심을 가지고 민감하게 경청하는 것의 중요성을 알고 있다. 이러한 측면에서 일부 동료 교수들은 질적 연구를 수행하고자 하는 학생들이 프로포절을 제출할 때는 시범적으로 인터뷰를 한 건 수행하고 분석 결과를 첨부해야 한다고 주장한다(Josselson & Lieblich, 2003).

　질적 연구를 위한 면담을 준비하고 수행하는 데 도움이 되는 자료들이 있다. 그 중에서도 인기가 있는 자료는 Josselson(2013), Kvale(2012), Rubin과 Rubin(2011), Weiss(2008) 등이 있다. 이 저자들은 저마다 조금씩 다른 관점을 취하고 있는데, 하나 이상의 접근법에 익숙해진 다음 자신의 방식과 연구에 가장 부합하는 접근법을 선택하는 것이 좋다.

질적 논문에서 자료 수집

　연구가 진행되는 단계에서 의사결정을 해야 하는 문제들 그리고 자료의 수집과 실행계획은 절차라는 제목 아래 설명했다. 어떤 종류의 연구를 수행하느냐에 관계없이 연구자는 자료의 형태와는 별개로 어떻게 자료를 수집할 것인지 고민해야 한다. 자료 기록은 정확도(fidelity)와 구조(structure)라는 두 가지 측면에 대해 설명되어야 한다. 개방형 면담이 제대로 기록된다면 정확도는 높지만 낮은 구조를 보이는 반면, 표준화된 지필검사 결과는 정확도와 구조가 모두 높을 것이다. 면담을 기록할 때는 기기를 사용하고 노트(낮은 정확도와 낮은 구조)에 의존하는 것을 최소화해야 한다. 그러나 연구 중 자료 수집 단계에서 발생한 중요한 사건에 대한 기록, 반응, 연구자의 생각 등을 기록한 일기나 일지는 유용한 추가 정보로 활용될 수 있다.

질적 논문에서 자료 분석

　학위논문의 방법 장에서 자료 분석에 대해 설명하는 것은 전통적 양적 연구를 수행하는 학생들보다 질적 연구를 수행하는 학생들에게 더 문제가 될 수 있다. 이는 "연구가 시작되기 전까지는 자료 분석에 대해 별로 할 이야기가 없다."(p. 241)라고 이야기한 Lincoln과 Guba(1985)의 관점과 일치한다. 특히 논문 심사위원들이 연구 계획서의 자료 분석과 관련해 질문을 집중적으로 하면 학생들은 난감해진다. 자연적으로 획득된 자료를 가공하는 쟁점에 대해 본격적으로 다룬 Lincoln과 Guba의 자연주의적 탐구(naturalistic inquiry)의 일부 내용을 시작으로 질적 연구 맥락에서 자료 분석에 대한 논의는 꽤 많이 이루어져 왔다. Gibbs(2012), Grbich(2012), Miles, Huberman과 Saldana(2013)과 같은 저서들은 내용이 모두 질적 자료 분석에 대한 것이며, 그들 나름의 관점을 제공하고 있다. 자세한 내용의 일부는 제7장에서 논의하고 있다. 핵심은 연구자가 구체적인 통계적 절차에 대해 언급할 수 없더라도 일반적인 분석 틀은 미리 구체화할 수 있으며, 질적 논문과 양적 논문 모두 수차례에 걸친 자료 분석 단계를 거쳐야 한다는 것이다.

질적 연구에서 타당도와 신뢰도

전통적인 실증 연구에서 연구자들은 측정 도구의 신뢰도와 내적 타당도, 외적 타당도, 연구 절차의 중요성을 인지하고 있다. 반면에 많은 질적 연구자는 신뢰도와 타당도라는 용어 사용을 삼가는데, 그 이유는 그 용어가 객관주의 연구와 역사적 관련이 있고 자연주의적 연구방법에 부적합하다는 논란이 있기 때문이다. 그럼에도 불구하고, 모든 연구는 결과가 중요한 연구에 기반했다고 연구자 자신과 독자를 설득해야 할 의무가 있다. 질적 연구는 일부 잘 선택된 사례에 의존한 일화주의(anecdotalism)라고 폄하되어 오고 있다(Silverman, 2013). 그러나 연구 설계의 신빙성(trustworthiness)은 연구에 대한 평가 기준이 되며, 방법 장에서는 방법론적 엄격함에 대한 증거를 제시해야 한다.

주장이나 연구 과정을 타당화하는 것은 결과를 더 큰 집단에 일반화하든 그렇지 않든 기본적으로 그것이 믿을 만하고 충분한 근거가 있다는 것을 보여 준다. 한편, 절차나 결과가 믿을 만하면 우리는 그 결과에 의지할 수 있다. Richards(2009)가 언급한 것처럼 규칙적인 열차 운행 일정이 있어도 완벽하게 일정을 예측할 수 없듯 신뢰도는 전체의 일관성과 일치하지 않는다. 그녀는 표준화된 측정 도구를 통제된 상황에서 사용하는 것은 자연주의적 연구와 양립할 수 없는 점이라고도 주장했다.

질적 논문을 작성하면서 신뢰도, 내적 타당도, 외적 타당도와 같은 전통적인 용어를 사용할 필요는 없다. 예를 들어, Lincoln과 Guba(1985)는 신빙성(credibility), 적용 가능성(transferability), 상황의존성(dependability), 확인 가능성(confirmability)과 같은 대안적 개념을 제안했는데, 여기에 관심이 있는 독자는 용어에 대한 보다 완벽한 이해를 위해 그들의 저서를 참조하기 바란다. 최근 Denzin(2011)은 질적 연구 패러다임을 과학적 증거에 대한 제한적이고 전통적인 해석으로 강제하려는 시도를 비판했다. 증거에 대한 질적 연구와 양적 연구 기준 사이에 벌어진 일부 논쟁에는 정략적 이유가 있을지 몰라도(Morse, 2008), 모든 연구자는 자신의 주장을 정당화할 필요가 있고 연구방법과 결론이 현상에 대한 정확하고 의미 있는 설명을 전달하고 있다는 믿음을 주어야 한다(Altheide & Johnson, 2011). 결과적으로 방법 장은 이러한 쟁점에 대해 납득할 수 있도록 다루어야 한다. 정보를 어떻게 수집ㆍ조직ㆍ해석할 것인지 구체화할 때 다음의 사항이 고려되어야 한다.

신뢰도(reliability)는 비슷한 상황에서 연구의 반복 가능성(replicability)을 의미한다. 이는 면담자 훈련과 자료의 체계적인 기록과 전사(transcribe)와 관련이 있다. 자연주의 연구자는 가공되지 않은 자료를 일관되게 코딩하여 다른 사람이 주제를 이해하고 비슷한 결론에 도달하도록 한다. 자료를 수집하는 중에 그리고 수집 후에 분석이 수정될 수 있다는 가능성에 대한 이해를 바탕으로 연구자의 코딩 전략은 방법 장에 소개되어 있어야 한다.

내적 타당도(internal validity)는 인과적 추론의 타당성을 의미한다. 사회적 구성주의 관점에 따르면 타당화(validation)는 "보고된 관찰, 해석, 일반화에 대한 신빙성"(Mishler, 1990, p. 419) 평가 과정이다. 질적 연구에서는 연구자의 해석이 연구의 중심인 연구 참여자들의 해석에 실증적으로 바탕을 두고 있는지 묻는다(Flick, 2009). 연구 결과의 진실된 가치 혹은 신빙성은 왜곡을 확인하기 위해 참여자와 충분한 시간을 함께하고, 참여자의 경험을 상세하게 조사하고, 기록된 자료와 비교하기 위해 면담을 녹음하고, 잠정적 결과를 참여자와 함께 확인하고, 더 많은 자료가 확보되면 가설을 수정하고, 다른 연구자, 기록물 자료, 현장 노트, 일기 등과 같은 다양한 자료와 출처를 활용하는 것으로 확인될 수 있다. 신빙성을 높이기 위한 이러한 절차들은 방법 장에서 언급되어야 하며, 연구가 진행되면서 이런 방법들은 수정될 수 있음을 이해해야 한다.

외적 타당도(external validity)는 연구 결과의 일반화를 의미한다. 질적 연구는 특정 맥락에서 비교적 적은 수의 연구 대상으로 풍부한 기술(thick description)을 강조한다.

풍부한 기술은 행동뿐만 아니라 행동에 의미를 부여하는 맥락도 기술하는 것을 의미한다(Hennink, Hutter, & Bailey, 2011). 따라서 연구 참여자나 연구 상황에 대한 구체적인 서술은 다른 상황에도 적용 가능하도록 한다. 연구가 진행되면서 표본은 변화할 수 있지만 다른 참여자나 상황으로 일반화하는 것은 조심스럽게 접근해야 하며 맥락을 살펴야 한다. 더욱이 일반화는 질적 연구자 보다는 독자의 몫이어야 한다.

　질적 연구방법을 사용하여 프로포절을 작성하는 것 중에 힘든 것은 질적 연구 패러다임 관련 용어를 완벽하게 숙지하는 것이다. 질적 연구 프로젝트의 신빙성을 높이기 위해서는 다음에 제시된 내용들이 포함되어야 한다. 모든 내용을 다 포함할 필요는 없지만 어떤 절차를 사용했는지 방법 장 절차 부분에 기술하여야 한다.

　데이터 적정성과 적합성 기준(Morse, 1998)　질적 연구에서 적정성은 수집된 자료의 양과 관련이 있는데, 이는 양적 연구에서 적정한 수의 참여자를 기반으로 충분한 검정력을 확보하려는 것과 유사하다. 적정성(adequacy)은 이전에 수집한 자료가 포화되고 이해될 정도로 충분한 자료를 확보했을 때 달성된다. 적합성(appropriateness)은 무작위 추출이 아닌 연구의 이론적 요구에 맞도록 정보가 추출되고 의도적으로 선택된 것을 의미한다. 다양한 출처의 자료가 모형의 포화와 확인을 위해 사용된다.

　일탈적 사례(deviant case) 분석　연구자가 예외적으로 보이는 사례에 연구 결과가 어떻게 적용되는지 보기 위해 참여자 간 끊임없이 비교하는 방법은 이론의 완전성을 검증하고 만들어 가는 것을 의미한다. 신중하게 비정상적인 사례를 찾음으로써 연구자는 잠정적인 가설을 검증할 수 있고 새롭고 다른 자료에 부합하게 수정할 수 있다.

　감사 추적(audit trail)　감사 추적은 다른 연구자가 연구 과정을 모방했을 때 같은 결론에 이를 수 있도록 연구의 과정을 세세하게 기록하는 것을 의미한다. 감사 추적은 원자료뿐만 아니라 자료가 어떻게 정제·분석·통합되었는지, 그리고 연구자의 생각, 예감, 반응 등을 반영한 기록도 포함한다. 질적 연구자가 연구가 진행되면서 자료가 연구자에게 영향을 미치는지 아니면 그 반대인지를 포함하여 자신이 관찰한 내용을 기록하기 위해 지속적으로 일기를 쓰는 것은 흔한 일이다. 자기성찰 요소는 연구자의 잠재적 편견과 가정 그리고 그것들이 연구 과정에 미칠 수 있는 영향에 대해 설명한다. 추가적으로 가능한 단계는 외부 검토(external audit)로 연구와 관련이 없는 외부 전문가에게 자료를 검토하고 결과와 해석의 일관성에 대해 평가해 달라고 요청하는 것이다.

　　구성원 확인(member check)　　질적 연구에서 연구자가 정보원(informant)에게 정리한 내용과 그 정보에서 해석한 내용을 보여 주고 연구 결과의 정확성과 신빙성을 검증받는 것은 흔한 일이다. 일부 연구자들에게 이런 절차는 정보원이 연구 참여자에서 공동 연구자로 역할이 바뀌는 것을 의미한다. Silverman(2013)과 같은 연구자들은 응답자들에게 연구 결과에 대해 검증하는 것을 요구함으로써 그들을 특별하게(privileged) 대우하는 것에 주의를 요한다고 충고했다.

　　삼각검증(triangulation)　　교차점검(cross-checking)과 증거 제시를 위해 다양한 출처로부터 자료를 수집하고 주제나 이론을 밝혀내는 것을 삼각검증(다각화)이라고 한다. 삼각검증을 수행하는 방법으로는 연구 참여자 추가, 다른 방법 추가적 실행, 선행 연구 포함 등이 있다. 물론 다른 종류의 자료가 다른 해석을 가져올 수 있는 가능성이 있으며 이는 질적 연구에서 문제가 되는 것은 아니다.

　　동료 검토(peer review), 점검(debriefing)　　많은 질적 연구자는 동료들에게 자료 수집, 자료 분석, 자료 해석 등과 관련하여 의도적으로 어려운 질문을 하고 반대 입장을 취하는 선의의 비판자 역할을 부탁한다. 동료 검토자의 또 다른 역할은 공감적 경청을 통해 전문적이고 감정적인 지원을 해 주는 것이다. 일반적으로 연구자와 검토자는 그 과정을 기록한다.

　　지금까지 장 기본 구성 요소에 대해 알아보았다. 연구가 종료되고 결과와 논의 장이 추가되면 방법 장으로 다시 돌아가서 동사 시제를 미래형에서 과거형으로 바꾸어야 한다. 방법 장에 자료 분석과 관련하여 구체적인 내용이 포함되어 있다면 해당 내용을 삭제하고 결과 장으로 내용을 이동할 것을 추천한다.

글상자
5-1　**연구방법에 대한 학생들의 의견**

1. 도구를 자신이 직접 만들었든 기존의 도구를 사용했든 예비 검사(pilot test)는 실시해야 한다. 누구나 문장을 잘못 읽거나 의미를 오해할 수 있다. 따라서 예비 검사 참여자들에게 어떤 부분이 흥미롭거나 어려운지 구체적인 질문을 하는 것이 도움이 된다.

2. 널리 알려진 검사 도구였음에도 불구하고 애매하거나 모호한 문항이 종종 발견되어 놀랐었다. 다른 연구자들이 내 연구에 적합한 문항을 개발했다고 믿으면 안 된다. 선행 연구에서 보고된 결과와 본인의 연구 결과를 비교하고 싶다면 측정 도구를 함부로 변경해서는 안 된다.

3. 문항을 직접 개발하기로 결정했으면 인구통계학적 변인부터 시작하지 말아야 한다. 대부분 인구통계학 관련 질문은 제일 마지막에 오고 그 문항들은 너무나 뻔하다. 문항이 멋지고 미학적으로 보여야 하지만 명확하고 이해하기 쉬워야 한다. 문항에 대한 선택지는 행보다 열로 배치하는 것이 보는 사람이 더 편하다.

4. 우편이나 인터넷을 통해 설문이나 도구를 송부하기 전에 회신율을 되도록 정확하게 추정해야 한다. 많은 학생이 자신의 연구에 대해 다른 사람들이 시간과 노력을 투자할 만한 가치가 있다고 과대평가하는 경향이 있다. 개인적 친분을 통해 잠재적 설문 대상을 좁히는 것이 도움이 된다.

5. 비용을 최소화하면서 사람들이 연구에 참여하도록 독려하는 방법 중 하나는 추첨을 통해 현금이나 상품, 상품권 등 참여 대한 인센티브를 제공하는 것이다. 연구에 참여하는 모든 사람에게 비용을 지급하는 것은 아니지만 한 명 또는 소수의 참여자들에게는 가치 있는 보상을 제공할 수 있다.

제6장
양적 연구 결과 제시하기

　연구 결과 장(chapter)의 목적은 연구 결과를 가능한 한 명확하게 제시하는 데 있다. 그러기 위해서는 글을 쓰기 전에 결과를 어떻게 제시할 것인가에 대해 미리 계획을 세워야 한다. 학생들은 결과의 순서를 제시하는 계획을 세우지 않아 어려움을 겪는다. 따라서 우리가 다루고자 하는 첫 번째 장애물은 적합한 구성이다. 또 다른 문제는 학생들의 경험 부족이다. 결과를 제시할 때 사용하는 고유한 글쓰기 방식은 문헌 연구나 세미나 과제를 할 때 사용하는 스타일과는 사뭇 다르다. 학생들이 결과 장을 처음부터 끝까지 써 보는 것은 이번이 처음일지도 모른다. 이러한 경험 부족으로 인해 학생들은 불안함을 느끼며, 이로 인해 결과를 서술할 때 지나치게 많은 내용을 포함한다. 따라서 두 번째로 우리가 다룰 장애물은 내용이다. 대부분 학위논문에서 결과 장은 표, 그림, 분석 결과에 대한 요약, 중요한 내용과 주목할 점을 서술한다. 결과가 함의하는 바에 대해 깊게 논의하는 것도 중요하지만 이는 논의 장에서 다룬다. 선행 연구를 추가적으로 요약하거나 연구 모형 및 연구방법에 대해 다시 설명하는 것은 불필요하며, 이는 결과 장의 목적과 동떨어진 내용이다.

　물론, 우리가 이 장을 통해 제시하는 일반적인 원칙들을 적용하기 어려울 때도 있다. 특히 질적 연구의 경우 결과 장과 논의 장을 통합할 수도 있으며, 일부 학과에서는 결과와 논의를 하나의 연결된 장으로 제시하라고 장려하기도 한다. 우리는 이런 예외적인 형식에 대해 인지하고 있으며, 경우에 따라 그런 형식이 논문의 가독성을 높이고 흐름을 자연스럽게 한다는 데 동의한다. 그럼에도 불구하고 우리는 학생들이 결과와 논의 장을 분리해서 작성한다는 가정하에 이 장을 구성했다.

결과는 어떻게 구성해야 하는가? 모든 경우에 적용되는 하나의 정답이 있는 것은 아니며, 결과 장이 논리적인 구조를 갖추고 있거나 독자가 결과를 이해할 수 있도록 잘 쓰였다면 별 문제가 없다. 다음은 몇 가지 제안이다.

- 결과 장을 시작할 때 전체적인 구조를 간단한 설명으로 보여 준다. 보통 "이 장은 (이렇게) 구성이 되어 있다."라고 서술하는 짧은 단락에 해당한다. 독자는 이런 내용을 통해서 결과 장을 구성하는 논리를 이해하고 결과 장에 포함되는 내용이 어떤 것인지 알 수 있다. 결과 장을 통계분석 결과에 대한 설명으로 시작하면 독자는 혼란에 빠질 수 있다.
- 결과 장은 독자가 엄청난 양의 자료와 마주하지 않도록 정리되어 있어야 한다. 통계 프로그램에서 방대한 양의 정보를 제공하지만, 그 모든 정보가 논문에 포함되어야 하는 것은 아니다. 결과 장이 길고 숫자가 많으면 많을수록 사람들이 읽을 가능성이 줄어든다는 사실을 명심해야 한다. 더 많이 쓴다고 해서 더 나은 내용을 쓸 수 있는 것도 아니다. 수십 년간 논문 지도를 한 경험을 되돌아보면, 결과 장의 분량을 늘이라고 조언한 적보다 짧게 줄이라고 조언한 적이 더 많다.
- 표에 포함된 모든 정보를 반복하지 않는다. 연구자의 임무는 결과에 대해 간단하고 명료하게 완전한 설명을 하는 것이다. 연구자가 중요하게 생각하는 것이 무엇인지 독자가 알 수 있도록 도와주어야 한다.
- 결과의 의미에 대해 논하지 말아야 한다. 이 내용은 논의 장에서 다루어야 한다.

어디서부터 시작할 것인가

대부분의 결과 장은 표본에 대한 기술, 통계 분석에 사용된 변인에 대한 기본적인 정보 제시, 연구문제 검토 혹은 가설 검증, 추가적인 탐색적 검토 혹은 분석 과정에서 생성된 추가적인 의문에 대한 검토 등 네 부분으로 구성된다.

연구자는 결과를 제시하기 위해 표, 그림, 글이라는 세 가지 기본적인 선택을 할 수 있다. 시작하기 앞서 어떤 선택이 연구자가 보여 주고자 하는 각각의 결과를 잘 나타낼 수 있을지 고민해야 한다. 일반적으로 숫자가 많을수록, 특히 추리 통계일 경우 표를 사용하는 것이 좋다. 그러나 숫자가 지나치게 많으면 큰 추세와 패턴이 잘 보이지 않기 때문에 그림을 통해 보여 주는 것이 좋다.

　결과 장은 대개 표본에 대해 기술하는 것으로 시작된다. 기술 통계 등 기술적 자료는 중요한 증거이다. 간단한 인구통계학적 특성(성별, 혼인 상태, 연령 등)은 글이나 표 형식으로 제시한다. 분석 단위가 사람이 아닌 경우 연구 단위의 특성을 기술하는 변인이 제시되어야 한다. 예를 들어, 분석 단위가 도시라면 인구 밀도, 인종 구성, 주택 가격의 중앙값 등을 기술하는 것이 적합하다. 이런 정보는 표나 그림, 또는 글로 설명할 수 있는데, 어떤 방법이든 결과에 대한 독자의 이해를 도울 수 있다. 가공되지 않은 원자료를 제공할 필요는 없으며, 연구자는 독자가 자료를 이해할 수 있도록 제시해야 한다(가공되지 않은 자료가 그대로 제시되는 경우도 있다. 예를 들어, 표본이 작거나 단일 사례 연구인 경우 모든 사례의 인구 통계학적 정보와 통계 치 요약을 담은 표를 제시할 수도 있다). 여기서 기본적인 목표는 독자에게 당신의 표본에 대한 전반적인 그림을 보여 주는 것이다.

　〈표 6-1〉은 인구통계학적 특성을 보여 준다. 이 표는 게이, 레즈비언, 양성애 혹은 성전환 가족이 되는 과정을 연구한 Todd(2011)의 학위논문에서 발췌한 자료인데, 세 가지 주목할 점이 있다. 첫째, 하나의 표에 많은 양의 정보를 제공한다. 각 변인에 관해 이렇게 자세한 정보를 본문에 글로 적거나 여러 개의 분리된 표로 제시하는 것은 바람직하지 않다. 둘째, 범주형 변인(성별, 인종/민족성)은 백분율을, 연속형 변인(나이, 교제 기간)은 평균과 범위를 사용하여 요약했다. 셋째, 이 표는 보기 쉽게 잘 구성되었지만 미국심리학회(APA) 서식을 따르고 있지 않다. 이는 APA 서식을 따를 필요가 없었거나 Todd의 논문 심사위원들이 표가 이대로도 괜찮다고 판단했기 때문일 것이다.

　표본에 대해 기술한 다음, 이어지는 분석을 뒷받침하는 적절한 통계 자료를 제공해야 한다. 어떤 정보를 포함해야 하는지는 분석하는 방법에 따라 달라지지만, 목표는 이어질 분석을 위한 단계를 마련하는 것이다. APA에서 언급했듯이, "사용된 연구방법은 로버스트성(강건성, robustness)을 포함하여 통계방법의 근간이 되는 기본 가정이 위배되지 않아야 하며, 자료에 대한 명확한 통찰력을 제공해야 하는 것을 포함하여 분석의 취지에 맞아야 한다."(APA, 2010b, p. 33) 일반적인 규칙으로 단변량 수준에서 연속형

〈표 6-1〉 **참여자의 인구통계학적 특성**

변인	빈도	백분율
성별		
여성	26	61.9%
남성	14	33.3%
트랜스젠더	2	4.8%
인종/민족성		
백인	37	88.1%
흑인	3	7.1%
혼혈	2	4.8%
교육 수준		
고등학교	1	2.4%
대학교	9	21.4%
전문학교/직업학교	9	21.4%
석사 이상(취득 중)	23	54.8%
자녀		
입양	4	9.5%
친자	10	23.8%
자녀 없음	24	57.1%
의붓자녀	4	9.5%
지역		
지방	1	2.4%
도시	5	23.8%
대도시	15	71.4%
	평균	**범위**
나이	45.6세	26~70세
교제기간	10.6년	2~22년
전체	21쌍 42명	21쌍 42명

출처: Todd(2011), p. 57. 저자의 허락을 받아 게재함.

변인은 평균, 표준편차, 최대/최소값을 사용하고 범주형 변인은 백분율을 사용한다. 분석이 실험 집단과 통제 집단과 같이 여러 집단을 대상으로 할 때는 통계치가 각 집단과 전체 집단에 대해 따로 제시된다. 가설 검정이 회귀 기반 통계 분석과 관련이 있을 때는 상관행렬(때에 따라서는 공분산 행렬)을 함께 제시해야 한다. 따라서 결과 장의 시작 부분에는 일반적으로 인구 통계학적 정보에 대한 기술 통계가 제시되고, 주요 연구 도구의 척도 값과 그 분포의 속성을 나타내는 정보 등과 같이 가설과 관련된 변인을 기술하는 통계치를 제시한다.

〈표 6-2〉는 결과 장에서 이 부분에 해당하는 표의 예이다. 이 표는 외래환자 진료실로 의뢰된 청소년 행동문제에 대한 Conklin(2011)의 연구에서 발췌했다. 이 표는 APA 서식대로 작성되었고, Conklin의 논문에서 측정한 값에 대한 구체적인 정보를 제공하고 있다.

〈표 6-2〉 **측정값의 특성을 기술한 표 예시**

청소년 결과 질문지(Y-OQ-30.1) 척도값 분포							
종속변인	문항 수	N	평균	표준편차	관찰범위	가능범위	신뢰도
내재화							
우울증/불안	6	114	10.73	4.72	1~24	0~24	.721
사회적 고립	2	120	3.05	2.71	0~8	0~8	.832
신체질환	3	118	4.51	2.78	0~12	0~12	.534
외현화							
공격성	3	119	2.80	2.89	0~12	0~12	.754
행동장애	6	119	9.16	5.96	0~24	0~24	.873
과잉행동/주의산만	3	120	6.63	2.95	0~12	0~12	.711
부모/또래 관계문제							
부모 보고	6	115	8.31	5.25	0~20	0~24	.756
자기보고	6	72	6.18	4.67	0~20	0~24	.733
합계							
행동문제의 심각성	30	106	47.62	18.50	7~93	0~120	.899

출처: Conklin(2011), p. 83. 저자의 허가를 받아 게재함.

연구를 수행할 때 모든 분석이 같은 표본 크기에 기초하여 이루어지는 경우는 매우 드물다(*N*: 전체 표본; *n*: 하위 집단). 또한 거의 언제나 결측 자료가 발생한다. 응답자가 응답을 하지 않은 채로 비워 놓거나, 유효하지 않은 응답을 하거나, 연구자는 명확하다고 생각하는 지시사항을 응답자가 오해하는 등 다양한 이유가 존재한다. 자료의 손실은 종단연구에서 특히 문제가 되며, 단기간에 이루어지는 실험에서도 문제가 된다. 많은 이유로 사후실험은 사전실험과 비교하여 언제나 적은 사례가 수집된다. 따라서 독자가 이런 손상된 자료의 속성과 분석 전반에서 변화하는 사례의 흐름에 대해 이해하는 것이 중요하다. 연구자는 초기에 연구 참여를 부탁한 사례 수, 실제 연구에 모집된 수, 연구대상 포함 기준에 적합하지 않아 제외한 수, 결측값 비율이 높아 제외한 사례 수 등에 대해 기술해야 할 필요가 있다.

앞서 언급한 두 가지 목표를 달성하려면 자료에 대한 사전분석 검토[탐색적 자료 분석(Exploratory Data Analysis: EDA)이라고도 한다]가 필요하다. 이렇게 매우 복잡할 수도 있는 절차에는, ① 자료의 정확도에 대한 평가, ② 결측 자료 처리, ③ 이상치(outlier)의 영향 검토, ④ 자료의 특성과 통계적 절차 간의 적합도 평가라는 네 가지 목적이 있다. 그렇지만 모든 자료 검토(data-screening) 기법을 자세하게 기술할 필요는 없다. 예를 들어, 자료의 정확성을 확인했고 모든 응답이 범위 안에 있었다는 식으로 간략하게 서술하면 된다. 하지만 복잡한 대체 방법을 사용해서 결측 자료를 처리한 경우 그 방법에 대해 자세하게 기술해야 한다. 이에 대한 구체적인 내용은 필자들의 저서(Newton & Rudestam, 2013, 8~9장)를 참조하기 바란다.

중복해서 글을 쓰는 것도 피해야 하는데, 같은 정보를 두 번 제시하는 것은 불필요하다. 많은 경우 표집, 사례 수의 변화와 같은 정보는 연구방법 장에 표본 혹은 연구 대상 부분에서 언급했을 것이다. 만약 사례 수의 변화에 대해 연구방법 장에서 기술했다면 결과 장에서는 아주 간략하게만 언급해야 한다. 그러나 그 전에 제시되지 않은 정보가 있다면 결과 장 끝이 아니라 앞쪽에서 설명을 해야 한다.

연구문제와 가설에 답하기

표본과 통계에 관한 요약 정보를 기술한 다음 단계는 연구문제와 가설을 다루는 것이다. 소제목별로 하나씩 다루는 것이 적절하지만, '가설 1'과 같은 소제목은 달지 않는다. 왜냐하면 대부분 한 번의 분석으로 하나 이상의 가설에 대한 답을 할 수 있기 때문이다. 또한 가설 번호를 소제목으로 사용하는 것은 불충분한 정보를 제공한다. 다루고자 하는 가설의 내용을 기술하는 소제목을 만드는 것이 효과적이다. 예를 들어, '불안과 종업원 성과와의 관계'가 '가설 2'보다 소제목으로 더 낫다. 또한 '분산 분석 결과'와 같이 하나 의 통계 분석 절차를 소제목으로 분리해서 사용하는 것도 어색하다. 앞서 제시된 '불안 과 성과와의 관계'와 같이 하나의 질문에 다양한 통계적 절차가 필요할 수 있다. 한 번에 하나의 연구문제만을 다루는 것이 효과적인 방법이다. 이는 몇몇 다른 통계분석 결과와 여러 개의 가설 검정 결과를 한꺼번에 설명하는 것을 의미한다. 모든 연구 상황은 다르 다. 그러므로 명확하고 조직적으로 제시해야 한다는 주된 목표만 기억하라.

예를 들어, 연구자가 집단 감수성에 관심이 있다고 가정하자. 하나의 연구문제는 (하 나 이상의 연구문제가 있을 수도 있지만) 성별과 동조 간의 구체적 관계에 대한 것이다. 연 구가설은 (하나 이상의 가설이 있을 수도 있지만) 여성이 남성보다 더 동조적이라는 것이 다. 구체적인 통계적 가설은, ① 여성의 동조율 평균은 남성의 동조율 평균과 같거나 낮다(단방향 영가설), ② 여성의 동조율 평균은 남성의 동조율 평균보다 높다(단방향 대 립 가설, 단방향 통계적 검정을 통해 검정하고자 하는 영향의 구체적 방향을 제시한다)이다. 이런 설계에서 동조율이 정규분포를 이루는 종속변인이라면, 단방향 t-검정이 사용된 다. 만약 영가설이 기각된다면 대립가설이 지지되고, 따라서 연구가설이 채택된다. 여 기서 가설을 영가설과 대립가설로 기술했지만 이런 형태로 가설을 표현하는 것은 지양 해야 한다. 연구가설은 연구자가 검증하고자 하는 관계를 기술하며, 통계적 영가설과 대립가설은 연구가설과 궁극적으로 수행될 추리통계 안에 함축되어 있다.

연구 결과를 구조화하는 대표적인 방법은 연구문제에 답을 하는 것이다. 예를 들어, 앞서 언급한 성별과 동조와의 관계에 대한 연구문제는 결과 장에서 하나의 절로 구성 될 수 있다. 하나의 연구문제나 가설에도 복수의 통계분석이 적용될 수 있음을 기억해 야 한다. 예를 들어, 남녀 간 동조 행동의 차이에 관한 연구문제에서 동조에는 두 개의 지표가 있을 수 있다. 따라서 연구자는 각 측정치에 대하여 남녀 간의 차이에 대해 검 토하며, 그 결과로 두 번의 통계적 검정을 하게 된다. 이 절에서 하나 혹은 그 이상의 단 락이 이러한 분석에 대한 내용을 제시한다. 각각의 분석은 특정한 하나(또는 어떤 경우 에는 하나 이상)의 대립가설(즉, 통계적 가설)을 다룬다. 특정 연구문제와 관련된 모든 분석을 제시하고 설명하면 다음 연구문제와 관련된 분석을 제시하는데, 이때 일반적으로 새로운 절에서 시작한다. 그러므로 '성별과 집단의 영향 간의 관계'라는 소제목이 '가설 1' 또는 't-검정 결과'보다 더욱 의미가 있을 것이다.

방대한 양의 자료를 제시하는 것은 피해야 한다. 이것이 불가능할 때도 있다는 것을 알고 있다. 측정 도구가 많이 사용된 복잡한 연구의 경우 많은 양의 정보를 제시하는 것 외에는 다른 선택지가 없다. 그러나 더 많은 자료가 제시될수록 저자와 독자 모두에게 부담이 커진다. 이 장의 마지막에는 많은 양의 자료를 줄일 수 있는 몇 가지 힌트가 제시되어 있다. 때로는 통계 결과를 제시하지 않고 결과가 유의하지 않았다고 언급하는 것이 적합하지만, 주요 가설에 반대되는 연구 결과라면 이런 방법은 적합하지 않다. 또한 어떤 경우에는 동일한 분석이 한 번 이상 이루어질 수도 있는데, 예를 들어 변환된 변인(transformed variables)과 변환되지 않은 변인(untransformed variables)을 사용하는 경우이다. 이러한 분석 결과가 거의 동일하게 나타났다면 연구자들은 변환되지 않은 변인을 사용한 분석 결과가 제시되어야 한다는 결론을 내릴 수 있다. 이런 상황에서는 변환된 변인을 사용한 분석도 실행되었고 동일한 결론이 도출되었음을 언급하는 것만으로도 충분하다. 마지막으로, 일부 경우에는 관련된 부가적인 분석 결과를 부록으로 제시하는 것이 적합하다.

잘 작성된 결과 장이란 연구자가 독자로 하여금 중요한 연구 결과를 인지할 수 있도록 주의 깊게 결과물을 제시하는 것이다. 저자로서 연구자는 특정 연구 결과의 중요성을 판단하는 데 있어 그 누구보다도 유리한 위치에 있음을 인정해야 한다. 이런 중요한 연구 결과를 강조하기 위해 연구 결과를 조직화할 책임이 있다. 중요하지 않은 것은 무시하거나 간단한 참조만 제시하는 것도 합리적이지만, 중요하지 않은 것과 가설을 지지하는 데 실패하는 것 간에는 차이가 있음을 기억해야 한다. 이 장에서 제시하는 자료는 주로 양적 연구논문에 대한 내용이다. 질적 분석과 관련된 이슈는 제7장에서 다룬다. 어떤 분석을 계획하고 있는지에 상관없이, 우리는 독자들이 두 장을 모두 읽기를 권한다.

정량적 분석 결과 기술하기

정량적 결과를 제시하기에 적합한 통계는 무엇인가에 대해 상당한 사상의 발전이 이루어져 왔다. 이러한 발전은 크게 주요한 두 가지 흐름으로 개념화할 수 있다. 첫 번째는 영가설 유의도 검증(Null Hypothesis Significance Testing: NHST)에 관한 광범위한 비판이다. 이는 전통을 폐지하는 것부터 가설 검증 연구에서 결과 제시 방법을 일부 수정하는 것까지 그 범위가 다양하다. 이러한 입장에 담긴 주장은 Newton과 Rudestam(2013)에 요약되어 있으며, Kline(2013)과 같은 비평가들에 의해 강화되었다. 양적 연구의 가설 검증 전통을 이어가는 학생들을 위한 주요 함의는 집단 간 차이 또는 변수 간 관계를 사전에 설정한 유의 수준(alpha level)에서 통계적으로 유의한가를 보고하는 것이 제한된 정보라는 것을 인지하는 것이다. 통계적 유의성은 관찰된 결과가 모집단에서 나타날 가능성에 대한 진술에 불과하다(일반적으로 실질적인 관련이 없으며, 그렇기 때문에 영가설이라는 용어를 사용한다). 연구 용어로 이는 1종 오류(Type I error)를 통제하는 것을 가리킨다.

NHST에 대한 대부분의 비판은 유의도 검증이 하지 않는 것에 근거하고 있으며, 적합한 통계적 요약의 제시와 관련된 두 번째 흐름으로 이어진다. NHST는 변인 간 관계의 크기나 강도(효과 크기), 실제적 효과를 밝히는 검정력이나 모집단의 모수에 대한 정확한 추정은 다루지 않는다. 이러한 견해에 대한 가장 명확한 표현은 .05 수준에서 통계적으로 유의하지 않은 많은 결과가 표본의 수가 커지면 .05 수준에서 통계적으로 유의해질 수 있다는 것이다(즉, 연구의 검정력이 더 클 때). 예를 들어, 표본 크기가 120명일 때 단순적률상관계수 .179는 .05 수준에서 통계적으로 유의하지 않지만, 유의한 결과를 도출하기 위해서는 193명의 표본 크기가 필요할 것이다.

이러한 현상이 주는 함의는 양적 연구에서 통계적으로 유의한 결과를 얻을 확률을 높이기 위해서는 충분한 수의 참여자를 포함해야 한다는 것이다. 이는 2종 오류(Type II error)를 줄이는 것과 직결되며 1종 오류를 관리하는 것에 반대된다. 2종 오류가 발생할 가능성은 첫 번째 사례($N = 120$)에서 .38이었지만, 두 번째 사례($N = 193$)에서는 .20이다. 이 책과 특히 관련이 있는 또 다른 함의는 독자(뿐만 아니라 연구자도)가 단순히 연구 결과의 통계적 유의성 여부보다 연구 결과에 대해 더 깊이 있게 이해할 수 있도록 충분한 정보를 제시해야 한다는 것이다. 고려해야 할 정보의 유형으로는 정확한 p값, 효과 크기 및 신뢰구간이 포함되며, 우리는 이러한 관점을 전폭적으로 지지한다. 통계 결과의 진정한 의미에 대한 이해를 촉진하기 위해 신뢰구간과 효과 크기에 대한 강조가 이미 오래전에 이루어졌어야 했다.

통계적 검정 결과 기술

　결과 장은 일반적으로 다양한 분석 결과를 제시하며, 각각의 결과는 일련의 진술문들로 표현된다. 이러한 진술문은 주요 연구 결과를 제시하며, 그중 일부는 표나 그림 형식으로도 제시될 수 있다. 그러나 주요 내용은 본문에 있다. 통계적 검정에 따른 중요한 결과를 글로 요약하지 않고 표나 그림만으로 제시하지는 않는다. 본문에서는 독자에게 각 표의 어떤 부분에 주목해야 하는지를 알려 주어야 한다. 우리는 다음 네 가지 진술문 제시 방식을 제안한다.

　첫째, 연구자가 독자에게 어떤 그림, 표 또는 특정한 분석 결과에 대해 논의하려고 하는지 알려 주어야 한다. 이러한 정보를 담은 주제문으로 시작하라. 우리는 이를 진술문 유형 1이라고 한다.

　진술문 유형 1　독자에게 표나 그림을 언급하면서 무엇이 측정되었는지 혹은 제시되었는지를 기술하라. 이 진술문 유형은 일반적으로 결과를 기술하는 문단의 주제문이 된다.

- 예시 1: 상관 표에 대한 기술

　　학생 평가와 기말고사 성적 간의 상관은 〈표 1〉에 제시되어 있다.

- 예시 2: 백분율 표에 대한 기술

　　〈표 1〉은 5개 범주별 응답 비율을 보여 주고 있다.

- 예시 3: 평균 표에 대한 기술

　　〈표 1〉에 약물별 평균과 표준편차가 제시되어 있다.

　둘째, 독자에게 '큰 그림(big picture)'을 제공하는 것이 중요하다. 큰 그림이란 결과가 어떤 패턴을 보이는지 기술하는 것으로, 각각의 숫자나 통계적 유의성에 주목하는 것과는 반대된다. 즉, 나무가 아니라 숲을 보라는 것이다. 이러한 관점은 결과 장의 초안에서 종종 누락되곤 한다. 때로는 큰 그림에 대한 논의에서 숫자를 언급하기도 하지만, 그 숫자가 표에 제시되어 있을 때에는 반드시 그럴 필요가 없다. 우리는 이를 진술문 유형 2라고 한다.

  진술문 유형 2   표나 그림에 제시된 주요한 연구 결과를 기술하라. 다양한 측정 도구나 조건들 사이의 평균, 표준편차, 빈도, 상관계수 등이 여기에 해당된다.

- 예시 1: 상관 표 또는 그림에 대한 기술

  10개의 상관 가운데 9개는 정적 상관을 보였고, 8개는 상관계수가 .32 이상인 것으로 나타났다.

- 예시 2: 실험에 대한 기술

  남성은 향수를 뿌린 지원자에게 지능과 친근감 항목에서 낮은 점수를 주었다. 이와는 대조적으로, 여성은 향수를 뿌린 지원자에게 지능과 친근감 항목 점수를 더 높게 주었다.

- 예시 3: 그림에 대한 기술

  [그림 2]에 나타난 바와 같이, 처치 기간 동안 타이핑 속도는 초기 측정치였던 분당 0.7 단어에서 분당 1.5단어까지 향상되었다.

  셋째, 유형 1과 유형 2가 도입과 요약 진술문이라면, 세 번째 유형의 진술문은 구체적인 통계적 검정 결과에 대한 내용이다. 이러한 진술문은 거의 대부분 신뢰구간(confidence interval)이나 효과 크기 또는 둘 다를 포함한다. "결과는 통계적으로 유의했다($p < .05$)."라는 표현은 절대로 충분하지 않다.

  진술문 유형 3   신뢰구간과 효과 크기와 더불어 F−검정이나 t−검정과 같은 통계적(추론적) 검정 결과를 제시한다.

  많은 분석을 동시에 요약할 때를 제외하면, 분석에서 관찰된 유의확률(probability level)을 정확하게 제시하는 습관을 반드시 길러야 한다. 연구 결과가 통계적으로 유의하지 않을 때도, 유의확률을 보고해야 한다. 예를 들어, 통계적으로 유의한 결과에 대해 $p < .05$가 아니라 $p = .024$라고 보고해야 하며, 통계적으로 유의하지 않은 결과를 *ns*(not significant)라고 하기보다는 $p = .324$라고 명시해야 한다. 또한 컴퓨터에서 p값 (유의확률)이 .000이라고 출력된 결과는 본문 또는 표에 $< .001$이라고 표시해야 한다. 이는 "유의확률을 보고할 때에는 소수점 둘째 혹은 셋째 자리까지 정확한 값을 보고하 라(예: $p = .031$). 그러나 .001보다 작은 유의확률은 $< .001$로 보고하라."라고 제시한 미국심리학회의 출판 매뉴얼(APA, 2010b) 내용과 일치한다.

이와 같은 제안을 따르는 데에는 많은 이유가 있다.

첫째, 유의확률을 정확히 보고하는 것은 단순히 사전에 정해진 수준에서 통계적으 로 유의하다 혹은 유의하지 않다고 보고하는 것보다 더 많은 정보를 제공한다. 예를 들어, 유의확률 .051과 .859는 모두 유의하지 않다(*ns*)고 보고할 수 있지만, 분명히 두 값에는 차이가 있다. 유의확률을 정확히 보고하는 것은 '아주 조금 유의한(marginally significant)' 또는 '가까스로 유의한(almost significant)'이라는 연구자들에게 좋지 않은 사 례로 여겨지는 표현을 피하는 데 도움이 된다.

둘째, 유의확률(p값)에 포함된 정보는 다른 사람들의 연구 결과로 메타 분석을 하고 자 하는 사람들에게 도움이 된다. 메타 분석에서 유의확률 .051과 .859의 차이는 매우 유용하지만, '유의하지 않음(*ns*)'이라는 결과로는 정확한 값을 복원하기 어려우며, 특히 이는 효과 크기가 보고되지 않을 때 더 심각하다. 유의확률을 '유의하지 않다'거나 사전 에 설정된 수준보다 낮다(예: $p < .05$)고 보고하는 것은 컴퓨터로 정확한 유의확률을 출 력할 수 있게 되기 이전에 만들어진 관행이다. 과거 관행대로 한다면, 검정통계치를 손 으로 직접 계산하여 표에 제시된 임계치를 찾아보아야 한다. 이 두 값(검정통계치와 임 계치)을 비교한 결과는 영가설을 기각 또는 기각하지 못한다는 결정을 내릴 근거를 제 공한다. 우리는 이러한 절차가 더 이상 필요하지 않다고 주장하며, 과거와 같은 방법으 로 유의확률을 보고하는 것은 연구 결과를 제시하는 데 가치 있는 정보를 누락하는 것 이라 생각한다.

나아가 유의성검정 결과를 보고할 때에는 신뢰구간을 포함하기를 강력하게 추천한 다. 신뢰구간(confidence interval)이란 모수가 포함될 것으로 예측되는 범위를 나타낸 다. Ellis(2010)는 "추정되는 모수 또는 지표에 대해 가능한 값의 범위"(p. 17)로 서술했 다. 신뢰구간은 주어진 신뢰 수준과 관련하여 표현된다. 신뢰 수준은 일반적으로 백분 율로 표시되며, 신뢰구간 추정치에 관한 확률을 제공한다. 따라서 95% 신뢰구간은 표본 추정치의 95%가 위치할 가능성이 있는 범위를 표현한다. 좀 더 평이하게 말하자면, 신뢰구간은 100번 중 95번 모수의 진점수를 포함하거나 95% 정확하다고 말할 수 있다. 하지만 이와 같은 구어적 해석에 강한 반대도 있다. 대부분의 사람은 선거 덕분에 신뢰구간에 친숙하다. 예를 들어, 만약 갤럽(Gallup)에서 유권자의 40% 정도가 투표 계획을 승인한다고 추정한다면, 갤럽은 그 추정치의 정확도 또는 오차범위를 일반적으로 ±3% 또는 ±5%로 제공한다. 오차범위 ±5%이면 95% 신뢰구간이라 할 수 있다. 이는 ○○%CI[LL, UL]로 표현되며, LL과 UL은 구간의 하한계(lower level)과 상한계(upper level)를 일컫는다.

신뢰구간은 통계적 가설 검정과 유사한 추론 통계 절차에 해당하며, 보통 평균 차이나 상관계수와 같은 효과 크기 또는 관계의 강도로 구성된다. 이러한 맥락에서, 신뢰구간은 가설 검정을 대신하기도 한다. 일부 연구자들은 가설 검정으로부터 얻지 못하는 부가적인 정보를 제공한다는 점에서 모집단의 모수를 추정하는 방법을 선호하지만, 우리는 가설 검정 결과(점추정, point estimate)와 신뢰구간을 모두 제시하는 것을 추천한다.

〈표 6-3〉에 제시된 성별에 따른 초혼 나이 차이를 검정한 SPSS t-검정 결과를 바탕으로 다음과 같이 제시할 수 있다.

$$t\,[1159] = 7.88, p < .001, 95\% \text{ CI } [2.083, 3.465].$$

〈표 6-3〉 성별에 따른 초혼 나이 차이 분석 SPSS 출력 결과 (N = 1,161)

집단 통계량

	응답자 성별	N	평균	표준편차	표준오차
초혼 나이	남자	525	24.85	5.975	.261
	여자	636	22.08	5.968	.237

독립 표본 검정

	Levene의 등분산 검정		평균의 동일성에 대한 t-검정					차이의 95% 신뢰구간	
	F	유의확률	t	자유도	유의확률 (양쪽)	평균차	차이의 표준오차	하한	상한
초혼 나이	5.060	.025	7.879	1159	.000	2.774	.352	2.083	3.465

출처: 국민여론조사센터(NORC)의 2010 일반사회조사(GSS) 자료를 사용하여 저자가 작성함.

〈표 6-3〉에서 몇 가지 짚고 넘어갈 점이 있다.

첫째, 표본 크기(N = 1,161)가 N-2, 즉 자유도(df) 1,159로 이어졌다는 것이다. 이렇게 표본의 크기가 크면 95% 신뢰구간의 폭이 좁아지고, 결혼 연령에 있어 성별 간 차이가 대략 2.1년과 3.5년 사이에 있을 것이라고 95% 확신할 수 있다는 것이다.

둘째, p값(양측 검정)이 .000으로 보고되었다는 점이다. 하지만 보다 적절한 표현은 < .001이다.

셋째, 효과 크기가 보고되지 않았다. 효과 크기가 평균의 차이, 즉 2.77년에 반영되었다고 주장할 수도 있지만, 이 값은 결혼 연령의 변산(variability)을 고려하여 표준화된 값이 아니다. 여기서 변산은 전체 표본의 결혼 나이 표준편차이다. 효과 크기는 Cohen의 d로 쉽게 계산될 수 있는데, 이는 평균 차이(2.77)를 공통 표준편차(6.1)로 나눈 값이다. 따라서 d값은 .46이며, Cohen에 따르면 중간 정도의 효과 크기라고 할 수 있다(Cohen, 1988).

통계적 검정 결과에 신뢰구간과 효과 크기를 포함하는 것의 중요성에 대해 추가적으로 설명하기 위해 우리는 전체 표본의 사례 수 1,161개 중에서 약 10%인 105개의 사례를 하위 표본으로 추출하여 t-검정을 다시 실시했다. 〈표 6-4〉에 나타난 결과는 t[103] = 2.10, p = .038, 95% CI[0.119, 4.115]로 본문에 보고하면 된다.

〈표 6-4〉 **성별에 따른 초혼 나이 차이 분석 SPSS 출력 결과** (N = 105)

집단 통계량

	응답자 성별	N	평균	표준편차	표준오차
초혼 나이	남자	52	24.19	5.545	.769
	여자	53	22.08	4.755	.653

독립 표본 검정

	Levene의 등분산 검정		평균의 동일성에 대한 t-검정					차이의 95% 신뢰구간	
	F	유의확률	t	자유도	유의확률(양쪽)	평균차	차이의 표준오차	하한	상한
초혼 나이	1.466	.229	2.101	103	.038	2.117	1.007	0.119	4.115

출처: 국민여론조사센터(NORC)의 2010 일반사회조사(GSS) 자료를 사용하여 저자가 작성함.

결과에 별 차이가 없음을 주목할 필요가 있다. 대표본의 평균 차였던 2.77년과 비교하면 평균 차는 2.11년이다. 양쪽 사례 모두 결과는 통계적으로 유의했고, 효과 크기는 2.13/5.25 = 0.41로 약간 줄어들었지만 여전히 대략적으로 중간 정도의 효과 크기인 것으로 나타났다. 주요 차이는 평균 차에 대한 넓어진 95% 신뢰구간에서 나타났다(95% CI[0.119, 4.115]). 이것은 표본의 크기가 크면 추정치의 정확성이 더 높아진다는 것을 의미한다. 이 정보는 모든 통계 분석에서 독자에게 제공되어야 한다. 미국심리학회의 출판 매뉴얼(APA, 2010b)에서는 "신뢰구간이 위치와 정확성에 대한 정보를 함께 제공하고, 유의 수준을 추론하는 데 직접적으로 이용될 수 있기 때문에 일반적으로 결과를 보고하는 데 가장 바람직한 전략이다.(p. 34)"라고 설명한다. 두 경우 모두 95% 신뢰구간은 0을 포함하지 않는데, 이를 통해 두 경우 모두 t-검정 결과가 < .05 수준에서 유의하다는 것을 추론할 수 있다. 하지만 정확한 추정치(.038)는 95% 신뢰구간에서 직접적으로 구할 수 없다. 따라서 정확한 값 또한 보고할 것을 조언한다.

다음은 진술문 유형 3의 적절한 예시이다.

- 예시 1: t-검정에 대한 기술 〈표 6-4〉

  〈표 6-4〉에 나타난 바와 같이, 남성은 여성에 비해 초혼 연령이 평균적으로 2년 높았다(t[103] = 2.10, p = 0.38, 95% CI[0.119, 4.115], d = .41).

  참고: 실제 평균(24.19와 22.08)은 본문에 제시되지 않는데, 이는 독자가 제시된 표를 참조하거나 이 값들이 앞서 언급되었다고 가정했기 때문이다.

- 예시 2: 상관에 대한 기술

  초혼 연령과 자녀 수는 부적 상관을 보였으며 상관의 강도는 보통이다(r[100] = -.446, p < .001), 95% CI[0.27, 0.59]).

  참고: 이 예시에서 상관이 바로 효과 크기이며, 신뢰구간은 이 효과를 중심으로 계산된다.

- 예시 3: ANOVA에 대한 기술

  2(성별, 남성/여성)×2(대학 학위, 유/무) ANOVA에서 성별의 주 효과는 유의하지 않

았다($F_{(1, 419)}$ = 1.59, p = .437, partial η^2 = .001). 그러나 대학 학위의 주 효과($F_{(1, 419)}$ = 21.46, p = .005, partial η^2 = .019)와 대학 학위와 성별의 상호작용 효과($F_{(1, 419)}$ = 5.50, p = .019, partial η^2 = .013)는 통계적으로 유의했다.

참고: 이러한 분석 결과는 ANOVA와 효과 크기 측정치인 η^2만 제시한다. 효과의 방향은 제시하거나 논의하지 않는다. 그러므로 세 가지 효과 중 두 가지가 통계적으로 유의하고 그 효과 크기가 비교적 작다는 것도 알지만, 어떤 교육적 배경을 가진 집단의 자녀 수가 더 많은지에 대해서는 모르며, 성별과 교육 수준의 상호작용 효과의 속성도 모른다. 이러한 결과는 평균, 표준편차, 네 집단의 사례 수가 포함된 표와 상호작용을 보여 주는 [그림 6-1]에 제시된다.

[그림 6-1]은 대학 교육을 받은 여성이 그렇지 않은 여성에 비해 자녀 수가 더 적다는 것을 보여 준다. 이러한 관련성은 남성에게도 유사하게 나타나지만 관련이 적기 때문에 유의한 상호작용을 보인다. 다르게 말하면, 교육 수준과 자녀 수 간의 관계는 연구 대상자의 성별에 따라 다르다는 것이다. 여기서 주의할 것은 앞서 서술된 내용에서 교육 수준이 자녀 수의 원인이라거나 직접적인 영향을 미쳤다고 하지 않았다는 점이

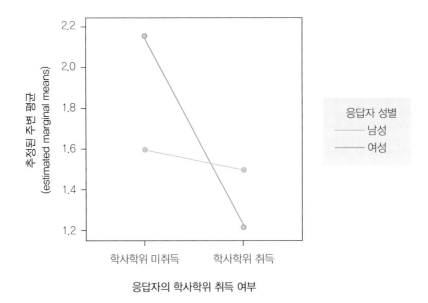

[그림 6-1] 교육, 성별, 자녀 수 간의 관계

출처: 국민여론조사센터(NORC)의 2010 일반사회조사(GSS) 자료를 사용하여 저자가 작성함.

다. 자녀 수가 적을수록 교육을 더 많이 받고자 했을 수도 있다. 그러나 이와 같은 분석의 바탕이 된 설문조사는 횡단으로 실시되었기 때문에, 어떤 관계도 인과관계로 볼 수 없다.

넷째, 통계 내용을 이해하기가 어려울 수도 있다. 어려운 내용이 많으면 많을수록 큰 그림을 이해하기 어려워지며, 특히 주제에 대해 친숙하지 않은 독자에게는 더욱 어려울 수 있다. 그러므로 숫자를 많이 포함하고 있는 문단은 마지막에 요약 내용을 제시하면서 마무리하는 것이 좋다. 이러한 진술문을 유형 4로 범주화했다.

진술문 유형 4   주요 발견 또는 결론에 관한 요약 문장을 제공한다. 일반적으로 이런 문장은 문단을 마무리한다.

- 예시 1: 연구 결과는 약물을 과도하게 복용하는 학생은 그렇지 않은 학생에 비해 부적응 점수가 유의하게 높았음을 시사한다.

- 예시 2: 요약하자면, 편부모 가정에서 양육된 아동들의 경우 부모가 모두 있는 가정에서 양육된 아동들보다 학업 성취도가 일관성 있게 낮았으며, 이러한 결과는 부모의 교육 수준이나 수입을 통제했을 때에도 동일하게 나타났다.

이와 같은 진술문은 실증 연구의 결과를 기술하는 예시이다. 결과를 기술할 때에는 개인적인 의견을 배제해야 한다. "유감스럽게도 연구 결과는 유의하지 않았다." 혹은 "이러한 결과는 다소 놀라웠다."와 같은 문장은 독자의 이해를 높이는 데 도움이 되지 않으며, 연구 결과를 객관적으로 보고해야 한다는 규칙을 위배한다.

앞서 제시된 예들은 통계적 검정 결과 혹은 통계적 유의성 검정 결과를 정확하게 요약하는 데 가이드를 제공하기 위한 것이다. 다음에는 대학원생들(또는 다른 사람들)이 통계적 검정 결과를 기술하는 데 있어 종종 범하는 오류의 예시를 보여 주고자 한다. 이 예시는 위탁양육 아동 간의 문제 행동 횟수의 차이를 분석한 결과를 작성하라고 학생들에게 연습시킨 내용에서 가져온 것이다. 세 개의 독립변인은 인종(흑인, 히스패닉, 백인), 성별(남성, 여성), 위탁양육 유형(친척집, 위탁 시설)이었다.

진술문 1

혹인 남성은 위탁시설에서 양육되었을 때 약간 더 많은 문제를 나타냈지만, 충분히 유의하지는 않았다.

코멘트: 글쓴이는 결과가 통계적으로 유의하지 않을 전달하고자 했지만, 비교집단이 분명하지 않고 진술문이 정확하지 않다. 만약 구체적인 통계치를 제시하고자 한다면, 다음과 같이 수정된 문장에 덧붙일 수 있다.

수정: 위탁시설에서 양육되었을 때, 혹인 남성은 히스패닉이나 백인 남성에 비해 약간 더 많은 문제를 나타냈지만, 그 차이는 통계적으로 유의하지 않았다.

진술문 2

주 효과는 위탁양육 유형에 대해서만 통계적으로 유의했고, 이는 다른 어떤 요인들보다 효과가 $p < .01$로 더 높았다.

코멘트: 저자는 분산분석에서 위탁양육 유형의 p값이 다른 요인들의 p값보다 작기 때문에, 위탁양육 유형의 효과가 더 크거나 강하다고 가정하여 유의 수준과 효과 크기를 혼동했다. 이는 반드시 사실은 아니다.

수정: 위탁양육 유형, 인종/민족, 성별의 주 효과 중에서 위탁양육 유형의 주 효과만 통계적으로 유의했다($F(1, 60) = 7.23$, $p = .003$, partial $\eta^2 = .15$).

진술문 3

히스패닉 여성과 혹인 남성은 위탁양육 유형에서 약간의 효과를 보였는데, 친척집에 위탁된 집단의 경우 문제행동의 평균 점수가 유의하게 낮았다.

코멘트: 독립변인이 여러 개 있을 때, 어떤 변인의 어떤 범주와 비교하는지 명확하게 밝히는 것이 중요하다. 이 진술문에서는 성별, 민족, 위탁양육 유형 중 어떤 것과 비교가 되었는지 명확하지 않다. 또한 '약간의 효과'가 무엇인지도 명확하지 않다.

수정: 친척집에서 양육된 집단에서는, 히스패닉 남성의 문제 행동 횟수 평균이 히스패닉 여성에 비해 약간 높은 것으로 나타났다(히스패닉 남성, 36.3; 히스패닉 여성, 33.5).

진술문 4

〈표 1〉에 제시한 바와 같이, 인종 효과는 약간 유의했다.

코멘트: "약간 유의함" "매우 유의함" "겨우 유의함"과 같은 표현은 지양해야 한다. 이런 문장은 통계적으로 부정확하다. 효과는 사전에 설정된 유의 수준에서 유의하거나 유의하지 않을 뿐이다.

수정: 인종의 주 효과는 통계적으로 유의했다[$F(2, 80) = 3.45$, $p = .026$, partial $\eta^2 = .079$].

진술문 5

분산분석 결과 F값의 유의 확률은 .000으로 나타났다. 따라서 이러한 효과를 유발했을 수 있는 임의오차(ramdom error)의 확률은 $p < .000$라고 말할 수 있다.

코멘트: 학생들은 종종 통계적 검정의 의미를 설명해야 한다고 생각한다. 하지만 독자가 이에 대한 사전지식을 갖추고 있다고 가정해도 무방하다. 따라서 통계 분석방법이 새롭거나 독특한 것이 아니라면, 이러한 설명은 지양하는 것이 좋다. 만약 통계 교과서같이 설명했다면 방향이 잘못된 것이다. 또한 앞에서 언급된 효과가 구체적으로 어떤 효과인지 명시되지 않았으며, p값은 0보다 작을 수 없다는 점에 유의하라.

수정: 〈표 1〉에 제시된 분산분석 결과 위탁양육 유형의 주 효과는 통계적으로 유의하며 중간 수준의 효과 크기를 보여 준다[$F(1, 66) = 34.45$, $p < .001$, partial $\eta^2 = .215$].

앞에서 제시한 가이드라인에 따라, 문제 행동의 평균 차이에 대한 진술문 1, 2, 3을 통합하여 다음과 같이 제시할 수 있다.

〈표 1〉은 성별, 인종, 위탁양육 유형에 따른 문제행동의 평균 차이를 보여 준다.

〈표 1〉에서 볼 수 있는 것처럼, 남녀 집단 및 인종에 상관없이 문제행동은 위탁시설에서 양육된 아동보다 친척에게서 위탁양육된 아동에게서 더 적게 발견되었다. 이와 같은 분산분석 결과는 〈표 2〉에 제시되어 있다. 분석 결과 세 가지 주 효과 중에 오직 위탁양육 환경(친척집 vs. 위탁시설)만이 문제 행동에 대해 통계적으로 유의한 효과를 나타냈으며, 중간 정도의 효과 크기를 보였다($F(1, 66) = 3.45, p < .001$, partial $\eta^2 = .215$).

가설 검정 결과를 보고하는 네 가지 단계

통계적 검정 결과를 보고하는 절차는 네 가지 단계로 요약할 수 있다. ① 가설을 명확하게 수립하고, ② 가설을 검정하기 위해 사용된 통계를 확인하고, ③ 통계적 검정 결과를 제공하며, ④ 분석 결과를 분명하게 진술한다. 다음은 Deborah Bower(2006)의 학위논문에서 가져온 예시이다.

가설 1은 외현적 자기애, 자기개념 명확성, 자기애와 자기개념 명확성 간의 상호작용이 외현적 공격성에 영향을 미칠 것으로 보았다. 회귀분석 결과는 유의했고($F(3, 99) = 3.99$, $p < .01$), 효과 크기는 작았다($R = .33, R^2 = .11$, 수정된 $R^2 = .08$). 가설은 부분적으로 지지되어 오직 자기개념 명확성만이 외현적 공격성을 유의하게 예측했다($\beta = .31, t = 3.25, p = .008, 95\%$ CI[.19, .43]). (p. 101)

표와 그림 제시하기

대부분의 학위논문은 통계분석 결과를 정리하여 하나 이상의 표 또는 그래프로 제시한다. 이 절부터는 이러한 방법을 통해 통계적 분석 결과를 제시하는 기본 원리와 논리를 제시한다. 연구자가 첫 번째로 해야 할 질문은 "연구 결과를 표, 그림 또는 글 중에서 무엇으로 제시해야 할 것인가?"이다.

이러한 결정에 도움이 되는 간단한 예를 생각해 보자. 〈표 6-5〉에 제시된 바와 같이, 성별 분포가 포함된 330명에 대한 연구 결과가 있다고 가정해 보자. 〈표 6-6〉은 이러한 결과를 APA의 출판 매뉴얼 형식으로 제시한 것이며, 이를 그림으로 표현하면 [그림 6-2]와 같을 것이다.

〈표 6-5〉 응답자 성별 분포

		응답자 성별			
		빈도	백분율	유효백분율	누적백분율
유효	남성	156	47.3	47.3	47.3
	여성	174	52.7	52.7	100.0
	합계	330	100.0	100.0	

출처: 국민여론조사센터(NORC)의 2010 일반사회조사(GSS) 자료를 사용하여 저자가 작성함.

〈표 6-6〉 응답자 성별 분포를 보여 주는 APA 형식 표

성별	f	%
남성	156	47.3
여성	174	52.7
합계	330	100.0

출처: 국민여론조사센터(NORC)의 2010 일반사회조사(GSS) 자료를 사용하여 저자가 작성함.

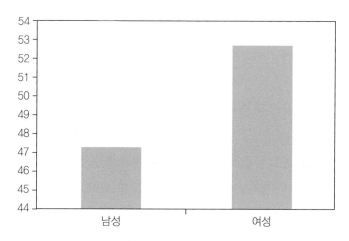

[그림 6-2] 응답자의 성별 분포

출처: 국민여론조사센터(NORC)의 2010 일반사회조사(GSS) 자료를 사용하여 저자가 작성함.

그러나 자료를 제시하는 데 있어 앞의 두 가지 전략 모두 사용하는 것은 불필요하며 이는 무분별하게 그림과 표가 사용되었다고 할 수 있다. 게다가 그림은 세로축을 늘림으로써 성별 차이의 크기를 왜곡시키고, 세로축과 가로축 명칭이 제대로 부여되지 않았다. 바람직한 방식으로는 본문에 "연구 참여자 330명 가운데 52.7%가 여성이었다."라고 성별 분포를 기술하는 것이다.

일반적으로 숫자가 몇 개 없는 표는 불필요하다. 〈표 6-6〉에서 제시한 것과 같이 표본의 성별 분포 정보는 남녀 비율을 본문에서 언급하는 것으로도 충분하므로 표로 제시할 필요는 없다. 그러나 집단의 수가 많고 각 집단의 성별 분포가 중요한 연구에서는 이러한 정보를 표로 제시하는 것이 더 효율적일 것이다. 반대로, 숫자가 과도하게 많은 표를 제시하는 것도 해석을 어렵게 하고 지나친 정보의 양으로 많아 오히려 결과를 이해하기 힘들게 한다. 이러한 경우에는 그림으로 전반적인 정보를 제시하고 상세한 정보는 부록으로 제시하는 것이 적합할 것이다.

APA(2010b)의 출판 매뉴얼은 다음과 같은 세 가지 일반적 가이드라인을 제시한다.

1. 세 개 이하의 숫자는 문장으로 기술하라.
2. 4개에서 20개 사이의 숫자가 있다면 표를 이용하라.
3. 20개 이상의 숫자가 있다면 표 대신 그래프나 그림을 이용할 것을 고려하라.

우리는 여기에 네 번째 가이드라인을 추가한다.

4. 언제나 예외가 있다는 것을 기억하라.

학위논문은 그래프나 그림(figure)으로 표현된 자료를 포함한다. 그림은 차트, 그래프, 사진, 삽화 등 표를 제외하고 그 어떤 형태도 될 수 있다. 그림 사용은 신중하게 생각해야 한다. 학생들은 컴퓨터 프로그램을 사용해 막대그래프나 원그래프를 손쉽게 그릴 수 있지만, 학위논문을 이런 차트로 채우는 것은 지양해야 한다. 너무 많은 그림은 논문의 상당한 분량을 차지하며, 내용을 어수선하게 만들어서 접근성과 이해도를 떨어뜨린다. 예를 들어, 표를 통해서는 보여 주기 힘들지만 막대그래프를 사용하면 극적으로 비교할 수 있는 정보가 아닌 한, 표를 통해 더 쉽고 경제적으로 제시할 수 있는 정보를 그림으로 제시하는 것은 별로 가치가 없다. 예를 들어, 성별과 교육 간의 상호 작용이 자녀의 수를 예측한다는 것을 보여 주는 [그림 6-1]을 참고하라.

표와 그림을 만들기 전에는 신중하게 계획을 세워야 한다. 적절한 표의 개수와 내용뿐만 아니라 강조하고 싶은 중요한 내용을 가장 효과적으로 보여 줄 수 있는 표 구성방법에 대해 진지하게 생각해 보아야 한다. 나아가 소속 대학 또는 APA와 같은 조직이 요구하는 형식을 적용해야 하는 경우도 있다. 이 장에서는 표와 그림을 구성하는 데 있어 APA의 가이드라인과 추천을 따른다. 이 책에서 또는 APA에서 제시하는 형식을 따르기 전에, 먼저 소속 학과와 학교도서관의 요구사항을 확인해야 한다.

다음의 가이드라인은 각 대학이 요구하는 요건과 상관없이 표의 가독성을 높이는 데 도움이 된다.

- 컴퓨터 분석 결과는 소수점 아래 여러 자리를 보여 주지만, 반올림한 값이 정보를 더 명확하게 보여 준다. 표본의 37%가 미혼이었다고 간단하게 보고할 수 있음에도 불구하고, 36.92273%가 미혼이었다고 보고할 이유가 있는가? (일반적으로 상관 또는 공분산은 소수점 세 자리까지 보고하는데, 이는 이 숫자들을 가지고 재분석이 가능하기 때문이다. 이런 경우가 아니라면, 합리적인 소수점 자릿수로 반올림해서 결과를 단순하게 보여 주어야 한다.)
- 숫자는 가로와 세로 모두 비교가 가능하다. 시각적으로 비교할 때 어떤 형식이 더 적합한가에 대해서는 이견이 있다. 다음 두 절에서는 단변량(변인이 1개) 및 이변량(변인이 2개) 표에 열별로 백분율을 제시하여 행간 비교를 하도록 제안한다. 그러나 하나의 표에서 많은 수의 비교를 하도록 하기 위해서는 반대로 할 필요도 있다. 어떤 형식을 이용하든 일관성을 유지해야 한다.
- 열과 행의 평균 및 합계는 표를 어수선하지 않게 만들면서 부가적인 정보를 제공할 수 있다. 이 값들을 제외할 때는 백분율 계산 방향(즉, 행인지 열인지)과 기준이 되는 숫자를 확인해야 한다.
- 컴퓨터에서 출력된 모든 숫자를 표에 넣는 것은 불필요하고 바람직하지 않다. 포함할 정보를 신중하게 선택하고, 매력적으로 보이도록 구성하며, 시각적으로 더 나은 구성을 위해 여백을 활용하라.
- 결과 장의 표와 그림, 본문은 서로 관련이 있어야 한다. 그 관련성은 표의 구조와

글을 통해 표현되어야 한다. 표와 그림은 동일한 형식을 취해야 하며, 결과는 동일하게 조직화되어야 한다. 만약 표에서 특정한 측정 도구 또는 척도를 언급했다면, 동일한 용어를 다른 모든 표와 그림, 본문에서도 사용해야 한다. 대부분의 독자는 사용된 척도와 측정 도구에 관해 연구자만큼 익숙하지 않다. 만약 어떤 것이 "인벤토리(inventory)"로 언급되었다면, 논문 전반에 걸쳐 '척도(scale), 배터리(battery), 하위척도(subscale)'와 같은 다양한 명칭이 아니라 "인벤토리"로 사용되어야 한다. 만약 본문에서 "반응 시간"이라고 언급했다면, 표에서 "반응 지연 시간"으로 다르게 표현하지 않아야 한다.

- 마지막으로, 컴퓨터에서 사용한 변인명의 약어는 사용하지 말아야 한다. CHTOT 또는 ABANY라는 용어를 포함하는 표는 격식에 맞지 않는다. 어떤 경우에는 열 간격을 줄이기 위해서 줄임말을 써야 할 필요도 있지만, 가급적 변인을 잘 나타내는 명칭을 만들어야 한다. 예를 들어, CHTOT는 '아동의 건강 총점(Child's Health Total Score)'을 의미한다. 이 명칭이 길다면 표에 '아동 건강'이라고 제시할 수 있다.

표의 일부분

표는 일반적으로 번호, 제목, 머리말, 본문, 각주 이렇게 다섯 부분(parts)으로 구성된다. 이 절에서는 각각에 대해 간략히 기술한다. 특정한 표 유형(예: 빈도분석, 교차분석, 분산분석)에 관한 상세한 논의는 다음 절에서 제시한다.

표 번호

모든 표에는 번호가 매겨져야 한다. APA는 아라비아 숫자로 표의 번호를 매기도록 하며, 본문에서 언급된 순서대로 제시할 것을 제안한다. 표 1로 시작해서 번호를 매겨 나가면 된다. 표 A, 표 B와 같은 표현은 사용하지 않으며, 로마자(표 I, 표 II 등)로 표시하지 않는다. 학위논문의 장을 나타내는 표 번호나(표 3.1, 표 3.2 등), 표의 번호에 문자도 사용하지 않는다(표 5a, 표 5b 등). 대신 이런 표들을 통합하는 편이 좋다. 이러한 규칙들이 적용되지 않는 유일한 경우는 부록에 있는 표의 번호를 매길 때이다. 부록 B의 세 번째 표는 표 B-3, 부록 A의 첫 번째 표는 표 A-1로 표시한다.

표 제목

모든 표에는 제목이 있다. 일반적으로, 좋은 제목은 주요 변인(들)의 이름과 분석 유형이 포함되면서 필요 이상으로 길지 않다. 표의 소제목(heading)에 제시될 수 있는 정보는 제목에 제시될 필요가 없다. 좋은 표 제목을 붙이는 데는 상당한 시행착오를 겪는다. 특정 분석 방법을 강조하는 이어지는 절에서 명확한 표 제목의 사례를 다수 제시하며, 가이드라인 또는 템플릿으로 사용할 수 있는 완성된 표를 제시한다. APA는 (영어 논문의 경우) 모든 표 제목이 좌측 정렬, 이탤릭체로 표시되며, 중요 단어는 대문자로 표시할 것을 제안한다.

표 소제목

표의 소제목은 변인과 통계치를 독자에게 알려 주며, 표의 구조를 설정한다. 빈도는 f, 백분율은 %로 표시하는 등 축약형으로 표시하는 것은 적절하지만, 축약의 의미는 분명해야 한다. 컴퓨터에서 사용되는 부호 또는 변인명을 사용하지 말고, 척도의 첫 글자를 축약해서 사용할 때에는 그 의미에 대한 주석 표기를 잊지 말아야 한다. 예를 들어, 어떤 사람들은 BDI가 Beck의 우울 척도(Beck Depression Inventory)라는 것을 알 수 있지만, 대부분은 그렇지 않다. 따라서 BDI를 소제목으로 사용하는 표에는 각주를 반드시 표기해야 한다.

표 본문

표의 본문은 숫자 또는 자료를 다룬다. 앞에서 언급했듯이, 불필요한 숫자로 표를 어수선하게 만들지 말고 가독성을 높이기 위하여 반올림을 해야 한다. 표에 빈칸이 있을 때에는 대시(-) 표시로 칸에 제시할 자료가 없다는 것을 표현한다. 이렇게 함으로써 독자가 연구자의 부주의로 숫자가 삭제된 것이 아닌지 혼란을 느끼는 것을 방지할 수 있다.

표의 각주

표에 각주를 제시하는 데에는 일반 각주, 특수 각주, 통계적 유의성을 나타내는 각주의 세 가지 유형이 있다. 일반 각주(general note)는 '주.(Note.)'로 표시한다. APA는 주 뒤에 마침표(.)를 찍을 것을 요구한다. 일반적 각주는 기호 또는 약어를 포함한 표에 관한 정보를 제공하기 위해서 사용된다. 예를 들어, 일반 각주에 BDI가 Beck의 우울 척도를 의미한다는 것을 표기할 수 있다. 각주는 오직 하나의 표에만 관련이 있다. 그러므로 특정 표의 각주에서 BDI의 의미를 설명했다고 해서 이후의 모든 표에서 이를 언급하지 않아도 되는 것은 아니다. 특수 각주(specific note)는 특정한 칸의 내용을 언급하기 위해 사용되며, 첫 각주는 위첨자로 된 소문자 a로 시작한다. 구체적인 참고사항은 표의 왼쪽 위에서 시작하여, 표의 열을 따라 좌측에서 우측으로 표시한다. 확률 각주(probability note)는 유의성 검정 결과를 가리킨다. 유의 수준을 나타내기 위해 별(*)표시를 사용하며, 별이 하나인 것은 가장 낮은 수준, 둘인 것은 그 다음으로 낮은 수준을 의미한다. 유의성 각주는 표의 하단에 다음과 같이 표기한다.

$$^*p < .05.$$
$$^{**}p < .01.$$
$$^{***}p < .001.$$

단측 검정과 양측 검정은 다음과 같이 대안적 기호를 통해 구분한다.

$$^*p < .05 \text{ (양측 검정)}. \quad +p < .05 \text{ (단측 검정)}.$$

컴퓨터가 계산한 정확한 유의 확률(p값)을 제공하기 위해서는 확률 각주를 사용하지 않는 것이 좋다. 논문 심사위원들에게 확률 각주를 사용하는 것과 정확한 p값을 표의 별도 행 또는 열에 제시하는 것 중에 어떤 것을 선호하는지 물어보아야 한다. 만약 확률 각주를 사용하기로 결정했다면, 각주는 모든 표에 걸쳐서 일관성 있게 적용되어야 함을 기억하라. 그러므로 어떤 표에서 만약 별 하나가 $p < .05$를 의미한다면, 다음 표에서도 별 하나는 $p < .01$이나 다른 유의 수준이 아니라 $p < .05$를 의미해야 한다.

분석을 위해 자료 준비하기

학위논문에서 제시되는 첫 번째 유형의 결과 정보는 표본에 대한 기술이다. 연구자는 종종 인구통계학적 정보에 대한 요약과 여러 개의 단변인(또는 단변량)의 빈도분포 표를 함께 제시한다. 빈도분석 결과에 관한 표준화된 가이드라인은 이후에 논의하기로 한다. 우선 첫 번째 고려사항은 자료가 정확하게 정리되었는지를 확인하는 것이다. 수 작업인지 컴퓨터 작업인지에 상관없이 결과를 정확하게 정리할 필요가 있다. 다음에 제시된 단계들은 의미 있는 표를 작성하고 정확한 통계분석을 진행하는 과정에 대해 알려 준다.

1단계: 변수의 포맷 설정하기

모든 통계 프로그램은 변수를 기본 단위로 한다. 따라서 사용할 통계분석 방법을 생각하기 이전부터 포함시킬 변수의 유형에 대해 생각해 보아야 한다. 여기서 스스로에게 두 가지 질문을 던져 볼 수 있을 것이다. ① 어떤 유형의 자료를 수집할 것인가? ② 이 자료들이 통계 프로그램에서 '변수'로서 어떻게 표기될 것인가? 다음은 몇 가지 기본적인 가이드라인이다.

상호 배타적인 범주   변수들은 각각의 관찰값(즉, 각 사례 또는 분석 단위)이 하나의 범주에만 속하도록 구성되어야 한다. 예를 들어, 인구 통계학적 특성에서 보통 '혼인 상태'라는 문항이 있는데, 이는 미혼, 기혼, 이혼, 사별 범주를 포함한다. 그런데 여기서 한 사람이 미혼과 이혼 범주에 동시에 응답하는 것도 가능하다. 따라서 응답은 질문의 표현 방식을 "당신은 결혼한 적이 없는 미혼입니까?"로 수정함으로써 중복 응답을 줄이거나 제거할 수 있다.

질문이 '해당하는 모든 항목에 표시할 것'을 가정한다면, 각각의 응답은 서로 다른 변수가 되어야 한다. 예를 들어, 부모의 음주와 관련된 응답자의 느낌, 행동, 경험을 평가할 때, 질문지에는 "가정 내에서 일어난 모든 일에 표시하시오."라는 지시문이 함께 제시되어야 한다. 응답으로는, "부모님의 음주 때문에 잠을 잘 수 없었다." "부모님 중 한 분이 취했을 때 부모님이 싸우는 소리를 들었다." "부모님의 금주를 바랐다." 등을 포함할 수 있다. 체크리스트의 각 문항은 서로 구분되는 변수로, "예"와 "아니요"로 표시하게 된다. "예"를 1로, "아니요"를 0으로 코딩했을 경우, "예" 코드의 합산이 새로운 변수가 되며, 가족 내 음주로 인한 피해의 정도를 평가하게 된다. 그러나 이 합산은 자료가 수집되어 통계분석 소프트웨어 프로그램에 입력된 이후에 계산되어야 한다. 따라서 체크리스트의 각 문항은 데이터베이스에 변수로 표시될 것이다.

컴퓨터가 빠르고 정확하다는 점 이외에도 컴퓨터가 계산하도록 해야 하는 이유는 여러 가지가 있다. 일반적으로 자료를 입력할 때는 가능한 한 낮은 수준에서 시작해야 한다. '연령'과 같은 변수를 컴퓨터에 입력하기 전부터 범주화하지 말라. '20~29' '30~39' 등과 같이 연령을 범주화하고 싶다면, 정확한 연령 자료를 토대로 컴퓨터가 이러한 집단을 생성하도록 하라.

전체를 망라하는 범주   설문지, 척도 또는 측정 도구에 포함된 모든 문항은 응답자가 "응답할 수 없음" 또는 빈칸으로 두는 경우가 발생할지라도 모든 사례에는 응답이 있어야 한다. 그러므로 빈도분포와 그 표는 유효한 응답(의미 있는 응답을 획득한)의 비율과 유효하지 않은 응답, 즉 결측값(관련성이 없거나 의미 없는 응답)에 대한 비율을 포함해야 한다. 빈도분포를 작성할 때에는 전체 표본의 모든 분포를 포함시킬 수 있는가를 확인해야 한다. 이는 이후에 자료의 일부가 어디로 갔는지 고민하는 일을 방지한다.

결측값   전체를 망라하는 범주를 만들어 내기 위해 의미 있는 범주에 논리적으로 맞지 않는 관찰값들도 처리해야 한다. 여기서 '의미 있는' 범주에 해당되지 않는 값들을 결측값이라고 부른다. 결측값은 다양한 이유에서 발생할 수 있다.

- 해당 사항 없음(응답자에게 질문이 적용되지 않음)
- 응답을 하지 않음
- 코딩할 수 없는 응답
- 부정확한 측정 도구 또는 기기 고장
- 손실된 자료, 연락이 안 되는 연구 대상

대부분의 컴퓨터 프로그램은 프로그램이 의미 있는 응답을 결측값과 구분하도록 하기 위해 결측값 코드라고 불리는 특수 코드를 허용한다. 결측값의 개수는 일반적으로 표의 주석에 보고한다. 결측값의 개수를 유효한 응답에 더하면 전체 표본이 된다. 따라서 컴퓨터 파일의 모든 변수는 일부 범주가 '결측'을 나타내더라도 상호 배타적이고 전체를 망라하는 범주 목록으로 나타낼 수 있다. (빈도분포를 제시할 때, 백분율은 일반적으로 결측 사례를 제거한 후 계산 및 보고한다.)

2단계: 자료 그룹화하기

두 번째 단계는 각 관찰치(즉, 각 사례 또는 연구 참여자) 자료를 변수의 범주 중 하나에 배치하는 것이다. 이 작업은 컴퓨터로 수행하는 경우가 많지만, 변인의 각 범주 빈도를 수작업으로 집계할 수도 있다. 이 절의 끝에 몇 가지 예가 있다.

3단계: 정확한 명칭을 붙인 표 만들기

빈도분포표를 만든다고 해서 분포가 쉽게 이해되도록 제시하는 절차가 완료되는 것은 아니다. 생성된 표에는 식별 가능한 정확한 명칭을 기재해야 한다. 또한 도서관 또는 출판 요구 사항에 따라야 할 수도 있다. APA의 가이드라인에 부합하는 몇 가지 일반적 규칙이 다음 절에 제시되어 있다.

구성과 명칭이 명확한 표를 만들기 위한 가이드라인

완성된 표의 내용

- 표 번호
- 변인의 명칭과 표본 또는 모집단 정보를 담고 있는 표 제목
- 연구자가 개발한 상호 배타적이고 모든 내용을 망라하는 범주(소제목)
- 빈도, 백분율, 총계(표 본문)
- 각주(원자료가 아닌 경우 출처 표기 포함)

결측값 처리

때때로 표를 만들 때 결측값이 문제를 야기하기도 한다. 이런 문제는 다양한 방법으로 접근이 가능하다.

- 결측 자료 범주 만들기
- 표의 각주에 결측값 개수 표기하기
- 중요하지 않은 모든 값을 모아 기타 범주 만들기

표의 줄 간격

APA 가이드라인에 따르면, 표의 모든 줄은 한 행을 띄워야(double-spaced) 한다. 그러나 지금까지 우리는 어떤 학위논문에서도 이 요구 사항을 따르는 경우를 본 적이 없다. 실제로 이는 출판을 위해 학술지에 투고할 때 적용되는 요구 사항이다. 이 책에서는 표의 가독성을 높이기 위해 되도록 줄 간격을 두기를 추천하며, 이 장에서도 이러한 가이드라인에 따라서 자료를 제시한다. 또한 표에 세로줄이나 색상을 포함하지 말아야 한다는 APA의 요구 사항도 따른다.

일반적으로 사용되는 기술통계 및 추리통계 분석 결과 표 모형

다음에 이어지는 내용은 논문에 등장할 만한 표의 예시이다. 이 표들은 컴퓨터 통계분석 결과로 출력된 자료를 사용했으며, 정확한 제목을 붙여 놓았다. 단변량(변수 1개), 이변량(변수 2개) 및 일부 다변량 예시를 제시하는데, 이러한 예시는 분석을 위한 지침 또는 템플릿으로 사용될 수 있다. 각 유형의 예시는 독립변수가 연속분포인지 이산분포인지에 따라 선택지를 제시하는 표로 시작한다. 또한 기술통계와 추리통계 자료 모두 컴퓨터 출력 결과를 바탕으로 재구성한다는 것을 가정한다. 표의 수와 종류가 매우 다양하여 모든 상황을 다루기는 어렵지만, 여기서 제시된 표들은 대부분의 학위논문에서 사용되는 대부분의 표다. 컴퓨터 출력 결과를 그대로 논문에 복사해서 붙여서는 안 된다. 컴퓨터 출력 결과물들은 표를 만드는 데 있어 필요한 원자료(raw data)라고 생각하면 된다.

단변량 표 구성과 컴퓨터 출력 결과 서술하기

다음 두 가지 예는 모두 2010년 국민여론조사센터 종합사회조사(General Social Survey: GSS)에서 가져온 것이다. GSS는 미국에 거주하는 18세 이상 성인(양로원, 교도소, 군대 등과 같은 기관에 소속되지 않은 자)을 대상으로 하는 표본으로부터 자료를 수집한다. 자료 처리에는 사회과학 통계 패키지(SPSS) 20.0.0(2011년 9월)을 사용했다. 고려된 변인은 두 개이다. 첫째는 응답자가 예배에 얼마나 자주 참석하는지 평가한다. 변수

〈표 6-7〉 참석(ATTEND) 변인(예배에 얼마나 자주 참석하는가)의 SPSS 출력 결과

통계치

얼마나 자주 예배에 참여하는가

N	유효	2036
	결측	8

얼마나 자주 예배에 참여하는가

		빈도	백분율	유효백분율	누적백분율
유효	전혀 참석하지 않음	470	23.0	23.1	23.1
	일 년에 한 번 이하	143	7.0	7.0	30.1
	일 년에 한 번	287	14.0	14.1	44.2
	일 년에 여러 번	211	10.3	10.4	54.6
	한 달에 한 번	147	7.2	7.2	61.8
	한 달에 2~3번	171	8.4	8.4	70.2
	거의 매주	87	4.3	4.3	74.5
	매주	382	18.7	18.8	93.2
	주 1 이상	138	6.8	6.8	100.0
	합계	2036	99.6	100	
결측	모름, 무응답	8	.4		
총합계		2044	100.0		

출처: 국민여론조사센터(NORC)의 2010 일반사회조사(GSS) 자료를 사용하여 저자가 작성함.
역자 주: 〈표 6-7〉과 〈표 6-8〉에서 제시된 예배 빈도와 관련한 항목은 번역상 차이가 없지만 원문에서 〈표 6-7〉은 약어를 사용했음(예: SEVRL TIMES AYR).

는 설문 개발자들에 의해 '참석(Attend)'으로 명명되었다. 두 번째 변인의 명칭은 '연령 (Age)'으로, 응답자의 나이를 평가한다. '참석'에 대한 컴퓨터 출력 결과는 〈표 6-7〉에 제시되어 있으며, 빈도 및 백분율이 표기된 올바른 명칭이 사용된 표는 〈표 6-8〉이다.

〈표 6-8〉 APA 형식 표: 예배 참석 빈도

참석	f	%
전혀 참석하지 않음	470	23.0
일 년에 한 번 이하	143	7.0
일 년에 한 번	287	14.0
일 년에 여러 번	211	10.3
한 달에 한 번	147	7.2
한 달에 2~3번	171	8.4
거의 매주	87	4.3
매주	382	18.7
주 1회 이상	138	6.8
모름, 무응답	8	.4
합계	2,044	100.0

출처: 국민여론조사센터(NORC)의 2010 일반사회조사(GSS) 자료를 사용하여 저자가 작성함.

〈표 6-7〉은 두 부분으로 구성되어 있다. 첫 번째 부분은 유효 및 결측 사례 수를, 두 번째 부분은 변수의 범주, 빈도, 백분율, 유효백분율 및 누적백분율을 나타낸다. 백분율 열과 유효백분율 열의 차이는 백분율의 경우 결측값을 포함한 모든 사례가 포함되고, 유효백분율 열에는 결측값이 제외된 것이다. 이 예시에서 결측값은 총 2,044건의 사례 중 0.4% 또는 8건이다. 누적백분율 열은 유효백분율을 위에서부터 누적 합산한 것이다. 〈표 6-8〉은 컴퓨터 출력 결과(〈표 6-7〉 참조)에 기반해 표를 작성한 결과이다.

컴퓨터에서 출력된 결과와 정리된 표 사이의 차이점에 주목할 필요가 있다. 먼저, 〈표 6-8〉에는 표 번호, 제목 그리고 자료의 출처를 나타내는 각주가 추가되었다. 또한 표에 빈도와 백분율만 포함되었다. 마지막으로, 각 범주에 대해 완전한 명칭이 사용되었다. 컴퓨터 출력결과에서 범주의 명칭은 종종 "주 1회 이상(More Than Once a Week)"이 아니라 "주 1 이상(More Thn Once Wk)"과 같이 약어로 표시된다. 숫자 열이 두 개인이 표의 경우처럼 공간이 허락된다면 "주 1회 이상"으로 범주의 명칭을 축약 없이 작성하면 표를 더 쉽게 읽을 수 있다. 숫자 열이 많거나 범주명이 매우 길면 새로운 명칭을 생각해 내거나 변인명과 범주 명칭의 의미에 대한 각주를 제공할 필요가 있다.

자료 그 자체는 아무것도 말해 주지 않기 때문에, 자료를 분석하는 연구자가 표에 대한 의미 있는 내용을 제공해야 한다. 〈표 6-8〉에 대해서는 다음과 같이 기술할 수 있다.

> 〈표 6-8〉은 예배 참석 분포도를 보여 준다. 표본의 약 25.5%는 일주일에 한 번 또는 그 이상 예배에 참석한다고 응답한 반면, 약 44%는 일 년에 한 번 또는 그 이하로 참석한다고 응답했다.

앞에서 언급된 백분율은 〈표 6-7〉의 처음 3개(23.0 + 7.0 + 14.0)와 마지막 2개(18.7 + 6.8) 범주를 더하고 반올림하여 계산한 것이다. 또한 표에서 제시된 많은 숫자가 언급되지 않았다. 모든 숫자를 반복하여 언급하는 것이 목적이 아니기 때문이다. 만약 그럴 것이라면 왜 표가 필요하겠는가? 연구자의 판단에 따라 주목할 필요가 있다고 인식되는 자료를 강조해야 한다. 이 경우 핵심은 표본의 약 1/4이 적어도 매주 예배에 참석하지만 나머지 44%는 거의 참석하지 않는다는 것이다.

척도 점수, 측정치, 나이 등과 같은 연속변인의 분포는 상당히 클 수 있으며, 도출될 수 있는 모든 값이 제시된 표는 독자가 자료를 시각적으로 이해하는 데 도움이 되지 않는다. 예를 들어, 〈표 6-9〉와 〈표 6-10〉에서는 응답자의 첫 자녀 출생 시 연령이라는 동일한 변수에 대해 두 가지 컴퓨터 출력 결과를 제시한다. 차이점은 〈표 6-10〉에서는 변수의 범주('모름' 코드까지 포함한다면 39개) 개수를 줄이기 위해서 비율 수준의 변수로 재코딩(recode)되었다는 것이다. 〈표 6-10〉은 연속분포 변수의 정확한 명칭을 사용하여 응답자의 첫 자녀 탄생 시 연령을 보여 주며 〈표 6-11〉의 기초가 된다.

〈표 6-9〉 첫 자녀가 태어났을 당시 응답자 나이 분포(SPSS 출력 결과)

통계치

첫 자녀 출생 시 응답자 나이

N	유효	1472
	결측	572

첫 자녀 출생 시 응답자 나이

		빈도	백분율	유효백분율	누적백분율
유효	12	1	.0	.1	.1
	13	4	.2	.3	.3
	14	10	.5	.7	1.0
	15	16	.8	1.1	2.1
	16	44	2.2	3.0	5.1
	17	70	3.4	4.8	9.9
	18	117	5.7	7.9	17.8
	19	110	5.4	7.5	25.3
	20	125	6.1	8.5	33.8
	21	133	6.5	9.0	42.8
	22	95	4.6	6.5	49.3
	23	87	4.3	5.9	55.2
	24	88	4.3	6.0	61.1
	25	69	3.4	4.7	65.8
	26	64	3.1	4.3	70.2
	27	70	3.4	4.8	74.9
	28	65	3.2	4.4	79.3
	29	48	2.3	3.3	82.6
	30	52	2.5	3.5	86.1
	31	42	2.1	2.9	89.0
	32	33	1.6	2.2	91.2
	33	23	1.1	1.6	92.8
	34	15	.7	1.0	93.8
	35	16	.8	1.1	94.9
	36	19	.9	1.3	96.2
	37	13	.6	.9	97.1
	38	6	.3	.4	97.5
	39	6	.3	.4	97.9
	40	6	.3	.4	98.3

	41	6	.3	.4	98.7
	42	6	.3	.4	99.1
	43	1	.0	.1	99.2
	44	2	.1	.1	99.3
	45	2	.1	.1	99.4
	47	1	.0	.1	99.5
	49	1	.0	.1	99.6
	50	2	.1	.1	99.7
	52	1	.0	.1	99.8
	55	1	.0	.1	99.9
	모름	2	.1	.1	100.0
	합계	1472	72.0	100.0	
결측	IAP	562	27.5		
	NA	10	.5		
	합계	572	28.0		
총합계		2044	100.0		

출처: 국민여론조사센터(NORC)의 2010 일반사회조사(GSS) 자료를 사용하여 저자가 작성함.

〈표 6-10〉 첫 자녀가 태어났을 당시 응답자 나이 분포 (SPSS 결과 재코딩)

통계치
첫 자녀 출생 시 응답자 나이 재코딩

N	유효	1470
	결측	574

첫 자녀 출생 시 응답자 나이 재코딩

		빈도	백분율	유효백분율	누적백분율
유효	1.00	372	18.2	25.3	25.3
	2.00	528	25.8	35.9	61.2
	3.00	316	15.5	21.5	82.7
	4.00	165	8.1	11.2	93.9
	5.00	89	4.4	6.1	100.0
	합계	1470	71.9	100.0	
결측	시스템	574	28.1		
총합계		2044	100.0		

출처: 국민여론조사센터(NORC)의 2010 일반사회조사(GSS) 자료를 사용하여 저자가 작성함.
주: 이 표는 〈표 6-9〉를 재정리한 것이다. 범주의 값(1~5)은 첫 자녀가 태어났을 때 응답자의 연령 분포를 묶음으로 표현했다.

〈표 6-11〉의 제시방법은 〈표 6-8〉과 여러 가지 면에서 다르다. 이러한 차이들 중 일부는 임의적이며, 일부는 한 변수가 연속형(첫 자녀 출생 시의 연령)이고 다른 변수가 순서형 이산변수(예배 참석)이기 때문에 발생한다.

첫째, 〈표 6-8〉은 결측값을 포함하지만 〈표 6-11〉은 결측값을 포함하지 않는다(그러나 결측값은 표의 각주에 제시되어 있다). 최종 결정은 연구자가 내리지만, 일반적으로는 〈표 6-11〉과 같이 결측값을 각주에 제시한다. 결측값을 제거하면, 항상 결측값을 제외한 합계를 기반으로 하는 유효백분율을 사용해야 한다. 이는 첫 자녀 출생 시의 연령과 같은 변인에서 특히 중요하다. 아이를 낳은 적이 없어서 '해당하지 않음(IAP)' 으로 응답하는 경우가 많기 때문이다.

둘째, 〈표 6-8〉은 〈표 6-11〉에 포함되지 않은 누적백분율 열 또한 포함한다. 이에 대한 결정도 연구자의 몫이지만, 누적 퍼센트는 명목 수준(nominal-level) 자료에 사용되면 안 된다(교회 참석은 순서변수, 첫 자녀 출생 시의 연령은 비율변수). 누적백분율은 분포를 유의미한 범주 또는 구간으로 나누는 데 도움이 되며 일반적으로 범주의 수가 많을 때 유용하다.

셋째, 〈표 6-10〉에서 연령에 대한 출력값을 나타내는 열에는 숫자 1~5만 포함되어 있다. 이는 〈표 6-11〉에서 연령 범주로 대체되었다. 원래는 12~55세였던 연령 범주를 더 적은 수의 증가분(increments)으로 다시 코딩할 때, 각 범주의 간격을 나타내는 숫자(코드)를 컴퓨터에 입력해야 한다. 그런 다음 독자에게 정보를 제공하기 위해 내용을 기술하는 제목을 붙였다. 범주의 개수는 연구자가 결정하지만, 다음과 같은 여섯 가지 일반 원칙을 기억해야 한다.

- 범주의 폭이 넓을수록 더 많은 정보가 손실된다. 즉, 범주가 26~35세 및 36~45세로 2개일 때보다 26~45세로 1개일 때 더 많은 정보가 손실된다.
- 표에서 값들의 범위에 명칭을 붙일 때 코드가 아닌 값의 범위여야 한다. 즉, 1, 2가 아니라 '20세 이하' '20~24'를 사용해야 한다.
- 구간 및 비율 변수에 대한 평균, 표준편차 및 기타 기술 통계치는 일반적으로 재코딩되지 않은 가장 많은 정보를 포함한 자료를 기반으로 한다.
- 원자료(즉, 재코딩되지 않은)를 없애면 안 된다. 분석을 하다 보면 어떤 시점에는 자료를 다른 방식으로 코딩해야 할 때가 있다.

- 항상 재코딩된 자료와 재코딩되지 않은 원자료를 비교하여 실수가 없었는지, 결측값이 어떤 범주에 포함되어 버리지는 않았는지 확인해야 한다(이는 매우 자주 발견되는 오류다).
- 각 구간의 간격(예: 20~24)을 동일하게 유지해야 한다. 〈표 6-11〉에서 보여 주듯이, 일반적으로 첫 번째 또는 마지막 구간에 대해서는 예외를 적용한다. 간격이 동일하지 않은 자료를 기반으로 한 그래프는 오해의 소지가 높아 가급적 피해야 한다.

〈표 6-11〉 APA 서식 표: 첫 자녀가 태어났을 당시 응답자의 나이 분포

나이	빈도	백분율	누적 백분율
20세 이하	372	25.3	25.3
20~24세	528	35.9	61.2
25~29세	316	21.5	82.7
30~34세	165	11.2	93.9
35세 이상	89	6.1	100.0
합계	1,470	100.0	

출처: 국민여론조사센터(NORC)의 2010 일반사회조사(GSS) 자료를 사용하여 저자가 작성함.
주: 574개 사례가 결측이었음; 이들의 대부분(562명)은 자녀가 없었음.

독자들은 우리가 왜 이렇게 많은 지면을 단순한 단변량 표를 논의하는 데 할애했는지 의아해할 것이다. 그에 대한 답은 여기에서 논의된 표 구성과 관련한 원칙이 많은 다른 유형의 표에 두루 적용되며, 부적절하게 구성되고 오해를 불러일으키는 표는 학위논문을 작성하는 데 있어 항상 문제가 되기 때문이다.

이변량 표 구성하고 해석하기

이변량(변인이 2개) 분포는 대개 표 형태로 제시되며, 사회과학, 교육, 비즈니스 분야의 많은 논문의 기본 재료이다. 따라서 이러한 표에 포함된 정보를 명확히 이해하고, 정보를 정확하게 추출할 수 있도록 표를 구성하는 방법을 이해하는 것이 중요하다. 이

절에서는 이변량 표의 구성과 이변량 관계에 대한 해석에 관련된 일반적 원칙에 집중한다. 이 절에서는 세 가지 유형의 이변량 분포에 대해 논의한다. 첫째, 독립변수와 종속변수가 모두 명목형이고 표에 포함되는 범주 개수가 적은 표로 시작한다. 이러한 분포는 보통 백분율로 요약되며, 이러한 표를 교차표(cross-tabulations)라고 한다. 둘째, 독립변인이 명목이고 종속변인이 점수(구간/비율)인 이변량 관계를 평균 및 표준편차로 요약하는 표를 논의한다. 예를 들어, 우울증의 남녀 차이 또는 실험집단과 대조집단 간 성과의 차이를 고려할 수 있다. 셋째, 가정폭력의 빈도와 자녀의 우울증 사이의 관계와 같이 연속으로 분포된 두 변인을 보여 주는 표를 논의한다.

이변량 표의 일반적 형태 1: 교차표

이변량 표[교차표(cross-tabulation) 또는 분할표(contingency table)라고도 한다]에는 두 명목형 변수의 결합분포가 포함되어 있다. 각 변수의 범주는 행(한 변수의 범주)과 열(다른 변수의 범주)로 정사각형 또는 직사각형 형태로 배치된다. 두 변수를 포함하는 이변량 표의 일반적인 형태는 두 변수 X와 Y에 대한 〈표 6-12〉에 제시되어 있다.

여기서 문자 X는 열을 구성하는 범주들의 변인, 문자 Y는 행을 구성하는 범주들의 변인을 나타낸다. 따라서 X가 응답자가 자녀의 유무를 나타내는 질문에 대한 응답을 나타낸다면, Y는 낙태에 대한 태도를 나타내며, 이는 〈표 6-13〉과 같이 나타날 수 있다.

〈표 6-12〉 교차표의 일반적 모형(이변량 표)

		X	
		x_1	x_2
Y	y_1		
	y_2		
	y_3		

〈표 6-13〉 자녀의 유무와 낙태에 대한 태도 간의 관계를 보여 주는 교차표 예시

		자녀 유무	
		유	무
낙태에 대한 태도	언제나 옳지 않다.		
	대부분 옳지 않다.		
	잘못된 것이 아니다.		

셀 입력값과 총 합계

각 셀에 입력될 값은 표본에서 생성된 한 쌍의 값(각 변수에서 하나씩)으로 빈도 또는 횟수이다. 이들을 셀 빈도(cell frequencies)라 한다. 각 행 또는 열의 끝에 있는 항목, 즉 주변빈도(marginal frequencies)는 행 변인 또는 열 변인의 범주가 발생한 총 횟수를 나타낸다. 행의 총 빈도 또는 열의 총 빈도를 추가하여, 전체 N(총 표본 크기)을 계산할 수 있다.

행 변인 및 열 변인 결정방법

표를 구성하는 일반적인 방법은 표 상단에 독립변인, 측면에 종속변인을 배치하는 것이다. 따라서 〈표 6-12〉와 같이 문자 X는 독립변인, 문자 Y는 종속변인을 나타내는 데 사용된다. 독립변인은 종속변인을 유발하거나 결정하는 것으로 가정된다. 만약 낙태에 대한 태도가 일부 부모됨(paranthood)의 영향임을 발견한다면(부모인 경우가 그렇지 않은 경우에 비해 낙태에 더 반대한다), 낙태에 대한 태도는 종속변인이다. 종속변인은 독립변인에 종속되거나 독립변인에 의해 발생하는 것으로 가정된다. 예를 들어, 소득이 부분적으로 교육 수준의 영향을 받는다고 믿는 경우, 소득은 종속변인으로 취급된다.

이변량 표의 정보를 요약하기

〈표 6-14〉는 앞에서 설명한 바와 같이 부모됨에 따른 낙태에 대한 태도의 빈도를 보여 준다. 〈표 6-13〉의 정보를 의미 있게 요약하여 부모됨이 낙태에 대한 태도에 영향을 준다는 가설을 탐색해 보자. 그러나 부모(자녀 유)와 비부모(자녀 무) 응답자 수가 다르다는 점에 주목해야 한다. 따라서 분포를 표준화하지 않는 한 '유(Yes)'와 '무(No)' 분

포(여러 열에 걸친)를 비교할 수 없다. 가장 자주 사용되는 표준화 방법은 백분율인데, 그렇다면 이 표에서 백분율을 구성하는 가장 합리적인 방법은 무엇일까?

백분율을 계산하기 위해 열이나 행 혹은 관측치 총 1,000개의 표본(즉, 총 N) 내에서 작업하게 될 것이다. 따라서 〈표 6-14〉는 세 가지 다른 방법으로 제시될 수 있다. 표가 어떻게 구성되는가에 따라, 오직 하나의 방법만이 두 변인 간 관련성에 관한 질문에 의미 있는 응답을 제공할 것이다. 독립변인을 열 변수(column variable)으로 만들라는 이 책의 제안을 고려할 때, 백분율을 계산하는 적절한 방법은 세로 열 내에서 계산하는 것이다(즉, 각 열의 위쪽과 아래쪽).

열 내에서 백분율이 계산되면 열의 주변 총계(marginal total)가 합계에 사용되는 기본 값이 된다. 예를 들어, 자녀가 있는 경우 "언제나 옳지 않다."에 대한 응답 비율을 찾으려면 해당 열에 있는 "언제나 옳지 않다." 응답의 수를 해당 열의 총 수로 나눈 다음 100을 곱한다(330/600×100 = 55%). 일부 문헌이나 논문 매뉴얼은 표의 행에 독립변인을 배치하기를 권장할 수 있다. 이 지침을 따르는 경우 행 내에서(즉, 여러 행에 걸쳐서) 백분율을 계산해야 한다. 〈표 6-15〉는 〈표 6-14〉의 자료를 바탕으로 백분율을 계산하고 적절한 제목을 붙인 경우를 보여 준다.

〈표 6-14〉 낙태에 대한 태도와 부모됨 사이의 관계를 보여 주는 이변량 표(셀 빈도만)

	자녀 유무	유	무
낙태에 대한 태도	언제나 옳지 않다.	330	180
	대부분 옳지 않다.	180	120
	잘못된 것이 아니다.	90	100

〈표 6-15〉 자녀의 유무와 낙태에 대한 태도와의 관계를 보여 주는 이변량 표(%)의 올바른 표현

		자녀 유무	
		유	무
낙태에 대한 태도	언제나 옳지 않다.	55%	45%
	대부분 옳지 않다.	30%	30%
	잘못된 것이 아니다.	15%	25%
		100%	100%
		(600)	(400)

하위집단 비교에 기초한 연관성 개념

마지막 단계는 각 열 내에서 백분율을 계산한 후 조건분포를 서로 비교하는 것이다. 이를 통해 자녀 유무에 따라 부모와 비부모 범주 간에 "언제나 옳지 않다." "대부분 옳지 않다." "잘못된 것이 아니다."로 응답한 비율을 비교할 수 있다. 이렇게 함으로써 한 방향으로 백분율을 계산하고 다른 방향으로 비교한다는 일정한 절차를 갖게 된다는 점에 주목하여야 한다. 열에서 위아래로 백분율을 계산하기 때문에 여러 열에 걸쳐서 비교를 한다.

부모됨이 낙태에 대한 태도에 영향을 미친다는 가설을 검토하기 위해, 우리는 몇 가지 간단한 규칙을 사용할 수 있다. 각각의 조건 분포가 서로 동일하다면, 두 변수가 서로 독립적이거나 서로 관련이 없다고 말할 수 있다. 조건분포가 서로 다르다면 두 변수는 관련이 있다고 할 수 있다. 이를 명확히 하기 위해 〈표 6-15〉를 살펴보자. 관계의 정도 또는 양에 대해 쉽게 설명할 수 있는 한 가지 방법은 조건분포에서 백분율을 비교하는 것이다. 백분율 차이라고 하는 이 측정치는 〈표 6-15〉와 같은 작은 표에 가장 적합하다. 이 측정치가 어떻게 계산되고 사용될 수 있는지를 보여 주는 예로, 낙태가 언제나 잘못되었다고 생각하는 부모 55%와 비부모 45%를 비교해 보라. 그 차이는 10%이다. 당신은 이제 낙태가 언제나 잘못되었다고 생각하는 부모가 비부모에 비해 10% 더 많다고 말할 수 있다. 낙태가 결코 잘못된 것이 아니라는 믿음과 관련해서도 비슷한 비교를 할 수 있다. 이 비교의 백분율 차이도 10%이다. 적절한 진술문은 "부모가 아닌 사람보다 10% 더 많은 부모가 낙태는 언제나 옳지 않다고 믿는다."는 것이다. 우리가 이 차이의 통계적 유의성을 검정하지 않았음에 유의하라.

이변량 표의 일반적 형태 2: 집단 평균 및 집단을 기술하는 다른 통계치를 제시하는 표

빈도와 백분율이 포함된 표를 제시하는 것 외에도, 많은 분석에서 연속변수에 대한 집단 간 차이를 검토한다. 연속형 변수는 척도를 가장 높은 수준에서 가장 낮은 수준까지, 가장 좋아하는 것부터 가장 싫어하는 것까지, 건강한 것부터 건강하지 않은 것까지 등 연속선에 둘 수 있는 것을 의미한다. 이러한 변수들은 일반적으로 구간/비율 변수로 설명되지만, 범주가 많은 순서형 변수도 연속형 변수로 간주될 수 있다. 대부분의 심리적 · 사회적 · 정치적 · 교육적 측정치는 연속변수로 간주될 수 있다. 예로 자기효능감, 소외감, 정치적 보수/자유주의, 언어적 추론능력, 평균 성적 그리고 다양한 문제에 대한 합치-불합치 또는 승인-반대에 대한 태도가 있다. 이러한 변수를 재코딩하여 일변량 분포를 제시하는 방법을 이미 〈표 6-9〉, 〈표 6-10〉 및 〈표 6-11〉를 바탕으로 논의했다. 일부는 이러한 변인 중 많은 변인이 순서형 척도를 포함하므로, 평균과 추리통계를 계산하기 위해서는 최소한 등간 척도여야 하기 때문에 문제가 있다고 할 수도 있다. 그러나 일반적인 관행은 이 절에서 제안하는 방법을 사용하는 것이다. 이 주제에 대해서는 Newton과 Rudestam(2013)에서 자세히 논의되었다. 이 주장의 기반이 되는 논리는 이러한 변인도 잠재 수준에서는 연속적이기 때문에, 다른 가정이 충족된다면 사회과학에서 심각한 문제를 일으키지 않는다는 것이다.

이러한 변인에 대해 집단을 비교하는 것이 목표인 경우, 첫 번째 과제는 집단에 대한 기술 통계를 표의 형태로 제시하는 것이다. 예를 들어, Flanagan(2013)은 사진에서 보이는 흡연자 위치와 그들의 흡연 단계가 흡연 신호(cue)에 대한 반응에 미치는 영향에 대해 알아보았다. 흡연자 위치와 흡연 단계에 따른 감정 평정(affect rating)에 대한 평균과 표준 편차는 〈표 6-16〉에 제시되어 있다.

〈표 6-16〉은 간단하고 이해하기 쉽다. 독립변인은 흡연자 위치 및 흡연 단계이며, 종속변인은 10점 척도로 측정된 정서이다. 모든 변인이 N인 46명을 기반으로 하므로 n이라는 열은 따로 없다. 집단 평균을 제시하기 위한 이 전략은 더 많은 수의 집단과 더 많은 수의 종속변인으로 확대될 수 있다. 예를 들어, Neophytou(2013)의 학위논문에서는 자기애의 특성적 · 상황적 · 행동적 측면을 대표하는 세 가지 잠재 프로파일을 구성하는

〈표 6-16〉 **흡연의 시작 및 마지막 단계에 따른 첫 번째, 세 번째 사람의 감정 평점**

흡연 단계	흡연자 위치		
	첫 번째 사람 평균(표준편차)	세 번째 사람 평균(표준편차)	주변 평균
시작	5.85(2.19)	5.61(2.25)	5.73(2.17)
끝	3.96(1.48)	4.12(1.54)	4.04(1.48)
주변 평균	4.91(1.60)	4.87(1.65)	4.87(1.59)

출처: Flanagan(2013), p. 34. 저자의 허락을 받아 제시함.
주: 주 효과: 흡연 단계. $F(1, 45) = 35.58$, $p < .001$, $\eta^2 = .44$; 흡연자 위치, $F(1, 45) = .24$, $p = .63$. 상호작용 효과: 흡연자 위치에 따른 흡연 단계. $F(1, 45) = 4.54$, $p = .04$, $\eta^2 = .09$. $N = 46$. 최소 점수 = 1.0; 최고 점수 = 9.0.

〈표 6-17〉 **전체 표본 평균 및 척도에 대한 조건 반응 평균**

척도	평균	표준편차	프로파일 1	프로파일 2	프로파일 3
NPI 리더십	4.30	2.27	4.09	4.33	4.70
NPI 우월성	1.87	1.27	1.81	1.86	2.05
NPI 착취	1.67	1.28	1.71	1.59	1.88
NPI 특권의식	1.37	1.14	1.56	1.32	1.07
NPI 자족	2.59	1.43	2.43	2.53	3.24
NPI 과시	1.30	1.52	1.24	1.32	1.35

출처: Neophytou(2013), p. 51. 저자의 허락을 받아 수정함. 전체 표는 관심 변인을 모두 포함하고 있으나, 이 표는 축약하여 첫 6개 변인만 제시함.

주: N = 272. 프로파일 1은 89명(32.7%), 프로파일 2는 148명(54.4%), 프로파일 3은 35명(12.9%)을 포함함.

31개의 변인을 조사했다. 각 잠재 프로파일별로 평균이 제시되었다(〈표 6-17〉 참조).

이변량 표의 일반적 형태 3: 연속분포 변인을 나타내는 표

독립변인과 종속변인 모두 연속분포이고 하나의 관계만 존재한다면, 본문에 제시된 상관계수 또는 연관성을 나타내는 측정치면 일반적으로 충분할 것이다. 시각적으로 표현하려면, 표보다는 산점도(표가 아닌 그래프)가 연속변수의 결합분포를 보여 주는 가장 좋은 방법일 것이다.

그러한 관계는 본문에서 "가장 어린 자녀의 나이와 표본 내 모든 여성의 근로시간은 부적인 관계를 보였고 이는 통계적으로 유의했다. $r(143) = -.216, p = .009$, 95% CI [−.397, −.056]."라고 기술할 수 있다. 통계적 진술은 관계의 강도(−216, 약하거나 중간 정도의 부적 관계)와 그 유의성(.009, 통계적으로 유의한 결과)을 모두 나타낸다. 기울임꼴로 표시된 r 뒤 괄호 안의 143은 통계 검증과 관련된 자유도(df)이며 이는 표본 크기보다 1이 작다(N − 1). 95% 신뢰구간은 실제 모집단의 상관관계(그리스 문자 ρ)의 가능한 값이 −.397과 −.056 사이임을 보여 준다.

많은 수의 관계를 동시에 검토하는 경우 표에 상관행렬을 제시할 필요가 있다. 여기서는 두 가지 예시를 살펴보자. 먼저, 〈표 6-18〉은 세 변수 X, Y, Z 간의 관계에 대한 가설을 분석하는 표이다. 일반적으로 분석에서 모든 변수의 평균, 표준편차 및 표본 크기를 상관관계와 함께 표시한다. 또한 〈표 6-18〉에는 대각선에 나열된 1.00 아래쪽으로만 상관관계를 제시했다. 이는 상관관계가 대칭적이기 때문이다. 즉, X와 Z의 상관관계는 Z와 X의 상관관계와 동일하다. 따라서 대각선 아래와 위를 모두 표시할 필요가 없다. 대각선의 1.00은 어떤 변수 자체와의 상관관계를 나타낸다.

〈표 6-18〉 변인 X, Y, Z의 평균, 표준편차, 상관

	X	Y	Z
X	1.00		
Y	0.25	1.00	
Z	0.01	0.35	1.00
평균	3.61	2.74	4.10
표준편차	1.23	1.66	0.93

〈표 6-19〉 공격성, 비행, 외현화 행동, 부모의 돌봄, 부모의 정서적 지지, 역량, 종교성의 이변량 상관 매트릭스 (N = 230)

	1	2	3	4	5	6	7	8
공격성 (Aggression)	1.00							
비행 (Delinquency)	.69*	1.00						
외현화 행동 (Externalizing Behaviors)	.96*	.81*	1.00					
부모의 돌봄 (Parental Caring)	.04	-.08	-.04	1.00				
부모의 정서적 지지(초등학교) (Parental Emotional Support Elementary School)	-.04	-.06	-.03	.12	1.00			
부모의 정서적 지지(작년) (Parental Emotional Support Last Year)	-.05	-.08	-.04	.08	.90*	1.00		
역량 (Competence)	-.07	-.09	-.07	.17	.04	.08	1.00	
종교성 (Religiosity)	.01	-.06	-.03	.12	.23*	.22*	.07	1.00
평균	69.61	59.59	70.30	3.17	2.53	2.50	3.33	7.93
표준편차	16.35	10.17	20.04	1.85	.60	.59	.67	3.37

출처: Milicevic(2013), p. 74. 저자의 허락을 받아 게재함.

*$p < .05$.

두 번째 예시는 아동학대와 외현화 행동 간의 관계를 검토한 Milicevic(2012)의 학위논문에서 가져온 표이다. 그녀는 8개 변인에 대한 상관행렬(56개의 상관계수)을 〈표 6-19〉와 같이 제시했다.

　여러 논문을 읽다 보면 〈표 6-18〉과 〈표 6-19〉의 다양한 변형을 보게 될 것이다. 첫째, 소수점은 일반적으로 상관계수와 함께 당연히 존재한다고 가정하기 때문에 생략될 수도 있다. 둘째, 표준편차를 여기에서처럼 표의 하단에 보여 주기도 하지만, 1.0 자리에 표시하기도 한다. 셋째, 상관계수는 앞의 표와 같이 별표와 함께 유의확률을 제시하거나, 신뢰구간과 p값을 표에 포함할 수 있다. 넷째, 사례 수는 별도의 주석으로 표기할 수 있으며, 각 상관관계별로 사례 수의 변동 폭이 큰 경우에는 평균 및 표준편차 아래 행 또는 대각선 위쪽 공간에 괄호를 사용하여 각 이변량 관계에 해당하는 n을 표기할 수도 있다.

추리통계 결과를 표로 제시하기

　앞서 살펴본 자료는 주로 분석 결과를 기술한 분할표와 평균 또는 기타 기술 통계치를 포함한 표에 대한 것이다. 이들은 통계적 추론에 초점을 맞추지 않는다. 결과가 통계적으로 유의한지 여부에 대한 논의는 대개 결과를 기술한 표 다음 혹은 표 안에 포함되며, 일반적으로 기술통계 요약 내용 앞에 위치하지 않는다. 예로, 이변량표(〈표 6-15〉 참조)에서 결과는 부모가 아닌 경우보다 부모의 경우 낙태를 더 반대하는 것으로 보인다. 하지만 이 결과가 통계적으로 유의한가는 보여 주지 않는다. 이러한 질문은 카이자승 검정(chi-square test)으로 다룰 수 있다. 분석 결과는 〈표 6-15〉의 주석과 본문에 포함될 것이다. 다른 많은 효과 크기 척도를 사용할 수 있지만, 이 표에서는 백분율 차이가 효과 크기로 나타난다는 점에 유의해야 한다.

　통계적 유의성 검정과 그 결과를 표 형식으로 제시하는 방법에 대한 이해를 촉진하기 위해 Newton과 Rudestam(2013)을 참고하여 논문을 연구문제에 따라 네 가지 유형으로 개념화했다. 네 가지 유형의 연구문제는 각각 기술통계 및 추리통계 기법의 선택으로 이어지며, 이는 다시 특정 유형의 표 제시 방식으로 이어진다. 가용한 통계 기법 및 모형을 선택하는 방법에 대한 자세한 논의는 Newton과 Rudestam(2013)의 7장을 참조하라. 이 절에서는 각 연구문제 유형에 대하여 적절한 기술통계와 추리통계 그리고 표 작성을 위한 권장사항을 제안한다.

연구문제 1   독립변인(들)과 종속변인(들) 간의 관계의 정도 혹은 강도는 어떠한가?

독립변인: 연속분포

종속변인: 연속분포

기술 통계치: 정규성을 검증할 수 있는 모든 변수에 대한 평균과 표준편차. 이변량 관계는 피어슨
   (Pearson) 또는 스피어만(Spearman) 상관계수로 표현. 다변량 관계는 R과 R^2 그리고 표준화된
   회귀계수로 표현. 정준상관관계(canonical correlation)는 다수의 독립변수와 종속변수 사이의 관
   계를 동시에 표현하는데 자주 사용하지 않음

추리 통계치: 이변량회귀분석과 다중회귀분석. 정준상관분석은 자주 사용하지 않음. 통계검정과 신뢰
   구간을 모두 보고함

표 구성: 단변량과 이변량 통계치를 상관행렬 표로 제시하며(〈표 6-18〉, 〈표 6-19〉, 〈표 6-27〉 참
   조), 이어서 다중회귀분석에 대한 요약 표를 제시함(〈표 6-28〉과 그에 따른 해석 참조)

**연구문제 2   하나 혹은 그 이상의 독립변수에 의해 형성된 집단들의 종속변수 점수
에 있어서 유의한 집단 간 차이가 있는가?**

독립변인: 범주형

종속변인: 연속분포

기술 통계치: 평균, 표준편차, 모든 변인에 대한 표본 크기를 독립변수의 모든 범주(들) 내에서 제시함.
   이변량 관련성은 평균 차이와 효과 크기로 표현되며, 효과 크기는 η(eta), η^2 및 Cohen의 d 등으
   로 기술함. 신뢰구간은 필요한 경우에 표기함

추리 통계치: t-검정과 일변량 분산분석(ANOVA). 요인설계분산분석(factorial design ANOVA)은 여러
   개의 독립변인이 있을 때 사용함. 요인다변량분산분석(factorial MANOVA)는 독립변인과 종속변인
   이 모두 여러 개일 때 사용함. 공분산분석(ANCOVA)과 다중공분산분석(MANCOVA)은 연속분포된
   공변량을 포함하기 위해 사용함

표 구성: 독립변수의 범주 내에서 기술 통계치를 제시한 후(〈표 6-16〉, 〈표 6-17〉, 〈표 6-19〉,
   〈표 6-23〉, 〈표 6-25〉 및 집단 평균에 대한 표를 제시하는 절 참조), 분산분석에 관한 요약 표를

제시함(〈표 6-26〉과 관련된 설명 참조). 분석 결과가 길어질 경우, 기술통계치와 분산분석의 요약
을 하나의 표에 제시함(〈표 6-30〉 참조)

연구문제 3　독립변인(들)의 점수와 종속변인의 범주 간에는 유의한 관련성이 있는가?

독립변인: 연속분포

종속변인: 범주형

기술 통계치: 독립변인의 평균 및 표준편차, 분포의 정규성에 대한 평가. 오즈비(odds ratios)로 표현된
　　이변량 및 다변량 관계성. 로지스틱 회귀와 관련된 통계치를 포함한 다른 다변량 관련성 통계치

추리 통계치: 로지스틱 회귀. 통계적 검정과 신뢰구간, 특히 오즈비를 중심으로 결과를 보고함

표 구성: 종속변인의 범주 내에서 독립변인의 평균 및 표준편차 표와 로지스틱 회귀 요약표를 제시함.
　　예를 들어, 〈표 6-20〉은 외상 후 스트레스 장애를 진단받은 개인의 기억력 및 주의력 결핍에 관
　　한 Freece(2011)의 연구에서 제시된 로지스틱 회귀 요약임

〈표 6-20〉 **로지스틱 회귀 요약표 예시**

주의력 손상을 예측하는 로지스틱 회귀분석 요약						
변인	B	SE B	Wald	p	Odds Ratio	95% CI
WAIS WMI						
PTSD			12.11	.002		
mTBI	1.03	.48	4.58	.032	2.80	[1.09, 7.18]
둘 다	-.14	.49	.08	.778	.87	[0.33, 2.29]
MVA 후 시간	.01	.02	.32	.573	1.01	[0.97, 1.06]
교육	.24	.07	11.85	.001	1.27	[1.11, 1.46]
성별	.78	.34	5.41	.020	2.18	[1.13, 4.20]
상수	-3.42	.99	11.91	.001	.03	

출처: Freece (2010), p. 124. 저자의 허락을 받아 게재함.

참고: 모든 변인에 관해 손상집단 = 0, 비손상집단 = 1; PTSD 진단을 받은 집단과 다른 진단을 받은 집단에 대
한 참조 범주임; WAIS-III와 WMS-III 측정치는 Wechsler(1997)를 사용함. MVA = 자동차 사고(Motor Vehicle
Accident), mTBI = 경미한 외상성 뇌손상(Mild Traumatic Brain Injury), WMI = 작업기억지수(Working Memory
Index)

연구문제 4   독립변인(들)의 발생 빈도 차이는 종속변인(들)의 발생 빈도 차이와 관련이 있는가?

독립변인: 범주

종속변인: 범주

기술 통계치: 명목 및 서열 수준의 변수와 관련된 측정치: 백분율 차이, 파이(φ), 유관상관계수,
Cramer의 *V*, Somer의 *D*, 불확실성 계수 및 기타

추리 통계치: 카이자승 검정 및 조건에 따른 기타 비모수적 측정치

표 구성: 교차표(〈표 6-15〉 및 교차표 관련 절 참고)

물론 다른 유형의 연구문제도 있지만, 여기에서 목적은 집단을 비교하거나 관계를 검증하는 분석을 다루는 것이다. 예를 들어, "학업적 자존감이 높을수록 학점이 높다."라는 가설을 검증하는 연구는 관계를 탐색하고, "학업 중퇴자들은 학업을 마친 사람들보다 학업적 자존감이 낮다."라는 가설은 집단 간 비교를 한다. 두 가설은 동일한 논문 내에서 다루어질 수 있으며, 각 가설은 서로 다른 통계적 절차를 거쳐 다른 형식의 표로 제시될 것이다.

앞서 제시했듯이, 각 연구문제에 대해 전형적으로 적용되는 분석방법이나 전략이 있다. 연구문제 1의 경우 상관과 회귀분석, 연구문제 2의 경우 분산분석 및 확장된 방법이 주로 사용되며, 연구문제 3의 경우 로지스틱 회귀분석이 일반적이다. 연구문제 4의 경우 교차표 또는 다방향 분할표 분석이 사용된다. 각 분석 유형에 대해 보통 하나 또는 여러 개의 표가 필요하며, 때로는 하나의 표에 이러한 분석 결과를 종합하여 다루기도 한다. 다음 절에서는 앞에서 설명하지 않은 특정 유형의 분석에 대해 추가적인 예를 제시한다.

다음은 양측 *t*-검정 결과를 제시하는 세 개의 표이다. 이 세 표 간의 차이점은 무엇이며, 논문에 포함시키기에 가장 적합한 것은 무엇일까? 모두 두 집단의 평균과 표준편차 및 추론 결과를 제시하지만, 각 표는 추리통계에 기초한 결론을 제시하기 위해 서로 다른 접근을 취하고 있으며, 다루고 있는 정보의 양이 다르다. 〈표 6-21〉은 주석에 확률을 제시함으로써 유의확률이 유의 수준인 .01보다 작아 *t*-검정 결과가 유의하다는 것을 나타내고 있다. 〈표 6-22〉는 정확한 수준으로 유의확률(.004)을 표기함으로써 추

가 정보를 제공한다.

마지막으로, 〈표 6−23〉에서는 평균 차이에 대한 99% 신뢰구간이 설정되었으며 효과 크기 측정치인 Cohen의 *d*가 추가되었다. APA 형식으로 제시된 〈표 6−23〉은 우리가 권장하는 표의 예시이며, 그 이유는 다음과 같다. 첫째, 신뢰구간을 검토함으로써 독자는 유의 수준 .01에서 가설검정이 유의하다는 것을 알 수 있는데, 왜냐하면 신뢰구간이 0을 포함하지 않기 때문이다(*t*−검정에서 귀무가설은 평균 차이가 0임을 나타낸다. 신뢰구간이 이 값을 제외하기 때문에 이 가설을 기각할 수 있다). 둘째, 신뢰구간은 모집단의 차이가 4만큼 작거나 14만큼 클 수 있음을 나타내므로, 독자에게 효과의 속성에 대한 추가 정보를 제공한다. 신뢰구간을 사용하면 통계적 유의성을 찾는 것에서 모집단의 평균 차이의 가능한 범위를 추가로 고려하는 것으로 강조점을 전환할 수 있다. 셋째, Cohen의 *d*값을 제시함으로써 해당 연구에서 관찰된 효과 크기가 크다는 것을 보여주었다(이것은 가공된 자료이다. 실제로는 이렇게 큰 효과 크기를 생성하기 쉽지 않다). 넷째, 앞에서 언급한 바와 같이 통계적 유의성에 관한 검정으로 대표되는 유의확률이 주석에

〈표 6−21〉실험집단 및 통제집단에 대한 기술 통계치와 독립집단 설계의 *t*−검정

집단	*N*	*M*	*S*	*t*
실험	5	15.0	3.87	4.025*
통제	5	6.00	3.16	

주: *p < .01.

〈표 6−22〉실험집단 및 통제집단에 대한 기술 통계치와 독립집단 설계의 *t*−검정

집단	*N*	*X*	*S*	*t*	*p*
실험	5	15.00	3.87	4.025	.004
통제	5	6.00	3.16		

〈표 6−23〉실험집단과 통제집단의 평균 차이에 대한 기술 통계와 99% 신뢰구간(권장됨)

집단	*N*	*X*	*S*	평균 차이 (99% CI)	*d*
실험	5	15.00	3.87	9(4, 14)	2.56
통제	5	6.00	3.16		

주: *t*(8) = 4.025, *p* = .004.

제시된다. 대부분의 독자는 〈표 6-23〉이 가장 많은 정보를 제공하며 논문에 사용하고 싶은 표라는 점에 동의할 것이다. 그러나 오래된 학술논문에는 〈표 6-21〉과 유사한 표가 포함되어 있을 가능성이 높다.

분산분석 결과를 해석하고 제시하기

분산분석(ANOVA)은 빈번히 적용되는 통계분석 유형 중 하나로, 일반적으로 독립변인이 범주형이고 종속변인이 연속분포일 때 사용된다. 이와 같은 변인은 연구문제 2(하나 혹은 그 이상의 독립변수에 의해 형성된 집단들의 종속변수 점수에 있어서 유의한 집단 간 차이가 있는가?)에 해당한다. 이 절에서는 SPSS로 분석한 ANOVA 예를 활용한다. 출력 결과를 검토하여 학위논문에 적합한 표로 변환하고, 이 정보를 결과 장에서 어떻게 제시하고 논의하는가에 대한 예를 제공한다. 이는 특히 중요한데, 표는 본문을 대체하기 위해서가 아니라 본문을 정교하게 설명하고자 제시하기 때문이다. 본문은 연구 결과를 독자에게 요약해 주는 데 있어 독립적인 역할을 할 필요가 있다. 여기서는 앞서 설명한 '정량적 결과 설명의 기초' 절에서 논의한 진술문 유형 예시를 사용하여 〈표 6-24〉 및 〈표 6-25〉를 설명한다.

〈표 6-24〉 처치집단과 교육 수준에 따른 우울의 분산분석(SPSS 출력 결과)

개체 간 요인

		수준별 명칭	N
집단	1	A-비교집단	241
	2	B-처치집단	247
BL EDUCATION 3GRP	1	고등학교 중퇴	265
	2	고등학교 졸업	105
	3	대학 중퇴	118

〈계속〉

기술 통계치

종속변인: BL CESD TOTAL

집단	BL EDUCATION 3GRP	평균	표준편차	N
A-비교집단	고등학교 중퇴	17.40	9.415	128
	고등학교 졸업	14.54	9.322	48
	대학 중퇴	16.92	10.244	65
	합계	16.70	9.650	241
B-처치집단	고등학교 중퇴	16.18	9.418	137
	고등학교 졸업	18.28	9.976	57
	대학 중퇴	20.40	11.768	53
	합계	17.57	10.192	247
총합계	고등학교 중퇴	16.77	9.419	265
	고등학교 졸업	16.57	9.816	105
	대학 중퇴	18.48	11.044	118
	합계	17.14	9.927	488

변산원 (Source)	타입 III 제곱합	df	평균제곱	F	Sig.	부분 η^2	관찰된 검증력[b]
수정된 모형	1099.329	5	219.866	2.260	.047	.023	.733
절편	122597.190	1	122597.190	1260.083	.000	.723	1.000
집단	408.783	1	408.783	4.202	.041	.009	.534
bleduc3	357.934	2	178.967	1.839	.160	.008	.384
group* bleduc3	701.042	2	350.521	3.603	.028	.015	.666
오차	46895.195	482	97.293				
합계	191348.000	488					
수정된 합계	47994.525	487					

〈표 6-25〉 **처치집단과 교육 수준에 따른 우울 점수의 평균과 표준편차**

교육 수준	처치	평균	표준편차	N
고등학교 중퇴	비교	17.40	9.42	128
	처치	16.18	9.42	137
	전체	16.77	9.42	265
고등학교 졸업	비교	14.54	9.32	48
	처치	18.28	9.98	57
	전체	16.57	9.82	105
대학 중퇴	비교	16.92	10.24	65
	처치	20.40	11.77	53
	전체	18.48	11.04	118
전체		17.14	9.93	488

　〈표 6-24〉는 2개의 독립변인(처치집단, 교육)과 한 개의 종속변인(우울 측정치)을 사용한 ANOVA 결과를 제시한다. 처치집단 변인은 둘로 구분되어 한 집단은 처치를 받고 다른 집단(통제집단)은 처치를 받지 않는다. 교육변인은 세 가지 범주(고등학교 중퇴, 고등학교 졸업, 대학 중퇴)가 포함된다. ANOVA 용어로는 2×3 요인 설계에 해당된다. 이러한 설계에서는 처치의 주 효과, 교육의 주 효과, 처치와 교육의 상호작용 이렇게 세 가지 효과에 관해 통계적 유의성을 검토할 수 있다. BLCESD TOTAL이라고 명명된 종속변인은 역학연구센터 우울척도(Center for Epidemiological Studies Depression Scale)를 나타낸다.

　〈표 6-24〉의 SPSS 출력 결과는 세 부분으로 구성되어 있다. 첫 번째 부분은 변인별로 각 범주(피험자 간 요인)에 속한 사례 수 분포를, 두 번째 부분은 교육 수준에 따른 각각의 처치(기술통계)에 관한 기술통계를, 세 번째 부분은 ANOVA 요약표(피험자 간 효과 검정)를 제공한다. 학위논문에 제시할 수 있는 표의 예로, 이 책에서는 기술통계표(〈표 6-25〉 참조)에서 시작하여 분산분석 요약표(〈표 6-26〉 참조)로 이어지는 두 개의 표를 사용한 접근 방식을 선택했다. 단 한 번의 분석으로도 이 접근 방식을 사용할 수 있다. 다음 절에서는 기술적 정보와 추론적 정보를 통합하여 여러 가지 분석을 단일한 표로 작성하는 방법을 제시한다(〈표 6-31〉 참조).

　이제 〈표 6-25〉를 살펴보자. 먼저, 〈표 6-24〉에 정리한 SPSS 출력 결과를 재구성함으로써 비교집단과 처치집단을 더 잘 비교할 수 있도록 한 점에 주목하라. 통계 소프트웨어에서 제공한 결과표를 그대로 논문에 제시해야 한다는 규칙은 없으므로, 중요한 내용을 보다 쉽게 비교할 수 있도록 표를 정리하는 것이 좋다. 이 표에 포함된 많은 숫자는 무엇을 의미하는가? 전체적으로 표준편차(SD)는 거의 10(즉, 9.93)에 가깝고, 가장 작은 평균값은 14.54(비교집단의 고등학교 졸업 범주)이고 가장 큰 평균값은 20.40(처치집단의 대학 중퇴 범주)으로 매우 유사하다. 두 수치는 모두 전체 488명의 평균 우울 수준(17.14)으로부터 약 3점 차이가 난다. 이러한 결과를 간략하게 요약하면 다음과 같다.

〈표 6-25〉는 처치집단 및 교육 수준별 우울 수준의 평균과 표준편차를 제시한다. 이 표에서 평균 차이는 전체 평균인 17.14($N = 488, SD = 9.93$)와 1~2점 정도의 매우 작은 차이를 보였다.

표로 된 결과를 요약한 문장은 앞서 제시된 것과 같이 간략하거나 일반적일 필요는 없다. 하지만 표 자체에서 뚜렷한 차이를 확인하기 어려운 경우, 모든 숫자와 작은 차이를 재언급하는 것은 시간과 공간 낭비이다.

〈표 6-26〉 **처치집단과 교육 수준에 따른 우울 수준에 대한 분산분석 요약 표**

변산원 (Source)	제곱 합(SS)	df	평균제곱 (MS)	F	유의 수준 (Sig.)	부분 η²
교육 수준(A)	357.9	2	179.0	1.84	.160	.008
처치 집단(B)	408.8	1	408.8	4.20	.041	.009
A×B	701.0	2	350.5	3.60	.028	.015
오차	46,895.2	482	97.3			
합계	47,994.5	487				

참고: $R^2 = .023, F[5, 487] = 2.26, p = .047.$

〈표 6-26〉에서 무엇을 관찰할 수 있는가? 첫째, 처치의 주 효과와 처치-교육의 상호작용 효과가 유의하다. 둘째, 부분 η²(부분 에타 제곱)과 전체 R^2에서 알 수 있듯이 효과 크기는 매우 작다. 셋째, 두 가지 유의한 효과의 속성은 해석하기 어렵기 때문에, 이

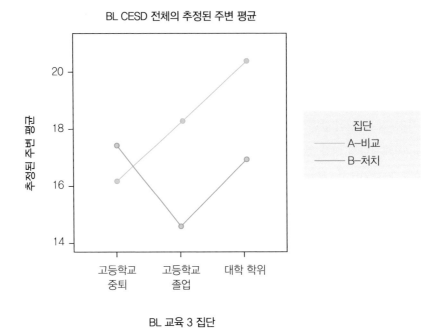

[그림 6-3] 처치집단과 교육 수준 간의 상호작용에 관한 프로파일 도표

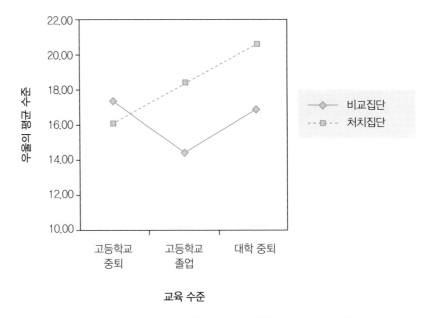

[그림 6-4] 처치집단과 교육 수준 간의 상호작용에 관한 프로파일 도표

러한 효과를 설명하기 위해 그림을 사용할 것을 제안한다. [그림 6-3]이 바로 그러한 예시이다.

분류도표(SPSS에서는 프로파일 도표, Excel에서는 선형 도표라고 함)는 상호작용이 존재하는 이유와 유의한(비록 작지만) 처치 효과의 속성을 보여 준다. 고등학교를 졸업하지 않은 학생들의 경우, 우울의 정도는 비록 비교집단이 약간 높지만(16.18 대 17.40) 그 차이는 적다. 고등학교 졸업자나 대학 중퇴자 집단의 경우, 처치집단이 더 우울한 것으로 나타났다(14.54 대 18.28, 16.92 대 20.40). [그림 6-4]는 [그림 6-3]을 APA 형식으로 보여 준다.

요약하자면, 처치집단, 교육 수준과 우울 수준 사이의 관계에 대한 분석을 설명하기 위해 두 개의 표와 한 개의 그림을 제시했다. 이러한 분석을 본문의 한 문단으로 논의할 수 있는 다양한 방법 중 한 가지는 다음과 같다.

이 연구는 교육 수준과 처치가 우울 수준에 어떻게 영향을 미치는지 알아보고자 했다. 〈표 6-25〉는 처치집단과 교육 수준별 우울증 수준에 대한 평균과 표준편차를 제시한다. 여기서 평균 간 차이는 작은 편이며, 17.14(N = 488, SD = 9.93)와 불과 1, 2점 차이이다. 〈표 6-26〉은 이러한 효과에 대한 2×3 분산분석의 결과를 보여 준다. 분석 결과 처치의 주 효과 그리고 처치-교육의 상호작용 효과가 유의한 것으로 나타났다. 부분 η^2(에타제곱)과 전체 R^2 값에서 알 수 있듯이 효과 크기는 전체적으로 매우 작다. 처치와 교육 간의 상호작용은 [그림 6-4]에 제시되어 있다. 고등학교를 졸업하지 않은 경우, 비록 비교집단의 우울 수준이 처치집단보다 약간 높지만 그 차이는 적다(17.40 대 16.18). 고등학교를 졸업했거나 대학 중퇴 집단의 경우, 처치집단의 우울 수준이 더 높은 것으로 나타났다. 이러한 연구 결과는 비교집단이 아닌 처치집단의 경우 전반적으로 교육 수준이 우울 수준과 약하게 연관되어 있음을 시사한다.

다중회귀분석 결과 제시하기

다중회귀분석(Multiple regression Analysis: MRA)은 2개 이상의 연속 분포된 독립변인과 하나의 연속 분포된 종속변인 사이의 관계를 검토하는 가장 기본적인 형태의 다변량 통계기법이다. 따라서 앞서 제시된 연구문제 범주 중 하나인 연구문제 1[독립변인 (들)과 종속변인(들) 간의 관계의 강도는 어떠한가?]에 적합한 기법이다. ANOVA와는 달리, MRA 결과를 제시하는 표준이나 보편적으로 합의된 형식은 없다. MRA의 변형이 다양하며, 검증되는 모형이 복잡함을 고려할 때 이는 특별히 놀라운 일이 아니다. 저자들의 지도 학생들 중 상당수가 최근 논문에서 MRA를 사용했으며, 대부분은 해석과 결과 제시에 어려움을 겪었다. 이 절에서는 몇 가지 제안 및 가이드로 사용할 수 있는 예시를 다룬다.

회귀분석 프로그램은 매우 다양한 출력 결과를 보여 준다. 출력 결과로는 비표준화된 회귀계수와 표준화된 회귀계수(β 가중치라고도 함), 다중 상관관계와 그 제곱(R제곱 또는 R^2) 및 단계적/위계적 회귀분석의 R 및 R^2 변화량이 포함된다. 또한 회귀분석 절차의 기본 가정을 검토하고 다중공선성, 등분산성 및 다변량 정규성의 문제를 다루기 위한 출력 결과 역시 생성된다. 이 외에도 다양한 계수의 통계적 유의성을 나타내는 t값 과 F 통계량이 있다. 그 출발점으로, 우리는 MRA 결과를 설명하기 위한 모델로서 〈표 6-27〉을 제공한다.

〈표 6-27〉의 행에는 독립변인, 열에는 회귀계수[비표준화(B), 표준화(베타 또는 β)], B의 표준오차 및 95% 신뢰구간을 표기한다. 회귀계수와 관련된 t값과 p값 역시 열에 표기한다. R^2값은 관련된 F값과 함께 열 하단에 표기한다. t값과 F값은 p값과 함께 제시한다.

〈표 6-27〉 다중회귀분석(독립변인 3개) 결과 제시를 위한 표 형식 예시

독립변인	비표준화 회귀계수(B)	표준오차 (SE_b)	표준화회귀계수 (β)	t	p	95% 신뢰 구간
변인 1						
변인 2						
변인 3						

참고: $R^2 = .xxx, F(\text{x, xxx}) = \text{xx.x}, p = .xxx.$

다중회귀분석의 예

혼전 성관계에 대한 태도에 있어서 교육, 나이, 교회 출석 빈도의 효과에 대해 알아보는 연구가 있다고 생각해 보자(분명 다른 변수들도 이러한 태도에 영향을 미칠 수 있겠지만 우리는 이 예시를 간단하게 만들고자 한다). 〈표 6-28〉은 MRA와 관련된 여러 SPSS 절차의 결과 및 MRA 결과를 보여 준다. 이 결과는 국민여론조사센터(NORC)의 2010 일반사회조사(GSS)의 자료를 바탕으로 한다. (이 자료는 http://sda.berkeley.edu나 www.icpsr.umich.edu/icpsrweb/ICPSR/series/00028에서 다운로드할 수 있다. 또한 이 분석은 두 웹사이트 중 어느 곳에서도 온라인상에서 재현할 수 있다.)

〈표 6-28〉은 SPSS 출력 결과의 다음과 같은 내용으로 이루어져 있다.

- 기술통계: 각 독립변인과 종속변인의 평균, 표준편차, 사례 수를 제시한다.
  - 서로 다른 변인에 대해 사례 수는 모두 동일한데, 이유는 '목록 삭제(listwise)'가 되었기 때문이다. 즉, 4개의 변인 중 어떤 하나의 변인이라도 반응이 누락되었다면 해당 사례가 모든 분석에서 제거된다는 뜻이다.
  - 자료 파일에는 모든 변인에 대해 유효한(빠진 것이 없는) 자료를 가진 1,392건의 사례가 있다.
- 상관관계: 모든 변인에 대한 상관행렬을 보여 주며, 유의 수준과 사례 수가 각각의 열에 표기된다.
- 모형 요약: 전반적인 회귀 모형의 R, R^2, 수정된 R^2, 표준오차를 제시한다.
  - R^2은 혼전 성관계에 대한 태도의 분산 중 26.5%가 세 가지 독립변인의 영향을 모두 합친 것에 의해 설명될 수 있음을 나타낸다.
  - 수정된 R^2은 변수 수를 고려하여 사례 수를 조정하는데, 사례 수가 많기 때문에 조정은 적게 이루어졌다.
- ANOVA: 이 부분은 ANOVA 요약표이다. 이 표는 회귀 방정식에 의해 설명되는 분산의 양이 통계적으로 유의함을 F값과 이와 관련된 p값을 통해 보여 준다. 검증 대상이 되는 영가설은 모집단에서의 R^2가 0이라는 가설이다. 때로 Sig.(유의성)라고도 불리는 이 p값은 .000이다. 이는 유의하지 않다는 뜻이 아니다. 이는 영가설이 참인 경우, 결과가 우연에 의한 것일 가능성(즉, 무작위적인 결과일 가능성)이 0.001

보다 작다, 또는 1,000분의 1보다 작다는 뜻이다.

- 계수: 이 부분은 표준화 회귀계수와 비표준화 회귀계수 및 이에 해당하는 *t*값과 유의 수준 그리고 *B*(비표준화 회귀계수)에 대한 95% 신뢰구간을 보여 준다.

〈표 6-28〉 SPSS 절차: 교육, 나이, 교회 출석이 혼전 성관계에 대한 태도에 미치는 영향에 대한 다중회귀분석(SPSS 출력 결과)

기술 통계

	평균(M)	표준편차(SD)	N
혼전 성관계	3.01	1.216	1392
교회 출석	3.49	2.786	1392
응답자 나이	47.88	17.634	1392
최종 학력	13.41	3.161	1392

상관관계

		혼전 성관계	교회 출석	응답자 나이	최종 학력
Pearson 상관계수	혼전 성관계	1.000	-.472	-.199	.169
	교회 출석	-.472	1.000	.145	-.018
	응답자 나이	-.199	.145	1.000	-.033
	최종 학력	.169	-.018	-.033	1.000
Sig. (단측검정)	혼전 성관계	.	.000	.000	.000
	교회 출석	.000	.	.000	.246
	응답자 나이	.000	.000	.	.109
	최종 학력	.000	.246	.109	.
N	혼전 성관계	1392	1392	1392	1392
	교회 출석	1392	1392	1392	1392
	응답자 나이	1392	1392	1392	1392
	최종 학력	1392	1392	1392	1392

모형 요약

모형	R	R^2	수정된 R^2	추정값의 표준오차
1	.514[a]	.265	.263	1.044

a. 예측변수: (상수), 최종 학력, 교회 출석 빈도, 응답자 나이

〈계속〉

분산분석[a]

모형	제곱 합	자유도(df)	평균제곱	F	유의확률
1 회귀	544.681	3	181.560	166.551	.000[b]
잔차	1513.086	1388	1.090		
총계	2057.767	1391			

a. 종속변수: 혼전 성관계
b. 예측변수: (상수) 최종 학력, 교회 출석, 응답자 나이

계수[a]

모형	비표준화 계수		표준화 계수	t	유의확률	B에 대한 95% 신뢰구간	
	B	표준오차	β			하한값	상한값
(상수)	3.319	.148		22.393	.000	3.028	3.609
교회 출석	−.197	.010	−.450	−19.363	.000	−.217	−.177
응답자 나이	−.009	.002	−.129	−5.529	.000	−.012	−.006
최종 학력	.060	.009	.156	6.784	.000	.043	.078

a. 종속변수: 혼전 성관계

출처: 국민여론조사센터(NORC)의 2010 일반사회조사(GSS) 자료를 사용하여 저자가 작성함.

- 주석을 통해 알 수 있듯이 모든 t값은 유의확률 $p = .001$ 또는 그 미만으로 통계적으로 유의하다.
- 회귀계수(β 가중치)는 다른 변인들을 통제했을 때 혼전 성관계에 대한 태도 예측에 대한 해당 변인들의 상대적 기여도를 나타낸다. 교회 출석이 가장 큰 영향을 미치고, 그다음으로 나이와 교육 수준이 영향을 미친다.
- 교회 출석에 대한 B와 β에 음의 부호가 붙은 것은 교회 출석이 증가하면 혼전 성관계를 승인할 가능성이 줄어든다는 것을 뜻한다. 나이에 대한 B와 β에 붙은 음의 부호의 경우도 마찬가지이다.

이제 연구자로서 이러한 자료를 어떻게 제시해야 하는가에 대한 문제에 봉착하게 된다. 〈표 6-28〉에 제시된 표마다 각각 표 번호를 매겨 논문에 삽입하는 것은 적절하지 않다. ANOVA의 경우와 마찬가지로 2개의 표를 사용하기를 권한다. (이들 표 중 첫 번째 표의 정보가 결과 장의 첫 번째 절에 제시된 경우 다시 반복할 필요는 없다.) 첫 번째 표

(〈표 6-29〉 참조)는 상관행렬과 기술통계를, 두 번째 표(〈표 6-30〉 참조)는 MRA 결과를 보여 준다.

이 두 가지 표를 해석한 사례를 제시하기 전에 출력 결과의 정보가 이 두 표에 어떻게, 그리고 어디에 포함되었는지를 살펴보기 위해 앞서 제시된 출력 결과를 다시 확인해 보자. 두 표 모두 기술통계와 추리통계를 포함하고 있다. 그러나 첫 번째 표는 단변량 기술통계와 이변량 기술통계만을 제시하고 있으며, 상관계수의 유의성을 언급하고 있다. 이 정보는 MRA의 기반이 되며 항상 포함되어야 한다. 두 번째 표는 전체 회귀방정식과 관련이 있는 MRA 결과를 포함하고 있다. 정확한 유의확률 값이 굉장히 작아서 SPSS는 이를 .000이라고 표시했고, 때문에 정확한 확률 값은 제시되지 않았다. 이러한 경우에는 확률이 0임을 의미하는 $p = .000$이 아니라 $p < .000$을 사용해야 한다. MRA의 복잡함이나 변형에 대해 모두 논할 수 없지만 이러한 기법 및 기법의 사용을 둘러싼 주요 이슈에 대한 내용은 Newton과 Rudestam(2013)을 참조하기 바란다. 더 상세한 통계적 처리법에 대해서는 Tabachnick과 Fidell(2013), Field(2013)를 참조하라.

학위논문에서 〈표 6-29〉를 어떻게 요약하여 기술할 수 있는가? 유일한 방법은 아니지만 한 가지 예는 다음과 같다.

〈표 6-29〉 혼전 성관계에 대한 태도, 교회 출석, 나이, 교육에 대한 상관관계 매트릭스 및 기술통계(논문에 사용 가능한 형식)

	1	2	3	4
혼전 성관계	1.000			
교회 출석	-.472	1.000		
나이	-.199	.145	1.000	
교육(년)	.169	-.018	-.033	1.000
평균	3.01	3.49	47.88	13.41
표준편차	1.22	2.79	17.63	3.16

출처: 국민여론조사센터(NORC)의 2010 일반사회조사(GSS) 자료를 사용하여 저자가 작성함.

주: $N = 1,392$. 혼전 성관계는 종속변수이다. 모든 상관관계는 교육과 교회 출석 간의 상관관계($p = .246$)와 교육과 나이 간의 상관관계($p = .109$)를 제외하고 $p < .001$에서 통계적으로 유의하다. 자료 출처는 국립여론연구센터 일반사회 설문조사(2010)이다.

a. 혼전 성관계에 대한 응답의 범위는 1(항상 옳지 않다)에서 4(전혀 잘못되지 않았다)이다.

b. 교회 출석에 대한 응답의 범위는 0(전혀 출석하지 않는다)에서 8(주 1회 이상)이다.

〈표 6-29〉는 교육, 나이, 교회 출석, 혼전 성관계에 대한 태도 사이의 상관행렬과 기술
통계를 보여 준다. 혼전 성관계에 대한 태도와 나이 그리고 교회 출석 간의 상관관계는 각
각 -.199, -.472로 부적 관계에 있다. 따라서 나이와 교회 출석이 증가할수록 응답자는 혼
전 성관계에 반대할 가능성이 커진다는 것을 알 수 있다. 또한 교육 수준이 높을수록 사람
들은 혼전 성관계에 대해 긍정적인 태도를 보이지만 상관은 작은 것으로 나타났다.

　　제시된 예시문은 결과에 대한 요약이며 표를 재구성한 것은 아니라는 점에 주의해야
한다. 표에 제시된 모든 숫자를 반복하는 논문은 지루하고 연구자가 연구 결과를 어떻
게 해석하는지 모르고 있다는 인상을 준다. 또한 이 표는 〈표 6-28〉에 제시된 첫 두 가
지 출력 결과 정보를 상당히 압축하였다는 점에도 주목해야 한다. 이러한 요약은 중요
한 정보를 버리는 것이 아니라 불필요하게 중복되는 부분을 제거하고 정보를 재구성한
결과이다. 그렇다면 〈표 6-30〉은 어떻게 해석할 수 있는가?

　　〈표 6-30〉은 다중회귀분석 결과를 제시한다. 표본 크기가 크기 때문에 모든 변수가
통계적으로 유의하지만, 그중에서도 혼전 성관계에 대한 태도를 가장 크게 예측하는 변
인은 교회 출석인 것으로 나타났다(β = -.450, t(1391) = -19.36, p < .001). 또한 나이,
교육, 교회 출석은 혼전 성관계에 대한 태도의 분산을 27% 설명하고 있다(R^2 = .265, F(3,
1,388) = 166.5, p < .001.).

〈표 6-30〉 교육, 나이, 교회 출석 빈도[a]의 혼전 성관계[b] 태도에 대한 다중회기분석(논문에 사용 가능한 형식)

독립변인	B	표준오차 (SE_b)	β	t	p	B에 대한 95% 신뢰구간(CI)	
						하한값(LL)	상한값(UL)
교회 출석	-.197	.010	-.450	-19.36	< .001	-.217	-.177
나이	-.009	.002	-.129	-5.53	< .001	-.012	-.006
교육(년)	.060	.009	.156	6.78	< .001	.043	.078

출처: 국민여론조사센터(NORC)의 2010 일반사회조사(GSS) 자료를 사용하여 저자가 작성함.
주: R^2 = .265, F(3, 1,388) = 166.5, p < .001. N = 1,392.
a. 교회 출석에 대한 값의 범위는 0(전혀 출석하지 않는다)에서 8(1주일에 1회 이상)까지이다.
b. 혼전 성관계에 대한 값의 범위는 1(항상 옳지 않다)에서 4(전혀 잘못되지 않았다)까지이다.

결과 간소화하기: 다수의 분석 결과를 하나의 표로 보여 주기

결과 장에서 여러 유사한 분석 결과를 제시해야 하는 경우가 종종 있다. 예를 들어, 앞서 기술했던 분산분석 연구에서 처치집단과 교육에 더해 통제소재 및 네 가지 측면의 삶의 만족도 간의 관계를 변인으로 추가한다면 이들 각 분석 역시 표 형식으로 제시해야 한다. 평균과 분산분석 요약 내용 각각을 모두 별도의 표로 구성한다면 추가로 10개의 표가 필요할 것이다. 이런 경우에는 결과를 하나의 표로 통합할 것을 강력하게 추천한다. 예를 들어, 지도 학생 중 한 명(Ferguson, 2006)은 짐바르도 시간관 검사(Zimbardo Time Perspective Inventory: ZTPI), 미래 결과에 대한 고려 척도(Consideration

〈표 6-31〉 바랫 충동성 척도(BIS), 짐바르도 시간관 검사(ZTPI), 미래 결과에 대한 고려 척도(CFC)에 대한 응답자 인종/민족별 일원 분산분석

척도명		N	평균 (M)	표준편차 (SD)	F	p	d	95% 신뢰구간 (CI)
BIS 주의력	아프리카계 미국인	34	15.50	3.24	.003	.957	0.01	−1.30, 1.38
	백인/앵글로	102	15.46	3.75				
BIS 운동능력	아프리카계 미국인	38	13.97	3.69	1.240	.267	−0.22	−2.33, 0.59
	백인/앵글로	101	14.84	4.23				
BIS 총점	아프리카계 미국인	31	52.52	10.34	.900	.344	0.02	−4.07, 4.61
	백인/앵글로	100	52.25	11.12				
CFC 총계	아프리카계 미국인	40	37.33	7.63	.014	.906	0.21	−4.49, 1.25
	백인/앵글로	102	38.95	7.90				
ZTPI 과거 부정적	아프리카계 미국인	41	32.63	7.45	1.240	.267	0.12	−1.80, 3.56
	백인/앵글로	102	31.75	6.77				
ZTPI 현재 쾌락적	아프리카계 미국인	40	45.88	8.74	4.963	.028	0.40	−6.32, −0.12
	백인/앵글로	103	49.10	7.15				
ZTPI 과거 긍정적	아프리카계 미국인	39	29.23	5.21	4.465	.032	0.60	−5.20, −1.22
	백인/앵글로	100	32.44	5.53				
ZTPI 현재 운명론적	아프리카계 미국인	40	21.93	5.35	.740	.391	0.08	−1.50, 2.42
	백인/앵글로	103	21.49	5.24				

출처: Ferguson(2006), p. 68. 저자의 허락을 받아 수정함. 지면에 맞추기 위해 편집하고 신뢰구간과 효과 크기를 추가하여 수정함.

of Future Consequences Scale: CFC), 바랫 충동성 척도(Barratt Impulsiveness Scale: BIS)에 대한 인종/민족 간 차이에 대해 연구했다. 이 연구에서는 ZTPI 및 CFC의 하위척도와 BIS 하위척도에 대한 두 민족 집단 간의 차이를 알아보기 위해 일원분산분석이 활용되었다. Ferguson은 각 분석을 별도의 표로 보여 주기보다는 분석 내용을 〈표 6-31〉과 같이 하나의 표로 통합하여 제시했다.

그림을 제시하기 위한 가이드라인

이 장에서 이야기한 내용 중 많은 부분이 그림에도 적용된다. 그러나 그림은 표에 포함되지 않는 모든 것을 아우르기 때문에 그 범위가 훨씬 넓다. 인과 다이어그램, 사진, 조직도, 지도, 삽화, 흐름도, 타임라인 혹은 그밖에 어떤 형태도 그림이 될 수 있다. 그림은 특히 전반적인 패턴을 보여 주는 데 유용하다. 따라서 표에 제시된 숫자들을 살펴보아도 명확하게 나타나지 않는 관계를 보여 주는 데 그림을 사용할 수 있다. 많은 경우 그림은 표를 보강하기 위해 사용되지만, 그림을 볼 때 독자가 값을 추정해야 하기 때문에 그림이 표를 대신해서 사용되어서는 안 된다. 표를 보강해 주는 그림은 특히 상호작용 효과나 비선형 관계를 명확히 보여 주어야 할 때 유용하다. 예를 들어, 우리는 이 장에서 교육, 성별, 자녀 수 간 상호작용의 속성([그림 6-1] 참조)과 처치집단과 교육 수준 간 상호작용의 속성([그림 6-4] 참조)을 표현하기 위해 그림을 사용했다.

APA(2010b)는 바람직한 그림에 대한 일곱 가지 일반적 규칙을 다음과 같이 제시했다. 좋은 그림은 다음과 같은 속성을 지닌다.

- 텍스트 내용을 그대로 반복하기보다는 텍스트를 보강한다.
- 필수적인 사실만 전달한다.
- 시각적으로 방해되는 상세 요소는 생략한다.
- 보기 쉽다. 즉, 그림의 요소(활자, 선, 명칭, 기호 등)가 출력된 형태에서도 알아보기 쉽도록 충분히 크다.
- 이해하기 쉽다. 즉, 그림의 목적이 명확히 드러난다.
- 같은 논문에 사용된 유사한 그림과 일관성이 있고 동일한 스타일이다. 즉, 글자의

크기와 활자체, 선 굵기 등 여러 가지가 동일하다.
- 신중한 계획을 바탕으로 구성된다. (p. 152)

　그림은 연구자의 이론적 틀을 보여 주기 위해서도 사용할 수 있다. 이러한 맥락에서 특히 유용한 것은 연구자의 이론적 틀에 따라 예상되는 관계를 보여 주는 경로 다이어 그램을 사용하는 것이다. 예를 들어, Samples(2012)는 트라우마에 노출된 저소득 흑인 여성의 자살 행위 회복탄력성에 관한 조절된 매개효과 모형을 표현하기 위해 그림을 사용했고([그림 6-5] 참조), Mazurowski(2001)는 노년층의 인지적 유연성과 성격이 대 인관계에서의 관점 수용에 미치는 영향에 대한 모형을 보여 주기 위해 그림을 사용했 다([그림 6-6] 참조).
　Mewborn(2005)이 D. W. Sue 등(1982)의 다문화 역량 모형을 표상하기 위해 그림을 사용한 것처럼([그림 6-7] 참조), 이론적인 틀도 일반적인 형태로 시각화할 수 있다.

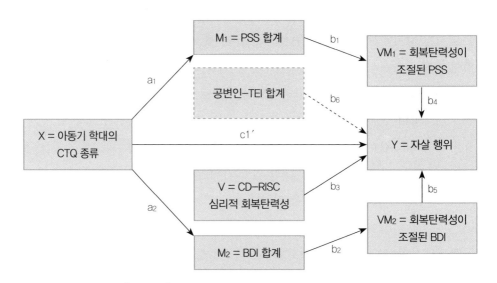

[그림 6-5] 자살 회복탄력성에 관한 조절된 매개효과 모형
출처: Samples(2012), p. 49. 저자의 허락을 받아 게재함.

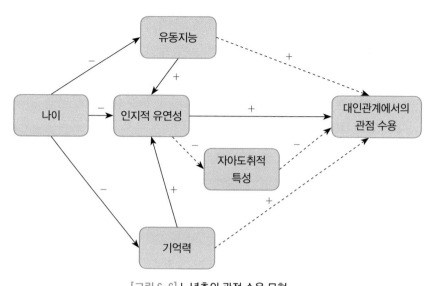

[그림 6-6] 노년층의 관점 수용 모형

출처: Mazurowski(2001), p. 90. 저자의 허락을 받아 게재함.

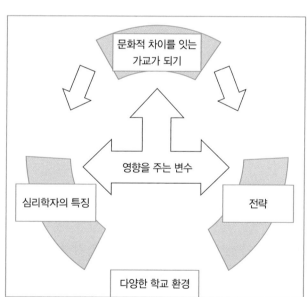

심리학자의 특징	영향을 주는 변수	심리학자의 전략
• 다문화에 대한 흥미	• 다문화 훈련	• 관계 구축
• 지식	• 삶의 경험	• 정보 수집
• 자기인식	• 시스템 문제	• 정보 공유
• 문화적 공감		

[그림 6-7] 다양한 학교 환경에서 노련한 학교 심리학자의 반응에 대한 이론

출처: Mewborn(2005), p. 108. 저자의 허락을 받아 게재함.

연구자가 제안하는 모형이나 이론적 틀을 보여 주는 것 외에도 그림은 모형 기반 사고를 통해 도출한 분석 결과를 표현하는 데 있어 매우 유용하다. 예를 들어, [그림 6-8]은 Zachariades(2012)의 연구에서 통증 관련 장애가 집단 소속감과 불면증 강도 사이의 관계를 매개하는 것을 보여 준다. [그림 6-9]는 대인관계 관점 수용에 대한 Mazurowski(2001)의 최종 모형이다.

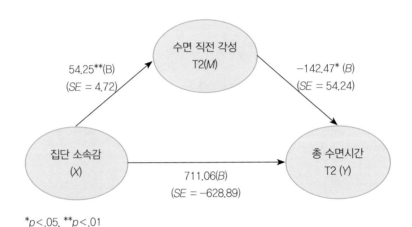

[그림 6-8] 통증 관련 장애에 대한 매개효과 분석
출처: Zachariades(2012), p. 76. 저자의 허락을 받아 게재함.

끝으로, 그림은 일정 기간 동안 참여자들을 추적하는 데 유용할 수 있다. 예를 들어, Newton, Litrownik, Lewis, Thompson과 English(2011)는 친아버지 없이 친어머니와 함께 살고 있는 고위험군 아동이 4세부터 8세까지 겪는 가정의 변화를 보여 주기 위해 그림을 사용했다. [그림 6-10]은 이 아동들이 4세일 때는 연구에 662건의 사례가 있었지만 이들이 8세일 때의 최종 표본에는 417건의 사례만이 있었음을 보여 주고 있으며, 자녀가 친어머니와 떨어지게 된 이유들을 보여 주고 있다.

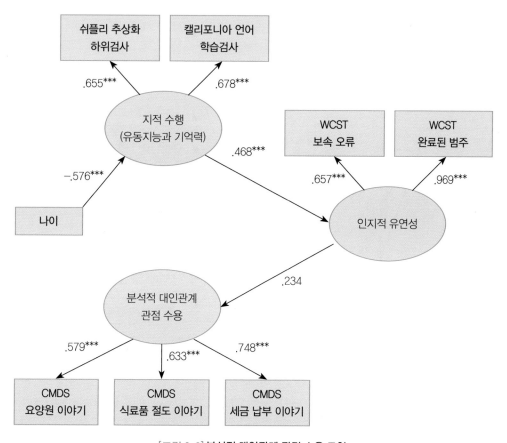

[그림 6-9] 분석적 대인관계 관점 수용 모형

출처: Mazurowski(2001), p.104. 저자의 허락을 받아 게재함.

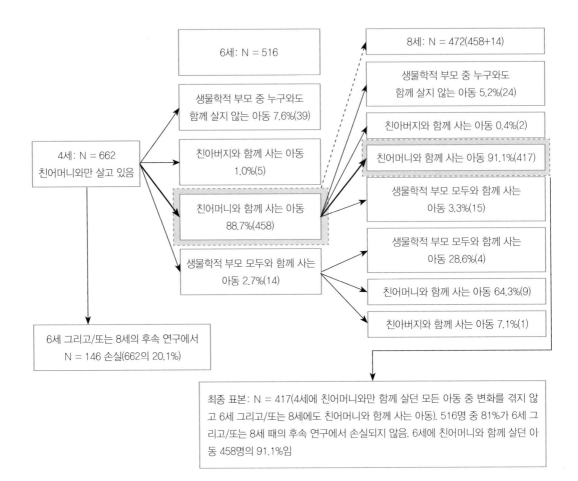

[그림 6-10] 종단연구 기간 동안 사례의 흐름을 보여 주는 그림

출처: Newton, Litrownik, Lewis, Thompson, & English(2011), p. 8.

제7장
질적 연구 결과 제시하기

　학위논문 결과 장이 제대로 작성되기 위해서는 서로 관련된 두 가지 기술(skills)이 필요한데, 바로 자료 분석방법을 선택하고 서술하는 기술과 분석 결과를 제시하는 기술이다. 양적 연구에서는 어떻게 자료를 제시하고 통계적 분석 결과를 요약하는지에 대해 일반적으로 합의된 지침이 존재한다. 그러나 질적 연구는 그렇지 않다. 비록 일부 문헌(Gibbs, 2012; Grbich, 2012; Miles, Huberman, & Saldana, 2013; Silverman, 2013)에서 어떻게 질적 자료 분석을 수행하고 결과를 제시할 것인지에 대해 매우 구체적인 조언을 제시하지만 학자들 사이에 합의된 방법은 없으며, 실제 우리의 지도 학생들도 다양한 형식과 접근법을 사용해 왔다. 모든 연구가 그렇듯, 자료를 이해하기 쉽고 명확하게 종합적으로 제시할 수 있는 잘 조직화된 전략을 채택하는 것이 중요하다.

　질적 연구는 숫자나 통계치보다 텍스트나 생각과 같은 많은 양의 자료를 생성한다. 이러한 자료에는 인터뷰 전사자료(interview transcripts), 현장 노트(field notes), 다양한 종류의 기록물, 문서, 영상 및 음향 기록, 소셜 미디어 및 비개입 측정자료(unobtrusive measures) 등을 비롯한 수많은 종류가 있다. 연구자는 많은 자료 가운데 어떤 것을 보여 주어야 할지, 어디서부터 시작해야 할지 모르는 상황에 처할 수 있다. SPSS 같은 통계 프로그램 패키지는 집단 내 비교와 집단 간 비교가 즉시 가능하도록 표준화된 방식으로 정량적 자료를 제시한다. 질적 자료 분석 프로그램 역시 존재하며, 이들 프로그램은 점점 더 정교하게 발전해 왔다. 질적 자료 분석을 위한 여러 훌륭한 프로그램의 발전 및 개선과 함께 질적 연구 논문은 폭발적으로 증가했다. 〈표 7-1〉에 컴퓨터를 활용한 질적 자료 분석 소프트웨어(Computer-Assisted Qualitative Data Analysis Software: CAQDAS) 중 가장 인기 많은 다섯 가지 프로그램을 웹사이트 및 체험판 다운로드 링크와 함께 제시했다. 이 프로그램 중 일부는 주로 텍스트 및 전사자료 분석에 중점을 두며, 나머지는 사진 및 영상 기반의 자료를 포착하기 위해 설계된 브로드넷(broad net)을 사용한다. 이 프로그램들을 추천하는 이유는 역사가 깊고 웹사이트가 잘 구축되어 있으며 체험판과 교육 및 고객 지원을 제공하기 때문이다. 이들 모두 특허 프로그램으로 무료가 아니다. Aquad, Coding Analysis Toolkit, Compendium 등 여러 무료(오픈소스) 프로그램도 존재한다. 이러한 무료 프로그램들이 특허 프로그램과 동일한 기능을 한다고 알려져 있으므로, 학생들은 이러한 무료 프로그램 중 하나를 사용해서 비용을 절약 할 수도 있다. 하지만 우리는 이 프로그램들의 사용상 편리성이나 신뢰도에 대한 평가를 하지 않을 것이다. 독자들은 이러한 프로그램에 대해 정보를 더 얻고 싶다면 위키피디아를 참조할 수 있으며, 위키피디아는 다양한 특허 CAQDAS, 무료(오픈소스) CAQDAS, 클라우드 기반 CAQDAS에 대한 목록과 링크를 제공하고 있다(https://en.wikipedia.org/wiki/Computer-assisted_qualitative_data_analysis_software 참조).

CAQDAS를 선택할 때는 통계 소프트웨어의 경우와 마찬가지로 자신이 소속된 기관, 부서 혹은 지도 교수가 사용하고 추천하는 소프트웨어를 사용하는 것이 좋다. 그리고 소프트웨어를 완전히 익힐 때까지 어느 정도의 시간이 필요한지 생각해 보기를 권한다. 다음에 추천된 CAQDAS는 모두 상세한 웹기반 매뉴얼, 교육 영상 그리고 고객 지원이 제공된다. 무료 프로그램을 사용하는 것이 좋은 생각일 것 같지만, 관련 지원 없이 프로그램을 익히고 문제를 해결하는 데 많은 시간을 쓰게 되어 장기적으로 들인 시간에 비해 절약한 돈의 가치가 형편없을 수도 있다. 따라서 CAQDAS를 선택할 때는 다음과 같은 특성을 고려해야 한다. ① 고객지원 서비스를 즉시 받을 수 있는가? ② 고품질의 문서가 작성되는가? ③ 사용자 인터페이스가 배우고 사용하기에 쉬운가? ④ 소프트웨어가 자신의 운영체제(윈도우, 맥, 리눅스)에서 잘 가동되는가? ⑤ 소프트웨어가 자료를 쉽게 입출력할 수 있으며 원하는 형태(예: 워드 파일, 엑셀 스프레드시트, HTML, PDF 등)로 분석이 가능한가?

모든 컴퓨터 기반 질적 자료 분석 프로그램은 자료 정리 프로그램(data organizer)임을 유념하라. 따라서 이들 프로그램을 사용하면 텍스트 및 기타 자료를 저장·코딩· 처리하는 데 시간을 크게 절약할 수 있다. 방대한 양의 텍스트나 기타 자료는 컴퓨터로 옮겨져야 하며, 〈표 7-1〉의 프로그램들은 그러한 작업 과정을 원활하게 해 줄 것이다. 복잡한 코딩을 하는 경우, 소프트웨어 프로그램은 마우스 클릭만으로 주요 구절을 찾는 일을 도와주는 개인 비서 역할을 한다. 1개 이상의 범주에 하나의 분석 단위를 부여하는 작업을 비롯하여 텍스트에 코드를 부여하는 일이 쉬워지고, 범주화·검색· 복구를 위해 단어, 구문, 문장, 문단 등을 옮기는 일이 쉬워진다. 소프트웨어 프로그램은 공통 단어 및 구절을 바탕으로 자료를 분류하고 연결하는 작업에도 도움이 된다. 그런 점에 있어서 소프트웨어는 연구자의 직감과 가설을 검증해 보고 자료를 내용 분석, 기술통계, 그래픽 형식 등으로 보여 주는 데 도움이 된다. 그러나 질적 연구자들은 이에 대해 심각한 우려를 표명하기도 했다. St. John과 Johnson(2000)은 다음과 같이 진술했다.

> 갈수록 획일적이고 경직된 과정, 코딩 및 검색(retrieval) 방식에 대한 과도한 의존, 자료의 사물화(reification), 깊이와 의미보다는 양과 범위에 초점을 맞추도록 연구자에게 가해지는 압력의 증가, 컴퓨터 패키지 사용법을 배우기 위해 소요되는 시간과 노력, 상업성 증가, 분석이라는 실질적인 작업에 집중하지 못하는 현실 등이 우려된다(p. 393).

이러한 문제에 대해 더 알아보고 싶은 독자에게는 영국 서리 대학교(University of Surrey)의 CAQDAS 네트워킹 프로젝트(CAQDAS Networking Project; https://www. surrey.ac.uk/computer-assisted-qualitative-data-analysis)와 '인간 커뮤니케이션 내용 분석'을 다루는 Text Analysis Info(http://textanalysis.info)를 추천한다. 각 사이트에는 특정 연구 목적에 따라 CAQDAS를 설명하는 상세한 정보가 있다. 예를 들어, Anvil 5.0에 대해서는 "무료 영상 주석 도구로서 사용자가 정의한 분류체계(annotation scheme)에 따라 프레임 단위로 정확한 위계적 다층 구조의 주석을 제공한다."(http://textanalysis. info/pages/text-analysis-software-classified/transcribing-software-audiovideo.php)라고 설명하고 있다.

요약하면, 질적 자료 분석을 용이하게 도와주는 많은 새로운 소프트웨어가 존재하지만, 이들 프로그램에는 한계점 역시 존재한다. 여기서 한계점이란 이러한 소프트웨

어는 연구의 기반을 이루는 텍스트나 다른 질적 자료의 구조가 갖는 의미를 읽어 낼
수 없다는 것이다. 그 책임은 연구자에게 있으며, 주의하지 않으면 컴퓨터에 지나치
게 의존함으로써 우수한 질적 연구의 정수라고 할 수 있는 창의적 의미 형성(creative
meaning making)과 이론 구축(theory building)을 등한시하게 될 수도 있다. 따라서 연
구자는 자료를 읽고 자료에 대해 고찰하며 자신만의 범주를 만들어 내는 데 1차적인
책임을 지고 자신만의 결론을 도출해야 한다. 원한다면 연구활동에 도움이 되도록 소
프트웨어를 사용하지만, 소프트웨어에 의존하여 소프트웨어가 자료를 분석하도록 하
지는 말아야 한다.

　질적 자료를 분석할 때 연구자는 상당한 재량이 있으며, 각각의 분석 결과를 제시하
는 데 자신만의 방법을 고안해 내야 한다. 대부분의 질적 연구자는 전체적인 느낌을 파
악하기 위해 인터뷰 전사자료 및 현장 노트 등을 비롯하여 수집한 모든 정보를 하나도

〈표 7-1〉 질적 자료 분석 소프트웨어 프로그램 선정

프로그램명	배포자	웹사이트(코멘트)	데모 다운로드 가능 여부	코멘트(모두 제조사 웹사이트로부터 가져옴)
ATLAS.ti 7	Scientific Software Development	www.atlasti.com (웹 프레젠테이션이 뛰어남, 이 사이트를 살펴볼 것을 강력히 권함)	가능 www.atlasti.com/demo.html	ATLAS.ti는 서면 텍스트, 음향, 영상, 그래픽 자료 분석을 지원하는 도구로서 여러 도구가 정교하게 통합된 하나의 도구 세트이다. 이들 도구의 통합은 질적 연구자의 작업 흐름을 완벽하게 지원하기 위해 설계되었다. ATLAS.ti는 고도로 정교화된 도구를 제공함으로써 대량 자료의 의미요소(segment) 관리, 추출, 비교, 탐색 및 재조합을 유연하고 창의적이면서도 체계적으로 지원한다.
Ethnograph 6.0	Qualis Research Associates	www.qualisresearch.com	가능 www.qualisresearch.com	The Qualis Research 홈페이지에는 소프트웨어에 대한 설명이 없고, 소프트웨어의 기능과 특징을 보여 주는 그림 자료가 있다. 이는 어떤 소프트웨어를 선택할지 결정하고자 하는 학생에게는 도움이 되지 않을 것이라고 본다.

〈계속〉

프로그램명	배포자	웹사이트(코멘트)	데모 다운로드 가능 여부	코멘트(모두 제조사 웹사이트로부터 가져옴)
Hyper-RESEARCH	ResearchWare Inc.	www.researchware.com/products.html (HyperRESEARCH, HyperTRANSCRIBE, HYPERBUNDLE이라는 세 가지 제품이 있음)	가능 www.researchware.com/downloads.html	HyperRESEARCH는 코딩 및 리트리빙, 이론 구축, 자료 분석을 할 수 있게 해 준다. 고급 멀티미디어 역량을 갖추고 있어 이 소프트웨어를 이용하여 텍스트, 그래픽 음향, 영상 자료를 작업할 수 있다. 견고한 코드-검색 자료 분석 프로그램(code-and-retrieve data analysis program)으로 Theory Builder가 제공하는 이론 구축 기능을 추가로 보유한다.
QSR Nvivo 10 (과거 NUD*IST)	QSR International	www.qsrinternational.com (훌륭한 웹사이트, 강력 추천함)	가능 www.qsrinternational.com/products_free-trial-software.aspx	Nvivo는 질적 연구 및 혼합방법 연구를 지원하는 소프트웨어이다. 이 소프트웨어는 인터뷰, 초점 집단, 논의, 설문조사, 소셜 미디어 자료, 유튜브 영상, 웹페이지로부터 내용을 수집·정리·분석할 수 있게 해 주고, 강력한 검색 도구, 쿼리(Query) 도구, 시각화 도구를 사용하여 자료를 심도 있게 분석할 수 있게 해 주며, 미묘한 연결고리를 밝혀내고 작업을 해 나가면서 연구자의 통찰과 아이디어를 추가하며 연구 결과를 엄밀하게 타당화하고 연구 내용을 공유할 수 있도록 해 준다.
MAXQDA 11 MAXQD Aplus11	MAXQDA	www.maxqda.com (매우 훌륭한 웹사이트)	가능 www.maxqda.com/downloads/	MAXQDA는 질적 자료 분석 및 혼합방법 자료 분석을 위한 전문 소프트웨어로 전 세계 수천 명이 사용하고 있다. 1989년 처음 출시된 이 소프트웨어는 오랫동안 성공적인 연구 프로젝트 수행에 도움이 되는 강력하고 혁신적이며 사용하기 쉬운 분석 도구를 제공해 왔다.

빠뜨리지 않고 읽고 또 읽는 것으로 자료 분석을 시작한다. 연구자는 메모나 성찰 노트의 형태로도 정보를 요약할 수도 있다. 텍스트 자료는 그 범위와 분량이 압도적으로 방대한 경향이 있기 때문에 자료를 분류하고 정제하기 위한 범주나 코드를 만들어 자료를 줄여 나갈 필요가 있다. L. Richards(2009)는 설문조사 연구와 더 자주 연관되는 양적 코딩과 질적 코딩 간의 중요한 차이점을 명확하게 설명했다. 이러한 차이점을 편집하고 요약한 내용을 〈표 7-2〉에 제시하고 있다. 또한 Richards는 질적 자료 코딩에 있어 상당히 간단한 접근법을 제시했다. ① 기술적 코딩(descriptive coding)은 양적 코딩과 마찬가지로 각 사례를 기술하는 속성(나이, 출신 등)을 저장하고 요약한다. ② 화제 코딩(topic coding) 혹은 텍스트의 주제에 따른 라벨링(범주화)은 시간이 걸리는 일이지만 자동화될 수 있다. ③ 분석적 코딩(analytical coding) 혹은 새로운 범주를 만든다는 것은 연구자가 자료에 대해 고찰하면서 떠오른 아이디어에 기반한 것이다. 이 마지막 단계가 질적 이론 구축의 핵심이다.

〈표 7-2〉 코딩의 양적 방식과 질적 방식

	양적	질적
연구 과정에서의 위치	자료 수집과 분석의 사이	연구 전반에 걸쳐서
범주와의 관계	사전에 정해진 범주	범주를 생성함
원본 자료와의 관계	코드가 원본 자료를 대체하며 원본 자료는 유지되지 않음	코드가 원본 자료를 나타내며 원본 자료는 유지됨
범주 수정	보통 새로운 범주가 추가되지 않음	새로운 범주가 지속적으로 생성됨
코딩 과정	코딩은 반복적이며 기계적으로(clerical) 진행됨	코딩에 분석적 작업이 수반됨

출처: L. Richards(2009), p. 94.

　주요 질적 연구 전통마다 텍스트 자료를 분석하는 고유한 방법이 있다. 작성된 문서 내에서 자료와 결론을 어떻게 제시할 것인가에 대해서는 심지어 더 많은 재량이 주어진다. 현상학 분야의 대표적 연구자인 Moustakas(1994)는 두 가지 분석방법을 설명했다. 첫 번째 접근법은 van Kaam(1966)의 방식을 수정한 방법이다. 두 번째 접근법은 Stevick(1971), Colaizzi(1973), Keen(1975)이 제시한 방법들을 변형한 것이다.

Moustakas(p.122)의 내용을 수정한 다음의 단계는 모든 연구 참여자로부터 얻은 전체 전사자료에 적용된다. 현상에 대해 겪은 자신의 경험을 완전히 기술하는 것으로 시작하여 그 후 이 전사자료를 가지고 다음의 단계를 밟도록 한다.

1. 각 진술문이 그 경험을 얼마나 잘 기술하고 있는지 검토한다.
2. 관련된 모든 진술문을 기록한다.
3. 불필요하거나 타인의 진술과 중복되는 모든 진술문을 제거하여 경험에 대한 핵심 의미 단위만을 남겨 둔다.
4. 변하지 않는 의미 단위들을 주제들(themes)로 정리한다.
5. 주제들을 그 경험이 잘 어우러지도록 기술하고 인용문을 활용하여 내용을 강화한다.
6. 상상력을 사용하고 다양한 관점을 취하여 텍스트에서 가능한 의미를 찾고 경험의 구조를 기술하는 내용을 구성한다.
7. 원문—구조 묘사(textual-structural description)를 통해 경험의 의미와 본질(essence)을 나타낸다.

각 연구 참여자의 전체 전사 자료를 대상으로 이러한 일곱 단계를 밟는다. 그리고 각 참여자의 개별 조직적·구조적 기술 내용들을 전체 집단의 경험이 갖는 의미와 본질에 대한 하나의 종합적 기술 내용으로 통합한다. '원문 묘사(textual description)'는 해당 경험의 '무엇'을 말하는 반면, '구조적 묘사(structural description)'는 해당 경험이 '어떻게' 이루어졌는가에 대한 내용이다(Moustakas, 1994). 제3장에서 잠시 소개된 교사의 리더십과 학업에 대한 엄격함을 연구한 Francis(2012)의 논문에서 그녀는 자료에서 주제를 발견하고 성찰을 바탕으로 개별 참여자의 응답을 넘어선 경험의 '본질'을 이해하기 위해 이 두 가지 과정을 어떻게 사용했는지 설명했다.

현상학적 논문을 작성하고자 하는 학생은 이러한 종류의 자료 환원 과정(data reduction procedures)에 익숙해져야 한다. 우리 지도 학생인 Diane Armstrong(1995)은 시각장애인이 꾸는 꿈에 대해 알아보기 위한 아주 매력적인 현상학적 연구를 실시했다. 그녀는 성인인 선천적 시각장애인(시각장애인으로 태어난 사람) 및 후천적 시각장애인(시각이 있는 채로 살다가 시각 장애인이 된 사람)과의 인터뷰 36건으로부터 얻은 자료를 사용했다. 자료 환원을 위한 그녀의 접근법은 Giorgi(2009)의 자연주의적 방식(naturalistic methods)이었으며 이러한 접근법을 통해 감각 자극, 꿈의 환경, 주된 정서적 특성, 꿈의 내용적 구조에 대해 기술했다. 그녀는 각 연구 참여자에 대해 간단히 설명하면서 논문의 결과 장을 시작한 후(질적 연구에서 사용되는 흔한 방식) 참여자들의 인터뷰 자료에서 도출된 주제를 보여 주었는데, 이러한 주제는 여러 예시 및 참여자로부터의 인용에 의해 충분히 설명되고 뒷받침되었다.

　문화기술지 연구의 결과는 사람과 환경에 대한 상세한 기술을 포함한다. Wolcott (1994)은 결과 장에 ① 문화 및 문화 내에서 어떤 일이 일어나고 있는지에 대한 기술, ② 패턴 파악 및 사례 비교, 현장 조사 과정에 대한 비판적 검토, 더 큰 분석체계 내에서 정보의 위치 등을 비롯한 연구 결과에 대한 분석, ③ 이론적 의의와 개인적 경험 둘 다를 포함해 문화를 공유하는 집단에 대한 해석이 포함되어야 한다고 권고했다. Creswell(2013)에 따르면, 이러한 내용은 특정 집단이나 한 개인의 하루를 강조할 수도 있고 중요한 사건에 초점을 맞출 수도 있으며, 하나의 분석체계를 채택하거나 정보 제공자들의 시각을 통해 서로 다른 관점을 보여 줄 수도 있다. 분석에는 작성된 정보를 명확히 설명하고 평가하는 데 도움이 되도록 표, 다이어그램, 그림 등을 사용할 수도 있다. 해석 단계는 자료를 넘어 더 큰 연구문제에 시사하는 바를 다룬다. 문화기술지 연구 결과는 고도로 객관적인 접근법을 취하는 방식에서부터 조금 더 사적이고 비정형적인 접근을 선호하는 방식에 이르기까지 다양한 방법으로 작성될 수 있다. 학위논문을 문화기술지 연구로 하고 있다면 논문 심사위원과 상의하여 학과와 프로그램에 적절한 접근법으로 판단해야 한다.

　백인 위주의 대학 도시에서 거주하며 일하는 유색 인종의 경험에 대한 Anissa Butler(2006)의 야심찬 문화기술지 연구는 주제에 대해 사적인 접근법을 취했고, 상당한 양의 자료 수집과 지적 엄격성(intellectual rigor)으로 이러한 접근법을 뒷받침했다. Butler는 대부분의 순수한 문화기술지 연구의 보다 객관적인 방향과 반대로 자문화기술지(autoethography) 연구를 실시했는데, 그녀는 콜로라도 볼더 마을에 살면서 아는 것이 많은 참여 관찰자로서 자신의 경험과 관찰 내용을 연구에 포함시켰다. 이 논문의 결과 부분은 이러한 환경에서 살고 있는 유색 인종으로서의 자신의 긴 이야기로 시작되었다. 그 다음에는 해당 지역사회와 관련된 유색인종 23명을 대상으로 실시했던 심층 인터뷰를 요약한 내용이 이어졌고, 구조화된 설문 결과에 대한 또 다른 부분과 저자가 실시한 일련의 초점 집단 결과를 설명하는 부분이 그 뒤를 이었다. 논문의 이어지는 장들에서는 사적인 접근법과 문화적 접근법 사이를 오가는 자서전적인 혼합 접근법이 유지되었다. 그녀는 볼더에서 살고 일하는 유색인종의 문화적 적응(acculturation) 과정에 대한 기술 내용을 포함하여 일련의 주제를 제시하기 위해 자료를 삼각측정(triangulation)했고, 분석 및 연구의 의의에 대한 장으로 논문을 끝맺었다.

근거이론 연구자들은 논문의 결과 장에서 어떤 내용이 정리되어야 하는가에 대해 다소 다른 사고 방식과 표현 방식을 가지고 있다. 자연주의적 자료를 이해하는 것은 귀납적 분석 기법을 통해 자료를 처리하는 것을 의미한다. 근거이론은 정보의 범주를 개발하고 이러한 범주로부터 시작하여 범주들을 연결하고 일련의 이론적 명제를 생성하기 위한 서사를 구성하는 절차 중에서 가장 구조화되어 있고 통합적인 절차를 제시한다. 자료는 체계적인 방법을 통해 가능한 많은 주제와 의미 범주로 코딩된다. 여러 범주가 드러나고(emerge) 정제되면서(refine) 연구자는 이들 범주가 서로 어떻게 연관되는지와 그에 대한 이론적 의의가 무엇인지에 대해 고찰하기 시작한다. 의미 범주의 이론적 속성이 점차 확고해지고 하나의 패턴을 형성한다. 이렇게 나타나는 패턴을 근거이론이라고 한다.

근거이론은 귀납적 분석의 기반이 되는 두 가지 핵심 하위 과정인 단위화(unitizing)와 범주화(categorizing)를 수반한다. 단위화는 정보 단위를 텍스트로부터 분리하는 코딩 작업이다. 두 번째 하위 과정인 범주화에서는 단위화 단계에서 얻어진 정보 단위를 의미의 유사성을 바탕으로 여러 개의 범주로 정리한다. 범주의 수가 포화(saturation) 단계에 이르면, 연구자는 어떤 정보 단위를 범주에 포함하거나 제외할지 정의하는 규칙을 만들려고 시도한다. Glaser와 Strauss(1967)는 이 과정을 지속적 비교법(constant comparative methods)이라고 불렀다. 이 지속적 비교법에서는 지속적인 수정ㆍ변경ㆍ보정이 요구되는데, 이는 모든 생성된 단위가 적절한 범주에 들어가고 범주에 단위를 추가하여도 새로운 정보를 제공하지 않을 때까지 이루어진다.

여러 근거이론가는 질적 자료 분석 과정에서 서로 다른 용어와 단계를 사용한다. 이로 인해 박사 수준의 연구를 실시하면서 근거이론 접근법을 사용하고자 시도하는 학생 및 연구자들은 굉장한 혼란을 겪는다. 다음의 논의는 현대 근거이론 문헌에서 공통적으로 발견되는 주요 내용에 기반을 둔다. 지금쯤이면 독자들도 알고 있겠지만 Barney Glaser와 Anselm Strauss는 서로 다른 학문적 전통을 배경으로 하고 있으며, Glaser는 실증주의적 · 정량적 배경을, Strauss는 상징적 상호작용주의, 현장 연구 배경을 가지고 있다. 그들의 초기 협업은 질적 자료 분석에 있어 지배적인 접근법이 발전할 수 있는 장을 마련했다. 하지만 시간이 지나면서 각자 접근법 간의 차이가 확대되면서 현재의 혼란이 생겨났을 뿐 아니라, 근거이론 분석에 대한 여러 대안적 접근법이 생겨나는 데 일조했다.

근거이론 자료 분석의 첫 번째 단계는 인터뷰(혹은 다른 원자료)를 그대로 전사한 후 내용을 처음부터 끝까지 상세하게 읽고 연구 참여자들의 생각에 완전히 몰입함으로써 그 내용을 숙지하는 것이라고 해도 과언이 아닐 것이다. 그 후 자료 조직화에 도움이 되도록 코드를 개발한다. 코딩이란 텍스트를 작은 범주로 축소하는 것으로, 자료를 대표하는 글(이나 그림)에서 찾을 수 있는 주제나 생각을 반영하는 명칭을 추출함으로써 이루어진다. 때로 코드(codes)라는 용어 대신 범주(categories), 주제(themes) 혹은 색인 (indices)라는 말이 사용되기도 한다(Gibbs, 2012). 코드북(codebook)은 코드 목록과 그에 대한 기술을 가리키는 말로 일반적으로 연구자는 책이나 온라인 파일에 이러한 내용을 목록화한다. 분석이 진행됨에 따라 코드가 추가되고 변경되면서 목록은 진화한다.

코딩의 첫 단계는 보통 개방 코딩(open coding)이라고 불리는데, 이 용어는 Glaser 와 Strauss가 모두 사용한 용어이다[Charmaz(2014)와 다른 학자들은 이를 초기 코딩(initial coding)이라고 부르기도 한다]. Corbin과 Strauss(2014)가 설명한 바와 같이, 개방 코딩은 기술적 범주를 위해 텍스트 전체를 검토하는 것이다. '개방'이라는 말이 쓰이는 이유는 이론적 관련성이 있을 수 있는 범주가 새롭게 출현하는 것을 텍스트 코딩에서 배제하지 않도록 장려하기 위함이다. Charmaz는 전사자료를 다룰 때 다음과 같은 네 가지 질문을 해 볼 것을 제안했는데, 처음 질문 세 가지는 Glaser(1978)에서 차용한 것이다.

- 이 자료는 어떤 연구에 대한 것인가?
- 이 사건은 어떤 범주를 나타내는가?
- 자료에서 실제로 무슨 일이 벌어지고 있는가?
- 누구의 관점인가?

대부분의 근거이론가는 기술적 범주를 위해 전사자료의 모든 문장을 하나하나 검토할 것을 권장한다. 그러나 최근 일부 연구자들은 코딩에 있어 조금 더 선택적이다(예:

Hennink, Hutter, & Bailey, 2011). 일례로, Todd(2011)의 개방 코딩에 대한 근거이론적 접근법은 〈표 7-3〉의 예에서 볼 수 있다.

〈표 7-3〉 근거이론 관점에서 본 개방 코딩의 예

평등주의적 관계와 향상된 힘	
개방 코드	예문
양성평등 이슈	"우리 세대의 경우에는 제도화된 성차별이 남성과 관련하여 더 큰 문제가 되었다고 생각하고, 그래서 성차별 문제를 다루지 않아도 되게 되어서 진짜 안도가 되고 환영할 만한 일이었어요. [웃음]"
균형	"하지만 집은 생존권을 가지는 상태에서 공동 소유되는 것이고, 특히 집의 가치와 관련된 것들을 제외한 모든 비용은 50 대 50으로 나눠지는 겁니다."
가사노동 분배	"그리고 물론 저는 요리하는 걸 좋아해요. 그리고 기본적으로 제가 집 정리와 요리 등을 하고 그는 빨래를 한다고 할 수 있을 것 같네요."

출처: Todd(2011), p. 78. 저자의 허락을 받아 게재함.

코딩의 다음 단계는 Strauss와 동료들(Strauss & Corbin, 1998; Strauss, 1987)이 축 코딩(axial coding)이라고 불렀던 단계로, 범주의 속성과 차원에 따라 범주를 하위 범주에 연결시킨다. 여기서 자료는 주요 범주 간에 그리고 주요 범주와 하위 범주가 어떻게 연관되는지 측면에서 평가된다. 축 코딩은 선택 코딩(selective coding)이라고 하는 다음 단계와 함께 진행되기도 한다. Glaser에게 선택 코딩은 핵심 주제나 범주와 연관된 범주로만 제한된다(Urquhart, 2013). Corbin과 Strauss(2014)에게 선택 코딩은 자료로부터 생성되는 이론을 통합하고 정제하는 작업이 수반된다. 여기서 하나의 범주가 중심 범주로 선택되면 이론적 모형이 생성되어 다른 범주들이 중심 범주에 어떠한 영향을 미치는지 혹은 중심 범주로부터 어떠한 영향을 받는지, 중심 범주를 위한 맥락을 어떻게 제시하거나 매개하는지에 따라서 다른 범주들을 중심 범주와 연결한다. 이를 '이론적 코딩(theoretical coding)'이라고 생각할 수도 있을 것이다. 이론적 코딩은 Glaser(1978)가 선호했던 용어로, 지금까지 만들어진 코드들이 서로 어떻게 연관되는지, 그리고 드러나는 이론과 어떻게 연관되는지에 초점을 둔다.

코딩 단계가 어떻게 정의되든지 간에, 그 단계를 엄격하게 고수하는 것보다는 텍스트에 대한 관점을 기술적·개인적 관점에서 개념적·이론적으로 참여자 경험을 이해하는 쪽으로 점차 이동하는 것이 더 중요하다. 그 결과로 나온 이론은 연구의 맥락, 선행연구, 실제에 대한 현상을 이해하기 위해 그림과 표의 도움을 받아 자료를 토대로 생성된 가설이나 종합적 모형(또는 둘 다)으로 논문에 제시될 수 있다. 이론이 작성되면 추가적인 타당화를 위해 관련 논문들이 인용된다.

'지속적 비교법(constant comparative method)'은 사회과학 분야의 여러 질적 연구에서 찾아볼 수 있다. 기본적으로 이 방법은 생성된 이론을 추가적 자료와 비교하여 확인하고 수정하는 작업을 수반하는데, 새로운 자료가 동일한 사례의 모든 자료를 점검하여 얻은 것인지 혹은 여러 사례를 조사하여 얻은 것인지 관계없이 이루어진다. 이 방법은 추가적 의미를 만들어 내는 새로운 정보가 없을 때까지 각 코딩 범주에 대한 예시를 구함으로써 범주를 정제하는 데 사용될 수 있다. 이러한 중복의 지점을 '포화(saturation)'라고 한다. 이 과정에서 질적 연구자에게는 잠정적 가설을 평가할 수 있는 다른 사례를 찾아 볼 것이 권장된다. '일탈적 사례 분석(deviant case analysis)'이란 의미 탐색 범위를 연구의 개념적 결론을 명확히 하거나 그 범위를 정하는 데 도움이 될 모순된 자료나 사례까지로 확장하기 위해 사용되는 용어이다.

많은 질적 연구자는 Strauss와 Glaser의 초기 연구로부터 다소 벗어나는 다른 코딩 절차를 채택해 왔다. 근거이론의 코딩에 대한 기법과 이론에 대한 다른 접근법에 대해 알고 싶으면 Corbin과 Strauss(2014), Charmaz(2014), Urquhart(2013)의 최근 연구를 살펴볼 것을 권한다.

근거이론 접근법을 사용한 논문의 한 예로 앞서 언급했던 Todd의 2011년 연구를 들수 있는데, 이 연구는 강한 GLBT 가족이 되는 과정에 대한 연구였다. Todd는 미국 전역에 있는 게이, 레즈비언, 양성애자 그리고/또는 트랜스젠더(GLBT) 커플이라고 밝힌 21쌍을 대면과 전화를 통해 인터뷰했다. 저자는 자신이 수집한 엄청난 양의 자료를 처리하고자 했던 노력을 다음과 같이 회고했다.

> 각 인터뷰가 끝나자마자 연구자는 모든 자료를 전사하고 코딩했다. 이렇게 자료 수집 과정에서 메모를 하고, 다이어그램을 그리며 연구 방향을 변경할 수 있었다. 디지털 기록 자료를 모두 텍스트로 전사하여 278쪽 분량의 자료가 생성되었다(인터뷰별로 정리된 자료 길이의 중간 값은 14쪽이었다). 모든 전사 작업은 연구자가 수행했다. (p. 58)

Todd는 자신의 자료 분석 과정을 다음과 같이 기술했다.

자료 분석은 자료로의 몰입, 반복적 메모, 코드, 자료 분류, 참여자 간 비교 등을 바탕으로 이루어졌다. 분석은 개방 코딩으로 시작되었는데, 개방 코딩은 연구자가 자료에서 개념과 그 개념의 속성과 차원을 밝히는 분석적 과정이다(Strauss & Corbin, 2008). 자료 분석의 다음 단계인 축 코딩에서 연구자는 범주를 하위 범주(범주를 더욱 구체화하거나 명확화 하는 개념으로서, 범주와 연관된 개념)와 연관 짓는다. 이러한 방식으로 자료는 새롭게 조합되고 연구자는 중심 현상을 파악하고 전략, 맥락 그리고 중재적 조건 등을 구체화한다(Creswell, 2007). 선택적 코딩은 마지막 코딩 과정으로, 이론을 통합하고 정제하며 개방 코딩과 축 코딩에서 파악된 내용들을 통합할 수 있는 이야기를 찾는다. 연구자는 자료에서 새로운 특성, 차원 또는 관계가 더 이상 나타나지 않는 이론적 포화 상태가 될 때까지 이 과정을 반복했다. 자료 분석에는 컴퓨터 자료 분석 소프트웨어 MAXqda2(maxqda.com)가 사용되었다. (p. 64)

다음은 Laura Tugman-Gabriel(2011)의 문화기술지 연구에 나타난 자료 분석에 대한 또 다른 접근법을 보여 주는데, 이 연구는 미국 남동부 애팔래치아 산맥에 사는 소규모 다민족 집단인 멜런전(Melungeons)족의 민족 정체성 발전에 대한 근거이론을 생성하기 위해 설계된 연구이다. Tugman-Gabriel은 소외되고 제대로 이해되지 못한 문화 집단에 대한 이론-생성 연구의 기반이 될 자료를 수집하기 위해 5개월간 멜런전 지역사회에 방문하고 동화되어 지역 행사에 참여하고 사회적 전통을 관찰했으며, 거주민들을 체계적으로 인터뷰했다. 최초의 자료 분석 단계에 대해 그녀는 다음과 같이 썼다.

첫 인터뷰에서 마지막 인터뷰에 이르기까지 나는 개별 인터뷰를 통한 자료 수집, 메모와 현장 일지 작성을 통한 성찰, 자료 분석으로 이루어지는 순환적 과정을 거쳤고 궁극적으로는 이 과정의 결과를 인터뷰 프로토콜에 통합시켰다. 초기 자료 분석의 일차 목표는 내가 느낀 첫인상과 질문을 기록하고 나의 사고 과정과 자료 개념화가 진행되는 과정을 포착하는 것이었다. 개별 인터뷰가 끝나자마자 나는 인터뷰 녹음을 들으면서 현장 일지에 메모를 작성함으로써 기초적인 분석을 시행했다. (p. 65)

그 후, 그녀의 심도 있는 자료 분석은 계속해서 Strauss와 Corbin(1988)의 근거이론 절차에 따라 이루어졌다.

초기 코딩은 '개방 코딩'이라 불리는 일반적 과정인데 개방 코딩은 자료에 명시적으로 드러나 있는 개념과 구인(construct)을 확인하고 명명함으로써 자료를 해체하는 과정으로 이루어진다. 나는 개방 코딩 작업을 완료하기 위해 몇 가지 방법을 사용했다. 첫째, 인터뷰 녹음자료를 듣고 현장 일지에 코드 노트를 작성했다. 전사가 정확히 되었는지 확인하기 위해 나는 전사자료를 읽으면서 인터뷰 녹음본을 들었다. 두 번째 단계로 전사자료를 종이에 출력했다. 중요한 단어와 구절에 강조 표시를 하고 여백에 코드 노트도 작성했다. 자료를 정리하기 위해 전사문과 코딩을 QSR의 NVivo8에 입력했다. NVivo8은 질적 자료 정리와 분석을 위해 설계된 컴퓨터 프로그램이다. 나는 자료로부터 출현하는 코드와 주제를 심층적으로 정리하고 다이어그램으로 나타내기 위해 이 프로그램을 사용했다. (p. 66)

자료 분석의 다음 단계는 '축 코딩'을 이용하여 자료를 재조합하는 단계로 진화하는 개념들 사이의 관계를 시각적으로 나타내기 위한 다이어그램을 생성하는 작업을 포함했다. 그다음 단계는 '선택 코딩'으로, 출현하는 이론을 더욱 정제하기 위한 귀납적 과정이었다. 이 단계에서 Tugman-Gabriel은 Strauss와 Corbin(1998)의 권고에 따라 "여기서 무슨 일이 일어나고 있는가?"라는 질문에 대한 대답을 가능한 완벽하게 담아내기 위해 이야기를 풀어 나갔다.

Polkinghorne(2005)에 따르면, 질적 연구의 한 부분인 내러티브 연구는 인터뷰 기반의 자료(혹은 서면으로 작성된 전기적 자료)를 해석하기 위해 서사적 방식(narrative mode)을 활용하며, 이러한 방식으로 처음-중간-끝의 구조를 가진 하나의 이야기를 구성한다. 연구 참여자가 공개한 사건과 경험은 결국 '줄거리(plot)'가 되는데, 이는 연구자의 통찰력 있는 탐구로부터 얻은 의미에 기인한다. 따라서 내러티브 연구에서의 해석 과정은 질적 내용 분석을 위한 주제 중심의 전통적 접근법과 다르다(Chase, 2005). 이러한 분석은 참여자의 목소리와 이야기를 그대로 완전히 받아들이는 것으로부터 시작되는데, 이는 인터뷰 진행자가 던진 질문에 대한 응답을 해독하는 것과는 다르다. 다시 말하면, 연구자는 여러 인터뷰 전체에 걸쳐 나타나는 주제를 찾으려 하기보다는 먼저 각 인터뷰에서 참여자의 목소리를 찾는다. 따라서 동일한 서사로부터 서로 다른 이야기들 사이의 관계를 찾을 수 있다. 예를 들어, 슬픔이나 이별의 경험은 명시적으로 표현되지 않을 수 있겠지만, 이러한 경험은 부모의 심각한 질병에 대한 이야기와 가업에 참여하지 않는 것에 대한 이야기 사이의 가교 역할을 할 수도 있다. 내러티브 연구자는 서사의 전반적 구조, 감정적 어조, 서술자가 이야기를 발전시켜 나가는 경로, 주제와 사건의 바탕이 되는 개념적 네트워크를 이해하기 위해 다른 관점에서 동일한 텍스트를 여러 번 읽어야 한다.

Hoshmand(2005)는 내러티브 연구자가 사용하는 일부 분석 절차에 대한 매우 유용한 절차를 제시했다. 내러티브 분석의 예로 우리는 APA의 삶에 대한 내러티브 연구 (Narrative Study of Lives) 시리즈를 추천하는데, 특히 최신판인 『정체성과 이야기: 내러티브 속의 창조적 자아(Identiy and Story: Creative Self in Narrative)』 (McAdams et al., 2006)를 참조하기 바란다. 학위논문으로는 Ilana Tal(2004)의 심리학 논문이 있는데, Tal은 27명의 에티오피아 유대인 여성의 초경 이야기를 내러티브 분석을 통해 비서구권 문화에서 여성이 된다는 것의 의미를 탐구했다. Tal은 개별 인터뷰 및 집단 인터뷰를 통해 자료를 수집했고, 전사자료를 읽고 또 읽었으며, 내러티브를 참여자가 현재 만든 의미의 맥락에서 과거 경험을 재구성하는 것으로 보면서 7개의 주제를 추정했다. Tal은 결과 장을 다음과 같이 소개했다.

> 이 장에서는 에티오피아 여성들의 초경에 대한 이야기를 소개하고자 한다. 다른 이야기의 대부분에 나타나는 라피 가족의 3대에 걸친 이야기로 시작하도록 하겠다. 이 인터뷰는 나머지 자료와 마찬가지로 화자의 언어를 밀접하게 나타내는 방식으로 히브리어 전사자료로 부터 번역되었다. 정보가 제공된 순서와 정보가 묘사된 방식에 따라 이야기가 전개되도록 질문은 생략했다. 라피 인터뷰에 이어 이 프로젝트의 일부인 이 이야기와 다른 이야기들에서 나타나는 주요 주제를 발견할 것이다. 주제에 따라 자료를 구성했지만 여성들이 각자의 이야기를 하도록 했다. 나의 해석과 논의는 다음 장에서 제시하도록 하겠다. (p. 89)

야심찬 내러티브 논문으로는 Susan Goldberg(2007)가 실시한 조울증의 사회적 구성에 대한 연구가 있다. Goldberg는 조울증을 진단받은 여성 5명과 남성 1명을 상대로 심층 인터뷰를 실시했다. 그녀의 자료에 대한 접근 방식은 참여자가 인식하지 못하는 의미를 해석하면서[Jesselson(2004)은 이를 "의심의 해석학"이라고 언급했다], 동시에 참여자의 목소리를 가능한 정확하게 표현[Jesselson(2004)은 이를 "믿음의 해석학"이라고 언급했다]했다. 인터뷰 전사자료에 대한 세심한 분석과 Goldberg의 수많은 연구 노트 및 고찰로부터 참여자들이 조울증 진단을 받기 전에 자신들의 경험과 행동을 어떻게 해석했는지, 참여자들은 진단에 최초로 어떻게 반응했는지, 참여자들은 어떻게 그러한 경험을 통합하고 이해했는지, 참여자들은 조울증에 대한 자신만의 설명 체계를 어떻게 구성하게 되었는지 등 네 가지 범주로 정리될 수 있는 주제가 드러났다. 각 범주는 개별 참여자들로 부터의 인용과 참여자들에 걸쳐 나타난 주제를 이용하여 논문의 결과 장에서 범주별로 제시 및 탐구되었다.

질적 연구의 결과 장의 구성은 매우 다양하다. 일반적으로 참여자나 환경 혹은 둘 다에 대해 기술하는 내용을 소개하거나 제공하는 부분이 있다. Tal(2004)은 각 참여자의 경험을 통해 주제를 소개하기로 선택했지만, 대부분의 질적 연구자는 결과 장을 다음의 예시처럼 주제를 중심으로 구성하거나 자료 분석을 통해 얻은 주제들로 장을 구성한다. 주제를 기술하고 명확히 하는 내용은 일반적으로 자료로부터 얻은 풍부한 예시와 참여자들로부터의 인용을 사용하여 강조된다(비록 사용되지 못한 자료가 훨씬 더 많겠지만). 예를 들어, 사회학자들은 인용문을 중간중간 자유롭게 활용하는 것으로 알려져 있는 반면, 심리학자들은 인터뷰 대상자의 응답을 길게 요약한 후 그에 대한 해석을 제공하는 경향이 있다(Chase, 2005). 또한 질적 연구자들은 결과를 제시하는 데 있어 자신의 목소리가 얼마나 권위적인가와는 대조적으로 참여자의 목소리가 얼마나 잘 드러나고 특별하게 여겨지는가를 고려하는 점에서 다르다.

연구 참여자를 먼저 소개한 다음 주제를 명확히 하고 참여자로부터 얻은 인용문을 사용하여 그러한 주제를 분명히 보여 준 후, 마지막으로 개념적 차원에서 주제들을 함께 모아(보통 논의 장에서) 이들 주제를 이론적으로 연결시키고 기존 문헌과 연관시키는 전형적인 접근법은 경찰관의 치명적 물리력(deadly force) 사용에 대한 Beverly Anderson(2009)의 논문에 잘 나타나 있다. 이 논문에서 '치명적 물리력'이란 용의자, 시민 그리고/또는 다른 경찰에 입히는 심각한 부상이나 이들의 사망을 의미한다. Anderson이 치명적 물리력을 사용한 상황에 직접 가담했던 16명의 경찰관을 대상으로 실시했던 긴 반구조적인 인터뷰로부터 추출해 낸 주제에는 '정의로운 세상에 대한 믿음 깨기, 구시대적 치안 유지 활동, 누적되는 정신적 외상, 시민에 대한 책임/경찰 배지의 무게, 여성 경찰에게 적용되는 다른 기준, 의미와 평화 찾기'라는 명칭이 붙여졌다. 이들 주제는 인터뷰 대상자의 경험 및 생각을 통해 강조되었고, 경찰의 정신적 외상 중

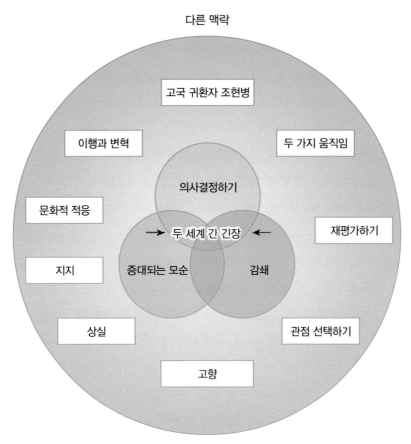

다른 맥락

[그림 7-1] Haring의 고국 귀환 주재원의 이해 방식에 대한 근거이론

출처: Haring(2006), p. 172. 저자의 허락을 받아 게재함.

후군이라 불리는 현상에 대한 이해를 높이기 위해 통합되었다.

해외 주재원이 본국으로 귀국한 후 자신들의 경험을 어떻게 이해하는지에 대한 Edwina Haring(2006)의 근거이론 논문은 여러 가지 면에서 주목할 만하다. Haring은 근거이론 자료 분석이 지나치게 구조화되고 규칙에 얽매인다고 주장하는 일부 연구자의 비판을 알고 있었다. 그러나 Haring은 이러한 규칙 내에 존재하는 구조화된 창의성의 여러 요소가 가지는 진가를 알고 있었다. 그녀의 결과 장은 인상적일 정도로 이론 구축에 많이 할애되었다. 그녀는 고국 귀환 주재원이 자신들의 경험을 어떻게 이해하는지에 대한 이론을 구성하는 세 가지 주요 구성개념(의사결정하기, 증대되는 모순, 감쇄)에 대해 설명하고 탐구하는 데 각각 세 장을 할애했다. 이들 세 가지 개념은 그녀의 핵심 이론 변수인 두 세계 사이의 긴장을 뒷받침하는 핵심 요소이다. 논문의 결과 및 논의 부분에서 선행 연구들과 연결된 결과 모형은 [그림 7-1]에서 찾을 수 있다.

또 다른 질적 논문에서 Yabome Gilpin-Jackson(2012)은 아프리카 출신 이민자와 난민들의 전쟁 후 내러티브를 연구했다. 내러티브 접근법을 사용하며 그녀는 전쟁으로 황폐화된 국가에서 생존한 사람들을 대상으로 12건의 긴 인터뷰를 실시했고, 6건의 자서전적 텍스트를 조사했다. 6개의 주제가 출현했는데, 이들 주제는 외상 후 성장과 전환 학습이라는 이론 모형에 의해 결합되었다. 정신적 외상 후 성장 모형에서 핵심 요소는 '정서적으로 공명하는 경험'을 하는 것이었다. Gilpin-Jackson의 결과는 주제, 인용, 내러티브 기술을 통해 제시되었으며, [그림 7-2]에 나타난 다소 복잡한 그래프로 대변되는 이론 모형에 이르면서 마무리되었다.

Gilpin-Jackson(2012)의 논문은 질적 연구에 출현하는 개념을 압축하여 표현하기 위해 그림이 어떻게 사용될 수 있는지를 보여 준다. 일부 연구자들은 사례 연구 보고서는 일차적으로 내러티브 형식으로 작성되어야 한다는 입장을 취하고 있지만, Miles와 동료들(2013) 같은 다른 연구자들은 개념 체계, 분석의 맥락, 결과 등을 보여 줌에 있어 다양한 방법을 사용하는 것이 질적 자료 분석을 용이하게 한다고 제안했다. 이들은 산점도, 조직도, 인과적 네트워크, 인과 모형 등을 사용하라고 조언했고, 우리 지도 학생들도 일반적으로 글, 그래픽, 표 등 여러 방법을 조합하여 연구 결과를 제시한다.

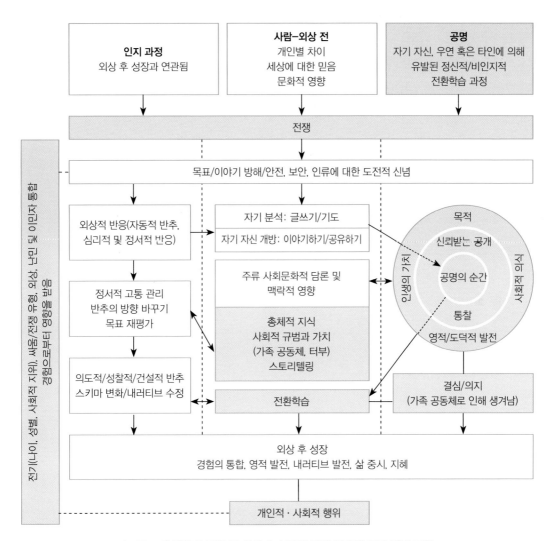

[그림 7-2] **전쟁 후 전환 및 외상 후 성장의 평행 인지 및 공명 과정 모형**

출처: Gilpin-Jackson(2012), p.188. 저자의 허락을 받아 게재함.

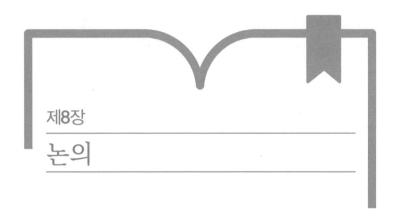

제8장
논의

　자료를 수집하여 분석하고 그 결과를 서술하고 나면 논문의 나머지 부분을 작성하는 것이 별로 중요하지 않아 보일 수 있다. 실제로 많은 학생이 논의 부분에서 최선을 다하지 않으며, 그 결과 충분히 고민하고 종합적으로 작성되어야 하는 장(chapter)이 그렇지 못한 채로 끝난다. 논의는 자료를 넘어서서 자신이 발견한 결과와 기존 이론 및 연구를 창의적으로 통합할 수 있는 기회이다. 연구방법과 결과 장에서는 다루어야 할 내용이나 형식적인 측면에 있어 명확한 지침이 존재하는 반면, 논의 장에서는 그런 공식적인 지침이 존재하지 않는다. 그러나 잘 작성된 논의 장은 일반적으로 다음과 같은 요소들을 포함한다.

- 주요 연구 결과 요약
- 기존 연구 관점에서 자신의 연구 결과에 대한 해석(연구 결과가 기존의 연구와 어떻게 일치하는지 혹은 다른지, 그리고 기존의 연구를 어떻게 확장하고 명확하게 했는지에 대해 설명)
- 현재 이론에 대한 시사점 제공(순수 응용학문 제외)
- 기각된 가설과 일부만 지지된 가설에 대한 세심한 검토
- 연구 결과의 타당성이나 일반화에 영향을 미치는 한계점

- 향후 연구를 위한 제언
- 실무 현장에 주는 시사점(선택 사항)

제1장에서 소개했던 연구 수레바퀴 모형을 떠올려 보자. 그 모형은 학위논문을 작성하는 것이 어떻게 연역적 추론과 귀납적 추론 사이를 오가며 진화하고 반복하는 과정인가를 묘사한다. 논의 부분은 자신의 연구 결과물과 선행 연구 결과들을 연결하면서 자신의 구체적인 연구 결과와 씨름하고 이론을 추론해 내는 귀납적 사고의 훈련이다. 이 장에서는 서론과 문헌 연구에서 중단된 부분이 이어져 내용과 스타일 측면에서 상당히 유사할 수 있다. 그러나 여기서는 자료에 기반하여 연구 변인들 간 관계의 의미에 대해 탐색하고 주장을 제기한다. 가능한 한 자료를 기반으로 한 논리를 바탕으로 연구문제에 제대로 답하고 있는지를 평가하며, 자료의 패턴을 찾아보고 동일한 결론이 나오는 다수의 증거가 있는지 확인한다. 연구 결과에 대한 자신의 해석을 정리할 때는 선행연구에서 제시된 대체 가능한 해석들의 장점과 단점을 고려하고, 또한 자신의 연구 자료 및 결과와 타인의 연구 결과 사이에 일치하는 점이나 불일치하는 점을 고려하여야 한다. 잘 작성된 논의는 자신의 주장과는 다른 주장을 공개적으로 인정하고 평가한다.

논의를 시작할 때 연구 결과에 대해 다시 설명하는 것은 괜찮지만 이것으로 충분하지는 않다. 물론 논의를 시작하면서 독자에게 연구의 목적에 대해 상기시켜 주는 것은 중요하다. Kline(2009)는 연구 결과가 해당 맥락 안에서 이해될 수 있도록 연구의 적용과 신뢰도에 영향을 미치는 제한점에 대해 모두 언급해야 한다고 제안했다. 그의 주장은 일리가 있지만, 연구의 제한점은 연구 결과가 논의된 후에 제시하는 것이 더 일반적이다. 결국 논의를 쓰는 가장 보편적인 방법은 자료 분석 결과를 바탕으로 연구의 가설과 연구문제를 검토하는 것이다. 발견한 내용에 대해 요점을 차례대로 명확하고 간단하게 설명하는 데 집중한다. 그러기 위해서는 '가설 1' 혹은 "A 집단이 B 집단보다 유의하게 높은 점수를 받았다."와 같이 연구 맥락을 벗어나면 무의미해지는 용어를 사용하는 것을 피해야 한다. 대신, 평이한 언어를 사용하고 변수명을 언급하여 분야의 특정 용어에 대해 익숙하지 않은 독자도 결과의 의미를 이해할 수 있도록 해야 한다. 예를 들어, 다음 문장은 결과 장에서 기술적으로 표현되었던 문장을 재작성한 것이다. "갈등 해결 능력 훈련을 받은 교사들은 해당 훈련을 받지 않은 교사들보다 교실에서 갈등 상황을 더 성공적으로 해결했다." 이 문장은 평균, 표준편차와 같은 숫자나 p값, F값 등과 같은 통계 용어를 포함하지 않지만 그러한 값들과 관련된 주요 내용을 전달하고 있다. 학생들은 종종 논의 부분을 숫자로 채운다. 그러나 독자는 그런 구체적인 수치를 확인하려면 언제든지 결과 장을 보면 된다.

논의를 작성할 때 공통적으로 가장 많이 하는 실수는 자신의 연구와 동일한 현상을 다루는 선행 연구 결과를 통합하는 데 문헌을 참고하지 않는 것이다. 잘 작성된 논의는 각각의 연구 결과를 문헌에서 제시된 이론적 맥락과 연결 지어 설명한다. 따라서 관련된 선행 연구 일부를 인용할 필요가 있으며, 결과를 이해하고 확인하는 추가적인 방법을 모색하기 위해 문헌을 참고해야 할 필요가 있다. 논의에서 종종 발견되는 문장은 다음과 같다.

> 이 연구 결과에 의하면 학습된 무기력감이 구직 노력과 부적인 관계가 있음을 확인했으며, 이는 이런 관계를 비장애인들에게도 확대한 Jones(2011)의 연구 결과와 일치한다.

> 위선의 증거를 찾기 위해 자기보고식 자료에 의존한 Smith(2012)와는 달리, 이 연구는 십대들이 가족들에게 말한 것보다 더 많은 양의 술을 마신다는 행동 증거를 발견했다.

다음은 학생들이 공통적으로 오해하는 부분에 대해 설명하고, 적절하게 논의를 작성하기 위한 몇 가지 제언이다.

- 자료 분석은 결과 장에서 충분히 제시되었어야 한다. 마찬가지로, 연구 결과에 대한 연구자의 해석은 결과 장에서 제시되는 것이 아니며, 자료에 대한 추가적인 분석은 논의 장에서 언급하지 않는다. 또한 결과 장에서 언급되지 않았던 자료는 논의 장에서 제시하지 않는다.
- 앞서 제시된 내용을 반복하거나 재구성하지 않는다. 논의 장은 종종 연구 결과를 요약하는 곳으로 활용된다. 그러나 논의 장에서는 연구 결과를 다시 기술하는 것이 아니라 결과에 대해 논해야 한다. 자료를 기반으로 구체적인 변인들 사이의 관계 분석을 통해 광범위한 개념적·이론적 서술에 초점을 맞추어야 한다. 다음은 이러한 일반화된 서술의 예이다. "연구 결과에 따르면 부모 중 어느 한쪽의 죽음은 청소년 자살행동의 위험을 증가시키는 것으로 나타났는데, 슬픔에 대해 공개적으

로 이야기하지 못한 가정에서만 이러한 경향이 나타났다." 경험적 자료나 이론과 관련 없는 추측은 피해야 한다.

- 지나치게 상세한 내용은 배제하고, 목적 없이 중언부언하지 않아야 한다. 이 장에서는 창의적으로 사고할 기회가 주어지지만, 논문의 다른 장과 마찬가지로 내용이 논리적이어야 하며 주제에 초점을 맞춰 작성해야 한다. 연구가설과 일치하는 결과를 얻고 분야에 기여하는 시사점에 대해 논하는 것을 기뻐할 수 있으나, 연구 결과의 중요성을 과장하는 것에는 주의해야 한다. 사회과학 연구자로서 균형 잡힌 관점을 유지하려면 '놀라운' '흥미로운' '중요한' 등과 같이 과장된 용어 사용을 피해야 한다. 독자가 연구 자료와 결론을 통해 스스로 판단하도록 해야 한다.

- 학생들은 대개 사과하는 어조로 연구의 제한점을 나열하지만 연구를 있는 그대로 받아들이는 편이 낫다. 만약 연구 설계에 큰 오류가 있어 연구 결과에 부정적인 영향을 미치는 근본적인 문제가 존재한다면 왜 그 연구가 수행되었는지 의문을 제기하는 것이 타당하다. 마찬가지로 연구자가 의도하지 않았던 오류나 연구의 한계점에 대해 밝히는 것도 타당하다. 이는 결론의 상대적인 신빙성을 평가하는 상황에서만 해야 한다. 만약 연구자가 설문조사와 같은 특정 자료 수집 방법을 사용했다면 '설문 연구의 한계점'에 대한 연구방법 서적 내용을 참조하지 않아야 한다. 그런 불필요한 내용으로 논의 부분을 채우면 본인 연구의 한계점에 대해 신중하게 고민하지 않았다는 느낌을 준다.

- 학생들이 많이 저지르는 또 하나의 실수는 후속 연구에 대한 제언을 긴 목록으로 나열하는 것이다. 이는 바람직하지 않으며, 한두 가지 주요 제언에만 초점을 맞추어 작성하는 편이 낫다. 예를 들어, 후속 연구가 남성, 갈색머리, 13세에서 16세 사이 청소년에게 확대되어 수행하여야 한다고 제안하는 것은 종이 낭비이다. 분야에서 연구를 한 단계 더 나아갈 수 있도록 제안하는 것이 필요하다. 따라서 구체적으로 제언하고, "더 많은 연구가 필요하다."와 같은 뻔한 이야기로 논의를 마무리해서는 안 된다.

- 후속 연구를 위한 제언에서 자신의 연구에서 쉽게 포함시킬 수 있었을 내용에 대해 제안하지 않도록 주의해야 한다. 이는 연구자가 스스로 연구를 철저하게 수행하지 않았음을 나타내는 것이다.

통계적으로 유의한 결과에 대해 제시하고 논하는 것은 명확하다. 그러나 결과가 통계적으로 유의하지 않거나 '간신히' 유의한 경우는 어떻게 해야 하는가? 연구자는 유의하지 않은 결과를 유의하다고 할 수 없으며, 엄밀히 말해 절대로 그렇게 해서는 안 된다. 연구자로서 영가설을 기각하는 유의 수준을 설정했으면 그 기준을 따라야 한다. 한편, 전통적인 유의 수준(예: .05, .01)에 대한 결정은 다소 자의적이며 연구 분야별로 이런 선험적 수준을 무시하는지 따르는지에 대한 자신들만의 기준이 있다. 우리 입장은 두 변인 사이에서 설명된 분산의 백분율 혹은 상관계수와 같은 결과의 크기(예: 효과 크기)가 통계적 유의성의 여부보다 궁극적으로 더 유용하다는 것이다. 특정 결과의 의미를 과대평가하거나 과소평가하는 측면에서 통계에 눈이 멀어서는 안 되는 이유이다. 우리는 또한 표본 크기가 컸다면 유의한 효과가 있었을 것이라며 유의한 효과가 없는 것을 정당화해서는 안 된다고 생각한다. 그것이 사실일 수도 있고 아닐 수도 있기 때문이다. 연구가 반드시 있어야 할 효과를 보여 주기 위한 충분한 검정력이 부족했다고 주장하는 것은 연구자의 부실한 계획만 드러낼 뿐이다.

학생들은 통계적으로 유의하지 않아 가설이 기각되면 특히 낙담한다. 그러나 유의하지 않은 결과라고 해서 열등한 연구를 의미하지 않는다. 연구는 알려지지 않은 결과를 찾는 보물찾기와 같고, 연구가 적정 기준에 따라 수행되었다면 부정적인 결과라고 해서 연구의 정당성을 무효화해서는 안 된다. 어떤 결과가 나와도 쓸모없는 결과가 되지 않도록 자료를 수집하기 전에 실증적 결과의 전체 범위를 어떻게 설명할 것인지 예상하는 것은 중요하다. 어떤 결과든 분야의 지식을 촉진한다는 측면에서 개념적으로 유용해야 한다. 그러나 부정적 결과는 완벽한 연구의 필요성을 나타낼 수도 있다. 그런 결과는 일반적으로 방법론적 혹은 이론적으로 문제가 있기 때문에 발생한다. 방법론적 문제는 더 다루기가 힘든데, 이는 이미 연구 설계 단계에서 주의를 기울였어야 하기 때문이다. 그럼에도 불구하고 완벽한 계획과 현실 사이에는 일부 괴리가 있다. 철두철미한 연구자조차도 우편물이 배송되지 않거나 연구 보조원이 그만두거나 연구 참여자가 사후검사를 거부하거나 장비가 오작동되는 것을 예측할 수 없다. 그러나 유의하지 않은 결과는 일반적으로 알려진 이론에 도전할 수 있는 기회로 볼 수 있으며, 따라서 중요한 기여를 할 수 있다. 예를 들어, 유의한 효과에 대한 많은 연구는 횡단 자료에 의존하기 때문에 이전부터 존재하는 조건에 대해 설명하지 못한다. 만약 연구자가 넓은 영역의 선행 조건을 포함하는 종단 연구를 설계한다면 횡단 자료를 기반으로 하고 있는 연구 결과가 거짓으로 판명될 수도 있다. 관련이 없다는 발견(예: 통제 상태에서 유의하지 않음)은 중요한 기여를 할 수 있다.

질적 논문에서 논의 장은 연구 결과에서 이론적 · 실제적 함의를 끌어내는 유사한 기능을 한다. 앞서 언급한 바와 같이 일부 연구자 혹은 일부 전공은 논의를 결과 장에 포함시키기도 한다. 우리가 본 대부분의 질적 논문은 방법에 상관없이 '논의'라는 별도의 장이 있었다. 연구 결과의 의미에 대한 논의가 양적 연구보다 질적 연구에서 더 중요하다고 주장할 수 있다. 실험 혹은 준실험 연구에서 가설은 이론이나 관련된 실증 문헌에서 생성된다. 대부분 질적 연구에서는 그러한 가설은 없으며, 연구문제와 이론적 문헌이 분명하게 연결되지 않는다. 자료가 수집되고 분석된 후 이론은 귀납적으로 떠오른다. 따라서 새로운 이론적 주장의 함의에 대해 결론 부분에서 이론적 · 실질적 맥락을 고려하여 논의할 필요가 있다. 이것이 논의 장의 기능이다.

논문은 '요약'이라고 하지 않고 '결론'[1]이라는 소제목을 사용한다. 결론에서는 연구 결과의 주요 함의에 대해 몇 문단으로 간결하게 요약한다. 논문의 마지막 페이지를 본인의 연구 분야, 전공 분야 혹은 세상의 유감스러운 상황에 대해 한탄하는 장으로 사용하거나 반대로 자신의 연구의 중요성에 대해 열광적으로 설교할 기회로 사용하고 싶은 유혹을 뿌리쳐야 한다. 영감을 받은 문구 혹은 유창한 표현은 결론 부분에서 좋은 인상을 줄 수 있지만 영향력을 미치는 글과 상투적인 글에는 차이가 존재한다. 앞에서 언급한 내용을 피하는 것도 중요하지만 마지막 문단은 긍정적인 어조를 띠는 것도 중요하다. 우리가 보아 온 수많은 결론에서는 연구가 어떤 결과를 얻었는지 강조하기보다 달성하지 못한 것에 대해 사과하고 있었다. 우리는 학생들이 최초에 왜 이 연구 프로젝트를 시작했는지, 그리고 연구를 통해 알게 된 사실 중 다른 사람과 함께 공유하고 싶은 것은 무엇인지 생각해 보기를 바란다. 물론 궁극적으로 시간이 연구가 해당 분야에 미치는 영향을 알려 줄 것이다.

---

1) 저자들의 학교는 아니지만, 일부 학교에서는 논문의 마지막 장을 '결론'이라 제목을 붙인다. 결론에서는 연구 결과를 요약하고 이론적 · 실제적 함의에 대해 작성한다.

초록

　모든 논문에는 초록이 포함되며, 초록은 서론 전에 제시되는 연구에 대한 간략한 요약이다. 초록은 명료하게 작성되어야 하는데, 이는 논문의 초록이 일반적으로 컴퓨터 데이터베이스뿐만 아니라 Dissertation Abstract(박사학위논문 초록집)에서 검색되는 부분이기 때문이다. 초록은 일반적으로 논문에서 가장 먼저 읽히는 부분이며, 때로는 유일하게 읽히는 부분이 될 수도 있다. 따라서 초록은 논문의 내용을 정확하게 반영해야 하며, 연구가 명확하고 전문성 있게 보이도록 작성되어야 한다.

　논문이 완성된 이후 초록을 쓰는 것은 비교적 쉽다. 초록은 연구문제, 방법, 결과, 영향에 대한 전반적인 개요를 제공하기 때문에 초록을 쓰기 위해서는 각 장에서 두세 개의 주요 문장을 선택하여 조합하면 된다. 중요한 것은 초록은 정확하고 구체적이어야 하며 논문 내용만 제시해야 한다는 것이다.

　논문의 초록은 일반적으로 150자 정도의 길이(APA에서는 출판할 때 초록을 120자로 제한하고 있다)로 연구문제, 연구 참여자, 방법과 절차(약자와 특이한 용어 사용을 피해야 한다), 결과, 결론과 함의를 요약한 짧은 문장들로 구성되어 있다. 논문에서 사용한 구체적 조작과 연구 과정에 대한 내용을 보고할 때는 과거시제를 쓰되, 연구결과에 기반한 결과를 서술할 때는 현재시제를 써야 한다. 다음은 양적 연구를 수행한 논문에서 발췌한 초록의 예문이다(Samples, 2012).

　　저소득 아프리카계 미국인 여성들은 잠재적으로 정서적 외상을 일으킬 수 있는 위험에 심각하게 노출되어 있으며, 높은 수준의 아동학대와 그로 인한 우울증과 외상 후 스트레스 장애 증상을 보인다. 선행 연구에 따르면, 주요 우울증과 외상 후 스트레스 장애 증상은 아동 학대에 노출된 성인들의 자살 행동을 매개하는 것으로 나타났다. 이 연구는 이 매개를 개선할 수 있는 심리적 회복탄력성의 조절 역할에 대해 알아보았다. 아동 학대와 성인 자살 행동 간 관계에서의 우울증과 외상 후 스트레스 장애의 매개효과와 이를 조절하는 회복탄력성 조절효과 분석을 위해 로지스틱 회귀 기반 경로분석이 활용되었다. 연구결과 회복탄력성은 아동학대로 인한 외상 후 스트레스 장애가 있는 경우 자살 행동 위험을 경감시키는 보호 요인이 될 수 있지만, 아동 학대와 관련된 자살 행동에 영향을 미치는 주요 우울증 영향은 경감시키지 못하는 것으로 나타났다. 추가적으로, 회복탄력성은 한 가지 혹은 두 가지 종류의 아동 학대에 노출된 개인들에게 가장 효과적으로 나타났으나 높은 수준의 학대에서는 그 영향력이 떨어지는 것으로 밝혀졌다. (p. x)

다음은 질적 연구를 수행한 학위논문을 바탕으로 한 또 다른 예시이다(Tal, 2004).

이 내러티브 연구는 이스라엘에 거주하는 에티오피아계 유대인 여성에 의해 재구성된 초경에 대한 의미를 탐구했다. 개인 및 집단 면접을 통해 19세에서 64세 사이 여성 19명의 이야기가 수집되었다. 정신분석 및 발달 이론뿐만 아니라 페미니스트 연구와 인류학 연구에서도 소녀에서 여성으로 전환되는 과정에서 첫 월경에 대한 이해를 위해 다양한 방법을 사용했다. 이 연구는 사춘기에 형성된 여성 정체성이 초경에 대한 의미와 연결된다는 것을 밝히고 있다. 에티오피아(Beta Israel)와 같은 산업화 이전 비서구권 문화에서 성년이 된다는 것은 초경이라는 급격한 (생물학적) 변화를 거치는 것을 의미한다. 이 문화권에서 초경과 모성은 밀접한 연관이 있으며, 여성성과 모성은 서로 연관되어 있다. 성과 관련된 것은 위험과 침해에 대한 두려움으로 간접적으로 표현되었다. (p. 3)

제목

논문의 제목과 관련한 내용을 이 장의 제일 마지막에 배치한 것에 대해 이상하게 생각할 수 있다. 논문은 대개 작업 중에는 가제를 사용하며, 완성된 다음에 제목을 붙인다. 논문 제목은 연구 공동체에 논문의 의미를 전달하는 수단임에도 불구하고 많은 학생이 명확하고 정확한 제목을 정하기 위해 노력을 기울이지 않아 우리는 종종 놀라곤 한다. 제목을 제시할 때는 다음과 같은 단계를 따라야 한다.

• 핵심 단어를 정확하게 모두 포함하고 연구 내용을 충분히 전달해야 한다.
• 중복되거나 핵심 의미 전달과 상관없는 단어를 삭제한다.
• 연구자가 의도한 의미가 정확하게 반영되도록 단어를 배치한다.

다음은 잘못된 연구 제목의 예시이다.

예시 1   A study of Information-Processing Deficits of the Authoritarian Personality

피드백: "~에 대한 연구"라는 용어는 불필요하다.

수정안: Information-Processing Deficits of the Authoritarian Personality

예시 2   The effect of Sexually Abused Children Testifying in Court

피드백: 어순 때문에 누가 증언의 영향을 받은 것인지 명확하지 않다.

수정안: The effect of Testifying in Court on Sexually Abused Children

예시 3   An Exploratory Study of the Interrelationship of Loneliness, Obesity, and Other Selected Variables Within Two of Bruch's Obesity Subgroups and a Control Group

피드백: 너무 길고 복잡하다. 제목은 논문의 주요 아이디어를 요약한 약 12개 이하 키워드로 표현한다.

수정안: The Role of Loneliness in Bruch's Obesity Subgroups

예시 4   Predicting Acting-Out Behavior From the Achromatic-Chromatic HTP

피드백: 제목에 약자를 사용하지 말라. 논문의 색인은 제목에 나타난 변수에 따라 달라진다.

수정안: Predicting Acting-Out Behavior From the Achromatic-Chromatic House-Tree-Person Test

---

글상자 8-1   논의 작성에 대한 학생들의 의견

1. 논문 작성 서식은 학술지 표준 원고 양식이나 출판사의 출판 가이드에 의존해서는 안 된다. 논문은 학술지가 아닌 대학원에 제출하기 때문에 최종 원고를 준비하기 위해 학과의 기준에 대해 알

고 있어야 한다. 요약본 포함 여부, 논의에 시사점 포함 여부, 참고문헌 정리 방식 등은 학과마다 기준이 다르다.

2. 자료를 수집하고 분석하면 논문이 끝난 것으로 생각하기 쉽다. 개인적으로 논의 장을 쓰기 위해 다시 힘을 내야만 했었다. 연구 결과의 의미와 시사점에 대해 생각할 충분한 시간과 에너지를 안배할 것을 추천한다. 이 장을 완성하기 위한 비현실적인 마감일을 정하지 말아야 한다. 여러모로 논의는 논문에서 가장 중요한 장이다.

3. 나는 논문을 쓰는 과정에서 느낀 좌절감, 새로운 발견, 골치 아픈 문제들을 일기에 기록했고, 지도 교수님이나 다른 논문 심사위원들과 나눈 모든 대화도 날짜를 적고 로그를 기록했다. 이런 기록들은 개인적으로 논문 진행을 지연시키는 감정 문제를 극복하는 데 도움이 되었다. 때때로 시간이 나면 나중에 할 일을 기억하기 위해 메모를 남겼다. 내 논문과 관련된 모든 것이 일기에 기록되어 있었기 때문에 논문의 다음 단계로 넘어가기 위한 통찰력이 필요하면 일기를 찾아보았다.

4. 논문을 완성하고 난 후 성취감과 동시에 산후우울증과 같은 심각한 허탈감을 느꼈다. 논문을 완성하기 위해 많은 시간과 노력을 쏟아 부은 다음 엄청난 상실감을 느껴도 놀라지 않았으면 한다.

제3부
논문 작성 과정: 학위논문을 쉽게 작성하기 위해 알아야 할 내용

제9장
장애물 극복하기:
운명을 통제하면서
전문가로 성장하기

이 책에는 중간 중간 학생들이 직접 제안한 내용을 포함했는데, 이는 논문을 성공적으로 완성하는 데 필요한 일들을 간소화하는 데 도움이 된다. 이번 장에서는 다섯 가지 구체적인 주제를 다루는데, 이를 방치할 경우 논문 작성 과정에서 문제가 발생할 수 있다.

- 논문 심사위원회와 협력
- 감정장애
- 업무장애
- 타인에게 의존한 자료 수집과 분석
- 박사논문 구두심사(oral defense)

이러한 쟁점에 대해 인식하는 것은 추가적인 문제를 방지하는 데 도움이 된다.

논문 심사위원과 협력하기

학위논문 심사위원회는 하나의 사회체제이다. 이상적인 상황은 모든 심사위원이 심사 과정 내내 원활하게 협력하고 수시로 소통하며 학생을 지원하는 것이다. 그러나 그것은 이상적인 시나리오이고, 현실에서 이런 행운은 매우 드물게 일어난다. 심사위원 간 의견이 일치하지 않고 개인의 주장을 강하게 피력하는 경우도 있으며, 심사위원 중 적어도 한 명은 반대를 심하게 하거나 아예 관심이 없어서 논문을 지연시킨다.

모두는 아니더라도, 대부분의 대학원생은 자신의 심사위원회 구성원을 선택할 수 있는 기회가 있다. 학과에 떠도는 소문은 이런 선택 과정에 대한 많은 정보를 제공한다. 학생들은 논문의 수준이 떨어지더라도 졸업을 잘 시켜 주거나 피드백을 많이 주지 않는 '너그러운' 심사위원들로 심사위원회를 구성하고 싶은 유혹을 느낄지도 모른다. 그러나 우리의 경험에 따르면, 까다로운 심사위원이라 하더라도 고집을 부리거나 불합리한 사람이 아니라 엄격한 피드백을 주고 높은 수준의 논문을 요구하는 사람이라면 그들을 피해서 얻는 것은 거의 없다는 것이다. 오히려 논문 시작 단계에서 그런 비판적인 피드백을 받으려고 노력하고 반영한 학생들이 프로포절도 별 탈 없이 지나가고 수준 높은 연구를 수행하는 것을 보아 왔다. 삶에서뿐만 아니라 논문을 쓰면서 만나는 많은 도전적 장애물을 헤쳐 나가는 방법은 부정적인 피드백을 품위 있고 방어적이지 않은 태도로 받아들이는 것이며, 이는 함양할 가치가 있는 기술이다.

매우 유능하며 학생에게 지원을 아끼지 않는 지도 교수를 선택하여 그와 긴밀히 협력하면서 논문 심사 과정을 지연시키지 않을 심사위원들로 심사위원회를 구성하는 것도 하나의 방법이다. 냉소적이긴 하지만, 실용적인 전략으로 가능한 한 논문 초안을 심사위원들에게 자주 보내지 말고 지도 교수의 경험과 지원에 많은 부분 의존하는 편이 좋다. 이 전략의 적절성 여부는 학과 내 정치적 분위기를 파악한 후에 결정해야 한다.

심사위원들의 피드백을 반영할 때 학생들은 심사위원들 사이에 의견이 다르거나 상반되는 조언을 처리해야 하는 경우가 있다. 일부 교수들은 확실한 관심 분야와 자신만의 취향이나 선호도를 가지고 있다. 한 교수가 특정 진단 도구를 사용하라고 제안하는 반면에 다른 교수는 다른 진단 도구를 사용하라고 제안할 수 있으며, 한 교수는 일부 단락을 삭제하라고 이야기하는 반면에 다른 교수는 그 단락 분량을 오히려 늘리라고 이야기할 수 있다. 이는 충분히 가능한 일이며, 모든 심사위원이 완전한 의견일치를 이루는 일은 없을 것이다. 학생은 자신의 연구 프로젝트에 대한 책임을 져야 하고, 심사위원들과 개별적으로 문제에 대해 협상해야 한다. 이때 어떤 제안이 핵심이고 어떤 제안이 빛 좋은 개살구인지 구분하는 것이 중요하다. 사소한 수정이 자신의 학문적 미래에 대한 투표권이 있는 사람을 기쁘게 한다면 이를 하지 않고 버티는 것은 의미가 없다. 그러나 중요한 사안에 대해서는 감정적 저항이 아니라 사실과 논리에 기반하여 진정성을 가지고 교수들을 설득할 필요가 있다. 논문 심사위원들 사이에서 의견이 갈리고 협상이 불가능해 보이면 지도 교수에게 지원을 요청하여 교수 간에 문제를 해결하도록 해야 한다. 절대로 심사위원들과 개별적으로 실랑이를 벌이지 말아야 한다.

논문 심사위원회 구성은 중요하다. 지도 교수를 선정한 다음 다른 심사위원을 초청하기 전에 지도 교수와 상의해야 한다. 모든 교수는 함께 일하기를 선호하거나 피하는 동료 교수 명단이 있다. 일반적으로 학생들은 논문 과정을 방해하는 사람보다 지원해 주는 사람을 원할 것이다. 이런 보편적 지침을 넘어 학생들이 논문 심사위원을 구성하는 데 있어 고려해야 할 점은 각 구성원들의 역할이다. 만약 자신의 논문이 아시아계 이민 아동의 두려움에 대한 연구라면, 두려움, 공포, 불안과 같은 연구 주요 변인과 아시아 문화와 이민 그리고 아동의 발달문제에 대해 잘 알고 있는 사람이 적어도 한 사람은 있어야 한다. 운이 좋다면 이런 모든 내용에 대해 잘 알고 있는 한두 사람을 찾을 수 있지만, 그게 아니라면 영역별 전문가 세 사람을 찾아야 한다. 심사위원 중 적어도 한 사람은 자신이 사용하고자 하는 연구방법에 충분한 전문성을 가진 사람이어야 한다. 마지막으로, 논문 작성 과정 중 사회적 지원도 중요하다는 것을 잊으면 안 된다. 논문을 작성하면서 힘든 시기에 정서적으로 자신을 지원해 줄 수 있는 심사위원을 포함할 것을 제안한다.

학생들은 논문 심사 절차에 대해 잘 알고 있어야 한다. 심사위원들은 바쁜 사람들이라 논문 초안을 검토하고 질문에 답할 충분한 시간적인 여유를 주어야 하며, 심사위원들에게 언제쯤 피드백을 받을 수 있는지 물어보는 것은 괜찮다. 심사위원들이 논문을 늘 가지고 있다고 생각해서도 안 된다. 모든 상황에 대비하여 컴퓨터 백업 파일을 비롯한 사본을 가지고 있어야 한다. 화재로 논문과 관련 자료를 모두 잃어버린 우리 학생의 사례는 논문 사본이 다른 장소에 보관되어 있어야 할 필요성을 이야기해 준다. 논문이나 자료를 잃어버리거나 소실되어 기록이 없어지는 것은 비극이다. 학생들은 iCloud 혹은 Carbonite(www.carbonite.com)와 같이 파일을 자동으로 백업하고 암호화하는 온라인 백업 서비스(예: 클라우드 저장소) 사용을 고려해 보는 것이 좋다. 현재 적어도 이러한 서비스를 제공하는 곳이 100개가 넘는데, 회사가 사업을 접을 때 고객의 자료를 보관할 의무가 없기 때문에 속도, 안정성, 보안, 지속 가능한 비즈니스 모델 등을 고려하여 서비스를 선택할 것을 추천한다.

감정장애

대학원생들이 논문을 완성하도록 지원하는 데 있어 기술적 지도와 협의가 다가 아니다. 논문 작성은 학생에게 정서적으로 힘든 과정이고 감정이 간과되면 성공적인 논문 작성이 불가능할 수 있다. 논문 작성 과정에서 학생들이 자존감에 온갖 종류의 타격을 받는 일은 흔하게 일어난다. 논문을 작성하면서 학생들은 종종 완성하지 못할 것 같다는 느낌을 받는다. 어떤 학생들은 막다른 골목에 다다른 아이디어를 포기할 줄 모르고 주제를 변경해야 할 때 주제를 바꾸지 않는 반면, 또 어떤 학생들은 충분히 해결할 수 있는 문제를 깊게 고민하지 않고 주제를 변경한다. 주제나 방법을 선택할 때 의문을 제기하고 스스로를 고문하는 일은 흔하다. 지나친 강박관념을 가지고 있으면 무엇인가 빠뜨린 게 있는 것 같이 느껴지고 논문이 완성된 것처럼 느껴지지 않을 것이다. 학생들이 좌절감을 맛보는 것은 충분히 예측 가능한 일이며, 이 과정이 곧 끝날 것이라고 생각할 필요가 있다. 이런 관점을 유지하는 한 방법은 논문 작성 과정을 작은 단계로 나누는 것이다. 달성 가능한 이정표를 만들고 실패할 것 같은 느낌이 크면 주변에 정서적 지원을 부탁하는 것이 좋다.

심사에서 통과할 수 있는 논문을 써야 한다는 도전적 과제는 이 일을 끝낼 수 있다는 능력에 대한 불신을 불러일으키고 자신감을 잃게 할 수 있다. 우리 경험에 따르면 논문 작성 과정은 학생들의 가장 기본적인 행동 패턴과 정서적 취약점을 자극한다. 다음은 우리 학생들이 보인 문제들이다.

- 학위논문을 완성하고 박사 학위를 취득하는 것이 비슷한 수준의 교육을 받지 못한 부모와 가족에게 배신 행위가 될 것이라는 믿음

- 학위논문 완성과 학위 취득으로 더 큰 책임감을 가지게 될 것이며, 학위가 두렵고 불가능해 보이는 미래를 보장할 것이라는 믿음
- 특히 여성의 경우, 학위를 받게 되면 '박사'와 함께 사는 것이 상대방의 자존심을 건드릴 수 있기 때문에 학위가 결혼생활이나 관계를 유지하는 데 대가를 치르게 할 것이라는 믿음
- 논문을 완성하는 데 필요한 지능은 자신의 한계를 넘어선다는 믿음
- 본인이 논문을 완성할 능력이 있는 척하는 사기꾼이라는 생각
- 논문은 통과되지 않을 것이고, 논문 작성에 끝이 보이지 않는다는 생각
- 논문 작성을 위해 도덕적 이상을 포기하고 양심을 속여도 된다는 생각

앞에서 언급한 목록은 박사 과정 수준의 학생들에게 부적절하거나 사소한 것으로 보일지도 모른다. 그러나 우리는 이런 생각과 태도가 논문 작성 과정 중에 학생들이 인정하는 것보다 더 자주 발생한다고 확신한다. 우리 프로그램에서는 학생 간 그리고 교수와 연구 아이디어를 공유하는 것뿐만 아니라 자신에 대한 의구심이나 두려움도 함께 공유하는 것을 장려한다. 우리는 학생들의 이러한 감정들을 민감하게 받아들일 때 기술적인 지원만큼이나 논문 작성 속도를 높인다는 것을 발견했는데, 학생들이 자신이 가지고 있다고 미처 깨닫지 못한 주요 대처 방안을 발견하고 실행할 수 있어 만족스러워했다.

작업장애

논문 작성은 시작부터 완성까지 일반적으로 약 2년이라는 기간이 소요되는, 시간이 많이 걸리고 근본적으로 외로운 작업이다. 사회적 지원 체계가 견고하더라도 논문을 완성하고자 하는 본인의 의지가 강해야 한다. 약간의 강압도 도움이 되지만, 논문 작업을 위한 시간과 공간을 마련하는 것도 중요하다.

논문 완성을 방해하는 것은 일부 정서적인 문제와 인지적 문제가 있지만 결국 시간 관리로 인한 것이다. 우리 대학에 ABD(All But Dissertation, 박사학위를 취득하기 위해 논문 외에 모든 요건을 충족한 학생)가 넘쳐난다는 사실은 놀라운 일이 아니다. 이런 일이

발생하는 가장 흔한 이유 중 하나는 시간을 제대로 관리하지 못해서 발생한다. 논문작성은 졸업 요건 중에서 가장 시간이 많이 걸리는 작업이다. 과목을 수강하는 것은 짜여진 대학원 프로그램에 의존하기 때문에 논문 작성과 관련해 학생이 누리는 자유는 불안감과 작업 정지 상태의 원인이 되기도 한다. 다음은 논문을 완성하는 데 도움이 되는 몇 가지 조언이다.

- 혼자만의 조용한 시간을 갖는다. 집이나 사무실, 도서관에 공부를 위한 혼자만의 공간을 마련한다. 이는 논문 작성 과정에서 특히 중요하다. 이 공간을 성스럽게 여기고 공과금 납부나 사적인 통화는 다른 곳에서 한다. 이는 자극통제(stimulus control) 행동 원칙을 그대로 적용한 것이다.

- 연속적 접근 원칙을 사용하여 작업을 달성 가능한 단위로 세분화한다. 논문 작성 전체를 놓고 보면 압도적인 과제처럼 보일 수 있지만, 문헌 연구, 연구문제와 연구의 필요성, 방법, 결과, 논의 이렇게 한 단계씩 논문을 다루고 작업을 완성해 가는 것이 좋다. 각 단계 안에서도 매일 혹은 매주 달성 가능한 더 작은 목표를 설정한다.

- 생각을 글로 옮긴다. 아이디어를 머릿속에서만 너무 오래 두지 말고 글로 써야 한다. 종이나 컴퓨터 스크린 위에서 글자를 보면 작업 진행에 가속도가 붙을 수 있다. 글이 다듬어지지 않은 것을 걱정할 필요가 없다. 중요한 것은 일정하게 얼마간 글을 쓰는 패턴을 만드는 것이다.

- 아이디어를 다른 사람과 이야기한다. 어떤 사람들(특히 외향적인 사람)은 다른 사람과 아이디어를 논의하면서 생각을 발전시키고 정리한다. 또 어떤 사람들은 자신의 내면의 목소리에 귀 기울인다. 둘 중 어떤 경우라도 자신의 생각을 친구나 동료와 논의하는 것은 새로운 관점에서 자신의 글을 바라보고 동기를 부여하는 데 도움이 된다.

- 주별로 규칙적으로 논문에 집중할 수 있는 시간을 정한다. 우리 지도 학생들은 매일 논문 작업을 위한 시간을 비워 두기를 추천했다. 물론 일정은 다른 개인적인 일에 영향을 받지만, 중요한 것은 규칙성과 구조이다. 굳건한 일정은 아이디어가 떠오르지 않거나 장애물이 발생하거나 놀고 싶은 유혹이 찾아올 때 그 시기를 잘 지나갈 수 있도록 도와줄 것이다. 하루 중 시간을 정할 때는 최적의 성과를 낼 수 있는 시간을 정한다. 대학원 수업을 들을 때 3~4시간짜리 세미나에 규칙적으로 참여한

것을 떠올려 보면 수업에 빠진다는 것을 상상하지도 못했던 것을 알 수 있다. 논문 프로젝트 역시 빠질 수 없는 '논문 작성 세미나' 수업이라고 생각해 보라.

• 가장 생산성 높은 농삿말도 가끔은 휴식이 필요하다. 가끔은 즐길 수 있는 시간을 할애하여 생산성을 높이도록 한다. 잠시 짧은 휴가를 갖고 일정이 길어져도 마음을 편하게 하는 것이 좋다. 논문 작성을 위해 계획을 세우는 것만으로 충분하지 않으며, 마감일자, 개인적인 문제, 텔레비전 프로그램 등과 같은 것들에 정신이 팔려 있는 그 시간은 계획하지 않은 시간이므로 논문 작성 시간을 효과적으로 활용하는 것이 중요하다.

필연적으로 일상의 많은 활동은 논문 작성 기간 동안 뒤로 밀릴 것이다. 특히 가족구성원들에게 신경을 써야 하는데, 정상적인 책임을 수행하고 함께 보낼 수 있는 시간이 줄어들기 때문이다. 경험에 비추어 보면 지도 학생들이 박사학위를 받고 졸업할 때 그들 가족구성원의 지원과 인내에 가장 감사해했다. 부정적이고 인내심이 부족한 배우자는 방해 요소가 될 수 있다. 지속적인 지원을 받기 위해서는 배우자에게 논문의 내용과 진행 상황에 대해 충분히 알려 주어야 한다. 그들의 입장에서 배우자가 신기하게 보일 때, 사소해 보이거나 혹은 끝이 없어 보이는 논문 작업에 몰두하고 있을 때, 그들은 홀로 남겨졌고 무시당한다는 느낌을 가질 수 있다.

타인에 의존한 자료 수집과 분석

자신의 행동을 조절하는 것과 타인의 행동을 관리하는 것은 완전히 다르다. 컨설턴트나 조력자가 논문에 참여하는 것은 적어도 두 가지 경우이다. 첫 번째는 연구를 시작하고 자료를 수집하는 것이며, 두 번째는 자료를 분석하는 것이다. 많은 논문은 기관, 협회, 특히 접근 가능하고 적합한 연구 대상의 협조가 필요하다.

앞에서 언급했듯이, 때로는 대규모로 진행 중인 연구 프로젝트에 개인 학위논문을 접목할 수 있다. 이 전략은 할 이야기가 많은데, 어떤 분야든 가장 좋은 연구는 전문가들이 팀을 이루어 협업을 하는 것이다. 만약 누군가 현재 연구비를 지원받는 큰 연구 프로젝트를 수행 중이라면 이는 좋은 기회가 될 수 있다. 연구 대상이 확보되어 있고 기존 연구에 추가적으로 측정 문항이나 개입을 더하여 연구를 할 수 있다. 만약 이런 기회가 있어 이 경로로 논문을 작성한다면 다음 사항을 유념해야 한다.

- 학위논문은 개념과 설계 측면에서 개인 프로젝트임을 명심하고 주인 의식을 가져야 한다. 이것은 전체 연구 방향이나 어느 누군가의 특별한 관심과는 상관없이 도출한 결론이 무엇이든 연구자가 자유롭게 기술할 수 있도록 자료가 주어져야 한다는 의미이다. 자료를 사용하거나 연구 대상에 접근하는 것을 보장할 수 있는 위치에 있지 않은 사람이 지나가는 이야기로 한 확실하지 않은 약속에 의존하면 안 된다. 의사결정 권한이 있는 사람에게 자신의 요구사항을 명확하게 이야기하고, 프로젝트 참여 및 자료 사용에 대한 약속을 얻어내야 한다. 또한 연구 결과를 연구자 본인 이름으로 출판할 수 있어야 한다.
- 때때로 다른 사람의 연구 일정이 자신의 일정과 맞지 않을 수 있다. 학생이 프로포절을 완성하기도 전에 자료 수집을 하는 것은 상당한 위험을 감수해야 한다. 원래는 자료 수집이 시작되기 전에 연구방법과 절차가 확정되고 이에 대해 지도 교수가 동의해야 하지만, 큰 연구 프로젝트에 참여 중이라면 이것이 어려울 수 있다. 또한 학년 초 학생이 필요하거나 평가하고자 하는 프로그램의 시작일이 이미 확정된 경우 등 자료 수집이 외부 요인에 의해 좌우되는 경우 곤란할 수 있다. 이런 문제의 해결책은 미리 계획을 세우고 절차를 수립하는 데 생각보다 시간이 더 오래 걸릴 수 있다고 가정하는 것이다. 몇몇 매우 훌륭한 연구는 자료 수집이 진행되는 중간에 예상하지 못한 사건(예: 정치 혁명, 생태학적 재난)을 활용하는 경우도 있지만, 학위논문에서 이런 경우는 거의 없다.
- 학위논문에서 연구문제와 연구방법에 대한 최종 결정권자는 학생과 지도 교수이다. 타인의 대규모 프로젝트에서 학생이 사용하고자 하는 측정 도구와 정확하게 일치하는 도구와 방법을 사용하는 것은 흔한 일이 아니다. 연구자는 연구 품질을 확보하기 위해 중요하다고 판단된다면 방법적인 측면에 있어 수정을 해야 한다. 예를 들어, 타인의 연구에서 체중 감량과 관련해 사용할 수 있는 유일한 척도가 건강을 측정하는 적합한 지표가 아니라고 판단한 경우 그 연구는 자신의 학위논문에 적합하지 않을 가능성이 높다.

또 다른 쟁점은 자료 수집이나 자료를 코딩할 때 연구 보조원을 활용하는 것이다. 많은 학생은 연구 보조원 역할을 수행해 본 경험이 있다. 그러나 대학원생이 연구 보조원을 사용할 때는 교수와 같은 권한을 가지지 못한다. 우리 경험에 따르면, 연구 보조원이나 평가자들은 자신의 의무를 다하지 않거나 중간에 그만두는 경우가 많다. 따라서 연구 보조원을 고용할 때는 신중해야 하며, 뜻대로 되지 않았을 경우 복안을 준비해 두어야 한다. 연구 과정의 모든 단계에서 연구 보조원들을 철저하게 교육시키고 감독하는 것이 중요하다. 연구에 완전히 몰입한 연구자에게는 당연한 것들이 다른 사람에게는 당연하게 여겨지지 않기 때문이다. 평가자를 충분히 훈련시키지 않아서 코딩한 자료가 낮은 상호 신뢰도를 보이는 경우도 많다.

　마지막으로, 학생들이 교수 혹은 컨설턴트와 협업을 할 때 자신의 학위논문에 대한 책임은 본인에게 있다는 것을 기억해야 한다. 우리는 학생들을 지도할 때 자신도 모르게 혹은 교묘하게 자신이 책임져야 할 문제를 다른 사람의 책임으로 돌리는 것을 보아 왔다. 한 예로, 한 학생은 이번 자료 수집 시기를 놓치면 1주간의 자료 수집을 위해 6개월을 기다려야 하는 상황이라 심사위원들의 자료 수집 허가를 받기 위한 프로포절 일자가 정해져 있었다. 그 학생은 심사위원들에게 마감일보다 3주 앞서 프로포절 초안을 보내겠다고 약속했다. 그러나 약속한 기한은 지나갔고 학생은 심사위원들에게 시간을 더 달라고 요청했다. 심사위원들은 마감일을 일주일 연장해 주기로 합의했다. "며칠만 더……."라고 하던 학생은 자료 수집 10일 전에 프로포절을 제출했다. 심사위원 중 한 명은 자료 수집 절차에 일부 수정이 필요하다고 생각했지만 자료 수집까지 남은 기간을 고려할 때 시간이 충분하지 않았다. 자신의 프로포절을 읽느라 고생한 심사위원의 노고에 대해 감사하기커녕 그 학생은 그 상황을 "X 박사님이 데이터 수집을 허락하지 않으세요."라고 말했다. 우리는 학생들이 다양한 형태로 책임의 소재를 남에게로 돌리지 않기를 바란다.

　학생들은 뭔가 일이 잘못될 때 비난의 화살을 컨설턴트(특히 통계 컨설턴트)에게 돌리기도 한다. 때때로 경험이 많은 통계 전문가에게 자료 분석에 대한 도움을 받는 것은 유용하지만 자료 분석에 대한 주도권을 그 사람에게 넘겨주어서는 안 된다. 데이터 분석에 대한 책임을 다른 사람에게 넘기고 싶은 유혹도 있겠지만 그 사람은 분석 결과를 책임져 줄 수 없다. 논문을 작성하는 자신에게 책임이 있다. 자료를 분석하고 결과를 해석하는 데 통계 전문가의 도움을 받을 수 있지만, 여전히 학생은 통계를 배우고 자신의 연구에 적용할 수 있어야 한다. 자료 수집과 분석 모든 단계에 직접적인 책임을 져야 하며 "저는 모릅니다."라고 고백하는 상황에 처하지 않아야 한다.

학위논문 구두심사

대부분의 박사과정 학생은 박사학위 최종 논문심사를 두려워한다. 최종 심사는 해당 학생이 자신의 연구 결과를 수용적인 동료들에게 발표하는 것에서부터 논문에 대한 까다로운 검토 그리고 매정한 심사위원들의 질문 공세까지 다양하게 구성되어 있다. 논문 심사위원들이 논문이 완전하게 완성되었다고 생각하지 않으면 학생은 최종 논문 심사 일정을 잡으면 안 된다. 최종 논문심사의 일부 기능은 그 학생이 학계에 공식적으로 박사로 등장하는 것이고, 주요 학문적 성취의 완성을 축하하는 자리이며, 박사학위 수여에 필요한 상징적인 통과의례이다. 바람직한 경우, 최종 논문심사는 자신의 연구 결과가 해당 분야에 어떤 시사점을 줄 수 있는지 이야기할 수 있는 기회이며, 자신이 수행한 연구 분야의 전문가로서 논문 심사위원들 사이에 앉을 권리를 주장하고 이를 심사위원들로 부터 검증받는 자리이다.

최종 논문심사가 긍정적인 방향으로 마무리되도록 당사자는 여러 가지 합리적인 준비를 해야 한다. 당연한 이야기지만 자신의 연구를 완전히 이해하는 것이 중요하다. 최종 논문심사 때가 되면 학생은 자신의 연구 주제에 대해 전문가가 되어 있을 가능성이 높다. 연구 분야와 관련된 논문들을 포함하여 자신의 연구 세부 사항에 대해 알면 알수록 더 많은 전문가를 알게 될 것이다. 심사위원들의 역할은 학생이 연구를 새로운 관점으로 볼 수 있도록 도와주는 것이다. 왜냐하면 이때쯤이면 연구자는 자신의 연구와 너무 가까워져 다른 관점에서 자신의 연구를 보는 것이 어려울 수 있기 때문이다.

가장 바람직한 방향은 심사위원들이 동료 연구자로서 학생의 연구에 긴밀하게 협조하는 것이다. 불행하게도, 가끔 최종 논문심사 자리는 교수가 자신의 자존심을 세우는 자리가 된다. 이런 난관을 만나면 상황을 빨리 통제해야 한다. 우리가 아는 한 학생은 그녀의 경험을 다음과 같이 이야기했다.

최종 논문심사에 대한 불안감을 떨쳐버리기 위해 저는 수동적이기보다 능동적으로 대응하기로 했어요. 최종 논문심사를 받을 장소에 일찍 도착해 제가 편안하게 느끼도록 책상을 다시 배치했어요. 그러고 나서 심사위원 교수님 한 분 한 분이 들어오실 때마다 인사했어요. 마치 제가 주최한 행사에 그 분들을 초대한 기분이 들더군요. 저는 그렇게 해서 저의 불안감을 최소화할 수 있었고, 제 자신을 '희생양' 위치에서 탈출시켰어요.

일반적으로, 학생들은 최종 논문심사에서 10~45분 동안 자신의 연구를 개괄적으로 설명해야 한다. 학생들은 이 발표에 대해 사전에 세심하게 준비해야 한다. 연구의 핵심을 전달하지만 지나치게 상세한 내용을 다루어 청중을 피곤하게 하면 안 된다. 발표를 구조화하고 시각적으로 보여 주기 위해 파워포인트와 같은 시청각 도구를 사용하는 것이 좋다. 하지만 파워포인트는 자신의 발표에 청중이 몰입할 수 있도록 사용하는 것이지 발표 준비를 충분히 하지 못한 것을 숨기거나 청중의 관심을 자신에게서 스크린으로 이동시키기 위해 사용하는 것이 아니다. 파워포인트는 도움이 될 수도 있고 오히려 방해가 될 수가 있기 때문에 어떻게 슬라이드를 준비하고 사용할지 그리고 다른 시각자료를 어떻게 효과적으로 사용할지 고민을 하는 것이 좋다. Paradi(2013)는 파워포인트 발표를 들은 청중을 대상으로 가장 짜증스러웠던 경험들에 대해 설문한 결과를 출판했다. 그의 가장 최신 자료는 〈표 9-1〉에 제시되어 있다. 가장 자주 언급된 내용은 자신의 슬라이드를 청중에게 읽어 주는 발표자였으며, 뒤를 이어 작아서 읽기 힘든 글자와 핵심만 요약하지 않고 전체 문장을 쓴 것이 언급되었다. 그러나 그 어떤 경우라도 질문을 받을 시간이 없기를 바라면서 자신에게 할당된 시간을 긴 발표로 낭비

〈표 9-1〉 **파워포인트를 사용한 최악의 발표**(*N* = 682)

발표자가 슬라이드를 그대로 읽을 때	72.0%
글자 크기가 너무 작아서 읽을 수가 없을 때	50.6%
요약하지 않고 문장으로 서술해 놓았을 때	48.4%
지나치게 복잡한 다이어그램	30.8%
형편없는 색상 선택	25.8%
목적이 잘 드러나지 않을 때	22.1%
논리의 흐름이 없을 때	21.0%

출처: Paradi(2013).

하지 않아야 한다. 논문 심사위원들은 발표자가 이론적 근거와 연구가 분야에 기여하는 바에 대해 초점을 맞추지 않고 구체적인 표와 결과를 끊임없이 보여 주는 발표에 의심을 품을 것이다. 심사위원들은 그런 계략에 넘어갈 만큼 멍청하지 않으며, 학생이 자신의 연구에 대해 의미 있는 대화를 하기에 지식이 충분하지 못하다고 여길 것이다.

연구를 요약하는 발표가 끝나면 심사위원들의 우호적이거나 공격적인 질문과 발언이 이어진다. 질문과 발언에 대한 응답에 따라 심사위원들은 자신들이 어떻게 조언할 것인지 결정한다. 가장 좋은 상황은 이런 자리를 연구 및 주제와 관련한 살아있고 즐거운 토론의 장으로 만드는 것이며, 이는 전문가로서 신뢰도를 높일 것이다. 최종 논문 심사 자리를 자신의 연구를 공개적으로 발표할 수 있는 기회로 생각한다면 더 많은 경험을 할 수 있을 것이다. 또한 발표자가 더 적극적이고 덜 방어적인 태도를 취할수록 심사위원들이 덜 망신을 줄 것이다. 자신이 대답할 수 없는 몇몇 질문을 받을 것을 예상해야 한다. 그러나 그것은 세상의 종말을 의미하지 않는다. 답을 할 수 없다면 그건 심사위원들이 기여할 수 있는 부분으로 남겨두는 것이 현명하다.

대부분의 최종 논문 심사는 사소한 수정을 요청하면서 합격을 통보한다. 사소한 수정이란 논문의 근간을 흔드는 수정이 아니라 참고문헌의 추가나 일부 추가 분석 혹은 논의 부분 보완과 같은 수정이다. 심각한 수정은 이론이나 방법에 대한 실질적 수정으로 골치 아픈 문제이다. 심각한 수정에 대한 일반적인 해결책은 심사위원들이 논문의 각 장이 완성되는 대로 다 읽도록 하는 것이다. 2년 동안 심사위원들에게 피드백을 요청하면 할수록 최종 논문 심사 자리에서 심사위원들이 방해할 확률은 줄어든다. 각 장을 송부할 때마다 언제 누구에게 보냈는지, 회신을 받았는지 등에 대해 구체적으로 기록해 놓을 필요가 있다. 심사위원들에게 회신을 받지 못했다고 이야기하는 것은 결례가 아니지만, 그들에게 충분한 시간적 여유를 주고 뻔한 질문이나 중요하지 않은 요청으로 괴롭히지 않아야 한다. 프로젝트에 관심이 없고 학생이 작성한 논문을 읽을 시간이 없는 심사위원도 주의해야 한다. 이런 사람은 통계나 연구방법에 대해 질문할 가능성이 높은데, 이런 질문을 하는 이유는 논문 주제나 논문 내용에 대한 지식을 요하지 않기 때문이다. 그러나 자신이 왜 이 분석에 이러한 통계 방법을 사용했는지 충분하게 이해하고 있어야 한다. 그러면 "가설 3을 검증하기 위해 왜 분산분석을 사용했지요?"와 같은 질문에 답할 수 있을 것이다.

학생들은 성공적으로 논문 심사를 마친 후에도 낙담하는 경향이 있다. 이런 감정은 자신의 논문을 다시는 보고 싶지 않게 만든다. 우리는 논문 심사 과정에서 나온 수정 사항을 가급적 빠른 시일 안에 완료할 것을 추천한다. 그렇지 않으면 논문이 끝도 없이 늘어질 수 있다.

박사학위논문은 대부분 사회과학자들의 경력에 있어 가장 야심찬 연구 프로젝트일 가능성이 높다. 박사학위논문은 전문 분야와 학계로 진출할 수 있는 가능성을 열어 줄 뿐만 아니라 끊임없는 자긍심과 지적 성취감의 근원이기도 하다. 이는 색다른 경험이다. 역설적으로, 많은 학생은 그들의 논문 작성 경험을 힘들고 험난하며 심지어 혐오스럽기까지 하다고 평가하지만, 동시에 그 경험이 자신의 삶을 바꾸었고 학자의 세계에 입문하는 중요한 전환점이 되었다고 한다.

학위논문 출판

대부분 학생은 자신의 박사학위 논문을 출판하지 않는다. 학위논문이 신진 학자가 쓴 가장 철저한 논문이라는 것을 감안했을 때 이는 매우 유감스러운 일이다. 일부 대학에서는 연구자가 분야의 전문가로 인정받고 학문 분야에서 연구 경력을 인정받기 위한 과정의 일부로 학위논문을 출판해야 하지만, 많은 다른 대학들은 학위가 전문가 세계로 입문하기 위한 디딤돌 역할을 할 뿐 출판을 필수 요건으로 지정하지 않는다. 출판은 학계에서 경력을 쌓는 데 가장 소중한 자산으로 여기에 대학원생들이 자신의 학위논문을 출판해야 하는 이유가 있다. 게다가 연구자는 자신의 연구결과를 해당 분야에 알려야 할 의무가 있으며, 이는 일반적으로 자발적인 참여와 타인과의 협업을 통해 이루어진다. 따라서 우리는 학생들이 자신의 학위논문을 출판하기를 적극적으로 권장한다. 비록 그 출판물이 평생의 유일한 출판물이 된다 할지라도 말이다.

우리는 학생이 학위논문 최종 심사가 끝난 직후 자신의 논문을 책이나 학술지의 형태로 출판하려는 노력을 하지 않으면 평생 출판이 요원하다는 사실을 지켜보았다. 많은 학생이 학위논문 최종 심사가 끝나고 집에 가는 길에 자신의 논문에 대해 빠르게 잊지만, 어떤 학생들은 그 논문을 하나 혹은 그 이상의 출판물로 변환하여 자신의 경력을 만들어 간다. 논문을 출판하기 위한 에너지와 동기를 빨리 모으면 빨리 모을수록 출판할 확률이 높다. 비록 모든 논문이 다 출판 가능한 것은 아니지만 논문 심사위원들은 연구의 가치를 평가하는 데 좋은 안내자가 되어 줄 수 있다. 특히 학생의 지도 교수는 학생이 논문을 학회지에 투고할 수 있도록 강한 동기부여를 할 것이다. 우리는 학생들이 논문을 최종 논문 심사 이후 지속될 삶에서 함께 할 연대 과정의 일부라고 생각했으면 하는 바람이다. 우리 경험상 다음의 기준들은 학위논문과 관련된 출판의 저자권에 대한 것으로 대부분의 학과에 적용된다.

- 지도 교수는 학생의 경력과 성공을 위해 많은 노력을 기울인 사람이다. 따라서 학위논문에서 비롯된 그 어떤 출판물이나 발표 자료에 교수의 이름이 들어간다고 해도 이상할 것이 없다.
- 학계에서 출판물의 저자 순서는 매우 중요하다. 학위논문이 완성된 후 출판을 하고 싶다면 학생이 1저자가 되어야 한다. 이때 학생은 학위논문을 학술지에 적합한 서식으로 변경하고 적절한 학술지에 원고를 보내고, 심사위원의 의견에 답변을 하고 필요하다면 다시 제출하는 역할을 한다. 결국 학생이 1저자로 역할을 해야 한다는 것이다.
- 만약 학생이 학위논문 작성을 완성하고 그리고 출판을 위한 추가적인 일을 하지 않는다면, 학생의 지도 교수가 논문을 출판할 수 있는 권리가 있다. 그런 경우, 저자 순서는 다시 정해져야 한다. 출판을 위한 일을 하는 교수가 1저자, 그리고 기여도에 따라 학위논문 저자가 2저자 혹은 3저자가 되어야 한다.
- 학위논문 완성 이후에 학생이 출판을 위한 아무런 추가적인 일을 하지 않는다 하더라도 학생의 학위논문과 관련된 출판물에는 반드시 학생의 이름이 포함되어야 한다.

학생은 출판을 위한 학위논문 후속 작업을 시작하기 전에 논문을 어디에 투고를 할 것인지 깊게 생각해야 한다. 그때쯤이면 학생들은 자신의 분야에 속한 대부분의 학술지에 익숙해져 있어야 하는데, 이는 참고문헌에 포함된 논문들이 그곳에 실린 논문들이기 때문이다. 학술지에 연락해서 그곳에 논문이 실리려면 어떻게 원고를 준비하고 제출해야 하는지 안내를 받아야 한다. 서식이나 허용하는 원고 분량은 학술지마다 다르다. 따라서 제출 안내사항을 꼼꼼하게 따라야 한다. 일반적으로 한 저널에 한 번에 하나의 원고를 투고하기 때문에 첫 번째 투고한 학술지에서 원고를 거절할 경우를 대비하여 다음에는 어느 학술지에 투고할지를 정해 두는 것이 좋다. 두 번째로 투고할 학술지는 첫 번째로 시도한 곳보다 경쟁이 덜 심한 곳으로 고르는 것도 좋다. 아마 원고 심사 이후 수정 후 재심사라는 결과가 나올 가능성이 크다. 이때 심사 결과를 완전히 반영할 수 있는 충분한 시간적인 여유를 두는 것이 좋다. 그리고 공저자와 협의하여 어떻게 수정을 할 것인지 결정해야 한다. 각각의 심사의견에 충분한 답변을 해야 하며, 만약 심사의견에 반대한다면 합당한 이유를 제시해야 한다. 만약 부정적인 심사의견을 받았다면 그것을 감정적으로 받아들이지 말아야 한다. 가장 유명하고 주목받는 학자들을 포함하여 모든 연구자는 논문 출판을 거절당한 경험이 있다. 일반적으로 학술지 편집위원장의 의견은 연구에서 결점을 찾아내는 데 많은 도움이 된다. 학생들은 같은 학술지에 수정된 원고를 재투고하거나 다른 학술지에 새롭게 투고할 때 학술지 편집위원장의 심사의견과 제안을 반영해야 할 수도 있다. 우리는 학생들이 새로운 학술지에 투고하기 전에 원고를 수정할 것을 강력하게 추천하는데, 이는 새로운 학술지에 투고해도 이전에 이미 학생의 원고를 심사한 같은 심사위원을 위촉할 가능성이 높기 때문이다.

일부 학과는 학생들로 하여금 출판을 염두에 둔 서식으로 논문을 작성하는 것을 허락한다. 그러나 대부분의 경우 학생들은 논문을 투고하기 전에 글의 구조를 재조직하고 편집하는 작업을 거쳐야 한다. 학위논문은 학술지 논문보다 훨씬 길다. 특히 문헌 연구 부분이 그렇다. 학위논문이 포괄적으로 문헌을 검토하는 것에 비해 학술지 문헌 연구 부분은 수행하고자 하는 연구에 대한 소개 기능(몇 페이지 분량)을 하며, 제한적인 수의 문헌을 검토한다. 학생들은 학위논문 문헌 연구 부분을 훑어보면서 어떤 내용을 포함하고 어떤 내용을 제외할 것인지 판단하여 가장 핵심적인 연구와 참고문헌에 집중할 수 있다.

Daryl Bem(2004)은 연구를 설계할 때 쓰려고 계획했던 논문과 연구 결과가 나왔을 때 의미 있는 논문을 구별했다. 그는 학생들에게 후자를 선택하고 확인된 결과를 바탕으로 학위논문을 학술지에 출판해야 한다고 조언했다. 많은 학술지 논문이 구체적인 가설을 포함하지 않지만 하나 혹은 그 이상의 명확한 연구문제가 있고 방법론을 설명하기 전에 연구 설계에 대해 간략하게 설명한다. 독자는 연구자가 결과를 얻기 위해 무엇을 했는지 정확하게 알아야 할 필요가 있기 때문에 방법 장에 쓰인 대부분의 내용은 학술지 논문에 포함되어야 한다. 한편, 학위논문의 모든 결과를 하나의 학술지 논문에 포함할 필요는 없다. 명확하고 설득력 있는 통찰을 제공하기 위하여 자료를 면밀히 검토하는 것이 필요하다. Bem이 이야기했듯, 아무도 연구자가 이런 결과를 예측했는지 안 했는지 신경 쓰지 않는다. 연구 결과가 연구자의 예측보다 훨씬 더 중요하다. 연구자가 자신이 인용한 연구를 반박하거나 최소화하거나 명확하게 할 수 있는 내용을 빠뜨리지 않는 한, 자신의 연구에서 흥미롭지 않고 관련 없는 내용을 모두 포함할 필요는 없다. 그리고 논의 장을 학술지 서식에 맞게 내용을 줄일 필요가 있다. 논의 장에서는 연구 결과를 명확하고 철저하게 설명하고 가장 적절한 연구의 함의와 제한점을 포함해야 한다.

학생은 자신의 학위논문을 일반 학술지 독자보다 훨씬 더 특화된 대상을 위해 작성했을 수도 있다. 따라서 Bem(2004)은 연구 분야에 대한 전문지식이 없는 사람들이라 할지라도 제대로 교육받은 사람이라면 이해할 수 있는 수준으로 글을 작성하기를 권한다. 논문은 전반적으로 학문적 용어를 지양하고 명확하고 매력적이며 경제적으로 작성되어야 한다. 학위논문 출판을 위한 실증 연구 논문 작성에 대해 더 알고 싶은 독자는 Bem의 글을 참고하기 바란다. 그의 조언은 비록 심리학 분야로 한정되어 있지만 모든 사회과학 분야 논문을 작성하는 데 적용될 수 있다.

마지막으로, 질적 논문 출판에 대한 구체적인 제안을 하고자 한다. 긴 서술 구조로 인해 질적 학위논문은 간결한 학술지 서식에 맞추기 힘들지도 모른다. 질적 논문을 쓴 우리 학생들은 학위논문을 학술지에 투고하기도 하지만 책의 장(chapter)으로 출간하기도 한다. 사회과학 분야의 전문 학술지는 질적 연구에 점점 더 수용적인 입장을 취하고 있고 질적 연구만을 출판하는 학술지가 생겨나고 있다. 엄격한 출판 서식 제한을 맞추기 위해 학생들은 많은 내용과 직접 인용구들을 삭제해야 할 것이다. 그러나 짧은 서식으로도 연구문제에 집중하여 논문의 핵심 내용을 전달하는 것이 가능하다.

Hunt(2011)는 질적 연구를 학술지에 투고하기 위해 어떻게 체계화하고 조직화하는지 조언해 주었다. Hunt의 조언 중 특히 우리가 동의하는 부분은 연구자가 질적 연구의 장점에 대해 지나치게 자세하게 설명하거나 합리화하면서 질적 연구방법을 사용한 것에 대해 사과하지 않아야 한다는 것이다. 또한 전통적인 양적 연구의 용어와 개념[예: 일반화(generalization)]을 사용하기보다 질적 연구 용어와 개념[예: 신뢰성(trustworthiness)]을 사용해야 한다는 것이다. 두 연구 패러다임에서 사용하는 용어의 차이점은 질적 연구 출판 지침을 제공하기 위해 쓰인 Elliott, Fischer와 Rennie(1999)의 논문에서 확인할 수 있다. 그들의 조언은 〈표 9-2〉에 요약되어 있다. 당시 저자들은 이것이 시간이 지나면서 진화할 잠정적인 지침이라며 엄격하게 적용하지 않을 것을 당부했다. 그러나 대부분의 지침은 질적 논문으로 학술지 출판 가능성을 높이는 데 여전히 의의가 있다.

〈표 9-2〉심리학과 인접 학문 영역에서 질적 연구 출판을 위한 지침

	질적 연구와 양적 연구 공통 지침	질적 연구 출판을 위한 지침
1	명확한 과학적 맥락과 목적	자신의 관점 유지
2	적합한 연구방법	상황을 고려한 연구 대상
3	참여자에 대한 존중	예시로 근거 제시
4	구체적인 연구방법	신뢰성 검증
5	적절한 논의	일관성
6	명확한 제시	일반적이면서 구체적인 연구 과제 수행
7	지식에 기여	독자와 공명

출처: From "Evolving Guidelines for Publication of Qualitative Research Studies in Psychology and Related Fields," by R. Elliott, C. T. Fischer, and D. L. Rennie, 1999, *British Journal of Clinical Psychology, 38*, p. 220. Copyright 1999 by R. Elliott et al. British Journal of Clinical Psychology의 허락하에 재구성함. ⓒ The British Psychological Society.

〈표 9-2〉에서 제시한 지침 중 두 번째 목록에 대해 좀 더 자세히 설명해 보고자 한다. 자신의 관점을 유지한다는 것은 독자가 결론을 이해하고 해석하는 데 도움을 주기 위해 연구 주제와 관련된 연구자의 가치와 가정을 공개하는 것을 의미한다. 상황을 고려한 연구 대상이라는 것은 연구 대상과 연구 맥락에 대한 충분한 서술적 자료를 제공하는 것을 의미한다. 예시에서 근거를 제시한다는 것은 자료와 자료의 의미가 만나는 지점을 잘 이해시키기 위하여 자료에서부터 나온 주제의 충분한 예시를 보여 주는 것을 말한다. 신뢰성 검증은 범주, 주제, 해석에 대한 신뢰성을 입증하는 방법을 포함한다. 이는 응답자와 함께 연구자의 이해도를 확인하는 것, 두 가지 이상 질적 접근법을 사용하는 것, 자료 해석에 외부 자원을 활용해 다각적인 접근을 사용하는 것 등이 포함된다. 일관성은 텍스트 자료의 이질적인 가닥들이 통합[이야기, 서사, 지도(map), 프레임워크]되는 것을 의미한다. 연구의 목적이 현상에 대한 일반적인 이해를 형성하는 것이라면 상황이나 연구 참여자와 관련된 적절한 범위 내에서 결론이 도출되어야 한다. 만약 연구 목적이 구체적인 예나 사례를 이해하는 것이라면 그러한 이해를 정당하게 만들 수 있는 충분한 자료가 필요하다. 마지막으로, 독자와 공명한다는 의미는 글이 독자

에게 충분한 설득력이 있어 독자가 느끼기에 저자가 주제를 정확하게 제시하여 독자의 이해를 향상시켰다는 것이다.

> ### 글상자 9-1 장애 극복하기에 대한 학생들의 제안
>
> 1. 모든 것에 완벽해지려고 노력하면서 시간을 낭비하지 말아야 한다. 전부는 아니더라도 적어도 수정할 수 있는 기회가 있기 때문에 적당한 수준에서 완성하고 제출해야 한다. 나는 실제 글을 쓴 것보다 내가 올바르게 하고 있는지 고민하는 데 시간을 더 허비했던 것 같다. 그러니 적정 수준에서 마무리해야 한다.
> 2. 논문을 작은 단위로 나누어서 작업했더니 너무 부담스럽지 않고 할 만한 분량이라 매우 도움이 되었다. 예를 들어, 주제 잡는 것으로 시작해서 개요를 잡고 소제목별로 어떤 내용이 들어갈지 간략하게 작성하고, 그러고 나서 글을 작성했다.
> 3. 내가 논문 작성에 집중하고 성과를 낼 수 있었던 것은 '논문 지원 모임'이었다. 매주 동료들에게 내가 한 일(혹은 하지 못한 일)을 설명해야 한다는 것이 책임감을 유지하는 데 도움이 되었다. 또한 동료들과 교수님의 질문이 매우 유용했다.
> 4. 모든 장애물을 예상하지 못한다고 하더라도 미리 계획을 세워야 하고 예상되거나 알려진 문제에 대해서도 대비를 해야 한다. 학교, 직장, 인맥 등 삶의 모든 영역에서 다양한 자원을 발견하고 사용해야 한다. 누가 도움을 주면 받아들여야 한다.
> 5. 아이디어가 떠오르면 바로 적어야 한다. 어딘가에 메모를 남기기 전에 이 아이디어를 어디에 사용할지 혹은 어떻게 발전시킬 것인지 생각할 필요가 없다. 동기부여가 되었을 때 많은 분량을 작업하는 것이 좋다. 나중에 의욕이 없어지거나 새로운 글을 쓰기에 창의적이지 못할 때 쓴 글을 편집할 수 있기 때문이다. 최고의 상태가 아니더라도 글을 쓰는 것이 좋다. 후에 초고에서 보석들을 발견하고 놀랄지도 모른다.
> 6. 돌이켜 보면, 나는 내 연구에 대해 잘 모르는 사람들에게 내 연구를 설명할 때마다 연구의 방향성과 균형감각을 얻었다. 매번 설명하면서 내가 내용에 대해 잘 알고 있다는 것을 깨닫고 질문에 답하기 위해 고민하게 되었으며, 그중 일부는 내 연구나 내가 가진 지식의 빈틈을 알려 주었다.
> 7. 학생들은 연구에 도움이 될 뿐만 아니라 건설적인 피드백을 주고 적절한 시간 내에 응답해 주는 교수를 지도 교수로 선정해야 한다. 또한 학생들은 논문 심사위원들과 가능한 자주 만나려고 노력해야 한다. 늘 가능한 일은 아니겠지만, 교수의 피드백을 약속하는 일종의 계약서를 작성했는데 도움이 되었다.

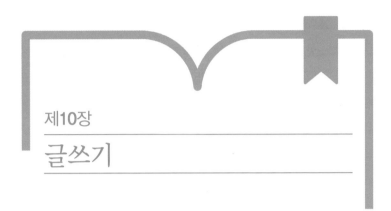

제10장
글쓰기

    자신의 생각을 글로 표현할 줄 아는 것은 연구자의 중요한 능력이다. 연구 프로젝트 시작부터 최종 보고서 작성까지, 연구자들은 실제 실험을 하거나 통계분석을 수행하는 데 쓰는 시간보다 자신의 생각, 기존 이론과 선행 연구에 대한 이해, 연구의 절차, 결과 및 결론에 대해 글을 쓰는 데 더 많은 시간을 할애한다. 우리는 '과학'이 얼마나 글에 의존하여 생각을 전달하는지를 쉽게 간과한다. 명확하고 흥미로운 글을 쓸 수 있는 능력이 성공적인 연구에 기여한다는 것 또한 마찬가지이다. 잘 쓴 논문은 연구재단이나 논문 심사위원회에 긍정적으로 받아들여지고, 학술지에 게재되며, 독자들에게 인정받는다. 따라서 글을 잘 쓰면 연구의 영향력을 높일 수 있는 가능성이 커진다.

    특히 논문 작성법에 대한 책과 글을 참고하면 논문을 어떻게 써야 하는지에 대해 많은 부분을 학습할 수 있다. 이러한 참고자료들은 논문을 조직하고 구성하는 전통적인 접근법에 대해 알려 주고 논문 쓰기의 논리와 전개를 따라 할 수 있도록 도와준다. 또한 주제와 관련된 논문을 출판하는 전문 학술지에서도 논문의 서식과 구성에 대해서 학습할 수 있다. 앞서 언급된 지침들을 따르면 학술지의 게재 요건을 충족시킬 수 있다.

    그러나 불행히도, 논문 작성법에 대한 많은 지침은 간접적이고 혼란스러우며 지루함의 극치를 보여 준다. 왜냐하면 대부분의 지침은 주제에 대해 충분한 이해를 갖추고 있는 소수의 연구자만을 대상으로 하며, 일반 독자가 이해하는 것이 불가능하게 작성되었기 때문이다. 실제로 이렇게 논문을 작성하는 것이 만연해 있어 사람들은 논문을 '외계어'라고 하기도 한다. 이런 지침을 따라 논문을 작성하면 사람들이 논문에 쓰인 글을 이해할 수 없기 때문에 일부는 중요하고 심오한 연구라고 생각할지도 모른다. 그러나 이렇게 되면 내부 사람이 아닌 독자에게 내용을 전달하고 의사소통할 수 있는 기회를 잃어버리게 된다.

우리 모두 한 번쯤은 논문을 읽고 감동받은 경험이 있을 텐데, 이는 우리가 이전에 몰랐던 사실을 이해하게 되거나 주제와 관련한 우리의 사고를 자극하여 새로운 통찰을 얻었기 때문이다. 만약 당신의 글이 사람들에게 이러한 영향을 미치기를 바란다면, 글을 쓰는 방식에 주의를 기울여야 하며 생각을 명료하고 활기차게 그리고 어쩌면 우아하게 표현하기 위한 방법을 배워야 한다. 그러기 위해서는 다음과 같은 기술을 학습할 필요가 있다.

- 생각하는 바를 글로 표현하기
- 이해한 바를 직접적으로 전달하기 위한 단어들을 선정하고 조합하기
- 전문 용어와 쓸데없이 까다로운 표현 지양하기
- 잠재 독자들을 파악하고 그들이 내가 쓴 글을 이해하는 과정을 상상하기

이런 방식으로 글쓰기를 배우는 것은 여느 어떤 글쓰기 학습과 다르지 않다. 우리 대부분은 과학적 글쓰기에 대한 현실과 이상을 마주할 때 불편함과 난해함을 느낀다. 이로 인해 논문 작성에 요구되는 특정한 사항에 대해 학습하는 것보다 일반적인 글쓰기 능력을 향상시키는 방법을 학습하는 것이 더 쉬울 수 있다.

글쓰기에 대한 과거 경험

글을 쓰는 과정에 대해 이해하는 한 가지 방법은 '작가'로서 개인의 과거를 추적하는 것이다. 개인의 경험을 회상해 보면 현재 작가로서 느끼는 글쓰기의 즐거움 혹은 어려움과 부정적인 감정을 이해하는 데 도움이 된다. 비록 글쓰기와 관련하여 자신만의 즐겁거나 슬픈 기억이 있겠지만, 대부분의 사람이 글쓰기를 배울 때 영향을 미치는 발달

과정에는 공통점이 있고 교육 체제에 유사점이 있다. 이러한 간단한 회상은 사람들이 자신의 과거 경험을 돌아보고 현재 글쓰기에 대해 가지고 있는 감정을 이해하는 데 도움이 된다. 글쓰기와 관련된 자신의 경험을 되돌아보고 재평가하는 것은 글쓰기에 대한 태도를 변화시키고 어려움을 해결하기 위한 방법으로 사용할 수 있다.

글쓰기를 멀리하게 되는 경험

사람들은 어린 나이에 자기 이름 쓰는 법을 배우면서 글을 쓰기 시작한다. 이는 지난하고 고통스러운 과정이며, 결과물이 서툴고 완벽하지 않더라도 대단한 성취이다. 이것이 '진짜 글쓰기'와 다르다고 생각할 수도 있지만, 이름을 쓴다는 것은 처음으로 종이에 자신의 생각과 감정에 대해 표현하고 다른 사람과 의사소통을 시도하는 단계라고 할 수 있다. 그러나 불행히도, 이후의 교육은 글쓰기에서 점점 더 멀어지도록 부추겨 자신의 생각을 평가절하하고 글에서 자신의 생각을 드러내는 것이 부적절하다고까지 결론을 내리게 만든다. 사람들은 자신이 쓴 글이 곧 자기 자신이라는 사실을 간과하게 되고, 자기가 쓴 글이 자기 생각이나 감정과 연결되어 있다는 것도 무시하게 된다.

종이 혹은 컴퓨터 화면에 생각을 표현하는 능력과 사고 능력의 차이를 고려하면 글쓰기를 멀리하는 것이 당연할지도 모른다. 아이들은 고사리 같은 손으로 자신이 표현하고자 하는 복잡한 생각을 쓰는 데 어려움을 겪는다. 학교에 들어가 몇 년 동안 아이들이 배우는 구어는 읽거나 쓰는 어휘보다 훨씬 더 광범위하고 수준이 높다. "달려라, 달려라, 달려라." 혹은 "베티가 공을 잡는 것을 보아라."와 같은 문장 쓰기를 배우는 것은 1학년 아이에게 매우 중요한 성취일 수 있지만, 이런 글은 아이의 생각이나 이야기하는 방식과 거의 관련이 없는 기계적인 글이다.

글쓰기를 멀리하는 것은 필체, 철자법, 문법과 같이 필수로 여겨지는 영역에 초점을 둔 교육의 결과일 수도 있다. 물론 아이들은 그들의 생각을 글로 전달하기 전에 이와 같은 기술을 숙달할 필요가 있다. 그러나 그런 기술적 측면의 학습과 아이의 경험 간의 괴리는 글쓰기가 자기 자신이나 자신이 쓰고 싶은 내용과 별 상관이 없다는 것을 가르쳐 줄 위험이 있다. 글을 쓸 수 있는 기술을 갖추었다 할지라도 이후 학교에서의 경험은 아이들의 생각과 감정이 글 쓰는 것과는 별개라고 생각하게 만들 수 있다. 많은 경우 글쓰기 과제는 아이들에게 도서관 및 참고자료를 이용하는 방법을 가르쳐 주는 것과 그들이 '연구'에서 새롭게 알게 된 사실을 보여 주는 것에 초점이 맞추어져 있다.

글쓰기를 지루한 작업이라고 생각하는 경험

교실 학습을 강화하기 위해 글쓰기 과제를 내주고 아이들이 주제에 대해 정보를 수집하는 데 필요한 기술을 습득했는지 평가하는 것은 아이들에게 중요한 학업 능력을 길러 주는 합리적인 방법이다. 그러나 유감스럽게도, 아이들은 글쓰기는 재미없는 주제에 대한 다른 누군가의 정보를 받아쓰는 것이라고 생각한다. 아이들은 글 쓰는 것을 미룰 수 있을 때까지 미루고 싶은, 지루하고 보람이 없는 활동이라고 생각한다. 따라서 글을 쓰면서 어떤 주제에 대해 더 많이 이해하게 되거나 글쓰기의 즐거움을 느끼는 것은 학령기의 아이들에게 매우 드문 경험일 수 있다. 그렇다면 많은 사람이 글쓰기에 부담을 느끼면서 성장한 것은 놀라운 일이 아니다.

스스로 작가로서 부족하다고 생각하는 경험

학년이 올라갈수록 교사들은 글의 내용이나 논리 전개에 대한 관심은 배제한 채 문법, 구두점, 철자법 등의 오류를 지적한다. 사람들 대부분은 글쓰기 과제를 돌려받을 때 페이지마다 오류를 지적한 교사의 빨간 펜 첨삭에 의욕을 잃었던 경험이 있을 것이다. 교사의 칭찬을 기대하지만 여백에 적힌 평에는 글이 불분명하고 비논리적이며 어색하다는 점만 지적되어 있다. 처음 글쓰기 과제를 받았을 때의 기쁨이나 흥분은 사라지고 글을 못 쓴다는 부정적인 감정만 남아 글쓰기를 두려워하기 시작한다. 글을 잘 쓰는 재능을 타고난 학생이나 글쓰기에 대해 세심하게 지도해 주는 교사를 만난 학생들은 그런 부정적인 경험을 피할 수 있지만, 많은 경우 학교에서 글쓰기에 대한 두려움을 학습한다. 특히 대학에서 교수들은 많은 학생이 최소한의 글쓰기 능력도 갖추지 못했다는 사실을 걱정하며, 글 속에 나타난 학생들의 생각을 알아차리거나 칭찬하기보다 글쓰기 오류를 지적하는 데 노력을 배로 들인다.

글쓰기와 관련된 교육현장에서의 공통적인 경험은 다음과 같은 믿음을 공고히 한다.

- 자신의 생각에 대해 쓰는 것은 적절하지 않다.

- 글쓰기란 다른 사람들의 생각을 재탕하는 지루한 작업이다.
- 평가자는 실수를 찾아내기 위해 글을 읽는다.

　이런 경험에도 불구하고 놀라운 사실은 많은 사람이 고등학교 혹은 대학을 졸업하고도 글쓰기를 포기하지 않았다는 것이다. 글쓰기에 대한 두려움이 커졌다거나 앉아서 무언가를 쓰는 것이 힘들어 글을 쓸 수 없다 해도 놀라운 일이 아니다. 그러나 대부분의 사람은 지속적으로 글을 쓴다. 해야 할 일의 목록을 정리하고, 아이들을 돌보아 주는 사람에게 부탁할 내용을 쓰고, 업무 관련 서신이나 항의 메일, 설명하는 글을 보내고, 애사에 위로하는 글을 쓰고, 감사 편지를 보낸다. 어떤 사람들은 안부 편지를 주고받는 것이 이제는 거의 사라졌다고 슬퍼하지만, 우리는 여전히 멀리 사는 부모, 자녀 그리고 친구들에게 편지를 쓴다. 업무로 필요하다면 두려움이나 저항 없이 보고서와 제안서, 메모, 지시사항을 작성한다. 페이스북 친구들에게 근황을 알려 주고 블로그에 일상이나 관심사에 대해 글을 올리며 즐거워한다. 글쓰기에 대한 오래된 부정적인 감정은 다른 사람이 읽고 평가하는 '진지한' 글쓰기로 인식될 때 극적으로 드러난다. 연구나 이론을 다루는 형식의 글은 표현의 자유를 제한한다는 통념뿐만 아니라, 내용에 대한 확실한 이해 없이 추상적인 주제에 대해 쓰는 것이 어렵다는 생각 때문에 걱정을 하게 된다. 자신의 생각을 글로 쓰려고 고민하는 과정에서 생각이 명확해지고 내용을 더 많이 이해하게 되지만 저자의 무지를 독자가 눈치 채지 못하도록 모호한 글로 이런 어려움을 피해 가고 싶은 유혹이 크다.

　글 쓰는 것이 불안하고 이를 시작하는 데 어려움을 느끼며 글쓰기에 소질이 필요하다는 강한 확신이 있더라도 절망하지 않았으면 한다. 여러분이 생각할 수 있고 생각한 바를 말할 수 있다면 글 쓰는 법을 배울 수 있다고 장담한다. 심지어 글 쓰는 즐거움을 느낄 수도 있다. 그러기 위해서는, ① 글쓰기와 관련된 과거의 유쾌하지 못한 경험으로부터의 두려움, ② 글 쓰는 내용에 대해 관심을 가지지 않음으로써 오는 지루함, ③ 주제에 대해 완벽하게 기술하려고 노력하거나 단어 하나하나에 너무 많은 노력을 들이고 평가에 지나치게 신경 쓰는 완벽주의, ④ 다른 사람으로부터 평가받는다는 생각에 자신의 주장과 생각을 펼치지 않는 수동적 태도, ⑤ 다른 무언가에 비해 글쓰기는 더 쉽게 배울 수 있는 것이라는 오해와 성급함, ⑥ 공개되는 글은 완벽해야 하기 때문에 그렇지 않은 글을 공개하지 않으려 하는 과도한 자존심이라는 장애물들을 극복해야 한다. 추가적인 장애물로는 철자법, 문법, 문장구조 등이 있지만 이런 장애물들은 문법 규칙을 익히거나 그런 오류를 교정해 주는 워드 프로그램을 사용하면 된다.

장애물 극복하기

부정적인 경험과 비현실적인 기대 사항으로 생겨난 장애물들을 극복하는 것은 상당한 노력이 필요한 도전적 과제처럼 보일 수 있다. 평가에 대한 걱정과 완벽주의를 내려놓는 것은 쉽지 않다. 심지어 글쓰기로 성공한 작가들도 이러한 문제들로 끊임없이 고통받고 있다고 고백하는데, 그들 중 다수는 슬럼프에 빠져 오랜 기간 동안 고통스러워하기도 하고 매일 지속적으로 글을 쓰기 위해 힘겹게 노력한다. 대부분의 작가는 규칙적인 글쓰기의 중요성을 강조하고 이를 행하기 위해 몇 가지 전략을 사용한다. 사람들은 설거지를 하지 않거나 조깅 혹은 피아노 연습을 하지 않는 것처럼 차라리 글을 쓰지 않는 편이 더 쉽다고 생각한다. 하지만 모든 기술은 규칙적인 연습이 필요하며, 우리 대부분은 중요하다고 느끼면 스스로를 단련하는 것에 익숙하다. 작가들은 종종 하루 중 글을 쓰는 시간을 정해 비워 놓거나 하루 동안 작업할 목표를 페이지 분량으로 정해 놓는다. 그들은 작가로서 글 쓰는 작업을 진지하게 받아들이고 글 쓰는 시간이 다른 활동만큼 성스러운 시간이 되도록 삶을 체계화한다. 글 쓰는 것을 배우고 싶다면 매일 양치하고 신문을 읽는 것처럼 글 쓰는 것을 일상적이고 규칙적인 일로 만드는 것이 필수이며, 이보다 실력과 자신감을 향상시키는 더 좋은 방법은 없다.

시작하기

개요 작성하기

글쓰기를 생활의 일부로 삼겠다고 결심해도 글을 어디서부터 시작해야 할지 몰라 빈 종이나 컴퓨터 화면의 깜빡이는 커서를 빤히 노려보는 경우가 많다. 급하게 글을 완성해야 하는 상황에서도 말 그대로 어디서부터 시작해야 할지 모르는 상황이 발생할지도 모른다. 이럴 때 우리가 일상적으로 쓰는 글들이 대안이 될 수 있다. 예를 들어, 글에서 중요하게 다루어야 하는 아이디어를 목록으로 작성하는 것이다. 쇼핑 목록이나 오늘 해야 할 일을 나열하듯 친숙하고 편안하게 쓰면 된다. 이런 평범한 목록이 생각을 정리하고 우선순위를 결정하는 데 도움을 주듯이, 글을 쓸 때 중요하다고 생각되는 아이디어 목록을 만들면 쓰고 싶은 글의 형태를 체계화할 수 있다. 목록의 형식과 내용은 자유이다. 처리해야 할 일들의 목록을 보고 전기가 끊어지기 전에 오늘 중으로 전기세를 납부해야겠다고 생각하는 것처럼, 글 쓰는 데 있어 중요한 내용을 빠뜨리지 않도록 중요한 순서대로 목록을 나열할 수 있다. 또한 목록을 보면서 채소를 먼저 담고 마지막으로 아이스크림을 담아야 한다는 것을 알 수 있듯이, 목록을 구성하면 글의 어떤 내용이 가장 먼저 그리고 나중에 와야 하는지, 중간에 배치되어야 할 내용은 무엇인지 결정할 수 있다. 쇼핑 목록을 보면 양상추, 사과, 감자를 한 집단으로, 버터, 달걀, 우유를 한 집단으로 분리할 수 있듯이, 목록은 서로 관련 있고 통합되어야 하는 아이디어가 무엇인지를 고려하는 데 도움이 된다. 이런 식으로 목록을 작성하다 보면 글의 구조가 잡히고 어떻게 써야 할지 방향이 보이기 시작할 것이다.

군집화하기

선형적 목록이 무의미하고 글을 쓰기 전에는 개요를 만들 수 없다면 글을 쓰는 사람 스타일에 더 적합한 방법을 찾아야 한다. Gabriele Rico(2000)는 저서인 『자연스러운 방법으로 글쓰기(Writing the Natural Way)』에서 작가들에게 도움이 되는 인간 두뇌의 자연적 구조화 현상에 대해 설명했다. 그녀는 이 방법을 군집화(clustering)라고 지칭했다. 이 방법은 종이의 가운데에 글의 주제를 쓰고, 공간에 대한 의식적인 배치 없이 자유 연상법에 의해 단어나 구가 머릿속에 떠오르는 데로 적는 것이다. Rico는 어느 시점이 되면 주제에 대해 일관성 있게 아이디어가 연결되고 정리되어 저자의 주제에 대한 이해 수준을 충분히 반영한 문단을 쓸 수 있을 정도의 구조가 나타날 것이라고 주장한다. 글쓰기 워크숍에서 이 방법으로 가장 짧은 시간 안에 대부분의 참여자가 의미 있는 문단을 작성했다. 만약 글쓰기 시작 단계에서 막혔다면 이 방법을 시도해 보면 좋을 것이다. 운이 좋다면 이 방법이 본인의 사고방식과 잘 맞는다는 사실을 발견할 것이다.

친구에게 편지 쓰기

글을 시작하는 또 다른 방법은 주제에 대해 새롭게 알게 된 내용을 공유하기 위해 친구에게 편지를 쓴다고 가정하는 것이다. 예를 들어, 공직 출마를 결정할 때 남성과 여성이 어떤 과정을 거치는지 조사하는 데 관심이 있다고 해 보자. 이에 대해 친구에게 편지를 쓴다면 아마도 왜 이 주제에 대해 관심을 가지게 되었는지, 왜 중요한지, 그리고 남성과 여성 간에 어떠한 차이가 있을 것 같은지에 대해 쓸 것이다. 글을 읽을 사람이 지도 교수나 연구재단의 심사위원이라고 생각하면 겁이 나지만, 친한 친구가 내용을 이해할 수 있도록 도와주기 위해 글을 쓴다고 상상하면 글을 시작하고 논리를 구성하는 데 도움이 될 것이다. 친구라면 이미 남녀 차이나 공직에 출마하는 것에 대해 친구가 어떻게 생각하는지 알고 있기 때문에, 자신이 쓴 글에 대해 친구가 어떻게 받아들이고 반응할지 상상할 수 있을 것이다. 따라서 이 문제가 깊게 살펴보아야 할 중요한 이슈라고 친구를 설득하기 위해 제시해야 할 주장을 예측할 수 있다.

친구에게 편지를 쓰듯이 글을 시작한다는 것은 글의 의사소통적 측면과 글로 인해 생성되는 관계에서 저자 역할의 중요성을 상기한다. 글은 간단명료하고 직접적이며 일반적인 언어로 작성되어야 한다. 또한 저자가 왜 이 주제에 대해 이야기하고자 하는지 연결 고리를 만들어야 한다. '친구에게 보내는 편지'가 너무 재미없어서 아무도 읽고 싶어 하지 않을 것 같으면 더 나은 주제를 찾는 데 편지 쓰기 방법이 활용될 수 있다.

기사 작성하기

글을 시작하는 또 다른 요령은 언론학 입문 수업에서 찾을 수 있다. 초보 기자들은 기사를 작성할 때 '누가, 언제, 어디서, 무엇을, 왜' 했는지 설명하는 문단으로 시작하라고 배운다(추가적인 의문인 '어떻게'는 논문을 쓸 때 유용하다). 편집자가 이야기의 뒷부분을 편집하더라도 특정 사건에 대한 일관성 있는 설명이 남아 있도록 정보의 핵심을 첫 단락에 제시하는 것이다. 사람들이 글의 첫 문단 이상은 읽지 않을 것이기 때문에 두려워할 이유가 없다는 점에서 기사 작성방법은 글을 시작하는 데 유용하다. 이 전략은 글을 조직화하고 독자에게 그 글이 무엇에 관한 것인지 알려 주기 위해 필요한 정보를 포함하여 제한된 내용을 서술하기 때문에 글을 시작하는 데 도움이 된다. 이는 글에서 도입 문단이 된다. 예를 들어, 도시 청소년들의 폭력문제에 대해 글을 쓰고 싶다면 다음과 같이 글을 시작할 수 있다.

> (무엇?) 도시 청소년 사이에서 증가하는 폭력은 (왜?) 어린 생명을 위협하고 범죄 통제 비용을 증가시켜 주요 사회 문제로 대두되었다. 따라서 이러한 청소년 폭력 증가 추세의 원인을 이해하는 것이 중요한 연구 목적이다. 이러한 목적을 달성하기 위해 (언제?) 2014년 가을학기에 (누구?) 미시건주 디트로이트에서 학교를 다니고 있는 15세에서 19세 사이의 청소년 표본을 대상으로 (어떻게?) 학교 폭력의 원인에 대한 그들의 인식을 물어 보는 문항을 사용하여 설문조사를 실시할 예정이다.

서론에서 육하원칙에 따라 글을 작성하면 연구의 목적과 접근방법에 대해 직접적이고 명확하게 기술할 수 있고, 독자가 다음에 나올 내용을 예측할 수 있다. 그러면 독자는 연구 주제와 접근방법이 더 읽어 볼 만큼 흥미로운지 판단할 수 있다.

이야기 쓰기

이야기하는 것을 좋아하는 사람이라면 주제에 대해 이야기하는 형식으로 글을 쓰는 것이 유용할 수 있다. 어떻게 주제에 대해 관심을 가지게 되었는지 혹은 주제에 대해 어떻게 알게 되었는지에 대한 이야기로 자연스럽게 글을 시작할 수 있을 것이다. 우리는 어릴 때 "옛날 옛적에"로 시작해서 "그래서 그들은 그 후로 오랫동안 행복하게 살았습니다."로 마치는 이야기의 구조를 배웠다. 이야기의 시작과 만족스러운 결말 사이에는 등장인물들이 소개되어야 하고, 독자가 눈을 떼지 못하도록 적절한 긴장감을 유지하면서 '행복한 결말'로 이어지는 사건이 제시되어야 한다. 논문 작성을 이야기처럼 생각하라고 하니 이상할 수도 있지만, 흥미롭고 관심을 끄는 과학적 글은 재미있는 추리소설과 같은 특징이 있다. 작가는 '미스터리'에 대해 설명하고 수집된 증거인 '단서'를 어떻게 추적하는지, 미스터리에 대한 설득력 있는 답을 발견하는 과정에서 '잘못된' 해결책을 어떻게 배제했는지 설명해 준다. 이런 장치는 관찰하는 현상이 복잡하고, 가능한 '원인'이 다양하며, 원인 간에 서로 관련이 있는 사회과학 분야에서 연구 결과를 작성할 때 유용하다. 연구자들은 "스트레스의 증가는 질병과 관련이 있다."와 같은 비교적 간단한 가설로 시작한다. 그러나 이야기가 전개되면서 연구자들은 이 관계에 영향을 미치는 다른 요인인 '등장인물'을 도입해서 스트레스가 건강에 어떻게 영향을 미치는지 설명해야 한다. 직감에 대해 묘사하는 '이야기'를 쓸 때 착각하게 만드는 정보, 새롭게 드러난 단서들, 수집되어야 하는 새로운 증거 등이 작품에 몰입하게 하는 요소이고, 이는 새로운 통찰력을 생성한다.

앞서 제시한 방법 가운데 적어도 하나쯤은 당신이 빈 종이나 컴퓨터 화면에 무언가를 쓸 수 있도록 도와줄 것이다. 이러한 전략에는 다음과 같은 글쓰기 목적이 이미 반영되어 있기 때문에, 그 뒤로 글을 어떻게 전개해야 하는지 알 수 있다.

- 생각을 정리하기 위해
- 아이디어 간에 연관성을 인식하기 위해
- 일반적인 언어로 자신의 아이디어를 설명하기 위해
- 자신이 생각하는 바에 대해 다른 사람을 설득하기 위해
- 독자에게 중요한 정보를 제공하기 위해
- 아이디어 전개에 대해 이야기를 하기 위해

완성된 글의 초안이 만족스럽지 못하다면 앞에서 언급된 글쓰기 방법들을 적용해 볼 수 있다. 글쓰기 과정을 촉진하고 글을 흥미롭게 쓰는 데 도움이 될 것이다.

주제와 열정

어떤 주제로 논문을 작성할지 선택의 여지가 있다면 논문 작성을 위해 가장 중요한 것은 관심 있는 주제를 선정하는 것이다. 일부 지도 교수는 연구자가 깊이 관련되어 객관성을 유지하기 어려운 주제를 선택하지 말라고 경고하지만, 오히려 연구자가 개인적 경험이나 관심이 전혀 없는 주제를 선택하는 것이 더 위험하다. 지속적으로 노력하고, 좌절감을 견뎌 내며 창의적으로 사고하려면 에너지가 필요한데, 이 에너지는 연구 주제에 대한 열정으로부터 나오기 때문이다. 여기서 열정은 궁금한 질문에 대해 답을 찾고자 하는 열망일 수도 있고, 관심 주제에 대해 최대한 많이 알고자 하는 호기심일 수도

있고, 연구를 통해 새롭게 발견하고 학습한 중요한 내용을 다른 사람과 공유하고 싶은 열정일 수도 있다. 열정은 글쓰기 프로젝트를 진척시키는 에너지를 제공할 뿐만 아니라 주제에 대한 관련 자료를 찾아보고 자신과 반대되는 동료 연구자들의 생각이나 정보를 검증해 보고 싶은 의욕을 불러일으킨다. 따라서 논문은 더 완전해지고 연구자 자신과 글을 읽는 독자에게 새로운 통찰력을 제공할 가능성이 커진다. 주제에 대해 충분히 공을 들이면 다른 사람들의 관심을 불러일으킬 가능성이 높다. 연구자의 열정과 관심으로부터 나온 에너지는 글에 고스란히 드러나고 독자가 흥미로워하기 때문이다.

무언가를 읽고 궁금한 내용이 생기거나, 저자의 의견에 반박하고 싶을 때, 혹은 주제에 대해 더 깊이 알고 싶은 마음이 생긴다는 것은 주제에 대해 관심이나 열정이 있다는 증거이다. 이는 지적인 성장을 하는 데 있어 흥미진진한 순간이며, 연구 주제를 물색할 때 이런 기회를 놓쳐서는 안 된다. 주제를 선택하기 전 관련 분야에 대해 두루 읽고 의문 혹은 질문을 촉진하는 아이디어에 특별히 관심을 두면 글쓰기에 탄력을 유지하도록 하는 충분히 흥미로운 주제를 발견할 수 있다.

연구자가 어떤 주제에 관심이 있다 하더라도 이미 알려진 내용을 보고하는 수준에 그친다면 앞에서 언급한 그런 열정을 느끼지 못할 수도 있다. 그런 글은 다른 연구자들이 발견하거나 이야기한 것들의 나열에 불과하고 쓰는 사람도 읽는 사람도 지루하게 느껴진다. 이는 학위논문뿐만 아니라 일반 학술논문에도 해당하는 내용으로, 문헌 연구와 관련한 이야기를 하면서 제4장에서 언급되었다. '탐문 방식'은 연구자가 주제에 대해 느끼는 흥미를 독자와 공유하는 데 효과적이다. 이는 답이 필요한 질문과 그 질문에 대한 답을 중심으로 글을 구성하는 것이다. '주제에 대해 글을 쓰는 것'과 '질문에 대한 답을 하는 방식'의 차이는 '이미 알려진 주제에 대한 검토'와 '질문에 대한 답들 간의 관련성을 발견'하는 것으로 설명된다. 비록 두 접근방법은 본질적으로 같은 정보를 전달하지만, 후자의 방법이 저자와 독자가 모두 정보와 상호작용 할 수 있게 한다. 어떤 현상에 대해 왜 이런 일이 발생하는지, 어떻게 발생하는지, 누가 영향을 받는지, 늘 이런 식으로 발생하는지, 아니면 다른 무언가에 영향을 받는지를 궁금해하는 자신을 발견했다면 연구와 글쓰기를 위한 좋은 주제를 발견한 것이다. 그러한 질문들을 통해 연구자는 답을 찾기 위해 노력하고 좋은 글을 쓸 수 있게 된다.

저작권과 문장 표현

열정에 대해 언급했던 내용은 '저작권 주장'이라는 또 다른 좋은 글쓰기의 중요한 특징과 직접적으로 관련되어 있다. 자신의 글에서 자신을 배제시키는 것은 글을 지루하게 만든다. 지식인, 학자, 통역가, 창시자로서 본인을 본인 글에서 제외시키는 불행은 앞서 이미 언급한 대로 어린 나이에 학습된다. 교육자들은 아이들이 학습을 했다면 학습한 내용을 증명해 보여야 한다고 주장한다. 아이들은 문학, 지리, 역사, 과학 그리고 그들이 배우지 않았다면 몰랐을 다른 과목들에 대해 지식을 습득했다는 것을 증명하기 위해 시험을 보고 글을 쓴다. 그러나 교육자들은 학생들이 학습한 내용에 대해 생각해 보고, 그 생각을 공유하고, 교과서나 참고자료 외 다른 출처 혹은 자신의 경험으로부터 알게 된 것들에 대해 글을 쓰도록 자주 권하지 않는다. 아이들은 "가르침을 받은 지식(received knowledge)"(Belenky et al., 1986)이 더 진실되고 가치있고 보상을 받을 수 있다고 생각하기 쉽다. 가르침을 받은 지식이란 말 그대로 타인의 권위로부터 오는 것이다. 배운 지식을 암기하는 능력으로 학습을 측정하면 아이들은 자신들이 지식을 창출해 낼 수 있는 존재라고 받아들이기 힘들다.

이론 및 연구와 관련된 학술적 글쓰기는 배운 지식을 기록하는 것 그 이상을 요구한다. 연구자들은 늘 고민하고 가능한 증거에 기반하여 결론을 내리고 정보들을 조직하고 통합한다. 그러나 많은 이론가와 연구자는 글에서 저자가 드러나는 것이 부적절하다고 주장한다. 논문에서 연구자 자신을 '나'가 아닌 제3자로 언급하고 수동태를 사용하는 전통은 저자 자신이 발견한 사실이나 이론을 논하는 글조차도 마치 다른 사람이 생각하고 발견하고 결론짓는 것처럼 표현하도록 권한다. 물론 저자가 "……가 발견되었다." 혹은 "……라고 결론 내리는 것이 타당하다."라고 쓰면 우리는 그 문장이 "내가 ……를 발견했다." 혹은 "내 결론에 따르면……."이라는 의미인 것을 안다. 하지만 마치 다른 사람의 지식을 저자가 단순히 기록하고 있다는 식으로 표현한다. 이런 방식의 객관화는 연구자들이 자신의 주장을 직접적으로 드러내는 것을 꺼리기 때문이며, 실제 실수를 범할 수 있는 어떤 사람이 자신의 생각과 주장에 대해 썼다라는 식으로 객관성을 확보하기 위해 사용된다. 이렇게 논문을 써야 한다는 믿음은 연구자가 자신의 생각을 드러내고 자신만의 결론을 이끌어 내는 것을 두려워하게 만든다. 저작권을 주장한다는 것은 자신의 글에 책임을 져야 한다는 것이고, 이는 두려운 일이지만 그만큼 권한이 주어지는 것이기도 하다.

"나는 이것이 궁금했고, 이런 주장들은 근거가 뒷받침 되지 못하고 있고, 내가 문헌 연구를 했더니, 내가 연구를 설계했고, 그리고 내가 결론 내린 바에 따르면……."이라고 글을 시작할 수 없다는 규칙은 존재하지 않는다. 자신이 주체가 되어 글을 쓰면 글을 쓰는 저자가 본인이고, 쓴 내용에 대한 책임이 있고, 자신의 생각을 공유할 자격이 있다는 것을 인식하게 된다. 출판사 등의 요청에 의해 글에서 나(I)라는 단어를 삭제해야 할 때, 처음부터 자신의 생각을 위주로 글을 썼다면 여전히 자신의 저작권을 지킬 수 있다. 『미국심리학회 출판 매뉴얼』(APA, 2010b)은 다음과 같은 지침을 제시한다. "객관성이라는 명목으로 부적절하게 혹은 비논리적으로 자신의 의견을 마치 다른 사람의 의견인 것처럼 표현하는 것은 오해를 불러일으킬 수 있다. 이런 바람직하지 못한 예로는 3인칭, 의인화, 우리(editorial we)[1]라는 표현의 사용이 있다."(p. 69) APA 매뉴얼에서는 글에서 본인을 '저자' 혹은 '실험자'라고 지칭하는 것은 비효율적이고 모호하며, 당사자가 자신의 연구에 참여하지 않았다는 인상을 줄 수 있다고 한다. 비록 일부 학술지와 지도 교수들은 기존의 수동적 표현을 써야 한다고 주장하지만, 스타일에 대한 주요 결정권자인 미국심리학회의 이러한 논평은 학술지 편집위원장들의 생각을 바꾸는 데 영향을 주었다.

저자로서 '목소리(voice)'를 내는 것은 지식과 아이디어의 소유자로서 다른 사람들에게 자신의 의견을 피력할 수 있다는 자존감으로부터 영향을 받는다. 어니스트 헤밍웨이, 마르셀 프루스트, 마크 트웨인, 지그문트 프로이트와 같은 작가들의 작품에 익숙한 독자는 작가의 목소리를 쉽게 구별할 수 있고 흉내 낼 수 있다. 자신의 생각을 글로 쓰고 자신의 목소리를 내는 것을 연습한다면 지문이나 걸음걸이와 같이 자신만의 고유한 목소리를 낼 수 있을 것이다. 이러한 측면에서 저자의 생각을 발전시켜 나가는 것은 자신의 글에 권위를 부여할 뿐만 아니라 글쓰기를 좀 더 '자연스러운' 과정으로 만들어 의식적이고 의도적인 노력 없이 흐르는 생각을 문장으로 표현하도록 한다.

그 누구도 하룻밤 사이에 자신의 목소리를 낼 수 있게 되지 않으며, 그 과정을 가속

---

1) 역자 주: 'editorial we'는 글을 쓴 복수의 저자를 지칭하는 '우리'가 아닌 사설 등에서 논설위원이 언론기관을 대표하여 '우리'라고 하는 등 대상을 광범위하게 지칭하는 표현이다.

화하는 방법을 설명하기도 쉽지 않다. Peter Elbow(1998)는 저자의 목소리가 진실성, 진정성, 권위 등과 비슷하다고 바라보는 사람들에 대한 불만을 표출하면서 그의 저서 인『힘 있는 글쓰기(Writing With Power)』에서 한 장(chapter) 전체를 할애하여 저자의 목소리에 대해 설명했다.

> 목소리, 즉 본인의 음성 혹은 느낌은 그 사람의 말 속에서 드러나지만 글에서는 잘 드러나지 않는다. 우리는 친구의 전화를 받으면 그가 누구인지 밝히기 전에 알 수 있다. 소수의 사람들은 글에 자신의 목소리를 입힌다. 그들이 쓴 편지나 글을 읽으면 글이 마치 그 사람이 이야기하는 것처럼 들린다. (p. 288)

　Elbow(1998)는 학생들이 자신의 목소리를 의식하며 글을 쓰고 목소리를 가진 글과 그렇지 않은 글을 분별하는 데 타인의 도움을 받는 것은 학생들이 글쓰기를 더 많이 시도하고 본인의 글에 자신의 목소리를 더 많이 포함하도록 장려한다고 주장했다. 글에서 자신의 목소리를 낸다는 것은 자신의 생각, 감정 그리고 특징적인 표현 방식에 주목하는 것뿐만 아니라 자신의 생각이 있고 그것에 대해 쓸 수 있는 자격이 있는지에 달려 있다. 이런 자격을 개발하는 것은 자신의 목소리가 생기는 것과 동일시될 수 있다.

　저자의 목소리는 저자가 즐겨 사용하는 단어, '자연스러운' 말이나 글에서의 리듬, 생각을 전달하기 위해 사용하는 은유법과 이미지, 생각을 체계화하는 구조에 스며들어 있다. 때때로 자신이 쓴 글을 소리 내어 읽어 보면 글에 자신의 목소리가 없다는 것을 느끼게 된다. 말할 때는 절대 사용하지 않을 어색한 표현이나 글의 리듬감과 흐름의 부재는 읽을 때보다 들을 때 더 쉽게 인식된다. 자신이 쓴 글을 들으면서 자신의 글을 타인의 관점으로 바라보게 되고, 실제 작성된 글과 전달하려고 했던 메시지와의 불협화음을 인식하게 된다.

　저자 목소리의 요소에 대해 알 수 있는 유용한 활동은 무작위로 주제를 정해 몇 분간 떠오르는 생각이 무엇이든 쓴다는 명확한 목표를 가지고 멈추지 않고 글을 쓰는 것이다. 이렇게 글의 내용이나 '적합한' 서식에 대해 주의를 기울이지 않는 자유로운 글쓰기는 종이 위 자신의 자연스러운 표현 방식에 대해 유용한 통찰력을 제공한다.

　목소리에 대해 더 알아보는 재미있는 방법은 어떤 상황에 대해 몇 가지 관점에서 글을 써 보는 것이다. 예를 들어, 심리실험 연구 보고서를 다시 작성하는 것이 이해를 도울 수 있다. 객관적인 과학 분야 보고서는 실험과 관련한 사실을 보고하는 것을 목표로 분리된 제3자의 관점에서 작성되었을 가능성이 높다. 이때 'S'라고 불리는 실험 대상자 중 한 사람의 관점으로 그 실험에 대해 써 보는 것이다. 그러고 나서 실험을 실시한 사람의 입장에서 실험을 할 때의 생각과 감정을 상상하면서 그 실험에 대해 써 본다. 마지막으로, 독자의 관점에서 그 실험에 대한 설명을 써 본다. 각 글은 서로 다른 목소리를 반영하고 있고, 그 차이는 저자의 목소리를 자유롭게 하는 데 도움을 줄 수 있다. 이렇게 하면 실험 중 실제로 어떤 일이 발생했는지, 그리고 그것으로부터 어떤 의미를 이끌어내고 싶은지에 대한 통찰력 역시 얻을 수 있다.

독자와 평가에 대한 걱정

글쓰기의 중요성에 관해 저자와 잠재적 독자 사이의 의사소통으로 인식해야 한다고 강조했다. 글을 쓸 때 잠재적 독자에 대해 알고 있어야 그들이 글쓴이의 주장을 이해하기 위해 무엇을 알아야 하는지 예측할 수 있기 때문이다. 독자들의 요구와 해석 능력을 고려해야 저자가 글로 이야기하고 싶은 것을 가장 명확하게 전달할 수 있다. 잠재적 독자를 염두에 두고 글을 쓰는 것은 글의 활력과 에너지를 유지하는 좋은 방법이다. 그러나 독자를 의식하는 것은 글쓰기의 심각한 장애물이 될 수 있다. 독자가 자신이 쓴 글에 대해 어떻게 평가할 것인지에 대한 걱정에 사로잡혀 원활하게 글을 쓰지 못하고 때때로 아예 생각이 멈춰 버리기도 한다. 독자가 저자에게 기대하거나 원하는 바를 알아내려고 지나치게 의식하면 저자 자신의 생각과 주장을 솔직하게 반영하여 자유롭게 이야기하기 힘들어진다. 만약 저자가 자신의 학식과 우아한 글쓰기 기교로 독자에게 깊은 인상을 남기는 데 몰입한다면 글쓰기의 원래 목적인 자신의 아이디어 전달이 어려워진다. 자신의 글이 어떻게 평가받을지 의식하면 '완벽한' 글에 집착하게 되고, 이는 작가가 자신의 한계에 부딪혀 한 걸음도 나아가지 못하게 되는 원인이 된다. 다른 사람이 무엇을 완벽하다고 평가할지 예측하는 것은 불가능한데, 작가 스스로 그런 불가능한 일을 하려고 하니 더 나아갈 수 없는 그 상황이 그리 놀랍지 않다. 극단적 완벽주의자에게는 종이 위 그 어떤 문장도 충분하지 않고, 그 어떤 단어도 작가의 생각을 정확하게 집어내지 못한다. 글을 쓸 때 서론을 쓰고 또 쓰면서 첫 문단에 갇혀 있는 자신을 발견할 때마다 자신이 누구의 기대를 충족시키려고 하는지 스스로 질문해 보는 것이 상황을 해결하는 데 도움이 될 수 있다. '머릿속 편집 기능'을 꺼야 초고를 시작하고 완성하는 충분한 자유를 얻을 수 있으며, 시작부터 잘못된 한 페이지 원고보다는 완성된 원고를 수정하고 다듬는 편이 더 낫다.

때로는 '머릿속 편집 기능'을 끄는 것이 어려운데, 이 기능을 꺼야 할 때는 자신의 아이디어를 표현하는 데 오랜 시간 고군분투하고 있거나 별 진전 없이 문단을 쓰고 다시 쓰고 있는 자신을 발견했을 때이다. 이러한 경우 앞서 설명한 '글쓰기 시작' 전략 중 한두 가지 방법을 일시적으로 사용하는 것이 도움이 된다. 주요 아이디어 목록을 문단 안에 개략적으로 제시해 놓으면 나중에 작업을 재개할 때 이어서 작업하기가 편하다. 친구에게 편지를 쓰거나 이야기를 하는 척 글을 써서 잠재적 독자에 쏠린 집중을 분산시키면 평가에 대한 걱정을 잠재워 불안감을 충분히 줄일 수 있다. 또 다른 유용한 전략은 저자가 알고 있는 내용을 배우거나 생각할 기회가 주어진다면 어떤 식으로든 도움이 될 또 다른 독자 집단을 떠올리는 것이다. 불안감이 심각할 경우 이러한 전략들은 부분적으로라도 안도감을 주며 완전한 마비 상태에서 벗어날 수 있게 도와준다.

수정

앞서 글을 쓸 때 완벽해지기 위해 노력하지 말라고 주의를 주었지만 쓴 내용을 다시 읽고 수정하는 것은 매우 중요하다고 강조하고 싶다. 우리 중 어느 누구도 글의 초안이 다음과 같지 않기 때문이다.

- 말하고자 하는 바를 정확하게 서술함
- 작성된 글에 대해 독자가 알아야 하는 모든 정보를 제공함
- 어색한 문장과 문법적 오류가 없음
- 더 이상 수정할 것이 별로 없음

자신의 글을 소리 내서 읽어 보면 어떤 글에서도 반드시 나오게 되는 어색한 곳이나 문법적 오류를 발견하는 데 도움이 된다. 종이에 생각한 내용을 적으면 완전하고 논리

적으로 보이는 경향이 있다. 따라서 자신이 쓴 글이 완벽해 보여도 다른 사람에게 읽어 봐 달라고 요청하면 혼란스럽거나 논리적으로 부족한 부분을 발견할 수 있다. 저자가 주장을 할 때 중요한 단계를 생략하기 쉬운데, 저자는 생략된 부분이 없어도 독자가 저자의 사고 과정을 따라올 것을 기대하고 때로는 독자가 저자의 의중을 읽어 낸다고 생각한다. 타인이 원고를 세심하게 검토해 주면 저자가 독자의 능력을 넘어서서 기대하는 부분이 어디인지 알려 준다. 다른 극단으로는 본질적으로 같은 이야기를 다른 형태로 반복하는 문제가 발생한다. 원고를 처음 접하는 사람은 대부분 저자보다 누락되거나 중복되는 문제에 더 민감하다.

Douglas Flemons(2001)는 『행간 쓰기(Writing Between the Lines)』라는 그의 저서 중 '사회과학논문(Social Science Paper)'(pp. 30-77)이라는 장에서 편집과 수정을 통해 문장과 문단을 발전시키는 예시를 풍부하게 제공했다. 이 장은 읽어 볼 가치가 있다. 사회과학 논문의 필수적인 부분을 명확하게 정의하는 한편, 저자가 자신의 의도에 맞게 표준 절차를 조정할 수 있다고 강조하기 때문이다. 이는 자신의 주장과 연구방법 그리고 해석을 억지로 틀에 맞추려고 노력하는 학생들을 자유롭게 해 주는 메시지이다.

워드프로세서가 없었던 시절 논문 초안 작성은 시간이 많이 걸리고 힘든 작업으로 휴지통은 쓰다만 글이 적힌 구겨진 종이로 넘쳐 났다. 글을 새로 쓸 때마다 이전 버전의 초안을 대부분 다시 타이핑해야 했고 오직 끈질기고 열정적인 사람만이 마음에 드는 최종본이 나올 때까지 여러 번 다시 쓰는 훈련을 할 수 있었다. 컴퓨터에서는 지속적인 수정과 자유로운 글쓰기 작업 그리고 페이지 편집(키 하나로 삭제도 가능)이 가능한데, 이는 현대 연구자들에게 엄청난 혜택이다.

글쓰기를 계속할 수 있는 열한 가지 전략

글을 쓰기 시작해서 마무리하기까지 주제 선정, 주장 전개, 퇴고 등 많은 단계를 거친다. 이 단계들은 글을 쓰는 목적, 주제, 독자에 따라 달라지며, 하나의 장(chapter)에 모두 다 담을 수 없다. 지금까지 언급한 내용을 개괄적으로 정리한 다음의 글쓰기 전략은 연구문제를 선정하는 것부터 잘 쓰인 완성된 논문을 제출하기까지 꾸준히 글을 쓰는 데 도움이 될 것이다.

1. 적어도 초고에서는 '자신의' 생각, '자신의' 반응, '자신의' 신념, 다른 사람들이 쓴 글에 대한 '자신'의 이해에 대해 쓰도록 일인칭을 사용할 것을 권한다. 저자로서 본인의 주장을 펼치는 것을 즐겨야 한다. 가능한 한 직접적으로 이야기하고 수동 태로 쓰지 않는다. 출판사 원칙 등의 이유로 원고를 수정해야 한다면 그때 가서 수정해도 된다.

2. 본인의 입장을 확실하게 밝히는 것이 부담스러우면 적어도 초고에서 만큼은 자신의 목소리를 내라. 강한 주장을 할 때는 "내 생각에는" "나는 ……라고 생각한다." "내가 보기에……." "아마도" "자주" "어떤 경우에는" 등과 같은 표현을 쓰면 덜 위험해 보인다. 본인이 이런 주장을 해도 되는 충분한 지식이 있는지 혹은 적절한 증거가 확보되어 있는지에 대해 과도하게 신경 쓰기보다 종이에 뭐라도 적는 편이 낫고, 이런 자신감 없는 표현들은 나중에 삭제해 버리면 된다.

3. 시작 단계에서는 독자가 내가 쓴 글에 대해 평가한다는 사실을 잊으라. 편집위원, 출판사, 지도 교수는 반드시 내가 쓴 글에 대해 피드백을 줄 것이고, 피드백에 대해 걱정할 시간은 나중에 충분히 있다. 초반부터 독자를 만족시키려고 하면 단어 하나를 쓰는 데도 신경이 쓰이고 자신의 지적 능력과 학식, 유려한 문구로 평가자들을 감동시키려고 노력하게 되는데, 이는 명백한 시간과 에너지 낭비이다.

4. 초고에서 의미 전달이 힘든 길고 난해한 문장으로 논리가 엉켜 고생하지 말고 되도록 문장을 짧게 쓰려고 노력하라. 한 문장에 하나의 아이디어만 들어가면 문법적 오류를 수정하는 데 시간이 허비되는 경우가 줄어든다.

5. 편안하게 느껴지는 문체와 아이디어 전개 방식을 찾으라. 자신의 방식을 존중해야 한다. 아이디어에 대한 개요를 먼저 작성한 뒤에 각 아이디어를 글로 풀어 내는 것이 쉽고 유용하다면 그렇게 하는 것이 좋다. 만약 글을 바로 써 내려가는 것보다 개요를 잡는 데 시간이 더 걸린다면 글은 개요부터 써야 한다는 다른 사람들의 조언을 무시하는 것이 좋다. 밤에 글이 더 잘 써진다면 그렇게 하라. 핵심에 이르기까지 무언가 계속 써야 한다면 그렇게 하라.

6. 다른 사람의 글을 모델로 삼는 것을 두려워하지 말라. 이것은 사기 행각이 아니라 우리가 글쓰기의 장인으로 부터 배우는 방법이다. 글을 읽다 잘 쓰인 좋은 글을 만나면 저자가 어떻게 아이디어를 체계화하고 전달했는지 주의 깊게 살펴보라.

7. 매일 일정 시간(혹은 분)을 글쓰기에 할애하거나 일정 분량을 쓰는 규칙을 만들라. 이렇게 하는 것이 힘들다면 목표를 낮게 잡고 시작 단계부터 목표를 초과 달성하지 않도록 유의한다. 필요하다면 알람을 맞춰 놓고 알람이 울리면 한참 흥미로운 아이디어를 전개하는 중이라도 멈춘다. 얼마 지나지 않아 알람 때문에 글 쓰는 것을 방해받는 것이 싫고 조금이라도 더 쓰는 시간을 늘리고 싶어질 것이다. 이때는 시간을 늘려도 좋지만 창밖이나 빈 종이를 멍하게 바라보는 시간이 길어지면 기존 목표 시간으로 돌아가는 것이 좋다. 하루에 몇 문단만 작업해도 일주일이 지나면 7~8쪽 분량을 쓸 수 있다. 하루에 글쓰기로 네다섯 시간을 보내고도 무의미한 글밖에 보여 줄 것이 없는 것보다 앞서 제시한 방법으로 작업하는 것이 생산적이다.

초안 작성이 끝나면 수정할 준비가 된 것이다

8. 초안을 작성할 때 썼던 형용사와 부사를 모두 삭제하고, 의미 전달에 절대적으로 필요한 단어만 남겨 두라. 수식어, 모호한 동사나 명사는 더 명확하고 정확한 표현으로 바꾸어야 한다. 글에 감정이 실렸다면 감정을 덜어 내고 터무니없는 주장을 했다면 합당한 근거를 제시하여 자신의 논리를 방어해야 한다. 동료 교수였던 Judy Stevens Long은 말하고자 하는 바를 확인하는 좋은 방법은 부사와 형용사 그리고 전치사구를 모두 제거해서 할 수 있는 데까지 문장을 압축하는 것이라고 학생들에게 충고했었다.

9. 자신감 없는 표현은 모두 삭제하고 솔직하고 의미 있는 문장만 남겨 두라. 글쓰기 프로젝트가 마무리 단계에 있으니 본인이 쓴 내용에 대해 자신감이 붙었을 것이고, 책임을 남에게 미루는 애매한 표현 뒤로 숨을 필요가 없다.

10. 짧은 문장들로 인해 글의 흐름이 끊기고 마치 전보처럼 읽힌다면 문장들을 연결하여 글이 자연스럽게 이어지도록 해야 한다. 이 작업을 할 때 주의할 점은 두 문장을 연결해서 문장이 너무 길어지고 이해하기 힘들면 짧은 문장을 그냥 두어야 한다는 것이다. 독자가 내용을 이해하지 못하는 것보다는 흐름이 조금 끊기는 편이 낫다. 문장 길이의 변화로 얻어지는 리듬은 글을 다채롭게 만들고 쓰는 즐거움과 읽는 재미를 선사한다.

11. 앞서 언급한 규칙들 혹은 다른 글쓰기 규칙이 본인에게 효과가 없다면 받아들이지 않아야 한다. 제빵과 관련한 줄리아 차일드[2]의 명언을 다른 말로 바꾸어 말하면, 당신 글의 보스는 바로 당신이라는 것을 기억해야 된다는 것이다.

논문 작성을 위한 시사점

이 장에서는 대학원생들과 연구자들이 자주 경험하는 글쓰기 문제에 초점을 두었으며, 이는 논문 작성 범위를 넘어서는 내용이었다. 앞서 우리가 언급했듯이 학술적 글쓰기 기술을 개발하는 데 도움이 되는 몇 가지 자료가 있다. Douglas Flemons(2001)의 『행간 쓰기(Writing Between the Lines)』는 사회과학 논문을 쓰는 데 도움이 되는 많은 정보를 제공하며, Rex Kline(2009)의 『행동과학 연구자 되기(Becoming a Behavioral science Researcher)』라는 책에서는 연구자들을 위한 글쓰기와 관련한 좋은 제안을 하는 장(chapter)이 있다. Wallace와 Wray(2011)가 쓴 『대학원생을 위한 비판적 읽기와 쓰기(Critical Reading and Writing for Postgraduates)』는 비판적 사고 전략과 학술적 글쓰기 기술 분야에서 높이 평가되고 있다. 우리는 이 책의 제4장에서 글쓰기와 문법 향상에 대한 정보를 제공했다. 문법과 관련해 흥미롭고 빈틈없는 논의는 Lynne Truss(2006)의 『먹고, 쏘고, 떠난다(Eats, Shoots & Leaves)』를 참조하면 된다. 지금쯤이면 이 책을 읽는 독자들은 성공적인 논문은 짧고 간결하고 초점이 맞춰진 글이라는 사실을 알고 있어야 한다. 이 책의 저자 중 한 명인 Kjell Rudestam은 대학원생 시절 지도 교수가 학위논문 초안에 대해 『에버그린 리뷰(Evergreen Review)』(문학잡지)의 글처럼 아름답게 잘 읽힌다고 말씀하신 것을 기억하는데, 이 말 뜻은 논문이 논문처럼 작성되지 않았다는 의미이다.

오늘날 대부분의 대학은 글쓰기와 관련된 교육과 논문 교정 서비스를 제공한다. 최근 필딩 대학원 대학교(Fielding Graduate University)에서는 대학원생들을 대상으로 온라인 글쓰기 센터(virtual writing center)를 열었다. 센터에서는 학생들이 습작, 글쓰기 관련 자

---

2) 역자 주: Julia Child(1912~2004)는 미국 캘리포니아 태생 프랑스 요리 연구가이자 방송인이다. 그녀가 방송에서 한 말인 "You are the boss of that dough." 문장을 변형하여 사용한 것이다.

가진단, 논문 작성, 비판적 사고와 주장, 논문 비평, 문헌 연구, 의미 있는 질문하기, 아이디어를 효과적으로 표현하기, 문체와 문법 등과 같은 프로그램을 온라인으로 이용할 수 있다. 컴퓨터 기반 학습 환경에서 교수자와 동료가 글을 검토하고 피드백을 주는 것도 가능하다. 우리의 동료인 Sam Osherson(2006)은 논문은 읽기에 딱딱하거나 지겹게 쓸 필요가 전혀 없다고 했다. 많은 학생은 성공적인 학자가 되기 위해서는 글에서 생동감과 즐거움을 모두 없애야 한다고 믿는다. 그러나 우리는 훌륭한 연구논문(학위논문)은 재미있고 매력적인 글을 통해 독자의 관심을 끌어야 한다고 생각한다.

제11장
온라인 데이터 접근과 수집을 이용한 학위논문 작성방법

이 책의 원서 1판에서는 개인용 컴퓨터를 사용하면 자료를 분석하고, 글을 쓰고, 문헌을 찾고, 준비하는 데 시간이 절약되는 장점이 있다고 그 유용성을 극찬했지만, 개인용 컴퓨터가 없어도 논문을 쓸 수 있다고 했다. 그러나 2판에서는 개인용 컴퓨터, 소프트웨어 그리고 인터넷 없이는 누구도 논문 쓰는 것을 시도조차 하지 않을 것이라고 했다. 그리고 문헌 연구나 참고문헌 관리를 위한 다양한 소프트웨어와 양적·질적 자료 분석을 위한 소프트웨어 그리고 컴퓨터를 보호하는 지원 프로그램을 설명했었다. 우리는 표와 참고자료(tip boxes)에 이와 관련한 참고문헌, 관련 소프트웨어나 데이터베이스 사이트로 연결되는 링크를 제시했다. 요즘 학생들은 대부분 초등학교 때부터 컴퓨터를 사용하여 컴퓨터에 매우 능숙하다. 컴퓨터는 학생들의 연구뿐만 아니라 일상에까지 영향을 미치고 있다. 연구 과정에서 모든 단계는 웹기반 응용 프로그램을 통해 진행된다. 전통적인 우편, 전화, 면대면 설문 방식은 웹기반 설문 설계와 분석으로 빠르게 대체되고 있으며, 질적 연구도 연구 참여자를 직접 대면하는 것처럼 온라인을 통해 만난다. 이 장에서는 온라인 자료에 대한 접근, 분석 그리고 수집 관련 내용에 지면을 할애하고자 한다.

시작하기에 앞서 1차 자료 분석(primary data analysis)과 2차 자료 분석(secondary data analysis)의 차이에 대에 짚고 넘어 가고자 한다. 1차 자료 분석은 연구자 본인이나 연구자가 훈련시킨 관찰자 혹은 면접관에 의해 수집된 자료를 분석하는 것을 의미한다. 2차 자료 분석은 다른 연구자들이 그들의 연구 목적으로 수집한 자료나 일반인이 연구와는 상관없이 생성한 자료를 이용해서 분석하는 것이다. 2차 자료의 예로는 미국의 인구주택총조사 자료나 갤럽, 로퍼, 필드폴링과 같은 기관이 수집한 자료, 주정부에서 지원받은 연구 보조금으로 수집한 자료, 인터넷에 연구자들이 사용할 수 있도록 공개된 다양한 출처의 자료가 있다. 다음에는 우선 인터넷을 통해 2자 차료에 접근하는 전략에 대해 설명하고, 다음으로 2차 자료를 사용하는 데 있어 참고해야 할 사항을 알려 주고자 한다.

인터넷에서 수집한 2차 자료 사용에 대한 찬반

웹사이트에서 획득한 2차 자료를 분석하는 것은 학위논문을 작성해야 하는 학생뿐만이 아니라 일반 연구자에게도 흔한 일이다. 자료를 얻는 절차는 일반적으로 다음과 같다.

- 원하는 자료를 제공하는 사이트를 찾는다.
- 필요하다면, 접근 권한을 얻기 위한 암호(password)를 부여받는다.
- 데이터 추출 시스템이나 데이터 형식에 대해 숙지한다.
- 데이터를 내려받는다.
- 통계 소프트웨어로 데이터를 분석한다.

2차 자료를 분석하는 것은 새로운 일이 아니다. 새로운 점은 이용 가능한 데이터의 양과 데이터로의 접근 용이성이다. 세계 최대 규모의 사회과학 관련 디지털 자료 보관소는 미시건 대학교 사회학연구소 소속 정치사회연구 컨소시엄(Interuniversity Consortium for Political and Social Research: ICPSR; www.icpsr.umich.edu)에서 이용 가능하다. 이 웹사이트에서 ICPSR에 가입하는 방법과 자료를 다운로드받는 방법, 회원으로 등록된 학교 목록, 효과적인 자료 사용을 위한 정량적 연구방법 교육, 기타 자료 등에 대한 정보를 얻을 수 있다. 많은 학위논문이 ICPSR이 보유하고 있는 자료를 활용하여 작성되었다. 〈참고자료 11-1〉은 ICPSR에 대한 정보를 제공한다. ICPSR과 같은 방대한 데이터 저장소 구축은 데이터버스(dataverse)라는 새로운 용어를 만들어 냈다. 데이터버스는 연구물들의 디지털 저장장소이다. 이 분야에 대해 더 궁금한 독자는 ICPSR 외에도 세계 최대 사회과학 연구 데이터를 보유하면서 전 세계 모든 학문 분야를 대표하는 53,000개 이상의 연구물을 제공하는 하버드 데이터버스 네트워크(Harvard Dataverse Network; http://thedata.harvard. Edu/dvn/)를 방문해 보기 바란다.

참고자료 11-1

ICPSR 디지털 자료 보관소

ICPSR은 수업과 연구를 위한 사회과학 자료를 모아 놓은 광범위한 자료 저장소를 보유하고 있으며, 효과적인 자료 사용을 촉진하기 위하여 양적 방법에 대한 교육을 제공하고 있다. ICPSR은 데이터 검색뿐만 아니라 회원으로 등록된 기관에서 자료를 직접 다운받을 수 있도록 한다. 이 사이트에서 500,000건 이상의 자료 파일을 구할 수 있다.

• 사이트: www.icpsr.umich.edu

ICPSR은 다음과 같은 특별 주제에 대한 아카이브 또한 공동으로 후원하고 있다.

• 건강과 의료(Health and Medical Care Archive: HMCA): www.icpsr.umich.edu/HMCA
• 노령화(National Archive of Computerized Data on Aging: NACDA): www.icpsr.umich.edu/NACDA)
• 범죄(National Archive of Criminal Justice Data: NACJD): www.icpsr.umich.edu/NACJD)

미국 통계청 자료는 http://census.gov에서 확인할 수 있다. 이곳에서 방대한 정보와 데이터 활용을 위한 툴과 앱을 다운받아 사용할 수 있고, 인구총조사 데이터 원본에도 접근이 가능하다. 미네소타 지역 센터에 소속된 IPUMS(Integrated Public Use Microdata Series; www.ipums.org)도 방문해 볼 것을 권한다. 이곳에서는 1850년부터 누적된 미국

인구총조사 데이터베이스뿐만 아니라 각 국가로부터 수집된 인구총조사 자료가 포함된 국제 데이터베이스에 접근 가능하다. 이렇게 접근 가능한 현존 자료는 장점과 단점이 공존한다. 우선 2차 자료를 활용하는 장점에 대한 필자들의 관점에 대해 설명하고, 그리고 2차 자료를 활용할 때 주의해야 할 점에 대해 설명해 보고자 한다.

우선 2차 자료는 대학원생이 개별적으로 수집하는 그 어떤 데이터보다 질적으로 우수할 가능성이 높다. 연구는 비용을 수반하고, 광범위한 조사는 많은 비용이 든다. 특히 대규모 종단 조사 연구는 시간적으로나 비용적으로 대학원생이 감당할 수 없다. 그러나 인터넷에서는 이런 자료를 쉽게 구할 수 있다. 예를 들어, 1997년 미국청소년 종단설문 자료(National Longitudinal Survey of Youth 1997: NLSY97)는 미국 노동부 산하 노동 통계국에서 후원한 국가 종단 설문(National Longitudinal Surveys: NLS) 프로그램의 일부이다. 이 설문은 다양한 집단의 남성과 여성의 노동시장 경험에 대한 정보를 여러 시점에서 수집했다. NLS 각각의 표본은 수천 명의 사람들로 구성되어 있고, 그 중 일부는 수십 년간 설문조사에 참여했다. 이 조사는 ICPSR을 통해 접근이 가능하다(www.icpsr.umich.edu/NACJD). 2차 자료를 사용하는 첫 번째 장점은 거의 모든 점에서 2차 자료의 질이 대학원생 개인이 수집한 자료의 질보다 월등히 낫다는 것이다. 〈참고자료 11-2〉는 데이터 아카이브와 데이터 아카이브에 접속이 가능한 사이트를 제공하고 있다.

2차 자료를 사용하는 두 번째 이유는 비용으로 1차 자료를 수집하는 데 일부 비용을 지원받는다 하더라도 대부분의 대학원생이 감당하기 힘든 금액이라는 점이다. 양질의 양적 자료를 수집하는 데는 시간과 비용이 소요된다. 많은 박사학위논문이 적은 수의 비임의표본(nonrandom sample)에 기반한 횡단 자료로 작성된다. 그러나 이러한 연구는 인과관계를 추론하고 외적 타당화나 충분한 통계 검정력을 확보하는 데 제약이 따른다. 이런 연구들은 어떤 측면으로는 고유한 특징이 있지만, 동료심사 학술지에 출판되는 데는 종종 어려움이 있다.

앞에서 언급된 2차 자료의 장점을 고려했을 때 왜 모든 사람이 2차 자료를 사용하지 않는지에 대해 궁금할 것이다. 첫 번째 이유는 2차 자료가 연구자의 관심 주제와 연구목적에 직접적으로 관련 있는 측정치를 포함하지 않기 때문이다. 이런 경우 자료에 맞게 연구문제를 수정하거나 기존 설문 문항의 일부를 가지고 새로운 측정 도구를 만들어 내야 한다. 이렇게 파생된 측정 도구는 타당도나 신뢰도에 대한 기록이 없다.

두 번째 이유는 2차 자료를 사용하는 것이 힘들고 고통스러울 수 있기 때문이다. 대부분의 기록물 저장소 사이트가 자료를 쉽게 찾을 수 있도록 도와주고 상세한 내용을 제공하지만, 자료를 받는 과정이 쉽지만은 않다. 연구자들은 2차 자료를 다운받는 과정에서 난관에 부딪힐 때를 대비해야 한다. 자료를 다운받는 과정이 모든 기록물 저장소 사이트에서 동일하지 않으며, 자료를 받기 위해서 배워야 하는 몇 가지 방법도 있다. 데이터베이스에 접근하거나 자료를 다운받는 것 외에도 부정확하고 불충분한 설명 때문에 고생할 수 있다. 2차 자료를 사용하려면 자료의 표본 추출 설계 방법에 대한 완전한 설명 자료와 정확하고 빠짐없는 코드북 등을 확보할 수 있어야 하며, 자료 분석 중에 자료의 오류 등과 같은 어려움에 봉착했을 때 도움을 받을 수 있는 곳이 있어야 한다.

　세 번째 이유는 학위논문 심사위원들이 2차 자료 사용하는 것을 허용하지 않는 경우도 있기 때문이다. 필자들이 보기에는 두 가지 이유가 있다. 첫째, 논문 작성은 많은 것을 의미한다. 논문은 전공 분야에 기여를 하는 것 외에도 연구자들을 훈련시키는 중요한 수단이기도 하다. 논문 심사위원들은 논문을 완성한다는 것은 연구의 모든 과정에 깊게 관여하는 것이라고 생각하는데, 학생이 2차 자료를 사용하면 자료 수집과 관련된 단계를 건너뛰었다고 느낄 수 있다. 이 단계는 표본 설계, 측정 도구 설계, 자료 수집, 자료 입력, 데이터 정제, 데이터베이스 구축 등이 포함되어 있다. 여담이지만, 2차 자료 분석을 통해 학위논문을 쓰려는 학생들은 앞서 언급된 중요한 기술을 사전에 대학원 과정 어디에선가 배웠기를 바란다. 둘째, 일부 교수들은 2차 자료를 사용한 학생의 논문을 지도했을 때 좋지 않은 기억이 있을 수 있다. 이 부정적인 경험은 앞에서 2차 자료를 사용하지 않는 이유로 언급된 첫 번째, 두 번째 이유와 일맥상통하는데, 2차 자료로는 학생들의 연구문제에 대한 답을 할 수 없는 경우가 있고 데이터를 다운받는 과정에서 많은 어려움이 있을 수 있기 때문이다.

　우리는 적합한 상황에서 2차 자료 사용은 합리적이며 받아들여질 수 있다고 생각하지만, 그 전에 학생들이 먼저 해결해야 할 부분이 있다. 학생들은 2차 자료를 찾을 때 완벽한 데이터베이스가 자신을 기다리고 있다고 생각하면 안 된다. 학생들은 자신의 관심사와 연구문제에 완벽하게 부합하는 데이터를 찾기 위해 많은 사이트를 방문하고 자료를 제공받을 수 있어야 한다. 〈참고자료 11-1〉과 〈참고자료 11-2〉에 사회과학 자료에 대한 방대한 아카이브 목록을 제시했지만, 정기적으로 새로운 아카이브가 생성되기 때문에 목록은 계속 늘어난다. 어떤 사이트에서 이상적인 데이터베이스를 찾아낸다 하더라도 그 데이터베이스는 연구자가 필요한 자료의 일부만 보유하고 있을 수 있다.

예를 들어, 1921년부터 1922년까지 우생학 운동 및 유전과 관련된 관심이 쇠퇴할 당시 심리학자인 Lewis Terman은 초년시절 지적 우위를 보인 아동들을 대상으로 10년 동안 연구를 수행했다. 이 연구는 캘리포니아에 거주하는 영재들의 삶의 행로를 성인이 될 때까지 추적했다. 영재 아동과 부모와의 인터뷰, 그리고 일련의 검사 등 1921~1922년부터 지금까지 13차에 걸친 데이터 수집이 이루어졌다. 1922년과 1928년에 이루어진 첫 번째 데이터 수집은 가족과 학교생활에 초점을 맞추어 진행되었고 아이들의 어머니를 인터뷰하고 설문조사를 실시했다. (당시에 아버지들은 자녀 양육에 특별히 중요한 역할을 한다고 여겨지지 않았다. 따라서 아버지들은 응답자에 포함되지 않았다.) Terman 표본 내 연구 대상이 변경되고 1972, 1977, 1982, 1986, 1991~1992년에 수행된 Robert Sears, Lee Cronbach, Pauline Sears, Albert Hastorf가 이끄는 후속 연구는 노화, 직장 생활과 은퇴, 가족, 삶에 대한 평가와 같은 주제에 새롭게 관심을 기울였다.

웹기반 자료 수집을 포함하여 2차 자료 분석과 관련한 구체적인 설명은 Chava Frankfort-Nachmias와 David Nachmias(2008)가 저술한 사회과학 연구방법(Research Methods in the Social Sciences) 13장을 참고하면 된다. 만약 주요 연구방법으로 웹기반 자료 수집을 진지하게 고려한다면 필자들은 ICPSR을 우선 검색하는 것을 추천한다. 또한 자주 사용하는 통계 도구, 데이터베이스, 통계 소프트웨어 추천 사이트에 대한 많은 링크가 제공되는 캘리포니아 대학교 샌디에이고 캠퍼스의 자료 및 통계 연구 사이트(http://libguides.ucsd.edu/content.php?pid=221125&sid=1835576)도 함께 참고하길 바란다.

양적 및 질적 자료 수집 자원으로서의 인터넷

연구자는 인터넷을 주요 자료 수집 출처로 사용할 수 있다.

첫째, 인터넷은 기록 저장된 자료에 접근할 수 있도록 한다. 예를 들어, 연구자는 『뉴욕타임스』에 실린 특정 사건과 관련된 기사를 수집하고 싶을 수 있다. ProQuest 데이터베이스에는 주제나 키워드로 검색 가능한 뉴욕 타임스 데이터 저장소가 있다. 필자의 지도 학생이 베트남전쟁 중 사망한 사람들에 대한 기사를 검색하는 데 이 데이터베이스를 사용했었다(Huston-Warren, 2006).

둘째, 인터넷에서는 채팅룸, 블로그, 온라인 데이트 주선 서비스 내에서 이루어지는 온라인 커뮤니케이션을 방해하지 않으면서 모니터링할 수 있다. 예를 들어, Stephanie MacKay(2012)는 Skirtboarders(캐나다 몬트리올에 기반을 둔 여성 스케이트보더 집단)가 운영하는 여성 스케이트보딩 블로그에서 언급된 여성성에 대한 담론을 분석했다.

셋째, 웹상에서는 자신만의 자료 수집 도구를 설계하거나 출판할 수 있다. 몇 년 전까지만 해도 이는 경험 많은 웹페이지 디자이너만 할 수 있는 작업이었다. 그러나 많은 인터넷 기반 설문조사 및 데이터 보관 서비스는 연구자들이 인터넷으로 설문을 실시하고 수집된 데이터를 다운받는 것을 지원한다. 이러한 서비스는 데이터베이스에 자료를 입력하는 번거로움뿐만 아니라 설문조사를 위한 우편요금, 인쇄비 그리고 입력하는 데 드는 비용을 줄여 준다. 또한 많은 사이트는 온라인 설문 제작 단계를 간단하고 빠르며 직관적으로 만들어 준다. 〈참고자료 11-3〉에는 온라인 설문조사 관련 회사들의 정보, 서비스, 가격이 제공되어 있다. 주의해야 할 점은 적합한 서비스를 선택할 때 가격만 보고 선택해서는 안 된다는 것이다. 우리는 독자들이 WebSM(Web Survey Methodology) 사이트를 방문해 볼 것을 추천한다(www.websm.org). WebSM은 온라인 설문조사에 대해 중점적으로 다루고 있으며 설문을 통한 자료 수집 절차에 적용되는 최신 테크놀로지 전반이 소개되어 있다. 이 사이트에는 최신 도서를 포함한 온라인 설문조사 관련 참고문헌 목록과 온라인 설문 소프트웨어 링크, 온라인 설문조사 서비스 회사 등이 소개되어 있다. 웹기반 설문조사를 설계할 때는 많은 요인에 대해 고민해야 하고 이는 응답률과 자료의 질에 영향을 미친다. 고려해야 할 요인들로는 설문조사의 후원자, 설문 주제, 완성하는 데 걸리는 시간, 웹에서 보여지는 형식 등이 있다(Casey & Poropat, 2014; Fan& Yan, 2010; Sanchez-Fernandez, Munoz-Leiva, & Montoro-Rios, 2012). Fan과 Yan에 따르면, 특히 중요한 것은 어떤 서비스를 선택하더라도 그것이 다른 브라우저에서 구동이 되어야 한다는 것이다.

종종, 같은 온라인 설문조사라 하더라도 응답자의 컴퓨터 사양이나 웹 브라우저, 인터넷 서비스, 인터넷 연결 상태 등으로 화면에 다르게 표시될 수 있다. 이런 차이 때문에 일부 응답자들은 정상적으로 설문지를 볼 수 없거나, 응답 내용을 전송하지 못하거나, 중간에 설문을 종료할 수밖에 없는 상황이 발생한다. 또한 설문 관련 소프트웨어 프로그램이 효과적인 데이터 가져오기 및 내보내기를 위해 XLS나 SPSS와 같은 다양한 형식을 지원하는지가 중요하다. (p. 137)

지도 학생들은 설문조사 설계와 자료 수집을 위해 온라인 설문조사 서비스를 이용해 오고 있다. 데이터 수집과 분석을 위해 웹사이트 서비스를 사용하는 경우 설문조사 과정을 웹사이트에 맡겨 놓지 말고 연구자 본인이 직접 주의 깊게 모든 과정을 모니터링 해야 한다. 예를 들어, 우리 지도 학생 중 한 명이 설문조사 연구를 위해 표본으로 200명을 찾고 있었다. 광범위한 대상에게 접근하기 위해 그 학생은 웹기반 조사회사를 통해 설문을 진행하기로 계약했고 참여자들은 온라인을 통해 설문에 응답할 수 있었다. 합리적인 기간 내에 필요한 표본 크기를 확보하기 위해 응답 자격을 갖춘 대상(섭식 장애가 있는 젊은 여성)이 설문을 완료했을 경우 20달러를 지불하기로 했다. 금전적 보상을 제시한 다음 날에 조사회사는 그녀에게 576명이 설문 응답을 완료했고 수백 명이 설문 조사를 진행하고 있는 중이라고 알려 주었다. 놀라움과 기쁨도 잠시, 연구를 위한 훌륭한 표본을 확보했지만 본인이 12,000달러를 지불해야 함을 깨달은 그 학생은 그 설문 사이트를 즉시 닫아야 했다. 물론 윤리적으로 그 학생은 설문을 완료한 적합한 응답 대상자들에게 금액을 지불할 의무가 있었다. 그 학생의 실수는 사전에 샘플 사이즈를 제한하지 않은 것으로 충분히 이해할 수 있는 상황이지만 큰 비용을 치른 실수였다.

이와 같은 경험과 학생들이 겪은 비슷한 문제점들을 기반으로 우리는 다음과 같은 제안을 한다.

- 온라인 조사회사는 신중하게 선택해야 한다. 조사회사가 제공하는 서비스와 가격은 천차만별이다. 가격이 비싼 회사라고 해서 가격이 싼 회사보다 더 많은 서비스를 제공하는 것은 아니며 필요 이상의 서비스를 제공할 수도 있다.
- 설문조사 문항을 온라인에 게시하기 전에 질문 문항과 선택지의 단어 하나하나를 원래 측정도구와 대조하면서 확인해야 한다. 오타나 누락된 내용이 발생하는 것은 일반적이지만 그것을 찾아내는 것도 실수에 대한 결과로 고통받는 것도 연구자의 몫이다.
- 온라인에 연결되면 사소한 실수가 큰 여파를 몰고 올 수 있기 때문에 온라인 설문이나 실험은 사전에 시험적으로 운영을 해 보아야 한다. 가능하다면, 일부 자료를 다운로드받아 보고 모든 내용이 포함되어 있는지 확인해야 한다. 실제 운영에 앞서 주변 동료나 논문 심사위원들에게 온라인 설문조사를 실시해 보고 그들의 조언을 구하라.

- 추가적인 자료 수집이 무료가 아닌 이상 일정 양의 데이터가 확보되면 자료 수집 중지를 요청하라. 어쨌거나 표본 크기가 크면 클 수록 유리하다.
- 설문조사에 참여하는 사람들이 실제 연구자가 의도한 모집단에 속해 있는지 여러 모로 점검해야 한다. 예를 들어, 남성이 연구 대상인 경우 남성만 설문조사에 참여할 수 있다는 내용을 설문 시작 시점에 안내하고 설문 후반부에 참여자의 성별을 물어보는 문항을 추가해야 한다.
- 설문 참가에 대한 인센티브나 금전적 혜택을 제공하면 동일한 대상이 설문조사에 여러 번 참가하거나 설문 대상으로 적합하지 않은 사람이 설문에 참가할 가능성이 있다. 이런 사람들을 가려낼 수 있도록 설문을 설계하고 조사 회사와 이와 유사한 발생 가능한 문제점을 해결할 수 있는 방법에 대해 논의해야 한다.
- 프로포절에서 요구하는 설문에 필요한 응답자 수는 부적격자의 응답이나 불완전한 데이터를 포함하지 않은 숫자임을 기억해야 한다. 수집된 응답의 약 20%는 데이터가 불완전하거나 사용할 수 없는 응답이라 제거한다고 생각해야 한다.
- 가능하다면 설문에 응답할 자격이 있거나 그럴 가능성이 높은 대상에게만 접근을 허용해야 한다. 연구자가 직접 연락을 취했었거나 설문 대상으로 적합하다고 판단된 사람들에게만 설문에 접근할 수 있는 코드나 암호를 제공하면 다른 사람들의 접근을 제한할 수 있다.

인터넷을 통해 자료를 조사하기로 결정하기 전에 생각해야 할 몇 가지 중요한 질문이 있다. 첫째, 설문 도중 문제가 발생했을 때 그것을 해결할 수 있는 충분한 컴퓨터 관련 기술이 있는가? 둘째, 표본이 수집될 모집단이 명확하고 온라인상에서 어떻게 이 표본에 접근할 것인가? 셋째, 논문 심사위원들이 당신이 제안한 자료 수집 전략에 동의하고 지지하는가? 이와 같은 질문에 긍정적인 답변이 가능하다면 인터넷으로 자료를 수집하는 것을 고려해도 좋다.

관련 도서로는 Best와 Krueger(2004)가 쓴 『인터넷 자료 수집(Internet Data Collection)』, Dillman, Smyth와 Christian(2009)이 쓴 『인터넷, 우편, 혼합형 설문조사: 맞춤형 설계 방법(Internet, Mail, and Mixed-Mode Surveys: The Tailored Design Method)』, Birnbaum(2001)의 『인터넷에서의 행동 연구 개론(Introduction to Behavioral Research on the Internet)』이 유용하다. 마지막 책은 온라인 설문뿐 아니라 온라인 실험에 대한

유용한 안내도 제공하고 있다. 좀 더 높은 수준의 참고자료는 Gosling과 Johnson(2010) 이 편집한 『온라인 행동 연구를 위한 고급 방법론(Advanced Methods for Conducting Online Behavioral Research)』을 참고하기 바라며, 이 책은 소셜네트워크 사이트와 블로그로부터 데이터를 수집하는 방법, 온라인 참여자의 행동을 관찰하기 위한 자동화된 현장 노트의 사용, 전통적 방법을 웹으로 옮겨 사용하는 전략과 관련한 내용을 포함한 인터넷 기반 연구와 관련된 많은 사례가 소개되어 있다. 마지막으로 『온라인 연구방법론(SAGE Handbook of Online Research Methods)』(Fielding, Lee, & Blank, 2008)을 참고하면 좋은데, 이 책에서는 인터넷 기반 면담, 온라인 초점 집단, 비디오 분석 등과 같은 내용을 설명한 '가상 문화기술지(Virtual Ethnography)'라는 장이 포함되어 있다.

그렇다면 웹 기반 설문의 신뢰도와 타당도 그리고 온라인 설문에 대한 논문 심사위원들의 회의적인 태도는 어떻게 할 것인가? 웹 기반 설문은 신뢰할 수 있는가? 이 질문으로 많은 연구가 수행되었고, 그에 대한 답이 제시되고 있다(Duarte Bonini Campos et al.,

〈표 11-1〉 **인터넷 설문과 관련된 여섯 가지 인식**

인식	결과
인터넷 표본은 인구통계학적으로 다양하지 않다(예: Krantz & Dalal, 2000).	그럴 수도 있고 아닐 수도 있다. 비록 모집단을 완전히 대표하지는 못하지만 여러 방면(예: 성별)으로 인터넷 표본은 전통적인 표본보다 더 다양할 수 있다.
인터넷 표본은 적응을 못하고, 사회적으로 고립되어 있거나 우울한 사람들이다(예: Kraut et al., 1998).	근거 없는 믿음이다. 인터넷 사용자들은 비사용자들과 적응성과 우울 관련 지표에서 차이를 보이지 않는다.
인터넷 자료는 자료 제시 형식에 따라 결과가 달라진다(예: Azar, 2000).	근거 없는 믿음이다. 성격 5요인 측정 도구가 두 가지 다른 방식으로 제시되었고, 결과는 동일했다.
인터넷 참여자는 동기부여되어 있지 않다(예: Buchanan, 2000).	근거 없는 믿음이다. 인터넷은 참여자들을 동기 부여할 수 있는 수단(예: 피드백)을 제공한다.
인터넷 자료는 익명성으로 인해 데이터가 정확하지 않다(예: Skitka & Sargis, 2006).	사실이다. 연구자들은 반복적 응답자들을 제거하는 조치를 취해야 한다.
인터넷 기반 자료로 도출한 결과는 다른 방법으로 도출한 결과와 다르다(예: Krantz & Dalal, 2000).	근거 없는 믿음이다. 지금까지 알려진 바에 따르면, 인터넷 자료 기반 연구와 전통적 자료를 기반으로 한 연구 결과는 일치한다. 그러나 인터넷 자료 기반 연구가 더 많은 데이터를 필요로 한다.

출처: Gosling, Vazire, Srivastava, & John(2004), pp. 93-104.

2011; van den Berg et al., 2011 참조). 인터넷 설문에 대한 여섯 가지 인식을 다룬 Gosling, Vazire, Srivastava와 John(2004)은 인터넷 기반의 많은 수의 표본(N = 361,703)과 510개의 전통적인 표본을 비교 분석했고, 그 연구 결과는 〈표 11-1〉에 요약되어 있다.

　웹 기반 설문 서비스를 제공하는 회사들은 일부 응답자들이 참여에 대한 보상이나 인센티브를 받기 위해 여러번 설문에 참여하고 또 다른 일부는 설문에 성실하게 응답하지 않을 것을 알고 있다. 따라서 일부 회사들은 누가 설문에 참여했는지, 그리고 성실하게 응답한 정도를 모니터링한다. 필자의 학생 중 Jennifer Johnston(2013)은 Zoomerang(SurveyMonkey와 합병했음)을 이용하여 설문을 실시한 과정을 다음과 같이 묘사했다.

　　온라인 설문은 Zoomerang.com을 통해 배포되었다. 응답자들은 첫 페이지에서 설문 참여를 환영하는 메시지를 보고 참가 동의 페이지로 넘어가는데, 그 페이지에서는 참여자로서 그들의 자격과 권리에 대해 이해했음을 확인하고 이에 동의해야 설문을 시작할 수 있다. Zoomerang.com이 응답에 대한 비밀을 보장했고, 이름, 주소, URL 출처와 같은 개인 식별 정보는 연구자에게 제공되지 않았다. 응답자들은 설문조사에 참여했고, 문항에 끝까지 응답하지 않은 경우에는 초반의 인구통계학적 질문 이후 질문에 한해 이어서 답변이 가능했다. 설문의 각 페이지에는 진도율이 표시되었다. 설문의 마지막 부분에는 연구자, 지도 교수, 기관생명윤리위원회(IRB) 정보가 포함된 정리 페이지가 제공되었다. 설문을 완성하는 데는 약 25분이 걸렸다.

　　Zoom 패널 회원은 설문을 완료하면 관례적으로 Zoom 포인트 50점을 받는다. 패널 회원은 포인트를 적립할 수 있고 적립된 포인트로 음반, 책, 가전, 조리 도구 등을 구매할 수 있다. 구매할 때 Zoom 포인트 50점은 1달러로 환산된다. 이런 보상은 패널 회원들이 여가 시간에 설문을 완료하는 것을 독려하지만 설문에 참여하도록 강요할 정도는 못된다. Zoom 패널 회원은 Zoomerang.com을 소유하고 있는 Market Research Tools라는 조사 회사에서 관리한다. 회사는 패널의 대표성과 활동 정도를 추적하고 패널이 이탈한 경우 새로운 패널을 모집하는 등 전통적인 패널 관리 기법뿐만 아니라 응답자가 실제로 응답을 하는데 몰입해 있는지를 추적하는 알고리즘을 사용하는 특허받은 기술을 활용하여 회원들의 건전성, 정확성, 활용성을 유지하고 모니터링한다. 패널은 주로 시장이나 제품 연구를 위해 모집되지만, 회원은 제품이나 서비스를 구매하도록 권유받거나 마케팅 대상으로

여겨지지 않는다(MarketTools, 2009년 2월). (p. 54)

인터넷에서는 실험 연구 실행도 지원 가능하다. 예를 들어, Sanchez-Fernandez 등 (2012)은 2×2×2 요인 설계를 위해 독촉 이메일 빈도에 체계적으로 변화를 주었을 때, 잠재적 응답자에게 보내는 이메일 메시지를 개인화했을 때, 인센티브를 사용할 때 웹 기반 설문 응답율에 영향을 미치는 요인에 대해 조사했다. 따라서 약간의 창의적인 생각을 더해 연구자는 인터넷을 횡단 연구뿐만이 아니라 종단 연구, 실험 연구, 준실험 연구로도 수행할 수 있다.

마지막으로, 최근 기술로 알려진 크라우드소싱(crowdsourcing)에 대해 언급하고자 한다. 크라우드소싱이란 대규모의 사람, 특히 온라인 커뮤니티에 도움을 요청하여 필요한 서비스, 아이디어, 컨텐츠를 확보하는 것을 의미한다(www.wikipedia.com). 아마존 메케니컬 터크(Amazon Mechanical Turk: MTurk; www.mturk.com)는 인터넷 기반 작업이 필요한 개인, 회사, 혹은 단체가 정해진 비용을 받고 그 작업을 대신 수행할 근로자를 찾도록 도와준다. MTurk에서 작업은 HIT(Human Intelligence Task)라고 한다. 사람들이 설문에 응답하게 하기를 원한다면, 연구자는 먼저 '요청자'로 등록한 후 '작업자'들에게 금액을 제시하고 설문에 응답하도록 요청한다. MTurk를 통해 요청자(연구자)는 작업자(설문응답자)가 HIT를 수락하기 전에 충족해야 하는 정확한 자격을 지정할 수 있고 결과물을 승인하거나 거부할 수 있다. 완성된 HIT별로 지불하고자 하는 금액을 1페니, 1달러 혹은 그 이상으로 설정할 수 있지만, 성공적으로 완성된 HIT의 총 금액의 10%는 아마존(Amazon)에 수수료로 지급해야 한다. 사회과학에서 MTurk를 연구 참여자로 사용하는 것은 많이 알려졌고, 이 방법을 통해 획득한 표본의 특성을 활용하여 독특하고 재미있는 연구가 수행되었다. Buhrmester, Kwang과 Gosling(2011)은 다음과 같이 결론 내렸다.

(1) MTurk 참여자들은 일반 인터넷 표본에 비해 인구통계학적으로 조금 더 다양한 특성을 보였으며, 대학생 표본보다 훨씬 더 다양하다. (2) 참여는 보상과 작업 시간에 영향을 받지만 참여자를 신속하고 저렴한 비용에 구할 수 있다. (3) 보상 금액은 자료 품질에 영향을 주지 않는다. (4) 수집된 자료는 전통적인 방법을 통해 수집된 자료만큼 신뢰도가 있다. (p. 3)

필자의 지도 학생인 Lauren White(2013)는 비디오 게임과 언어 추리를 탐구하기 위해 MTurk를 활용했다. 참여자에게 무작위로 배정된 비디오 게임으로 연결되는 하이퍼링크를 할당하여 언어 추리 정확도가 종속변인인 혼합요인 설계를 했다. 모든 조사 자료는 MTurk에서 제공된 하이퍼링크를 통해 SurveyMonkey에 저장되었다. 그녀는 MTurk 활용에 장단점이 있다고 설명했다.

　　가장 두드러지는 장점은 각 연구별로 목표로 하는 응답자 수에 다다르는 빠른 응답률이다. 자료 수집은 연구별로 약 10일 정도가 소요되었으며, 매일 약 200부의 설문이 완성되었다. 만약 직접 자료를 수집하려고 했다면 훨씬 더 오래 걸렸을 것으로 예상한다. (p. 79)

그리고 그녀는 다음과 같이 덧붙였다.

　　참여자들은 완성된 설문에 대해 10센트를 보상으로 받았고 설문은 완성하는 데 약 30분이 걸릴 것으로 추정되었다. 아마존 MTurk가 참여자들의 평균 임금을 추정했는데, 이에 따르면 30분 설문에 10센트 보상은 매우 낮은 비용이다. 이는 설문의 품질을 떨어뜨리고 참여자들의 피로를 유발하며 동기부여를 감소시켰을 수 있다. 게다가, 설문의 후반부에서(언어 추리 사후검사 질문) 임의로 추측한 답변이 증가했다. 연구 1에서는 6AFC를 포함한 16%가, 연구 2에서는 5AFC를 포함한 20%가 임의로 추측한 답변을 포함하고 있었다. (p. 79)

그녀는 MTurk를 활용하는 데 있어 다음과 같은 제안을 했는데, 일부는 인터넷 조사를 활용하는 연구자들에게도 해당되는 조언이다.

• 설문을 가능한 명확하고 쉽게 작성해야 한다. 설문이 어려울수록 MTurk 작업자들에게 까다로운 작업이 된다. 설문이 너무 어렵거나 명확하지 않은 경우, 설문 결과가 좋지 않거나 결측 데이터가 발생한다.
• 설문 응답률을 모니터링해야 한다. 대부분의 응답은 설문을 공개한 후 몇 시간 이내 들어오기 시작한다. 만약 설문에 대한 응답이 많지 않은 경우, 설문을 재공지하거나 설문 응답 자격 사항을 조정해야 한다.

- 설문을 등록할 때 MTurk에서는 설문을 완성하는 대가로 사람들에게 지불해야 할 대략적인 금액을 제시한다. 가급적 비용을 후하게 지불하면 좋지만 너무 과하게 는 지불하지 않아야 한다.
- MTurk에서는 질의응답 및 사용 안내 사이트를 운영하고 있는데, 매우 도움이 되는 정보를 확인할 수 있다.

빅 데이터: 빅 데이터란 무엇이고, 빅 데이터는 학위논문 데이터로 적합한가

2차 자료와 인터넷 기반 연구에 대한 논의를 하면서 빅 데이터(big data)에 대한 내용이 빠질 수 없다. 인터넷의 발달로 과거에는 불가능했던 막대한 양의 정보를 수집하고 조직하고 공유하는 것이 가능해졌다. Cukier와 Mayer-Schoenberger(2013)는 다음과 같이 언급했다.

최근 2000년까지만 해도 전 세계에 저장된 정보의 1/4은 디지털에 저장되었고, 나머지는 종이, 필름, 기타 다른 아날로그 매체에 저장되었다. 그러나 디지털 자료가 매년 세 배씩 빠르게 증가하면서 상황이 빠르게 반전되었다. 오늘날에는 자료의 2% 미만이 디지털이 아닌 형태로 저장된다. (p. 28)

Cukier와 Mayer-Schoenberger가 데이터화(datafication)라고 부르는 이 트렌드는 자연과학과 사회과학 연구에 새로운 기회를 창출했지만, 연구자들이 어떻게 연구에 접근해야 하는지에 대한 흥미로운 질문을 제기했다. 이 중 하나는 '표본' 개념에 대한 이의 제기이다. 수업에서 우리는 모집단 전체를 연구에 사용하는 것은 불가능하거나 매우 비싸기 때문에 표본 추출을 한다고 배웠다. 학부 통계 수업에서 우리는 영가설의 유의성 검증이 표본에서 모집단으로 과학적 일반화를 가능하게 한다고 배웠다. 그러나 빅 데이터를 사용하면 작은 표본의 한계점과 통계의 일반화와 관련된 제약을 훨씬 덜 받는다. 예를 들어, 미국 인구총조사 자료는 충분한 저장 공간이 있는 컴퓨터만 있다면 누구나 전체 자료를 다운로드받을 수 있다. 게다가 수백만 건의 사례가 포함된 데이터베이스에서는 사실상 어떤 관계를 분석해도 통계적으로 유의할 것이다. 자료의 크기와 비용에 대한 한계가 더 이상 자료를 수집·저장·구성·분석하는 데 제약이 되지 않는 다면 새로운 통계적 접근 방법이 더 효과적일 수 있다.

인과적 가설을 검증하는 것이 아닌 데이터 마이닝과 빅 데이터에 숨겨진 패턴을 발견하고 관계를 추출해 내는 학술 활동이 최근 인기 있는 연구 주제가 되었다(Han, Kamber, & Pei, 2011; Tan, Steinbach, & Kuman, 2013). Russell(2013)의 저서인 『사회관계 망 마이닝: 페이스북, 트위터, 링크드인, 구글+, 깃허브 등에서의 데이터 마이닝(Mining the Social Web: Data Mining Facebook, Twitter, LinkedIn, Google+, GitHub, and More)』은 특히 흥미롭다. 물론 그런 맹목적인 경험주의에 대한 비판의 목소리가 있으며, 철저한 이론적 근거 없이 맹목적으로 대규모의 데이터베이스에서 잠재적 패턴을 찾는 것은 대 부분의 논문에 적합하지 않다. Huba(2013)는 다음과 같이 비평했다.

> 이런 빅 데이터 저런 빅 데이터가 난립하고 있다. 이를 통해 속옷, 자동차, 피임약(이건 정치와 종교가 아마존과 구글을 이길 수 있겠지만)을 파는데 더 나은 방법을 찾아낼 수 있 을 거라 생각하지만, 이는 맹목적인 경험주의이다. 인터넷에서 버튼을 클릭하는 순간 이 는 어떤 빅 데이터로 기록된다.
>
> '작은 데이터(이론을 검증하기 위해 세심하게 만들어지며, 고도로 훈련된 전문가에 의 해 주의 깊게 수집되고 분석되는 것)'는 성격, 사회적 상호 작용, 우주, 구매 또는 저축의 행동경제학에 대한 이론을 구축했다. (paras. 1-2)

데이터와 데이터 사용방법은 연구자의 목표, 독창성 그리고 기술(skill)에 따라 결정 된다. 따라서 우리는 학생이 자신의 관심 주제를 연구할 때 가능한 모든 데이터 소스에 대한 대안을 고려할 것을 조언한다.

인터넷 기반 자료분석

최근 더욱 향상된 기록물 저장소의 온라인 데이터 사용법에는 다운로드 절차를 생 략하고 온라인에서 바로 자료를 분석하는 것이 있다. 많은 기록물 저장소 사이트가 이러한 기능을 제공한다. 예를 들어, www.icpsr.umich.edu/icpsrweb/와 http://sda.berkeley.edu 두 사이트에서는 사용자가 다양한 형태로 자료를 다운 받거나 온라인상에서 자료 관리 및 통계적 분석을 할 수 있다. 이러한 과정은 변수를 재코딩하거나 계산하는 것, 교차표 생성, 평균 비교, 다중회귀를 포함한다.

미국연구원(American Institutes for Research: AIR)에서 개발한 온라인 데이터 분석 접근법은 특히 흥미롭다. AIR Lighthouse(http://lighthouse.air.org/timss/)는 연구나 통계와 관련한 특별한 기술이 없이도 사용자가 복잡한 데이터 세트에 대해 궁금한 내용을 알 수 있도록 권한을 주었다. 사용자는 인터넷상에서 맞춤형 표, 그래프, 기타 통계 결과 등을 만들어 낼 수 있다. Lighthouse는 다수의 복잡한 조사, 평가 그리고 다른 자료 모음집을 통합하고 전문적 통계적 분석이 가능하도록 했다. 사용자에게 그 시스템은 데이터에 대해 잘 알고 있고 올바른 분석 방법을 선택하는 것으로 보인다. 시스템에서는 복잡한 통계적 절차와 기술적인 세부사항은 사용자에게 보여주지 않고 사용자가 궁금해 하는 내용에 대해 완벽한 맞춤형 답을 제공한다. 온라인 데이터 분석에 관심이 있는 독자라면 통계분석과 관련한 창의적인 접근법에 대해 알아볼 필요가 있다. 물론, Lighthouse에서 제공하는 '지혜'가 학생이 본인 자료를 분석하는 데 필요한 통계적 방법에 대해 익숙해져야 하는 책임을 줄여 주지는 않는다.

참고자료 11-2

기록보관소와 도서관

사이트명	URL	비고
인구통계학과 생태학 센터(위스콘신-메디슨 대학교)	www.ssc.wisc.edu/cde/	인구통계학 분야에서 미국 내 최고 수준의 기계판독데이터 파일 보유. 홈페이지에서 주요 테마(Signature Themes) 찾은 후 자료(Data) 검색
코넬 사회경제 연구소 (코넬 대학교)	www.ciser.cornell.edu/ ASPs/datasource.asp? CATEGORY = 2	인터넷으로 접근 가능한 선별된 데이터 세트와 이와 유사한 다수의 사이트 링크를 보유
국제지구과학정보네트워크센터	www.ciesin.org	전 세계 인구, 환경, 보건 그리고 지리와 관련한 자료를 보유. 자료 검색을 위한 상호작용 시스템 포함. 자료와 정보(Data & Information)라는 링크 참고

유럽사회과학데이터아카이브 협력단	www.cessda.org	전 세계 기록보관소에 포함된 자료 검색 가능
자료와 정보 서비스 센터(위스콘신–메디슨 대학교)	www.disc.wisc.edu	사회과학 및 학제 간 자료 파일 소장. 소장 범위는 종단조사, 거시경제지표, 건서 연구, 인구 연구, 사회화 패턴, 빈곤 측정, 노동인구, 여론조사, 교육과 보건자료, 인구조사 자료 등
하버드데이타버스네트워크	http://thedata.harvard.edu/dvn/	연구자들이 자료를 공유, 인용, 재사용, 보관 가능한 연구자료 저장소. 다양한 키워드와 주제로 검색 가능
국제사회조사프로그램	www.issp.org	사회과학 관련 조사에 대한 34개 국가 간 협력. 자료저장소와 자료(Archive and Data) 참고
국립기록보관소행정부–전자기록물센터	www.archives.gov/research/	미국 정부기관에서 생성한 자료 파일, 전자기록물과 같은 디지털 정보를 국립기록보관소행정부를 통해 구매 가능. 기록물 보관소 데이터베이스 접근(Access to Archival Databases) 참고
국립아동학대와방임 기록보관소	www.ndacan.cornell.edu	국립아동학대와방임 기록보관소 미션, 출판물, 데이터 세트 등 정보 제공
로퍼여론조사연구센터	www.ropercenter.uconn.edu	갤립 여론조사와 기타 많은 여론조사를 포함한 방대한 여론조사관련 기록물 보관소
영국기록보관소(에식스 대학교)	www.data–archive.ac.uk	영국 사회과학과 인문학 분야에서 가장 방대한 디지털 자료 보유. 사회과학 분야 7,000개 이상 데이터 세트 보유
데이터망(캘리포니아–샌디에이고 대학교)	http://libguides.ucsd.edu/content.php?pid=221125 &sid=1835576	데이터가 있는 사이트 링크를 보유하고 있으며, 각 사이트에 대한 자세한 설명 제공

정치, 사회, 경제 관련 자료 사이트

갤럽	www.gallup.com	갤럽에서 발행한 기사, 뉴스레터와 기타 보고서에 포함된 표, 통계수치를 포함한 갤럽의 여론조사 자료
종합사회조사기관	https://gss.norc.org/	국민여론조사센터(NORC)가 2년마다 실시하는 개별 인터뷰와 관련된 정보. 코드북에서 관련 변수들과 정확한 유틸리티를 검색할 수 있는 검색엔진 포함
연방선거관리위원회	www.fec.gov	선거 자금에 대한 자료를 제공. 선거자금정보포털(Campaign Finance Disclosure Portal) 참고
세계은행	http://data.worldbank.org	국가별 세대조사. 국가별로 데이터 접근 조건 상이. 국가에 따라 'DATA' 링크를 클릭하면 국가별, 주제별, 경제 지표별 자료 검색 가능

미국국립선거조사 (ANES)	www.electionstudies.org	ANES는 미국 유권자들을 대상으로 전국적인 설문을 실시. 시계열적 연구는 현재 50년가량 이어져 옴. 이 사이트는 ANES의 미션과 조사 절차 그리고 기타 문서를 제공
소득역학패널연구	http://psidonline.isr. umich.edu	1968년부터 진행되어 온 미국 가정 소득역학 종단연구 정보 제공. 고용, 소득, 재산, 주택, 건강과 같은 주제를 다룸
미국주택도시개발부	https://www.huduser. gov/portal/datasets/il.html	주택 수요, 시장 상황, 지역 개발과 관련한 자료
……에 대한 통계(미네소타 대학교)	http://govpubs.lib.umn. edu/stat.phtml	주제별로 정리된 통계표, 출판물, 지표를 볼 수 있는 링크 제공. 'Statistics'로 가서 'Key Databases' 검색
미국농무부(USDA) 경제통계시장 정보시스템	https://www.usda.gov/ topics/data	미국농무부 통계 부서에서 제공하는 농업 관련 출판물 및 자료: 경제 연구 서비스, 국립농업통계서비스, 세계농업전망위원회

정부통계기관

인구조사국: www.census.gov
경제분석국: www.bea.gov
사법통계국: www.ojp.usdoj.gov/bjs
노동통계국: www.bls.gov
교통통계국: www.bts.gov
경제연구서비스: www.ers.usda.gov
에너지정보국: www.eia.doe.gov
건강보험 및 의료보장 서비스 센터: www.cms.gov
국립교육통계센터: www.ed.gov/NCES
국립건강통계센터: www.cdc.gov/nchs
국립과학재단 과학자원연구부: www.nsf.gov/sbe/srs/stats.htm
캐나다통계청: www.statcan.ca
경제와 사회 정보 및 정책 분석을 위한 유엔통계부: www.un.org/Depts/unsd

참고자료 11-3

설문설계 및 자료 수집을 위한 온라인 서비스

회사명/서비스	특징	가격	서비스 제한/비고
CreateSurvey www.createsurvey.com	표준 사양, 교육기관 할인	개인계정 월 15달러, 연 199달러. 최대 10개 설문(질문 수 무제한, 월 1,000명 응답자)까지 허용	일정 기간 동안 회사 서버에 설문 보관. 충분히 고려할 만한 가치가 있음
FormSite www.formsite.com	주별 진행 현황 보고서, 다국어 지원	설문 문항 수, 저장 데이터, 응답자 수에 따라 매달 19.95달러에서 최고 99.95달러까지 청구하며, 14일간 무료 사용 가능	일정 기간 동안 회사 서버에 설문 보관. 월별 응답자 수 제한
HostedSurvey www.hostedsurvey.com	표준 사양, 교육기관 할인	응답자의 수에 따른 선불요금제로 50명까지는 무료이며, 1,000명까지는 인당 0.45달러 청구	결제일로 부터 18개월 동안 회사 서버에 설문 보관
SuperSurvey www.supersurvey.com	표준 사양	설문 차수, 월간, 연간 기준 요금제 선택의 폭이 넓음	응답자 1,000명까지 허용하는 설문 1회에 19.95달러로 1년간 유효
SurveyMonkey www.surveymonkey.com	표준 사양, 무제한 설문	기본 요금 월 17달러로 무제한 문항과 응답 가능	전 세계적으로 가장 인기 있는 온라인 설문조사 도구. Zoomerang과 합병
SurveyProf www.surveyprof.com	무료 사이트	학생 무료	저자들이 직접 사용해 본 경험은 없음
FluidSurveys http://fluidsurveys.com	표준 사양	작은 규모의 설문은 무료이며, 전문가 패키지는 월 17달러로 무제한 사용	스마트폰과 태블릿을 통한 모바일 애플리케이션 지원
Google docs https://www.google.com/forms/about/	무료 사이트	무료이지만 구글드라이브(Google Drive) 다운로드 필요	서식을 선택할 수 있는 많은 템플릿이 존재하지만, 무응답 방지 기능이 극히 제한적임. 매우 짧고 간단한 설문에 한해 추천. 설문 결과 Excel에 저장 가능

참고 많은 수의 인터넷 기반 설문 사이트를 조사했으며 이 중 단일 설문을 하는 학생들에게 적합하지 않은 사이트들을 걸러 냈다. 사이트에서 제공하는 서비스 순위를 매길 의도는 없으며, 소개된 사이트 목록이 완전하다고 생각하지 않는다. 그러나 제시된 목록은 학생들에게 적합하다고 생각되며, 더 나은 의사결정을 위해 학생들이 직접 사이트를 방문해 보고 옵션을 탐색해 볼 것을 권장한다.

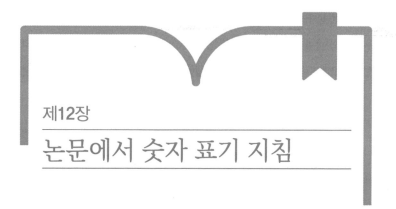

제12장
논문에서 숫자 표기 지침

    학생들은 학위논문을 해당 전공에서 통용되는 서식으로 정리해야 한다. 예를 들어, 심리학과 논문은 표, 그림, 본문이 미국심리학회(APA)가 제정한 지침을 준용하여 작성되어야 한다. 이 장에서는 『미국심리학회 출판 매뉴얼』(APA, 2010b)에서 언급된 본문에 숫자가 포함되는 경우에 적용해야 하는 아홉 가지 규칙에 대해 설명한다. APA 지침을 사용하는 이유는 연구자들이 한 번쯤 직면해 보았을 사안에 대해 APA가 광범위하게 다루고 있으며, 이는 심리학 분야에 국한된 내용이 아니기 때문이다.

숫자로 나타내는 수

    일반적 규칙   10 이상의 수는 아라비아 숫자를 사용하고 10 미만의 수는 단어로 표현한다.

(예시)

바른 표현	틀린 표현
only about 13%	only about thirteen percent
a 22 mm line	a twenty-two millimeter line
four subjects	4 subjects
three out of five groups	3 out of 5 groups

(예외)

1. 10 미만의 수와 10 이상의 수가 같은 단락에서 비교될 때 다음과 같이 표현한다.

바른 표현	틀린 표현
5 of 32 groups	five of 32 groups five of thirty-two groups
when ranked, the 3rd and 12th	when ranked, the third and twelfth when ranked, the third and 12th
8 of the 30 cases	eight of the 30 cases eight of the thirty cases

2. 측정 단위 앞에 오는 숫자는 크기에 상관없이 아라비아 숫자로 표현한다.

바른 표현	틀린 표현
a 5mm line	a five millimeter line a five mm line
a mean of 36.22cm	a mean of thirty-six and twenty-two one hundredths centimeters

3. 통계 혹은 수학 함수, 분수 혹은 소수, 백분율, 비율, 백분위수와 사분위수는 크기에 상관없이 아라비아 숫자로 표현한다.

바른 표현	틀린 표현
a mean of 3.54	a mean of three point fifty-four a mean of three and fifty-four one hundredths
subtracted from 5	subtracted from five
4 3/4 times as many	four and three fourths times as many
0.44	point forty-four .44 (must precede a decimal with 0)*
a 5 kg weight	a five kilogram weight
scored in the 4th percentile	scored in the fourth percentile

주: 다음의 '소수'에서 예외사항을 확인할 것

4. 시간, 날짜, 나이, 표본 혹은 모집단 크기, 점수와 눈금, 정확한 금액, 숫자로서 수는 크기에 상관없이 다음과 같이 표현한다.

바른 표현	틀린 표현
4 persons in each sample	four persons in each sample
seven 9-year-old children	seven nine-year-old children 7 9-year-old children
in 7 years	in seven years
study began in 1984	study began in nineteen eighty-four
prior to April 1	prior to April first
no group lasted longer than 3.5 hours	no group lasted longer than three and one half hours
a score of 6 or greater	a score of six or greater
each subject was paid $7.50	each subject was paid seven dollars and fifty cents

5. 일련번호 중 특정 자리 숫자, 책과 표의 부분, 네 자리 이상 수로 된 목록에서 수는 크기에 상관없이 다음과 같이 표현한다.

바른 표현	틀린 표현
sample 4	sample four
Figure 1	Figure One
page 60	Page sixty
Chapters 2, 5, 6, 8, and 23	Chapters Two, Five, Six, Eight, and 23

단어로 나타내는 수

일반적 규칙   10 미만의 숫자가 정확한 측정값을 나타내지 않는 경우, 10 이상의 수와 비교되지 않는 경우 단어로 나타낸다.

(예시)

바른 표현	틀린 표현
about seven or eight	about 7 or 8
one of the first	1 of the first 1 of the 1st
only two persons	only 2 persons
two surveys	2 surveys
one-way ANOVA	1-way ANOVA
two-tailed F test	2-tailed F test

(예외)

1. 영(zero)과 일(one)은 단어로 표현하는 것이 더 이해하기 쉬울 때 혹은 문장에서
   10 이상의 숫자와 함께 제시되지 않을 때 단어로 나타낸다.

바른 표현	틀린 표현
one-on-one session	1-on-1 session
only one subject	only 1 subject
the concept of zero	the concept of 0

2. 숫자로 시작되는 문장, 출판물 혹은 제목은 어떤 숫자라도 단어로 나타낸다. (가급
   적 숫자로 시작하지 않도록 어순을 바꾸는 것이 좋다.)

바른 표현	틀린 표현
Five studies support	5 studies support
Twenty-six percent of……	26% of…… Twenty-six % of……

3. 분수는 단어로 나타낸다.

바른 표현	틀린 표현
one half the sample	1/2 the sample 1 half the sample
exactly one fifth	exactly 1/5

4. 관용적으로 사용하는 표현을 인정한다.

바른 표현	틀린 표현
the Twelve Apostles	the 12 Apostles
the Ten Commandments	the 10 Commandments
the Fourth of July	the 4th of July

수를 나타내기 위해 숫자와 단어를 함께 제시하기

일반적 규칙   반올림한 큰 수를 표현하거나 숫자가 연속적으로 수식어로 사용될 경우에 숫자와 단어를 함께 사용한다.

(예시)

반올림한 큰 수

바른 표현	틀린 표현
About 3 thousand	About 3,000 About three thousand
A net loss of $1 billion	A net loss of one billion dollars a net loss of $1,000,000

연속된 수식어

바른 표현	틀린 표현
3 one-way interactions	three one-way interactions
2 two-dollar bills	2 $2.00 bills 2 2-dollar bills

서수

일반적 규칙   서수(백분위수와 사분위수 제외)는 기수와 같은 규칙을 적용한다.

(예시)

바른 표현	틀린 표현
the first sample	the 1st sample
the 11th grade	the eleventh grade
the 2nd and 12th	the second and 12th the second and twelfth
the second	the 2nd
the 12th	the twelfth

소수

일반적 규칙   1보다 작은 수는 소수점 앞에 영(0)을 사용한다.

(예시)

바른 표현	틀린 표현
0.45mm	point forty-five millimeters .45 mm
a 0.2 s interval	a .2 second interval

(예외)

상관, 확률, 비율, 유의수준과 같이 1보다 클 수 없는 수일 경우 소수점 앞에 영(0)을 쓰지 않는다.

$$r(65) = .44, p = .031.$$

아라비아 숫자 혹은 로마 숫자

일반적 규칙 가급적 로마 숫자가 아닌 아라비아 숫자를 사용한다.

(예외)

로마 숫자가 기존 용어의 일부라면 아라비아 숫자로 변경하지 않는다. (예: Type II error)

콤마

일반적 규칙 1,000 이상의 수에서 세 자리마다 콤마를 사용한다.

(예외)

페이지 수	page 2134
이진법 수	001101010
일련번호	521606789
온도	2349° F
음향 주파수	3000 Hz
자유도	$F(35, 1100)$
소수점 아래 수	$df = 2400$
	6,750.0748

수의 복수형

일반적 규칙 복수형으로 표기하여야 하는 경우 숫자로 나타내든 단어로 나타내든 아포스트로피(apostrophe) 없이 s 혹은 es를 붙인다.

바른 표현	틀린 표현
the early 1960s	the early 1960's
from the 30s and 40s	from the 30's and 40's

통계 및 수학 관련 APA 요구사항

1. 연구자로서 어떤 의무가 있는가?

연구자는 올바른 통계방법을 선택하고 모든 데이터의 정확성을 보장해야 한다. 원자료는 논문 출판 후 5년간 보관해야 한다.

2. 통계분석에 대한 참고문헌을 제시해야 하는가?

일반적으로 사용되는 통계에 대해서는 참고문헌을 제시하지 않지만 교과서에 흔하게 볼 수 없는 통계방법이라면 참고문헌을 제시해야 한다. 통계가 특이하게 혹은 논쟁의 여지가 있는 방법으로 사용되었거나 통계 자체가 연구의 핵심이라면 참고문헌이 필요하다.

3. 추론통계를 어떻게 글로 제시해야 하는가?

통계적 검정의 사용과 오용에 대해 많은 가이드가 제시되었지만 적합한 정보가 부족하여 일부에서는 아예 언급을 하지 않거나 최소한으로 언급할 것을 제안한다(예: Kline, 2013). 우리 저자들은 추론통계에 대해 최소한 기호, 자유도, 값, 검증값의 유의확률, 신뢰구간, 효과 크기를 보고해야 한다는 입장이다. 통계 프로그램에서 효과 크기와 신뢰구간이 제공되지 않는다면 학생이 계산해야 한다.

(예시 1)

t-검정

$$t(717) = 5.86, p < .001, 95\% \text{ CI}[1.27, 2.54], d = .44.$$

카이자승 검정

$$X^2(2, N = 45) = 3.90, p = .27, phi = .29.$$

4. 본문에서 기호와 문자 중 어떤 것을 사용해야 하는가?

기호는 사용하지 않고 문자를 사용해야 한다.

(예시 2)

바른 표현	틀린 표현
평균은	M은 X는
표준편차는	SD는

5. 연구 대상자 수는 어떻게 표현해야 하는가?

전체 표본의 수를 가리킬 때는 대문자 N을 사용하고 표본의 일부 제한된 인원을 지칭할 때는 소문자 n을 사용한다.

(예시 3)

$$표본 수(N) = 130$$

$$n = 각 집단 50명$$

6. 백분율은 어떻게 표현해야 하는가?

숫자가 앞에 올 때는 기호(%)를 사용하지만 숫자가 주어지지 않을 경우는 percentage 라고 글로 쓴다.

(예시 4)

21% of the sample

the percentage of the sample

예외로 표나 그림의 제목이나 범례에서는 공간을 절약하기 위하여 % 기호를 사용한다.

이 장에서는 APA 서식과 관련된 수많은 주제 중 하나인 본문에서 숫자를 나타내는 방법에 대해 논의했다. APA는 학생들이 APA를 활용하는 것을 돕기 위해 『Mastering APA Style: Student's Workbook and Training Guide』(APA, 2010a)라는 도서를 제공하고 있다. 이 참고도서는 참고문헌, 인용, 표, 통계와 수학 원고 등의 주제와 관련한 지침과 연습문제를 포함하고 있다.

우리는 학생들이 논문 작성 시작 단계부터 본인이 소속된 전공 분야에서 통용되는 서식을 사용할 것을 권장한다. 이렇게 하면 복잡한 형식에 숙달될 수 있는 충분한 시간적 여유가 생기고 논문 작성이 끝난 후 수백 페이지를 수정하는 수고를 사전에 방지할 수 있다.

제13장

주지된 사전동의 및
기타 윤리적 고려사항

    대학원생이자 신진 연구자로서 주요한 책임 중 하나는 항상 윤리적으로 행동하는 것인데, 여기에는 학생이 수행하고자 하는 연구가 윤리적 기준에 부합하는지 논문 심사 위원회의 심사를 받는 것을 포함한다. 모든 대학은 인간 대상 연구에 대한 연구윤리 기준이 있으며, 연구를 시행하기에 앞서 연구 참여자들이 충분한 정보를 제공받고 동의할 수 있도록 절차를 제도화하고 공식적인 연구윤리 위원회를 설립한다. 학생들은 대학의 요구사항을 이해하고, 필요한 서류를 준비하고, 학교의 지침을 따라야 할 책임이 있다. 이러한 절차는 데이터를 수집하기 전에 이루어져야 하며, 연구 계획이 수립된 직후 가능한 빠른 시간 안에 끝내야 한다. 이런 절차가 시기 적절하게 진행되어야 하는 중요한 이유는 연구 시작 전에 대학의 연구윤리심의위원회(IRB)의 승인과 연구를 수행하고자 하는 기관의 심의위원회에서 승인을 받아야 하는데, 승인을 받기까지 여러 달이 걸릴 수 있기 때문이다.

    특정 연구가 윤리적인지 아닌지를 결정하는 일반적인 기준은 학계의 규범과 가치에 근거한다. 특히 다음의 다섯 가지 기준은 주목할 만하다(Sieber & Tolich, 2012).

- 연구의 타당성: 사람을 대상으로 타당하지 않은 연구를 수행해서는 안 된다. 타당하지 않은 연구는 정확하지 않고, 오해의 소지가 있으며, 사회적으로 해를 끼치는

지식을 양산한다.
- 연구자의 역량: 연구 역량이 갖추어 지지 않은 연구자는 사람을 대상으로 하는 연구를 수행해서는 안 된다. 그런 연구에서는 이로운 결과를 얻을 수 없다.
- 연구의 혜택: 연구를 통해 도출된 지식으로부터 혜택을 받지 못하는 집단을 대상으로 연구를 수행하거나 연구 대상을 비정상적이거나 불필요한 위험에 노출시키지 않아야 한다. 연구가 위험을 수반할 수도 있지만 혜택은 위험 대비 이익을 극대화하는 것을 의미한다.
- 특수집단: 약자가 거절할 수 없는 상황으로 몰고 가서는 안 된다.
- 사전동의: 연구 참여나 관련 위험 감수에 대한 결정을 연구 참여자가 스스로 내려야 하며 연구 참여자의 자율성을 훼손해서는 안 된다.

사회과학에서 연구 참여자와 관련한 중요한 두 가지 윤리적 문제는 그들에게 충분한 정보를 제공하고 사전 동의를 얻는 것과 연구 참여로 인한 피해가 없어야 한다는 것이다. 궁극적으로 연구의 가치는 일반화할 수 있는 지식이라는 잠재적인 이익과 위험 혹은 비용 사이의 균형에 의해 결정된다. 반복되는 문제는 학생들이 연구를 통해 연구 참여자들이 어떤 경험을 하는지에 대해 신중하게 생각하지 않는다는 것이다. 실험 조작, 인터뷰, 설문 혹은 결과에 대한 피드백이 일부 참여자들에게 불쾌하거나 괴로울 수 있으며, 혹은 다른 형태의 비용이 발생할 수 있다는 것을 인식해야 한다. 연구를 수행하는 데 있어 일정 부분 위험을 수반하는 것은 허용되지만, 중요한 것은 그런 위험을 사전에 예측해야 한다는 것이다.

모든 연구에서 서면 사전동의서가 필요한 것은 아니다. 그러나 연구자는 이런 결정을 독단적으로 내리지 않아야 한다. 연구자가 자신의 연구는 잠재적인 위험이 없다고 믿는 것과는 상관없이 모든 연구는 연구윤리위원회로부터 심의를 받아야 한다. 일반적으로 사전 동의를 필요로 하지 않는 방법의 예로는 2차 자료 분석, 기록 연구, 공개적으로 관찰 가능한 자료(예: 쇼핑몰 이용객)에 대한 체계적인 관찰 등이 있다. 이런 경우는 연구윤리위원회가 최소한의 위험성이 있다고 결정할 가능성이 높기 때문에 연구자는 '신속심의'를 요청할 수 있다. 그러나 최소한의 위험성의 의미가 명확하지 않아 그 기준에 대한 판단이 필요하다. 예를 들어, 최소한의 위험성이라는 기준은 연구 참여자들을 불편하게 만드는 질문을 하지 않는 간단한 설문을 의미할 수 있다. 좋아하는 스포츠나 선호하는 텔레비전 프로그램에 대해 질문하는 것은 불편한 질문이 아니다. 그러나 어린 시절 학대, 현재 마음 상태, 알코올이나 약물 중독에 대해 질문하는 것은 불편한 질문이다. 연구가 참여자에게 미칠 수 있는 잠재적인 영향에 대해 생각하는 한 가지 방법은 입장을 바꾸어 놓고 연구에 참여하면 어떨지 상상하는 것이다. 당신이 연구 참여자라면 익명성과 관련하여 어떤 걱정을 할 것 같은가? 연구에 대해 어떤 점이 가장 알고 싶고 중요한가? 본인이 속한 집단에서 다른 사람들은 연구에 참여했는데 혼자 참가하기를 거절한다면 마음이 편할 것인가?

가장 논란이 되는 연구 설계는 속임수를 포함하는 것이다. 유명한 대표적인 연구로는 Solomon Asch(1955)의 동조 실험 연구와 Stanley Milgram(1963)의 권위에 대한 복종 실험 연구가 있다. 속임수를 사용할 때는 좀 더 직접적이고 속이지 않는 다른 방법을 사용할 수는 없는지에 대해 반드시 생각해 보아야 한다. 또한 속임수가 연구의 이론적·실질적 가치에 의해 정당화될 수 있는지 반드시 고려해야 한다. 자료 수집이 끝나면 가급적 빨리 참여자들에게 진실을 밝히는 것이 필요하다(다음 '디브리핑에 대해 참여자에게 공지해야 한다' 절 참조). 속임수를 사용하는 방법의 가장 큰 문제점은 시간이 지날수록 연구에 대한 대중적 신뢰가 서서히 사라지는 것이다.

현장 연구 또한 연구자가 환경 변수를 교묘하게 조작하거나, 참여자가 인식하지 못한 상태에서 자료를 수집하는 등 일상적인 상황에 연구의 요소를 은밀하게 도입할 때 윤리적인 문제가 발생할 수 있다. 관련하여 자주 인용되는 연구는 Piliavin과 Piliavin의 방관자 처치에 대한 초기 연구이다. 1972년 연구에서 지팡이를 짚은 '피해자' 역할을 한 실험자가 달리는 지하철 안에서 쓰러졌을 때 동승한 승객들의 행동이 관찰되었다. 실험에서 도와주는 '비용'을 조작하기 위하여 피해자는 반은 입에 피를 흘리고 반은 흘리지 않았다. 연구자들은 피를 흘리는 것은 보통의 행인들에게 공포감과 혐오감을 유발하기 때문에 도와주는 비용을 증가시킬 것으로 추측했다. 연구자들은 이 실험을 42번 반복했고, 각 실험은 지하철 정차역 사이 간격인 약 3분 정도 지속되었다. 실험 중 발생한 문제로는 교통 경찰관의 방해와 사람들이 행한 잠재적으로 위험한 행동(예: 열차를 멈추기 위해 비상 버튼을 누르려고 한 시도), 혈액으로 인한 사람들의 공황 등이 있었다. 오늘날에는 이런 연구가 허용되지 않겠지만, 이 연구는 연구자들이 연구윤리심의위원회의 가이드 없이 어디까지 갈 수 있는지 보여 주고 있다.

미국심리학회(APA)는 사람을 대상으로 하는 연구 지침을 분명하게 제시하고 있다.

이 지침은 세 가지 기본 목표를 달성하는 데 근거를 둔다. "① 과학적 지식의 정확성을 추구, ② 연구참여자의 권리와 복지 보호, ③ 지적재산권 보호"(APA, 2010b, p. 11). 미국 국립보건원(National Institutes of Health) 역시 연구 윤리 지침을 제공하고 있으며, 이는 온라인에서 확인할 수 있다(http://grants.nih.gov/grants/policy/hs/ethical_guidelines.htm). 이 장의 마지막 〈글상자 13-5〉에는 연구와 출판에 관한 APA 지침을 옮겨 놓았다. 심리학 외 다른 분야들은 다소 다른 기준으로 운영될 수도 있지만, 이 목록은 사회과학 분야 연구자들이 우려하는 윤리적 문제를 잘 반영하고 있다. APA 지침은 다음 절에서 논의될 사전 동의를 얻는 것과 관련된 열한 가지 사항의 바탕이 된다.

인터넷을 활용하여 연구 참가를 부탁하거나 데이터를 수집하는 등 인터넷을 통해 연구를 수행할 경우 사전 동의를 받는 것이 더 힘들 수 있다. Colvin과 Lanigan(2005)의 논문은 이런 현실적인 어려움을 고려하여 분야의 우수 사례를 위한 제안을 한다. 아마도 가장 어려운 과제는 참여자들의 익명성과 정보에 대한 비밀 유지 보장이다. 이는 정보의 안전한 저장과 전송뿐만 아니라 연구자의 법적 의무와 관할권의 차이에 대한 인식도 포함한다. 이를 위해 자료와 대화 내용을 암호화하거나 코딩하는 것을 도와줄 수 있는 IT 전문가에게 자문을 받아 볼 것을 추천한다. 또한 자료 수집이 끝나면 웹에서 연구 및 연구 대상 모집과 관련한 모든 자료와 흔적을 최대한 삭제하는 것이 중요하다. 연구자들은 다양한 온라인 토론 집단에서 발생할 수 있는 사생활 문제에 대해 유의할 필요가 있으며, 잠재적 참여자들에게 연구에 대한 세부 사항과 위험성에 대해 어떻게 충분한 정보를 제공할 수 있을지 생각해야 한다. Denissen, Neumann과 van Zalk(2010)가 언급했듯이, 소셜네트워크(SNS)와 다른 공개 도메인 웹사이트를 사용하는 많은 참여자는 그들에게 당혹스러울 수도 있는 게시물이 비공개가 아님을 인식하지 못하는 경우가 있다. 이제 자료 수집은 새로운 시대로 접어들고 있지만, 우리는 윤리적·법적 측면에 대한 피상적인 부분만 다루어 왔다.

사전동의 요소

참여자에게 누가 연구를 수행하는지 이야기해야 한다

일반적으로는 논문을 쓰는 학생이 자료를 수집하지만 친구나 배우자, 고용된 사람이 대신 자료를 수집할 수도 있다. 연구자의 소속, 지도 교수의 이름과 연락처를 포함해야 한다.

왜 특정 사람은 참여에서 제외되었는가

"왜 저인가요?"라는 질문에 "당신은 최근 첫 아이를 출산한 경험을 가지고 있기 때문에 연구 대상으로 선정되었습니다. 저희는 특히…… 경험에 관심이 있습니다."라는 식으로 답해야 한다. 때로는 일부 연구 대상이 연구 참여에 선택받지 못할 수 있다. 이런 경우, 연구자는 선택받지 못한 사람들을 대상으로 연구에 포함시키거나 제외한 기준에 대해 세심하게 의사소통할 필요가 있다.

시간 약속이란 무엇인가

예를 들어, "이 사전 조사는 모든 문항에 응답하는 데 약 45분이 소요됩니다."라는 식으로 참여자에게 연구 참여에 얼마나 시간이 걸리는지 알려야 한다.

보상이 있는가

합리적으로 보상하되 부풀리지 않아야 한다. 일반적으로 자기인식 강화, 금전적 보상, 이타주의가 보상으로 주어질 수는 있지만 있지만, 대부분 연구에 참가했을 때 얻는 이득은 거의 없거나 아예 없다. 연구자는 참여자가 자료를 수집하는 것을 도와주는 것 혹은 그 자신에 대해 더 잘 알게 되는 것에 기분이 좋아지기를 바라지만 이것은 보상은 아니다.

잠재 위험이 따르는가, 그렇다면 이것은 어떻게 관리되는가

연구자는 참여자에게 잠재적인 위험에 대해 알려야 한다. 잠재적인 위험은 연구에 참가함으로써 생길 수 있는 감정적 · 정신적 · 육체적 · 사회적 · 경제적 · 정치적 어려움이나 피해를 포함한다. 연구에 참가함으로 인해 어려움을 겪는 참여자에게 연구자들은 "일부 사람들은 부모의 알코올 중독에 대해 이야기할 때 부정적인 감정을 경험할 수 있습니다. 이 문제에 대해 상의하고 싶으시다면 이 연구 책임자에게 연락 주십시오."라고 안내를 할 수 있다. 만약 예측 가능한 위험이 없는 경우라면, "이 연구 참여와 관련해 알려진 위험은 없습니다."라고 명시한다.

연구에 대해 설명하고 질문에 답해야 한다

연구에 대한 설명과 제안은 참여자가 쉽게 이해할 수 있는 평이한 언어가 사용되어야 한다. 연구를 왜곡할 수 있는 가능성으로 인해 연구자가 연구 목적에 대해 충분히 공유할 수 없는 상황이라면 참여자들이 무엇을 해야 하는지 설명하고 연구가 종료가 된 이후 디브리핑 시간에 실제 연구 목적을 완전히 공개하고 충분히 설명해야 하며, 그때 모든 질문에 대한 답을 해야 한다.

연구 참여는 언제나 자발적이어야 함을 설명해야 한다

연구자는 응답률을 높이기 위한 일련의 절차를 적용할 권리가 있지만 잠재적인 연구 참여자들은 연구자의 사회적 지위나 연구를 수행하는 기관의 권위로 인해 참가에 대한 압력을 받아서는 안 된다. 또한 참여자들은 원한다면 언제든지 이유를 불문하고 연구에 대한 참여 의사를 철회할 권리가 있다.

참여자들이 참여에 부담을 가질 법한 환경에서 연구를 수행할 때는 이 점을 명확하게 하는 것이 중요한데, 예를 들어 "이 연구에 반드시 참여할 필요는 없으며, 참여 여부는 이 과목의 성적에 아무런 영향을 미치지 않습니다. 원한다면 중간에 참여를 철회해도 되며, 이때 어떠한 불이익도 없습니다."라고 밝히는 것이 좋다. 어떤 경우, 사람들은 연구의 참여 여부에 따라 사회적인 지위, 고용 안정, 우정에 영향을 받을 것을 우려한다. 이럴 때 연구 참여, 참여 거절, 참여 철회에 대한 비밀 보장을 해 주어야 한다. 만약에 연구를 후원한 기관에서 연구 참여자가 선발되었고 데이터를 제공하기로 협의한 경우, 이 정보는 사전 동의서에 명시되어 있어야 하며, 참여자를 식별할 수 있는 생년월일과 같은 인구통계 정보는 제공하지 않는다는 것을 보장해야 한다.

참여자들에게 사전 동의서 사본을 제공하여야 한다

참여자에게는 사전 동의서 사본을 제공해야 하며 연구자를 위한 사본에 참여자의 서명을 받아야 한다. 예를 들면, "이 연구에 참가하려면 사전 동의서에 서명하여 동봉된 봉투를 사용하여 한 부는 송부해 주시고 다른 한 부는 기록을 위해 보관하십시오."라는 문구를 넣으면 된다.

참가에 대한 보상에 대해 안내해야 한다

연구 참여자가 참여에 대한 보상을 받을 수 있다면 구체적으로 어떤 보상인지 참여자에게 알려 주어야 한다. 참여에 대한 보상이나 인센티브로 인해 참여에 대한 압박을 받을 정도로 보상 규모가 커서는 안 된다.

참여자에게 비밀보장 한계에 대해 설명해야 한다

비밀유지는 참여자가 신뢰관계에 기반하여 제공한 정보를 당사자의 동의 없이 원래 의도한 목적 외에 다른 목적으로 타인에게 누설하지 않는 것을 의미한다. 비밀유지는 익명성과는 다르다. 익명성은 연구자를 포함한 그 누구도 참여자의 신원을 알 수 없는 것을 의미하며, 비밀유지는 참여자의 신원을 연구자가 최대한 보호하는 것을 의미한다. 예를 들어, 자료를 제3자가 기록하거나 분석하는 경우 비밀보장을 어떻게 보장할 수 있는가? 지역법이 학대와 같은 특정 사건의 공개를 요구하는 경우, 이런 예외사항은 사전 동의서에 명시되어 있어야 한다. 추가적으로 「건강보험 양도 및 책임에 관한 법(HIPAA)」은 과거 기밀로 유지되었던 정보의 공개를 허용하며, 이 예외 사항 역시 명시되어 있어야 한다(규정, 기준, 실행을 포함한 HIPAA에 대한 중앙정부 허브는 www.hhs.gov/

ocr/hipaa/에서 확인 가능하다). 일반적으로 자료에 기반한 요약 통계는 공개된다. 연구비를 지원받은 연구는 수집된 자료 역시 공공성을 띤다. 그러나 개인식별 정보는 삭제되고 특정 개인을 알아낼 수 있는 정보는 거의 제공하지 않는다.

디브리핑에 대해 참여자에게 공지해야 한다

연구에 대한 디브리핑이 준비되어 있다면 어떻게 할 예정인지 참여자들에게 알려야 한다. 일반적으로 모든 참여자는 연구 결과에 대해 알 수 있는 기회가 있어야 한다. 속임수를 쓰는 연구를 했다면 연구가 끝나고 나서 연구 목적에 대해 상세히 설명할 수도 있고, 연구 결과에 대해 알고 싶어 하는 참여자들에게 결과 요약본을 보내 줄 수도 있다. 예를 들어, "이 연구의 결과를 받아 보기를 희망하시면 설문 마지막 부분에 제공된 공란에 성함과 주소를 남겨 주십시오."라고 안내할 수 있다(이 경우, 응답자는 익명성을 포기해야 하지만 비밀은 유지된다). 디브리핑 때 피드백은 평이한 언어로 제공되어야 하며, 유해하지 않고 전반적으로 유익해야 한다. 일반적으로 개별적인 검사 결과보다는 요약되고 합쳐진 자료를 참여자에게 주어야 한다.

이 장에는 학위논문 연구에 참여를 청하는 샘플 서신(〈글상자 13-1〉 참조)과 Joe Ferguson의 논문 프로포절 사전 동의서 샘플(〈글상자 13-2〉 참조)이 포함되어 있다. 또한 사용자가 목적에 맞게 빈칸을 채워 사용할 수 있는 일반적 사전 동의서 양식(〈글상자 13-3〉 참조)도 첨부되어 있으니 이 서식이 해당 기관의 연구윤리심의위원회의 요구사항에 부합하면 사용 가능하다. 일부 개인은 사전 동의서를 스스로 작성할 수 없는데, 구체적인 예로는 18세 미만이나 정신적인 장애가 있는 사람, 심리적인 장애가 있는 사람 등이 여기에 해당된다. 이런 경우 참여자의 부모나 법적 후견인이 사전 동의서에 서명해야 한다. 마지막으로, 〈글상자 13-4〉에 제시된 질문 목록은 연구를 진행하는 데 있어 관련 윤리 원칙을 준수했는지 점검하는 데 도움이 될 것이다.

글상자 13-1   연구 프로젝트 참여 초대장 예문

어린 시절 트라우마와 성격
저는 현재 어린 시절 트라우마와 성격 간의 관계에 대한 임상 이슈를 다루는 연구 프로젝트를 수행 중입니다. 이 연구는 어린 시절 경험과 특정 능력 간의 관계에 대해 조사하는 것을 목적으로 하고 있으며, 이는 University of the North Pole에서 임상심리학 전공으로 박사 학위 취득을 위해 Chilly Scholar 교수님의 지도 아래 수행됩니다.

이 연구에 참여하시면 주제에 대해 유용한 정보를 제공해 주실 수 있습니다. 18세에서 65세 사이라면 누구나 연구에 참여하실 수 있습니다. 참여방법은 5개의 간단한 진단 도구에 참/거짓으로 응답하면 되며, 약 30분이 소요됩니다. 또한 배경 설문 문항 및 어린 시절에 대한 문항에도 응답하셔야 하며, 이는 약 20~30분 정도 소요될 것으로 예상됩니다.

연구 참여는 어디까지나 자율이며 원하신다면 그 어떤 불이익 없이 언제든지 참여를 중단하실 수 있습니다. 연구 참여는 학점과 아무런 상관이 없으며, 이 프로젝트로부터 수집된 모든 자료는 비밀이 유지되며 연구 목적으로만 사용됩니다. 설문과 도구에서 수집된 자료는 익명으로 처리되며, 참여자의 이름은 정보와 점수에 연결되지 않을 예정입니다.

참여자에 대한 어떤 위험도 없지만 아동기에 대한 설문에는 가정폭력과 학대와 관련된 문항이 포함되어 있습니다. 이런 종류의 질문이 불편하다고 느끼시면 언제든지 설문에 응답하는 것을 중지하셔도 됩니다.

감사합니다.

(서명)
연구자 성명
연락처

글상자 13-2   연구에 참여하기 위한 사전동의

이 연구는 미국 학대상담센터(Domestic Abuse Counseling Center: DACC) 치료 프로그램에 등록한 사람들의 미래 인식에 대해 알아보고자 실시되고 있으며, 연구 결과는 본 센터의 치료 프로그램을 개선하는 데 도움이 될 것으로 기대됩니다. 연구자는 Joe Ferguson이며 Fielding Graduate University에서 임상심리 전공으로 박사 학위를 받기 위하여 Anthony Greene 교수님의 지도 아래 연구를 수행하고 있습니다.

이 연구에 참여하시기로 결정하셨다면 이 서식을 주의 깊게 읽고 서명해 주시기를 부탁드립니다. 연구 참여는 전적으로 본인 의지에 의한 것이며, 원하지 않는다면 설문에 응답하지 않으셔도 됩니다. 연구에 참여한다고 동의했더라도 아무 때나 동의를 철회하실 수 있습니다. 참여하지 않아도 어떠한 불이익이 없으며, DACC 프로그램과 아무런 관련이 없습니다. 만약 이 연구에 참여하는 것을 원치 않으신다면, 다른 분들이 설문을 작성하는 동안 동봉된 글을 읽어 주시기 바라며 읽으신 글과 서명이 되지 않은 동의서는 보관하시고 응답하지 않은 설문지는 원래 봉투에 넣어서 돌려 주시기 바랍니다.

이 연구는 4개의 짧은 설문으로 이루어져 있으며, 추가적으로 나이, 인종, 혼인 상태, 자녀 수, 교육 수준, 고용 상태, 소득 수준, 현재까지 DACC 프로그램에 참여한 주(week) 수를 조사합니다. 모든 문항에 응답하는 데는 약 20~30분 정도 시간이 소요될 예정입니다. 응답 내용은 철저하게 비밀과 익명성이 보장됩니다. 응답자 이름과 개인 식별이 가능한 정보는 이 연구 참여 동의서 외에는 그 어디에도 포함되지 않습니다. 이 집단 세션이 끝나면 동의서는 설문지와 즉시 분리되어 보관되며, 3년간 보관 후 파기됩니다. 이 서식에서 개인정보가 사용되는 경우는 연구 참여자를 위한 100달러 상품권 추첨과 연구 결과를 받아 보시기를 요청하신 경우 결과를 송부할 때입니다. 개인 정보는 기록되거나 보고되지 않습니다. 100달러 상품권은 연구가 종료된 후 참여자 중 추첨을 통해 발송해 드리며, 그 외 연구 참여로 인한 금전적 보상은 없음을 알려드립니다.

이 연구 혹은 참여와 관련한 질문이 있으시면 동의서에 서명하기 전에 연구자에게 말씀해 주십시오. 이 연구와 관련하여 질문이나 우려되는 부분이 있다면 연구자(전화 혹은 이메일)나 지도 교수에게 연락을 하셔도 되며, 지도 교수 연락처는 이 서식 다음에 있습니다.

연구에 참여하시는 분의 권리에 대해 궁금하신 점이 있다면 Fielding Graduate University의 연구윤리심사위원회, 전화 _____ 이메일 _____로 연락주시기 바랍니다.

동의서는 2부 제공되어 있습니다. 동의서 내용을 읽고 이해했으며, 연구에 참여한다는 의미로 양쪽에 모두 서명해 주시기 바랍니다.

_____
참여자 이름

_____   _____
참여자 서명   날짜

설문에 참여하신 분들을 대상으로 추첨을 통해 100달러 상품권을 제공해 드립니다. 원하시는 경우에만 주소를 써 주세요. 또한 연구가 종료된 이후 연구 결과에 대해 요약 보고서를 받아 보실 분들도 주소를 써 주세요.

_____ 추첨을 통한 100달러 상품권 참여 희망하시는 분 체크해 주세요.
_____ 연구 결과 요약본 수령을 희망하시는 분 체크해 주세요.
_____
주소

출처: Ferguson(2006). 저자의 허락을 받아 게재함.

글상자 13-3 사전동의 서식 예문

"사전동의"라는 용어를 상단에 포함할 것(서신, 서식 등)
(   ) 안의 내용은 최종본에서 모두 삭제되어야 함.

_____ 대학교 박사 과정생 _____이/가 수행하는 연구에 참여해 주실 것을 부탁드립니다. 이 연구는 _____의 지도를 받고 있습니다. 이 연구는 _____에 대한 연구로 _____의 박사 학위논문입니다. 귀하는 _____(라)는 이유로 연구 대상자로 선정되셨습니다. (참고: 만약 누군가 연구 대상자의 이름을 알려 주었다면 그에 대한 설명이 이 부분에 필요하다. 연구에 참여 혹은 거부 사실을 추천한 사람에게 알려 주지 않음을 밝혀야 한다.)

이 연구는 _____이 포함되며, 귀하의 편의에 따라 조정될 수 있습니다. 이는 대략 _____분 정도 소요될 예정입니다. (참고: 연구 참여자에게 여러 가지를 요청해야 한다면 각각의 요청 사항을 이러한 방식으로 포함해야 한다.) 총 연구 참여에 걸리는 시간은 약 _____입니다.

귀하가 제공하는 정보에 대해서는 엄격하게 비밀이 유지될 것입니다. 사전 동의서와 기타 다른 개인 식별 정보는 데이터와 분리되어 저장됩니다. 모든 정보는 _____ (어디에 어떻게 보관되는지 서술한다)에 보관됩니다. (참고: 기록을 한다면 다음 내용을 추가하라.) "녹음 파일은 연구자(지도 교수 등 다른 사람이 접근 가능하다면 밝혀야 한다)와 첨부된 비밀유지 서약서에 서명한 연구보조원에 한해 접근이 가능합니다." (참고: 어떤 형태로든 연구 보조원을 사용한다면 여기에 설명을 해야 한다.) 사전 연구 참여 동의서와 같이 연구 참여자로서 귀하의 신원을 식별할 수 있는 기록 자료들은 _____에 의해 연구가 완전히 종료된 _____년 이후 파쇄될 예정입니다.

이 연구의 결과는 학위논문에 실릴 예정이며 이후 저널 혹은 책으로 출판될 가능성도 있습니다.

이 연구에 참여하시면 _____에 대한 이해가 높아질 수 있습니다. 귀하에게 미칠 수 있는 위험은 (매우 약할, 보통, 상당히 클) 것으로 예상되며, 참가하는 중이나 참가 후에 감정적으로 불편함을 겪을 일은 (거의 없습니다, 약간 있습니다, 가능성이 있습니다, 개연성이 있습니다). 만약 그런 불편을 경험하신다면 _____로 연락주시기 바랍니다.

귀하는 연구 진행 중 혹은 연구 참여 후 불참 의사를 밝힐 수 있으며 이에 대한 어떠한 불이익도 없습니다. 연구에 불참하게 되면 수집된 자료는 완전히 삭제됩니다. (참고: 초점 집단과 같이 경우에 따라 이것이 불가능할 때가 있는데 이런 경우 이곳에다 미리 밝혀야 한다.)

연구에 참여하는 대가는 지급되지 않습니다. (참고: 연구 참여자에게 대가나 인센티브를 제공한다면 이 부분에 어떤 식으로 언제 지급할 계획인지 서술해야 한다.)

동의서 하단에 주소를 남겨 주시면 연구 결과에 대한 요약본을 보내 드립니다.

　　연구나 연구 참여와 관련하여 궁금하거나 우려되는 점이 있으시면 이 동의서에 서명하기 전에 연구자나 지도 교수에게 연락을 주시기 바랍니다. 지도 교수님의 연락처는 이 동의서 하단에 있습니다.

　　연구 참여자로서 귀하의 권리에 대해 궁금하거나 우려되는 사항이 있다면 ＿＿＿＿＿＿＿＿ 연구윤리심의위원회 이메일 ＿＿＿＿＿＿＿＿ , 전화번호 ＿＿＿＿＿＿＿＿로 연락을 주십시오.

　　이 동의서는 2부가 동봉되어 있습니다. 이 동의서를 읽고, 이해했으며, 연구 참여에 동의한다면 양쪽에다 모두 서명을 해 주시기 바랍니다. 한 부는 연구자에게 송부해 주시고, 다른 한 부는 보관해 주시기 바랍니다. 연구윤리심의위원회는 서명된 서면 동의서에 접근할 수 있습니다.

＿＿＿＿＿＿＿＿＿＿＿＿＿＿＿

참여자 이름

＿＿＿＿＿＿＿＿＿＿＿＿＿＿＿

참여자 서명

＿＿＿＿＿＿＿＿＿＿＿＿＿＿＿

날짜

지도 교수 이름　　　　　　　　　　　　연구자 이름

연구자 주소

연구자 전화번호

연구 결과 요약본을 받아 보시길 희망하시면 다음의 빈칸을 채워 주세요.

＿＿＿＿＿＿＿＿＿＿＿＿＿＿＿

이름

＿＿＿＿＿＿＿＿＿＿＿＿＿＿＿

주소

＿＿＿＿＿＿＿＿＿＿＿＿＿＿＿

우편번호

출처: Fielding Graduate University의 허락을 받아 게재함.

연구 윤리 5대 원칙

1. 비밀유지(confidentiality)

- 연구 참여자들의 신원, 소속, 기타 정보에 대해 어떻게 보안을 유지할 것인가? 숫자, 코드 혹은 가명을 사용할 예정인가? 조직의 위치와 형태를 어떻게 숨길 것인가?
- 집단 혹은 조직에 속한 다른 구성원이 누가 연구에 참여했고 참여하지 않았는지를 알아채는 것을 어떻게 방지할 것인가? 참여자를 선정할 때 추천을 받는다면 추천한 사람을 공개할 것인가? 그렇다면 이유는 무엇인가?
- 인터뷰, 일지 혹은 초점 집단에서 언급된 사람 이름이나 조직명은 어떻게 보안을 유지할 것인가?
- 집단을 활용한다면 집단에서 논의된 내용에 대해 어떻게 보안을 유지할 것인가? 만약 집단 구성원들이 서로를 알아내게 되면 문제가 생기는가?
- 데이터를 어떻게 저장하고 언제 삭제할 예정인가?

2. 강압(coercion)

- 연구 참여 지원자에게 어떻게 연락하고 동의를 얻을 것인가?
- 당신의 지위나 개인적인 관계가 연구 참여에 어떤 영향을 미칠 것이며, 강압을 느끼지 않도록 어떻게 대처할 것인가?
- 참여자의 상사/교사/치료사가 참여자에게 참가를 독려하는 어떠한 압력도 행사하지 못하게 하려면 어떻게 해야 할 것인가?
- 상사/교사/치료사가 누가 연구에 참여했고 누가 참여하지 않았는지 모르게 하려면 어떻게 해야 하는가?
- 참여자들이 연구 중에 참여를 철회할 수 있고 생성된 자료의 일부 혹은 전부를 철회할 수 있다는 점을 어떻게 명확하게 설명할 것인가?

3. 동의(consent)

- 연구 참여자들이 해야 할 일, 참여에 걸리는 시간, 연구 절차 등을 포함하여 연구자들이 알아야 할 모든 정보를 알려 주고 있는가? 그렇지 않다면 이유가 무엇인가?
- 참여자들에게 무엇에 대한 연구인지 알려 주는가? 그렇지 않다면 이유가 무엇인가?
- 사전 동의서에 연구자의 신원과 지도 교수의 이름 그리고 소속 학교를 밝히고 있는가?
- 연구에 제외된 집단이 있다면 구성원들에게 왜 그들의 자료 혹은 참여가 불필요한지 이유를 설명하는가?
- 참여자들은 원한다면 언제든지 일부 혹은 전체 데이터를 철회할 권리가 있으며, 그들의 결정은 그들이 현재 누리고 있는 고용, 치료, 교육 등에 영향을 미치지 않는다는 것을 명확하게 설명하는가?

• 참가에 따른 위험과 이점에 대해 명확히 설명하고 있는가?

4. 보호(care)
• 연구의 위험성과 혜택에 대해 정확하게 기술하고 있는가?
• 연구 참여로 인해 참여자가 고통을 호소한다면 어떻게 할 것인가?
• 연구와 관련한 어떤 질문에도 답을 할 예정이라고 분명하게 밝혔는가?
• 사적인 질문의 영향에 대해 고려해 본 적이 있는가? 참여자들에게 연구에 사적인 정보가 포함될
  것이라고 주의를 주고 있는가?

5. 의사소통(communication)
• 인터뷰 기록과 인용구의 정확성을 어떻게 확인할 것인가(해당되는 경우)?
• 연구 결과를 참여자들에게 어떻게 공지할 것인가?
• 참여자들에게 제공한 사전 동의서 서식 사본을 만들어 놓았는가?

출처: "The Five Cs: Principles to Keep in mind," in Research Ethics Committee, Fielding Graduate University, *Fielding Institute Research Ethics Prcedures* (1999). Fielding Graduate University의 허락을 받아 게재함.

표절과 편견 없는 글

우리는 학문적 글쓰기에서 윤리적인 문제를 간략하게 논하면서 이 장을 마치고자 한다. 어떤 일이 있어도 표절은 피해야 하고, 그 중요성을 강조하지 않는다면 우리 저자들이 태만한 것이다. 대부분의 대학원생은 다른 사람의 글을 자신의 글인 것처럼 제시하는 것이 비윤리적이라는 것을 알고 있다(〈글상자 13–5〉에 제시된 APA 윤리행동강령 8.11 참조). 가장 기초적인 수준에서 다른 사람의 글을 글자 그대로 옮겨올 때는 따옴표를 사용해야 한다. 제4장에서 언급했듯이, 직접 인용은 질적 연구에서 자료를 보고할 때를 제외하고서는 논문에서 가급적 사용하지 않아야 한다. 유사한 의무로는 다른 사람의 글을 수정해서 옮기더라도 간접 인용을 통해 저자의 아이디어를 인정해 주어야 한다. 간혹 정보나 아이디어의 출처를 알기 힘들 때도 있지만, 대부분의 경우 책, 논문, 웹사이트, 개인적인 의사소통 등 출처를 파악하는 것이 가능하며 연구자는 논문에서 출처를 밝히고 기여도를 인정해야 한다.

문제는 다른 사람의 글을 어떻게 하면 효과적으로 다르게 표현할 수 있을지 고민해야 한다는 것이다. 학생들은 종종 다른 저자들의 글에 매료돼서 충분하게 표현을 바꾸지 않고 인용하거나 심지어 그 글을 그대로 쓰면서 출처를 인용하지 않는 경우가 있다. 우리 경험에 따르면 이런 경향은 컴퓨터와 인터넷의 발달로 더욱 두드러졌는데, 다른 사람의 문서를 복사해서 붙여 넣는 작업이 너무나 간단해 그런 유혹에 쉽게 넘어간다. 우리 동료교수인 Judy long은 학생들에게 손으로 직접 한 페이지를 필사하고, 수정하고, 그것을 요약해 볼 것을 추천한다. 손으로 이 작업을 하면 제일 마지막 단계에 가서는 원래 문단을 직접 인용하는 것보다 문장을 많이 축소할 수 있기 때문이다. 그리고 학생들과 교수들의 학문적 무결성을 위한 턴잇인(Turnitin; www.turnitin.com)과 같은 온라인 프로그램도 존재한다. 턴잇인은 쓴 글과 인터넷상에서 검색된 내용을 비교하여 글의 독창성을 백분율로 측정한다. 이 프로그램은 표절을 발견하는 데 사용될 뿐만 아니라 학생들의 학문적 글쓰기 기술을 향상시키는 데도 도움이 된다.

논문을 쓰면서 어떤 집단의 사람들을 차별하거나 억압적으로 표현하면 안 되고, 그런 자료도 활용하지 않아야 한다. 설문과 측정 도구가 특정 인종이나 특정 성적 취향 혹은 특정 삶의 방식에 속한 것을 "정상" 혹은 "옳은 것"이라고 암시하고 있지는 않은지 꼼꼼하게 점검해야 한다. 글을 쓰는 사람들은 다양한 집단이 민감하게 생각하는 언어에 대해 잘 알고 있어야 하는데, 이는 어제는 허용되었던 용어가 오늘은 용납되지 않을 수 있기 때문이다.

다음은 편견을 없애기 위한 일부 지침이다.

- 성 편향적 단어를 성 중립적 단어로 대체해야 한다. 자주 저지르는 실수는 chairperson이 아닌 chairman을, parenting이 아닌 mothering을, humankind가 아닌 mankind를 사용하는 것과 같이 우리 문화에 깊숙이 자리 잡은 성차별적 용어를 무심코 사용하는 것이다.
- 여성과 남성을 동등하게 나타내기 위해 병렬 방식으로 지칭한다. "5 men and 14 females"가 아닌 "5 men and 14 women"이라고 써야 한다.
- 특정 직업이 성별과 관련이 있다고 가정하지 말아야 하며(예: "과학자는……. 그는"), 성적 고정관념(예: "똑똑하고 아름다운 여성 교수")을 피해야 한다.
- 성 편향적 대명사 사용을 피해야 한다(예: "A consultant may not always be able to

see his clients"). 남녀차별을 하지 않고 글을 쓰는 몇 개의 대안을 제시하고자 한다.

 −다른 성별을 추가하라. "his or her clients" 이런 방식의 대안은 조잡해 보이기 때문에 가급적 쓰지 않아야 한다. 그러나 s/he, him/her 혹은 he(she)와 같은 어색한 표현보다는 낫다.

 −복수형을 사용하라. "Consultants…… their clients"

 −형용사를 쓰지 말라. "to see clients"

 −대명사를 쓰지 않도록 문장을 재구성하라. "Clients may not always be seen by their consultants"

 −남성적 혹은 여성적 대명사를 "one" 혹은 "you"로 바꾸라.

• 인종 관련 정보가 글의 내용과 직접적인 관련이 없다면 밝히지 않아야 한다. 만약 관련이 있다면 허용된 가장 적합한 용어를 확인하고 사용해야 한다.

• 평가를 하거나 고정관념을 강화하는 언어를 사용하지 않아야 한다. 예를 들어, "문화적으로 궁핍한"이라고 서술하는 것은 평가이며, "흑인 학생들이 체육대회에서 우승했다는 것은 놀랄 일이 아니다."라고 언급하는 것은 고정관념 강화이다.

• 다양한 연령대 집단에 대해 근거 없는 가정을 하지 않아야 한다(예: "노인들은 지적 능력이 떨어진다." 혹은 "노인들이 열정적으로 일을 지속하는 것이 놀랍다.").

글상자 13-5 **심리학자들의 연구윤리 원칙과 행동강령**

8. 연구와 출판

8.01 제도적 승인
제도적 승인이 필요할 때 심리학자들은 그들의 프로포절에 대해 정확한 정보를 제공하고 연구를 수행하기 전에 승인을 획득한다. 연구자들은 허가된 연구 프로토콜을 준수하며 연구를 수행하여야 한다.

8.02 연구를 위한 사전동의
(1) Standard 3.10에 의거하여 동의서 획득이 필요한 경우, 심리학자들은 참여자들에게, ① 연구 목적, 연구 기간, 연구 절차, ② 연구가 시작된 이후라도 참여를 거절하거나 철회할 수 있는 참여자들의 권리, ③ 참여를 거부하거나 철회함으로써 발생할 수 있는 예측되는 결과, ④ 잠재적 위험,

구 참여자들의 권리와 관련한 문의사항이 있을 때 연락할 수 있는 연락처 정보를 제공하여야 한다. 연구자들은 잠재적인 참여자들에게 질문을 할 기회를 제공하고 대답을 해 주어야 한다.
(2) 심리학자들은 실험을 포함하는 연구를 수행할 경우, 연구 시작 단계에서 다음의 사항을 명확하게 주지시켜야 한다. ① 처치의 실험적 특성, ② 통제집단에게 가능/불가능한 서비스, ③ 실험집단과 처치집단 배정 방법, ④ 연구에 참여하고 싶지 않은 경우 혹은 연구가 시작된 이후 참여를 철회하고 싶을 때 가능한 대안, ⑤ 참여로 발생하는 비용에 대해 참여자 혹은 제3자에게 보상

8.03. 연구에서 비디오 및 영상 녹화 및 촬영에 대한 사전동의
데이터 수집을 위하여 목소리나 이미지를 녹음하거나 촬영할 경우 다음 사항에 해당하지 않는다면 참여자로부터 반드시 사전에 동의를 받아야 한다. ① 연구가 공공장소에서 자연스러운 관찰에만 의존하며 녹음이나 녹화물로 개인을 식별할 수 없고 어떤 해도 끼치지 않을 경우, ② 연구 설계상 참여자를 속여야 하는 경우(그러나 사후에 동의를 얻어야 한다.)

8.04. 연구 대상이 고객/환자, 학생, 부하 직원인 경우
(1) 심리학자들은 고객/환자, 학생 혹은 부하 직원을 대상으로 연구를 수행할 경우 연구 대상의 연구 참여 거절 혹은 철회로부터 발생할 수 있는 역효과로부터 대상을 보호하기 위한 절차를 취해야 한다.
(2) 연구 참여가 교과목의 일부이거나 연구 참여를 통해 학점을 받는 경우, 학생들은 그와 동등한 대안적 활동에 대한 선택권이 주어져야 한다.

8.05. 연구를 위한 사전동의 면제
다음과 같은 상황에서는 동의가 면제된다.
(1) 연구가 개인에게 고통이나 해를 끼치지 않고 다음과 같은 상황일 때, ① 교육 현장에서 교수방법, 교과목, 혹은 학급 경영의 방법으로 사용할 때, ② 무기명 설문, 현장 관찰, 현존자료 분석에서 응답자가 밝혀져도 참여자의 형사상 혹인 민사 책임 위험이 발생하지 않으며 재무 상태, 신상, 고용, 평판 등에 아무런 해가 없고 비밀이 보장될 때, ③ 연구의 요소들이 조직 내 업무 혹은 조직 유효성과 관련되어 있고 참여자의 고용 상태에 위험이 없으며 익명성이 보장된 경우
(2) 법적으로 혹은 기관의 규정에 의해 허가된 경우

8.06. 연구 참가 유도
(1) 심리학자들은 참여를 강요하는 것처럼 느껴지는 과도하거나 부적절한 금전적 혹은 다른 형태의 보상을 피하기 위해 합리적인 노력을 기울여야 한다.

(2) 연구 참여에 대한 보상으로 전문적인 서비스를 제공할 때, 연구자는 서비스의 속성과 함께 위험, 의무, 한계점도 함께 안내해야 한다.

8.07. 연구에서의 속임수

(1) 심리학자들은 연구가 과학적·교육적 혹은 응용적으로 중요한 가치가 있다고 정당화할 수 없으며, 속이기 기법의 효과적인 대안이 있다면 속임수를 포함한 연구를 해서는 안 된다.

(2) 속임수로 인하여 육체적인 고통 혹은 극심한 감정적 고통이 예상되는 경우에 심리학자들은 참여자를 속여서는 안 된다.

(3) 심리학자들은 연구 설계에서 속이기 기법이 포함이 되어 있으면 그에 대해 설명을 해야 하며, 가능한 한 빨리 실험을 수행하고 참여자가 참여 의사를 결정하기 전(데이터 수집보다 늦지 않게)에 이야기해야 하며, 참여자가 그들과 관련된 데이터를 삭제하는 것을 허락해야 한다.

8.08. 연구에 대한 정보 제공

(1) 심리학자들은 연구 참여자들에게 연구의 속성, 결과 그리고 결론에 대한 정보를 지체 없이 제공해야 하며, 연구 참여자들이 오해하고 있는 부분이 있다면 이를 대해 바로 잡아 주어야 한다.

(2) 만약 이런 오해를 정정하는 것을 지연시키거나 유보하는 것이 정당하다고 판단되면 심리학자들은 위험성을 최소화하도록 방안을 취해야 한다.

(3) 연구 진행 중 참여자들에게 해가 된다는 것을 발견하면 심리학자들은 위험성을 최소화하도록 합리적인 조치를 취해야 한다.

8.09. 실험에서 동물 사용과 돌봄

(1) 심리학자들은 연방정부, 주정부, 지역의 법과 규정 그리고 전문가 규정을 준수하여 동물을 구하고 사용하고 처리한다.

(2) 연구방법에 대해 교육 받았고 실험실 동물 보호에 경험이 있는 심리학자가 동물과 관련된 모든 절차를 감독해야 하며, 동물의 웰빙과 건강, 인도적 대우 등을 보장할 책임이 있다.

(3) 심리학자들은 자신이 감독하고 있는 모든 사람이 동물을 사용하는 데 있어 자신의 역할을 수행할 수 있을 정도로 연구방법, 동물의 보호와 유지 그리고 처치에 대한 교육을 받았다는 것을 확인해야 한다.

(4) 심리학자들은 동물들의 불편함, 감염, 질병 그리고 고통을 최소화하기 위한 합리적인 노력을 기울여야 한다.

(5) 심리학자들이 동물에게 고통, 스트레스, 박탈을 가하는 절차는 다른 대안이 없을 때만 사용하며, 과학적·교육적 혹은 응용적 가치가 있을 때만 정당화될 수 있다.

(6) 심리학자들은 적절한 마취 상태에서 수술을 집행하고 수술 중과 수술 이후 감염을 피하고 고통

을 최소화하는 기법을 사용해야 한다.

(7) 동물의 생명을 종료시켜야 하는 경우, 승인된 절차를 따라 통증을 최소화하는 방법으로 신속하게 실시한다.

8.10. 연구 결과 보고

(1) 심리학자들은 데이터를 조작하지 않는다.

(2) 자신이 출판한 자료에 심각한 오류를 발견할 경우, 수정, 철회, 정정문 혹은 기타 적절한 수단을 통해 오류를 교정하기 위한 합리적인 조치를 취한다.

8.11. 표절

심리학자들은 다른 사람의 연구나 자료를 인용할 때 마치 자신의 것처럼 제시하지 않는다.

8.12. 출판 업적

(1) 심리학자들은 자신이 실제 수행한 연구나 상당 부분 기여한 연구에 한해서 저작권과 같은 권한과 책임을 갖는다.

(2) 저작권과 출판 업적은 상대적 지위에 관계없이 개인의 과학적 혹은 전문적 기여를 정확하게 반영하여야 한다. 학과장과 같이 한 기관에 직위를 맡고 있다고 해서 저작권이 정당화될 수 없다. 연구 혹은 논문 작성에 일부 기여를 한 것에 대해서는 주석이나 감사의 글과 같이 적절하게 공을 인정할 수 있는 방법이 있다.

(3) 학생의 박사 학위논문에 기반하여 연구가 진행되어 여러 저자가 있는 경우는 극히 예외적인 경우를 제외하고는 일반적으로 학생이 주 저자가 된다. 논문 지도 교수는 가능한 빠른 시일 내에, 그리고 적절하다면 연구와 출판 과정 중 학생과 저자 순서에 대해 논의해야 한다.

8.13. 중복 게재

심리학자들은 이전에 출판된 자료를 마치 새로운 자료처럼 출판하지 않는다. 재출판 사실을 밝힌다면 재출판이 불가능한 것은 아니다.

8.14. 검증을 위한 연구 자료 공유

(1) 심리학자는 참여자의 비밀이 보고될 수 있고 법적 권리 때문에 해당 자료의 공개가 어려운 경우가 아니라면 연구 결과가 출판된 후에 재분석을 통해 반증하려 하거나 이러한 목적으로 자료를 사용하려고 하는 다른 유능한 전문가에게 자료를 숨기지 않는다. 이는 정보 제공과 관련된 비용에 대한 심리학자들의 책임 요구를 배제하지 않는다.

(2) 재분석을 통해 연구결과를 확인하기 위하여 다른 심리학자에게 자료를 요청한 심리학자는 요청

할 때 밝힌 목적에 한해서만 자료를 사용할 수 있다. 자료를 요청하는 심리학자가 다른 목적으로 자료를 활용하기 위해서는 사전에 서면 동의를 얻어야 한다.

8.15. 심사자

발표, 출판, 연구비, 연구 프로포절 등을 위해 제출된 자료를 심사하는 심리학자는 자료를 제출한 사람의 정보에 대한 비밀을 유지하고 자료의 소유권을 존중해야 한다.

참고문헌

Altheide, D. I., & Johnson, J. M. (2011). Reflections of interpretive adequacy in qualitative research. In N. K. Denzin & Y. S. Lincoln, *The SAGE handbook of qualitative research* (pp. 645–658). Thousand Oaks, CA: Sage.

American Psychological Association. (2010a). *Mastering APA style: Student's workbook and training guide* (6th ed.). Washington, DC: American Psychological Association.

American Psychological Association. (2010b). *Publication manual of the American Psychological Association* (6th ed.). Washington, DC: American Psychological Association.

Anderson, B. J. (2009). *A qualitative study on the impact of police post-shooting trauma* (Order No. 3351802, Fielding Graduate University). *ProQuest Dissertations and Theses*, 223. Retrieved from http://search.proquest.com/docview/305169755?accountid=10868 (305169755)

Armstrong, D. G. (1995). *The dreams of the blind and their implications for contemporary theories of dreaming* (Order No. 9528409, Fielding Graduate University). *ProQuest Dissertations and Theses*, 270. Retrieved from http://search.proquest.com/docview/3042 49068?accountid=10868 (304249068)

Asch, S. E. (1955, November). Opinions and social pressure. *Scientific American*, 31-35.

Atkinson, P., & Hammersley, M. (1994). Ethnography and participant observation. In N. K. Denzin & Y. S. Lincoln (Eds.), *The SAGE handbook of qualitative research* (pp. 249-261). Thousand Oaks, CA: Sage.

Balboa, C. M. (2009). *When non-governmental organizations govern: Accountability in private conservation networks* (Order No. 3395753, Yale University). *ProQuest Dissertations and Theses, 302.* Retrieved from http://search.proquest.com/docview/305040657?account id=10868 (305040657)

Bazeley, P. (2009). Integrating data analysis in mixed methods research. *Journal of Mixed Methods Research, 3*(3), 203-207.

Becker, C. (1986). Interviewing in human science research. *Methods, 1,* 101-124.

Belenky, M., Clinchy, B., Goldberger, N., & Tarule, J. (1986). *Women's ways of knowing: The development of self, voice and mind.* New York, NY: Basic Books.

Bem, D. J. (2004). Writing the empirical journal article. In J. M. Darley, M. P. Zanna, & H. L. Roediger III (Eds.), *The compleat academic: A career guide* (2nd ed., pp. 185-219). Washington, DC: American Psychological Association.

Best, S., & Krueger, B. S. (2004). *Internet data collection.* Thousand Oaks, CA: Sage.

Bevan, W. (1991). Contemporary psychology: A tour inside the onion. *American Psychologist, 46,* 475-483.

Birnbaum, M. H. (2001). *Introduction to behavioral research on the Internet.* Upper Saddle River, NJ: Prentice Hall.

Black, J. E. (2011). *Test of a clinical model of poor physical health and suicide: The role of depression, psychosocial stress, interpersonal conflict, and panic* (Order No. 3478921, Fielding Graduate University). ProQuest Dissertations and Theses, 125. Retrieved from http://search.proquest.com/docview/902965875?accountid=10868 (902965875)

Borenstein, M., Hedges, L. V., Higgins, J. P. T., & Rothstein, H. R. (2009). *Introduction to meta-analysis.* New York, NY: John Wiley & Sons.

Boseman, R. (2010). *Hawkers: An ethnographic study of strategies of survival* (Order No. 3426928, Fielding Graduate University). *ProQuest Dissertations and Theses, 76.* Retrieved from http://search.proquest.com/docview/763615294?accountid=10868 (763615294)

Bower, D. L. (2006). *Overt narcissism, covert narcissism, and self-concept clarity: Predictors of juvenile aggression* (Order No. 3249868, Fielding Graduate University). *ProQuest Dissertations and Theses, 150.* Retrieved from http://search.proquest.com/docview/3049 15014?accountid=10868 (304915014)

Buhrmester, M., Kwang, T., & Gosling, S. D. (2011). Amazon's mechanical Turk: A new source of inexpensive, yet high-quality, data? *Perspectives on Psychological Science, 6*(1), 3-5.

Butler, A. R. (2006). *Voices from the valley: People of color discuss the intersection of race, class and privilege in a predominantly white college town* (Order No.3208841, Fielding Graduate University). *ProQuest Dissertations and Theses, 423.* Retrieved from http://search.proquest.com/docview/304914675?accountid=10868 (304914675)

Campbell, D. T., & Stanley, J. T. (2005). *Experimental and quasi-experimental designs for research.* Boston, MA: Houghton Mifflin.

Casey, T. W., & Poropat, A. (2014). Beauty is more than screen deep: Improving the web survey respondent experience through socially-present and aestheticallypleasing user interfaces. *Computers in Human Behaviour, 30,* 153-163.

Charmaz, K. (2005). Grounded theory in the 21st century: Applications for advancing social justice studies. In N. K. Denzin & Y. S. Lincoln (Eds.), *The SAGE handbook of qualitative research* (3rd ed., pp. 507-535). Thousand Oaks, CA: Sage.

Charmaz, K. (2014). Constructing grounded theory (2nd ed.). Thousand Oaks, CA: Sage.

Chase, S. E. (2005). Narrative inquiry: Multiple lenses, approaches, voices. In N. K. Denzin & Y. S. Lincoln (Eds.), *The SAGE handbook of qualitative research* (3rd ed., pp. 651-679). Thousand Oaks, CA: Sage.

Chase, S. E. (2012). Narrative inquiry: Still a field in the making. In N. K. Denzin & Y. S. Lincoln (Eds.), *Collecting and interpreting qualitative materials* (pp. 55-84). Thousand Oaks, CA: Sage.

Chears, V. E. (2009). *Taking a stand for others: A grounded theory* (Order No.3363822, Fielding Graduate University). *ProQuest Dissertations and Theses,* 155. Retrieved from http://search.proquest.com/docview/305169625?accoun tid=10868 (305169625)

Christensen, G. (2005). *Conflict at the governance level at Friends' schools: Discovering the potential for growth* (Order No. 3199626, Fielding Graduate University). *ProQuest Dissertations and Theses, 246.* Retrieved from http://search.proquest.com.fgul.idm.oclc.org/pqdtlocal1006242/docview/305349748/540AD7D4C1684F79PQ/1?accountid=10868

Clark, V. A. (1997). *Hidden textures: Memories of unanticipated mortal danger* (Order No. 9804758, Fielding Institute). *ProQuest Dissertations and Theses, 148.* Retrieved from http://search.proquest.com/docview/304381963?accountid=10868 (304381963)

Cohen, J. (1988). *Statistical power analysis for the behavioral sciences* (2nd ed.). Hillsdale, NJ: Lawrence Erlbaum.

Cohen, J. (1990). Things I have learned so far. *American Psychologist, 45,* 1304-1312.

Colaizzi, P. R. (1973). *Reflections and research in psychology.* Dubuque, IA: Kendall/Hunt.

Colvin, J., & Lanigan, J. (2005). Ethical issues and best practices for Internet research. *Scholarship, 70*(3), 34-39.

Conklin, D. Y. (2011). *An exploratory study of variables related to behavior problems and parent/peer relationship problems for adolescents referred to an outpatient clinic* (Order No. 3489430, Fielding Graduate University). *ProQuest Dissertations and Theses, 152.* Retrieved from http://search.proquest.com/docview/915643540?accountid=10868 (915643540)

Corbin, J., & Strauss, A. (2014). *Basics of qualitative research: Techniques and procedures for developing grounded theory* (4th ed.). Thousand Oaks, CA: Sage.

Cowles, M. (2000). Statistics in psychology: An historical perspective (2nd ed.). Mahwah, NJ: Lawrence Erlbaum.

Crane, C. A. (2005). *A neuropsychological and familial study of developmental synesthesia* (Order No. 3184797, Fielding Graduate University). *ProQuest Dissertations and Theses, 131.* Retrieved from http://search.proquest.com/docview/305342304?accountid=10868 (305342304)

Creswell, J. W. (2013). *Qualitative inquiry and research design: Choosing among five approaches* (3rd ed.). Thousand Oaks, CA: Sage.

Creswell, J. W., & Plano Clark, V. L. (2011). *Designing and conducting mixed methods research.* Thousand Oaks, CA: Sage.

Cronbach, L. J. (1975). Beyond the two disciplines of scientific psychology. *American Psychologist, 30*, 116-127.

Crotty, M. J. (1998). *The foundations of social research: Meaning and perspective in the research process.* Thousand Oaks, CA: Sage.

Csikszentmihalyi, M. (1991). *Flow: The psychology of optimal experience.* New York, NY: Harper.

Cukier, K. N., & Mayer-Schoenberger, V. (2013, May/June). The rise of big data: How it's changing the way we think about the world. *Foreign Affairs*, 28-40.

Denissen, J. J. A., Neumann, L., & van Zalk, M. H. W. (2010). How the Internet is changing the implementation of traditional research methods, people's daily lives, and the way in which developmental scientists conduct research. *International Journal of Behavioral Development, 34*, 564-575.

Denzin, N. K. (2011). The politics of evidence. In N. K. Denzin & Y. S. Lincoln, The SAGE handbook of qualitative research (4th ed., pp. 645-58). Thousand Oaks, CA: Sage.

Denzin, N. K., & Lincoln, Y. S. (2011). *The SAGE handbook of qualitative research* (4th ed.). Thousand Oaks, CA: Sage.

Diamond, J. (2005). *Collapse: How societies choose to fail or succeed.* New York, NY: Viking Books.

Dillman, D. A., Smyth, J. D., & Christian, L. M. (2009). *Internet, mail, and mixed-mode surveys: The tailored design method* (3rd ed.). New York, NY: John Wiley & Sons.

Dilthey, W. (1996). *Wilhelm Dilthey: Selected works: Vol. V. Poetry and experience* (R. A. Makkreel & R. Frithjof, Eds.). Princeton, NJ: Princeton University Press.

Dong, L. T. (2003). *Ethnic identity formation in Southeast and East Asian young offenders* (Order No. 3082495, Fielding Graduate Institute). ProQuest Dissertations and Theses, 209. Retrieved from http://search.proquest.com/docview/304551845?accountid=10868 (304551845)

Duarte Bonini Campos, J. A., Zucoloto, M. L., Sampaio Bonafe, F. S., Jordani, P. C., & Maroco, J. (2011). Reliability and validity of self-reported burnout in college students: A cross randomized comparison of paper-and-pencil vs. online administration. *Computers in Human Behavior, 27*(5), 1875-1883.

Elbow, P. (1998). *Writing with power: Techniques for mastering the writing process* (2nd ed.). New York, NY: Oxford University Press.

Elliott, J. M. (1997). *Bridging of differences in dialogic democracy* (Order No. 9811586, Fielding Institute). *ProQuest Dissertations and Theses*, 272. Retrieved from http://search.proquest.com/docview/304415695?accountid=10868 (304415695)

Elliott, R., Fischer, C. T., & Rennie, D. L. (1999). Evolving guidelines for publication of qualitative research studies in psychology and related fields. *British Journal of Clinical Psychology, 38*, 215-229.

Ellis, P. D. (2010). *The essential guide to effect sizes: Statistical power, meta-analysis, and the interpretation of research results.* Cambridge, England: Cambridge University Press.

Ellsworth, P. (2013). *Identifying psychologically meaningful risk factors for clergy sexual offenders of children: A comparison of the MMPI/MMPI-2 scores of recidivists and non-recidivists* (Unpublished doctoral dissertation proposal). Fielding Graduate University, Santa Barbara, CA.

Erickson, B. J. (2003). *A psychobiography of Richard Price: Co-founder of Esalen Institute* (Order No. 3106741, Fielding Graduate Institute). *ProQuest Dissertations and Theses*, 345. Retrieved from http://search.proquest.com/docview/305215056?accountid=10868

(305215056)

Erikson, E. (1962). *Young man Luther*. Mangolia, MA: Peter Smith.

Fan, W., & Yan, Z. (2010). Factors affecting response rates of the Web survey: A systematic review. *Computers in Human Behavior, 26*(2), 132-139.

Ferguson, J. G. (2006). Time perspective and impulsivity among intimate partner violence offenders (Order No. 3230488, Fielding Graduate University). ProQuest Dissertations and Theses, 116. Retrieved from http://search.proquest.com/docview/304913611?account id=10868 (304913611)

Fetterman, D. M. (2010). *Ethnography: Step-by-step* (3rd ed.). Thousand Oaks, CA: Sage.

Feyerabend, P. K. (1981). *Philosophical papers: Vol. 2. Problems of empiricism*. Cambridge, England: Cambridge University Press.

Field, A. P. (2013). *Discovering statistics using IBM SPSS statistics* (4th ed.). Thousand Oaks, CA: Sage.

Fielding, N. G., Lee, R. M., & Blank, G. (Eds.). (2008). *The SAGE handbook of online research methods*. Thousand Oaks, CA: Sage.

Flanagan, C. Y. (2013). *The role of viewer orientation and consumption level in smoking cue reactivity* (Order No. 3593575, Fielding Graduate University). *ProQuest Dissertations and Theses*, 81. Retrieved from http://search.proquest.com/doc view/1442476244?accountid=10868 (1442476244)

Fleming, J. W. (2007). *Repetition (and change) in the maternal-infant relationship: An exploration of intergenerational intention* (Order No. 3255522, Fielding Graduate University). *ProQuest Dissertations and Theses*, 201. Retrieved from http://search. proquest.com/docview/304704269?accountid=10868 (304704269)

Flemons, D. (2001). *Writing between the lines*. New York, NY: W. W. Norton.

Flick, U. (2009). *An introduction to qualitative research* (4th ed.). Thousand Oaks, CA: Sage.

Francis, L. A. (2012). *Teacher leadership for the 21st century: Teacher leaders' experiences in supporting the pedagogical practice of academic rigor* (Order No. 3539905, Fielding Graduate University). *ProQuest Dissertations and Theses*, 237. Retrieved from http:// search.proquest.com/docview/1095703735?accountid=10868 (1095703735)

Frankfort-Nachmias, C., & Nachmias, D. (2008). *Research methods in the social sciences* (7th ed.). New York, NY: Worth.

Frazier, P., Tix, A., & Barron, K. (2004). Testing moderator and mediator effects in counseling psychology research. *Journal of Counseling Psychology, 51*(1), 115-134.

Freece, K. L. (2011). *Cognitive sequelae of trauma: Memory and attention deficits in individuals diagnosed with posttraumatic stress disorder, mild traumatic brain injury, and comorbid posttraumatic stress disorder/mild traumatic brain injury* (Order No.3443916, Fielding Graduate University). *ProQuest Dissertations and Theses*, 142. Retrieved from http://search.proquest.com/docview/857080106?accountid=10868 (857080106)

Freud, S. (1997). *Dora: An analysis of a case of hysteria*. New York, NY: Touchstone. (Originally published 1905-1909)

Gadamer, H.-G. (2013). *Truth and method: The Bloomsbury revelations* (2nd ed.; J. Weinsheimer & D. G. Marshall, Trans.). London, England: Bloomsbury Academic Press.

Gast, D. L., & Ledford, J. (Eds.). (2009). *Single subject research methodology in behavioral sciences*. New York, NY: Routledge.

Gergen, K. J. (2001). Psychological science in a postmodern context. *American Psychologist, 56*, 803-813.

Gergen, M. M. (1988). Toward a feminist metatheory and methodology in the social sciences. In M. M. Gergen (Ed.), *Feminist thought and the structure of knowledge*. New York, NY: New York University Press.

Gibbs, G. (2012). *Analyzing qualitative data* (2nd ed.). Thousand Oaks, CA: Sage.

Gilbert, D. T., Pinel, E. C., Wilson, T. D., Blumberg, S. J., & Wheatley, T. P. (1998). Immune neglect: A source of durability bias in affective forecasting. *Journal of Personality and Social Psychology, 75*, 617-638.

Gilbert, M. L. (2007). *Insecure attachment, negative affectivity, alexithymia, level of emotional awareness, and body image disturbance as predictors of binge eating severity in women who binge* (Order No. 3255523, Fielding Graduate University). *ProQuest Dissertations and Theses*, 234. Retrieved from http://search.proquest.com/docview/304705449?accountid=10868 (304705449)

Gilpin-Jackson, Y. (2012). *Becoming gold: Understanding the post-war narratives of transformation of African immigrants and refugees* (Order No. 3498622, Fielding Graduate University). *ProQuest Dissertations and Theses*, 262. Retrieved from http://search.proquest.com.fgul.idm.oclc.org/pqdtlocal1006242/docview/927602835/B896988A1CED4D96PQ/1?accountid=10868

Giorgi, A. (2009). *The descriptive phenomenological method in psychology: A modified Huessrlian approach*. Pittsburgh, PA: Duquesne University Press.

Glaser, B. G. (1978). *Theoretical sensitivity*. Mill Valley, CA: Sociology Press.

Glaser, B. G. (1998). *Doing grounded theory: Issues and discussions*. Mill Valley, CA: Sociology Press.

Glaser, B. G., & Strauss, A. L. (1967). *The discovery of grounded theory: Strategies for qualitative research*. Chicago, IL: Aldine/Atherton.

Glaser, W. (1992). *Basics of grounded theory analysis*. Mill Valley, CA: Sociology Press.

Glass, G. V. (1976). Primary, secondary, and meta-analysis of research. *Educational Researcher, 5*(10), 3-8.

Glover, L. G. (1994). *The relevance of personal theory in psychotherapy* (Order No. 9501609, Fielding Institute). *ProQuest Dissertations and Theses*, 240. Retrieved from http://search.proquest.com/docview/304137689?accountid=10868 (304137680)

Goffman, E. (1961). *Asylums*. Garden City, NY: Doubleday.

Goldberg, E. S. (2003). *A study of diabetes self-care autonomy in young children within the home and school environments* (Order No. 3077547, Fielding Graduate Institute). *ProQuest Dissertations and Theses*, 99. Retrieved from http://search.proquest.com/docview/305215780?accountid=10868 (305215780)

Goldberg, S. G. (2007). *The social construction of bipolar disorder: The interrelationship between societal and individual meanings* (Order No. 3296060, Fielding Graduate University). *ProQuest Dissertations and Theses*, 343. Retrieved from http://search.proquest.com/docview/304705338?accountid=10868 (304705338)

Goodwin, C. S. (2006). *The impact of disclosure on the supervisory relationship* (Order No. 3218176, Fielding Graduate University). *ProQuest Dissertations and Theses*, 126. Retrieved from http://search.proquest.com/docview/304914596?accountid=10868 (304914596)

Goodwin, J. C. (2010). *Research in psychology: Methods and design* (6th ed.). New York, NY: John Wiley & Sons.

Gosling, S. D., & Johnson, J. A. (Eds.). (2010). *Advanced methods for conducting online behavioral research*. Washington, DC: American Psychological Association.

Gosling, S. D., Vazire, S., Srivastava, S., & John, O. P. (2004). Should we trust webbased studies? A comparative analysis of six preconceptions about internet questionnaires. *American Psychologist, 59*(2), 93-104.

Grbich, C. (2012). *Qualitative data analysis: An introduction* (2nd ed.). Thousand Oaks, CA: Sage.

Greenwood, D., & Levin, M. (2006). *Introduction to action research: Social research for social change* (2nd. ed.). Thousand Oaks, CA: Sage.

Gubrium, J. F., & Holstein, J. A. (1997). *The new language of qualitative method.* New York, NY: Oxford University Press.

Guest, G., Namey, E. E., & Mitchell, M. L. (2013). *Collecting qualitative data: A field manual for applied research.* Thousand Oaks, CA: Sage.

Habermas, J., & McCarthy, T. (1985). *The theory of communicative action: Vol. 1. Reason and the rationalization of society.* Boston, MA: Beacon Press.

Han, J., Kamber, M., & Pei, J. (2011). *Data mining: Concepts and techniques* (3rd ed.). Amsterdam, The Netherlands: Elsevier.

Hardy, E. A. (2011). *Clinical and counseling psychology graduate student and postdoctorate supervisees' perceptions and experiences of boundary crossings and boundary violations in the supervisory relationship* (Order No. 3454654, Fielding Graduate University). *ProQuest Dissertations and Theses*, 282. Retrieved from http://search.proquest.com/docview/871097201?accountid=10868 (871097201)

Haring, E. R. (2006). *Between-worlds tension: A grounded theory of repatriate sensemaking* (Order No. 3205505, Fielding Graduate University). *ProQuest Dissertations and Theses*, 217. Retrieved from http://search.proquest.com/docview/304914149?accountid=10868 (304914149)

Hayes, A. F. (2009). Beyond Baron and Kenny: Statistical mediation analysis in the new millennium. *Communication Monographs, 76*(4), 408-420.

Hedges, V. G. (2003). *Latinos surviving the educational system: A grounded theory study on enhancing identity* (Order No. 3103585, Fielding Graduate Institute). *ProQuest Dissertations and Theses*, 138. Retrieved from http://search.proquest.com/docview/3052 15030?accountid=10868 (305215030)

Hein, S. F., & Austin, W. J. (2001). Empirical and hermeneutic approaches to phenomenological research in psychology: A comparison. *Psychological Methods, 6*(1), 3-17.

Hennink, M., Hutter, I., & Bailey, A. (2011). *Qualitative research methods.* Thousand Oaks, CA: Sage.

Herr, K. G., & Anderson, G. L. (2005). *The action research dissertation: A guide for students and faculty.* Thousand Oaks, CA: Sage.

Holmes, T., & Rahe, R. (1967). The Social Readjustment Rating Scale. *Journal of Psychosomatic Research, 11*, 213-218.

Holstein, J., & Gubrium, J. F. (2008). *Handbook of constructionist research*. New York, NY: Guilford Press.

Holtz, P. J. (2003). *The self- and interactive regulation and coordination of vocal rhythms, interpretive accuracy, and progress in brief psychodynamic psychotherapy* (Order No. 3099387, Fielding Graduate Institute). *ProQuest Dissertations and Theses*, 268. Retrieved from http://search.proquest.com/docview/305215485?accountid=10868 (305215485)

Hoshmand, L. T. (1989). Alternate research paradigms: A review and teaching proposal. *Counseling Psychologist, 17*, 3-79.

Hoshmand, L. T. (2005). *Culture, psychotherapy, and counseling: Critical and integrative perspectives*. Thousand Oaks, CA: Sage.

Huba, G. J. (2013, April 13). In praise of "little" data [web log post]. Retrieved from http://hubaisms.com/2013/04/13/in-praise-of-little-data/

Humphrey, D. T. (2003). *Adopted women who give birth: Loss, reparation and the selfobject functions* (Order No. 3077248, Fielding Graduate University). *ProQuest Dissertations and Theses*, 148. Retrieved from http://search.proquest.com/docview/305215931?account id=10868 (305215931)

Hunt, B. (2011). Publishing qualitative research in counseling journals. *Journal of Counseling and Development, 89*(3), 296-300.

Husserl, E. (1970). *Crisis of European sciences and transcendental phenomenology*. Evanston, IL: Northwestern University Press.

Huston-Warren, M. (2006). *Content analysis of coverage of body count in the Iraq and Vietnam wars* (Unpublished master's thesis). California State University-Fullerton.

Jaccard, J., & Jacoby, J. (2010). *Theory construction and model-building skills: A practical guide for social scientists*. New York, NY: Guilford Press.

Jersild, D. (2007). *The experience of agency in women: Narratives of women whose mothers achieved professional success and recognition* (Order No. 3269176, Fielding Graduate University). *ProQuest Dissertations and Theses*, 220. Retrieved from http:// search.proquest.com/docview/304705483?accountid=10868 (304705483)

Johnston, J. B. (2013). *Early exposure to pornography: Indirect and direct effects on sexual satisfaction in adulthood* (Order No. 3553937, Fielding Graduate University). *ProQuest Dissertations and Theses*, 158. Retrieved from http://search.proquest.com/docview/1315 240536?accountid=10868 (1315240536)

Jones, S. H. (2005). Autoethnography: Making the personal political. In N. K. Denzin & Y.

S. Lincoln (Eds.), *The SAGE handbook of qualitative research* (3rd ed., pp. 763-792). Thousand Oaks, CA: Sage.

Josselson, R. (2004). The hermeneutics of faith and the hermeneutics of suspicion. *Narrative Inquiry, 14*(1), 1-28.

Josselson, R. (2013). *Interviewing for qualitative inquiry: A relational approach*. New York, NY: Guilford Press.

Josselson, R., & Lieblich, A. (2003). A framework for narrative research proposals in psychology. In R. Josselson, A. Lieblich, & D. P. McAdams (Eds.), *Up close and personal: The teaching and learning of narrative research* (pp. 259-74). Washington, DC: American Psychological Association.

Katz, S. R. (1995). *The experience of chronic vulvar pain: Psychosocial dimensions and the sense of self* (Order No. 9610566, Fielding Institute). *ProQuest Dissertations and Theses, 246*. Retrieved from http://search.proquest.com/docview/304260795?accountid=10868 (304260795)

Kazdin, A. E. (2002). *Research design in clinical psychology* (4th ed.). New York, NY: Pearson.

Kazdin, A. E. (2007). Mediators and mechanisms of change in psychotherapy research. *Annual Review of Clinical Psychology, 3*, 1-27.

Keen, E. (1975). *A primer in phenomenological psychology*. Lanham, MD: University Press of America.

Kerlinger, F. N. (1977). *Foundations of behavioral research* (3rd ed.). New York, NY: Holt, Rinehart & Winston.

Kerlinger, F. N., & Lee, H. B. (1999). *Behavioral research: A conceptual approach*. New York, NY: Holt, Rinehart & Winston.

Kim, J., Kaye, J., & Wright, L. K. (2001). Moderating and mediating effects in causal models. *Issues in Mental Health Nursing, 22*, 63-75.

Kline, R. B. (2009). *Becoming a behavioral science researcher: A guide to producing research that matters*. New York, NY: Guilford Press.

Kline, R. B. (2013). *Beyond significance testing: Statistics reform in the behavioral sciences* (2nd ed.). Washington, DC: American Psychological Association.

Knight, C. (2005). *Humanistic psychotherapy training: Significant experiences contributing to the perceived competency development of exceptional humanistic psychotherapists* (Order No.3160513, Fielding Graduate University). *ProQuest Dissertations and Theses,*

269. Retrieved from http://search.proquest.com/docview/305377459?accountid=10868 (305377459)

Knetig, J. A. (2012). *Mentalization, social competence and the use of social support in a military population: The impact on post-traumatic stress* (Order No.3526008, Fielding Graduate University). *ProQuest Dissertations and Theses*, 99. Retrieved from http:// search.proquest.com/docview/1080823988?accountid=10868(1080823988)

Kohut, H. (1978~1991). *The search for the self: Selected writings of Heinz Kohut* (P. H. Ornstein, Ed.). New York, NY: International Universities Press.

Kraus, D. R., Seligman, D. A., & Jordan, J. R. (2005). Validation of a behavioral health treatment outcome and assessment tool designed for naturalistic settings: The treatment outcome package. *Journal of Clinical Psychology, 61*(3), 285-314.

Krebs, C. (2005). *Organic constructionism and living process theory: A unified constructionist epistemology and theory of knowledge* (Order No. 3184799, Fielding Graduate University). *ProQuest Dissertations and Theses*, 534. Retrieved from http:// search.proquest.com/docview/305350628?accountid=10868 (305350628)

Kuhn, T. (1996). *The structure of scientific revolutions* (3rd ed.). Chicago, IL: University of Chicago Press.

Kvale, S. (2012). *Doing interviews*. Thousand Oaks, CA: Sage.

LaPelle, N. R. (1997). *Thriving on performance evaluation in organizations* (Order No.9815934, Fielding Institute). *ProQuest Dissertations and Theses*, 321. Retrieved from http://search.proquest.com/docview/304384224?accountid=10868 (304384224)

Lazarus, R. S., & Folkman, S. (1984). *Stress, appraisal and coping.* New York, NY: Springer.

Lee, O. W. K. (2009). *The "Innovator's Dilemma" and the experience of community college leaders: A phenomenological inquiry* (Order No. 3376888, Fielding Graduate University). *ProQuest Dissertations and Theses*, 154. Retrieved from http:// search.proquest.com/docview/305169633?accountid=10868 (305169633)

Lewin, K. (1948). *Resolving social conflict.* New York, NY: Harper.

Lewis, O. (1961). *The children of Sanchez: Autobiography of a Mexican family.* New York, NY: Random House. Lewis Terman Study at Stanford University. (n.d.). Retrieved from http://lifecourse.web.unc.edu/research_projects/terman/

Liebow, E. (2003). Tally's Corner: A study of Negro streetcorner men (2nd ed.) Boston, MA: Rowman & Littlefield. (First edition published 1968)

Lincoln, Y. S., & Guba, E. G. (1985). *Naturalistic inquiry.* Beverly Hills, CA: Sage.

Locke, L. F., Spirduso, W. W., & Silverman, S. J. (2013). *Proposals that work: A guide for planning dissertations and grant proposals* (2nd ed.). Newbury Park, CA: Sage.

Lynch-Ransom, J. (2003). *Bricks and cliques: Unity and division as internet organizational culture in an established company; An ethnographic study* (Order No.3117870, Fielding Graduate Institute). *ProQuest Dissertations and Theses*, 308. Retrieved from http://search.proquest.com/docview/305215753?accountid=10868 (305215753)

Lynd, R. S., & Lynd, H. M. (1929). *Middletown: A study in modern American culture*. New York, NY: Harcourt Brace Jovanovich.

MacDougall, S. N. (2005). *Calling on spirit: An interpretive ethnography of PeerSpirit circles as transformative process* (Order No. 3178997, Fielding Graduate University). *ProQuest Dissertations and Theses*, 233. Retrieved from http://search.proquest.com/docview/305349949?accountid=10868 (305349949)

MacKay, S. (2012). *Skirtboarder net-a-narratives: A socio-cultural analysis of a women's skateboarding blog* (Order No. NR98128, University of Ottawa, Canada). *ProQuest Dissertations and Theses*, 305. Retrieved from http://search.proquest.com/docview/1357135259?accountid=10868 (1357135259)

MacNulty, W. K. (2004). *Self-schemas, forgiveness, gratitude, physical health, and subjective well-being* (Order No. 3130241, Fielding Graduate Institute). *ProQuest Dissertations and Theses*, 149. Retrieved from http://search.proquest.com/docview/305049362?accountid=10868 (305049362)

Madison, D. S. (2012). *Critical ethnography: Methods, ethics, and performance* (2nd ed.). Thousand Oaks, CA: Sage.

Mahoney, M. J. (1990). *Human change processes: The scientific foundations of psychotherapy*. New York, NY: Basic Books.

Mazurowski, C. A. (2001). *Cognitive flexibility and personality as predictors of interpersonal perspective taking in the aging* (Order No. 3022122, Fielding Graduate Institute). *ProQuest Dissertations and Theses*, 148. Retrieved from http://search.proquest.com/docview/251130455?accountid=10868 (251130455)

McAdams, D. P., Josselson, R., & Lieblich, A. (Eds.). (2001). *Turns in the road: Narrative studies of lives in transition*. Washington, DC: American Psychological Association.

McAdams, D. P., Josselson, R., & Lieblich, A. (Eds.). (2006). *Identity and story: Creating self in narrative*. Washington, DC: American Psychological Association.

McCrae, R. R., & Costa, P. T. (2003) *Personality in adulthood: A five-factor theory perspective*

(2nd ed.). New York, NY: Guilford Press.

Mead, G. H. (1934). *Mind, self and society*. Chicago, IL: Chicago University Press.

Mewborn, K. N. (2005). *A grounded theory study of the multicultural experiences of school psychologists* (Unpublished doctoral dissertation). University of Maryland, College Park.

Miles, M. B., & Huberman, A. M. (1994). *Qualitative data analysis: A sourcebook of new methods*. Thousand Oaks, CA: Sage.

Miles, M. B., Huberman, A. M., & Saldana, J. (2013). *Qualitative data analysis: A methods sourcebook* (3rd ed.). Thousand Oaks, CA: Sage.

Milgram, S. (1963). Behavioral study of obedience. *Journal of Abnormal and Social Psychology, 67*, 371-378.

Milicevic, B. (2012). *Connecting to God, parents, and self: The effect of moderators on the relationship between child maltreatment and externalizing behaviors* (Order No. 3526757, Fielding Graduate University). *ProQuest Dissertations and Theses*, 126. Retrieved from http://search.proquest.com/docview/1080978564?accountid=10868 (1080978564)

Mishler, E. G. (1990). Validation in inquiry-guided research: The role of exemplars in narrative studies. *Harvard Educational Review, 60*, 415-442.

Mitchell, J. L. (2012). *Yoga effects on prenatal depression* (Order No. 3518833, Fielding Graduate University). *ProQuest Dissertations and Theses*, 73. Retrieved from http://search.proquest.com/docview/1034568615?accountid=10868 (1034568615)

Moore, E. R. (1995). *Creating organizational cultures: An ethnographic study* (Order No.9620962, Fielding Institute). *ProQuest Dissertations and Theses*, 437. Retrieved from http://search.proquest.com/docview/304260821?accountid=10868 (304260821)

Morgan, D. L. (1998). Practical strategies for combining qualitative and quantitative methods: Applications to health research. *Qualitative Health Research, 8*(3), 362-376.

Morgan, D. L. (2007). Paradigms lost and pragmatism regained: Methodological implications of combining qualitative and quantitative methods. *Journal of Mixed Methods Research, 1*(1), 48-76.

Morse, J. M. (1998). Designing funded qualitative research. In N. K. Denzin & Y. S. Lincoln (Eds.), *Strategies of qualitative inquiry* (2nd ed., pp. 56-85). Thousand Oaks, CA: Sage.

Morse, J. M. (2007). Sampling in grounded theory. In A. Bryant & K. Charmaz (Eds.), *The SAGE handbook of grounded theory* (pp. 229-44). Thousand Oaks, CA: Sage.

Morse, J. M. (2008). The politics of evidence. In J. M. Morse (Ed.), *Qualitative inquiry and the conservative challenge* (pp. 79-92). Walnut Creek, CA: Left Coast Press.

Moustakas, C. (1994). *Phenomenological research methods.* Thousand Oaks, CA: Sage.

Murphy, K., Myors, B., & Wolach, A. (2008). *Statistical power analysis: A simple and general model of traditional and modern hypothesis tests* (3rd ed.). New York, NY: Routledge.

Neimeyer, R. A. (1993). An appraisal of constructivist psychotherapies. *Journal of Consulting and Clinical Psychology, 61*, 221-234.

Neophytou, L. F. (2013). *Narcissism: Delineating subtypes through measures in the personality trait, situational, and behavioral domains* (Order No. 3562415, Fielding Graduate University). *ProQuest Dissertations and Theses*, 117. Retrieved from http://search.proquest.com/docview/1369473813?accountid=10868 (1369473813)

Newton, R. R., Litrownik, A., Lewis, T., Thompson, R., & English, D. (2011, March). *Maltreatment allegations among high-risk single-mother families: A longitudinal look at family composition and change.* Paper presented at the 2011 Biennial Meeting of the Society for Research in Child Development, Montreal, Canada.

Newton, R. R., & Rudestam, K. E. (2013). *Your statistical consultant: Answers to your data analysis questions* (2nd. ed.). Thousand Oaks, CA: Sage.

Nobles, D. M. (2002). *The war on drugs: Metaphor and public policy implementation* (Order No. 3072263, Fielding Graduate Institute). *ProQuest Dissertations and Theses*, 192. Retrieved from http://search.proquest.com/docview/305493634?accountid=10868 (305493634)

Osherson, S. (2006). *Strengthening your writing voice while enjoying it more: On teaching writing in graduate school* (Unpublished paper). Fielding Graduate University, Santa Barbara, CA.

Packer, M. J. (1985). Hermeneutic inquiry in the study of human conduct. *American Psychologist, 40*, 1081-1093.

Packer, M. J. (2010). *The science of qualitative research.* Cambridge, England: Cambridge University Press.

Paradi, D. (2013). *Latest annoying Powerpoint survey results.* Retrieved from http://www.thinkoutsidetheslide.com/free-resources/latest-annoying-powerpointsurvey-results/

Patterson, G. R., DeBaryshe, B. D., & Ramsey, E. (1989). A developmental perspective on antisocial behavior. *American Psychologist, 44*, 329-335.

Patton, M. Q. (2002). *Qualitative research and evaluation methods* (3rd ed.). Thousand Oaks, CA: Sage.

Peplau, L. A., & Conrad, E. (1989). Beyond nonsexist research: The perils of feminist methods in psychology. *Psychology of Women Quarterly, 13*, 379-400.

Piliavin, J. A., & Piliavin, I. M. (1972). Effect of blood on reactions to a victim. *Journal of Personality and Social Psychology, 23*, 353-361.

Polkinghorne, D. E. (2000). Psychological inquiry and the pragmatic and hermeneutic traditions. *Theory and Psychology, 10*, 453-479.

Polkinghorne, D. E. (2005). Language and meaning: Data collection in qualitative research. *Journal of Counseling Psychology, 52*(2), 137-145.

Polkinghorne, D. E. (2010). Qualitative research. In J. Thomas & M. Hersen (Eds.), *Handbook of clinical psychology competencies* (pp. 425-457). New York, NY: Springer.

Popper, K. (1965). *Conjectures and refutations: The growth of scientific knowledge.* New York, NY: Harper & Row.

Preacher, K. J., & Hayes, A. F. (2008). Contemporary approaches to assessing mediation in communication research. In A. R. Hayes, M. D. Slater, & L. B. Snyder (Eds.), *The SAGE sourcebook of advanced data analysis methods for communication research* (pp. 13-54). Thousand Oaks, CA: Sage.

Rainaldi, L. A. (2004). *Incorporating women: A theory of female sexuality informed by psychoanalysis and biological science* (Order No. 3143964, Fielding Graduate Institute). *ProQuest Dissertations and Theses*, 195. Retrieved from http://search.proquest.com/doc view/305049902?accountid=10868 (305049902)

Ranson, M. B. (2010). *Improving MMPI-2 clinical scale independence: A critique of the theoretically informed "Restructured Clinical (RC) Scales" and an investigation into empirical markers for reconstruction* (Unpublished doctoral dissertation). Fielding Graduate University, Santa Barbara, CA.

Rao, A. (2010). *Contextual self-esteem variability during pre-adolescence: Relation to mental flexibility, emotional dysregulation, and depressive symptoms in a low-income, urban environment* (Order No. 3410511, Fielding Graduate University). *ProQuest Dissertations and Theses*, 153. Retrieved from http://search.proquest.com/docview/503367023?accoun tid=10868 (503367023)

Reid, S. B., Patterson, G. R., & Snyder, J. (2002). The early development of coercive family process. In S. B. Reid, G. R. Patterson, & J. Snyder (Eds.), *Antisocial behavior in children and adolescents: A developmental analysis and model for intervention* (pp. 273-283). Washington, DC: American Psychological Association.

Rennie, D. L. (1998). Grounded theory methodology: The pressing need for a coherent logic of justification. *Theory and Psychology, 8*, 101-119.

Rennie, D. L. (2012). Qualitative research as methodical hermeneutics. *Psychological Methods, 17*(3), 385-398.

Richards, L. (2009). *Handling qualitative data: A practical guide* (2nd ed.). Thousand Oaks, CA: Sage.

Richards, S. B., Taylor, R. L., Ramasamy, R., & Richards, R. Y. (2013). *Single subject research: Applications in educational and clinical settings* (2nd ed.). Belmont, CA: Wadsworth.

Rico, G. L. (2000). Writing the natural way. Los Angeles, CA: J. P. Tarcher.

Riessman, C. K. (1990). *Divorce talk: Women and men make sense of personal relationships.* New Brunswick, NJ: Rutgers University Press.

Rubin, H. J., & Rubin, I. S. (2011). *Qualitative interviewing: The art of hearing data* (3rd ed.). Thousand Oaks, CA: Sage.

Russell, M. (2013). *Mining the social web: Data mining Facebook, Twitter, LinkedIn, Google+, GitHub, and more* (2nd ed.). Sebastopol, CA: O'Reilly Media.

Samples, T. C. (2012). *The protective effects of resilience against suicide behaviors among trauma exposed low-income African American women: A moderated mediation study* (Order No. 3539024, Fielding Graduate University). *ProQuest Dissertations and Theses,* 111. Retrieved from http://search.proquest.com/docview/1095411719?accountid=10868 (1095411719)

Sanchez-Fernandez, J., Munoz-Leiva, F., & Montoro-Rios, F. J. (2012). Improving retention rate and response quality in web-based surveys. *Computers in Human Behavior, 28*(2), 507-514.

Schecter, E. (2004). *Women-loving-women loving men: Sexual fluidity and sexual identity in midlife lesbians* (Order No. 3117878, Fielding Graduate Institute). *ProQuest Dissertations and Theses,* 205. Retrieved from http://search.proquest.com/docview/305049176?accountid=10868 (305049176)

Schensul, S. L., Schensul, J. J., & LeCompte, M. D. (2013). *Initiating ethnographic research: A mixed methods approach* (2nd ed.). Blue Ridge Summit, PA: Alta Mira Press.

Schlager Andrews, E. (2013). *Resilience and vulnerability to post-partum depression in acculturating new mothers* (Order No.3601168, Fielding Graduate University). *ProQuest Dissertations and Theses,* 243. Retrieved from http:// search.proquest.com.fgul.idm.oclc.org/pqdtlocal1006242/docview/1466272780/1B303BB859C24FA9PQ/1?accountid=10868

Scott, R. R. (2007). *Making sense of mountaintop removal: The logic of extraction in the* southern West Virginia coalfields (Order No. 3265735, University of California-Santa Cruz). ProQuest Dissertations and Theses, 293. Retrieved from http://search.proquest.com/docview/304882169?accountid=10868 (304882169)

Selye, H. (1956). The stress of life. New York, NY: McGraw-Hill.

Shadish, W. R., Cook, T. D., & Campbell, D. T. (2001). Experimental and quasiexperimental designs for generalized causal inference (2nd ed.). Independence, KY: Cengage Learning.

Shapiro, J. J., & Nicholsen, S. (1986). Guidelines for writing papers. Santa Barbara, CA: Fielding Graduate University.

Sherman, S. B. (1995). Living with asthma: An exploration of meaning (Order No. 9536819, Fielding Institute). ProQuest Dissertations and Theses, 283. Retrieved from http://search.proquest.com/docview/304211383?accountid=10868 (304211383)

Sieber, J. E., & Tolich, M. B. (2012). Planning ethically responsible research (2nd ed.). Thousand Oaks, CA: Sage.

Silverman, D. (2013). Doing qualitative research: A practical handbook (4th ed.). Thousand Oaks, CA: Sage.

Slanger, E. L. (1991). A model of physical risk-taking (Order No. 9212390, Fielding Institute). ProQuest Dissertations and Theses, 218. Retrieved from http://search.proquest.com/docview/303980666?accountid=10868 (303980666)

Slanger, E. L., & Rudestam, K. E. (1997). Motivation and disinhibition in high risk sports: Sensation-seeking and self-efficacy. Journal of Research in Personality, 31, 355-374.

Smith, P. R. (1998). Centeredness and the lived experience of family/divorce mediators as facilitators of dispute resolution and as leader/advocates (Order No. 9907672, Fielding Institute). ProQuest Dissertations and Theses, 287. Retrieved from http://search.proquest.com/docview/304475055?accountid=10868 (304475055)

Stake, R. E. (2000). Case studies. In N. K. Denzin & Y. S. Lincoln (Eds.), The SAGE handbook of qualitative research (2nd ed., pp. 435-454). Thousand Oaks, CA: Sage.

Stake, R. E. (2005). Qualitative case studies. In N. K. Denzin & Y. S. Lincoln (Eds.), The SAGE handbook of qualitative research (3rd ed., pp. 443-466). Thousand Oaks, CA: Sage.

Stevick, E. L. (1971). An empirical investigation of the experience of anger. In A. Giorgi, W. F. Fischer, & E. Von Eckartsberg (Eds.), Duquesne studies in phenomenological psychology (Vol. 1, pp. 132-148). Pittsburgh, PA: Duquesne University Press.

St. John, W., & Johnson, P. (2000). The pros and cons of data analysis software for qualitative research. *Journal of Nursing Scholarship, 32*(4), 393-397.

St. Laurent, A. M. (2004). *Understanding open source and free software licensing.* Sebastopol, CA: O'Reilly Media.

Strauss, A. (1987). *Qualitative data analysis for social scientists.* New York, NY: Cambridge University Press.

Strauss, A., & Corbin, J. (1998). *Basics of qualitative research: Grounded theory procedures and techniques* (2nd ed.). Thousand Oaks, CA: Sage.

Stringer, E. T. (2013). *Action research: A handbook for practitioners* (3rd ed.). Thousand Oaks, CA: Sage.

Sue, D. W., Bernier, J. E., Durran, A., Feinberg, L., Pedersen, P., Smith, E. J., & Vasquez-Nuttall, E. (1982). Position paper: Cross-cultural counseling competencies. *The Counseling Psychologist, 10,* 45-52.

Sue, V. M., & Ritter, L. M. (2007). *Conducting online surveys.* Thousand Oaks, CA: Sage.

Szuromi, I. (2012). *Trauma, attachment, and disability within the model of a complex adaptive system of chronic low back pain* (Order No. 3499639, Fielding Graduate University). *ProQuest Dissertations and Theses,* 131. Retrieved from http://search.proquest.com/docview/944131234?accountid=10868 (944131234)

Tabachnick, B. G., & Fidell, L. S. (2013). *Using multivariate statistics* (6th ed.). Boston, MA: Pearson.

Tal, I. (2004). *Exploring the meaning of becoming a woman in a non-Western culture: A narrative analysis of first menstruation stories of Ethiopian Jewish women* (Order No.3140191, Fielding Graduate Institute). *ProQuest Dissertations and Theses,* 219. Retrieved from http://search.proquest.com/docview/305048976?accountid=10868 (305048976)

Tan, P., Steinbach, M., & Kuman, V. (2013). *Introduction to data mining* (2nd ed.). Boston, MA: Addison-Wesley.

Teddlie, C., & Tashakkori, A. (2009). *Foundations of mixed methods research: Integrating quantitative and qualitative approaches in the social and behavioral sciences.* Thousand Oaks, CA: Sage.

Tellegen, A., Ben-Porath, Y. S., McNulty, J. L., Aribisi, P. A., Graham, J. R., & Kaemmer, B. (2003). *MMPI-2 Restructured Clinical (RC) Scales: Development, interpretation, and validation.* Minneapolis: University of Minnesota Press.

Tetlock, P. E., & Belkin, A. (1996). *Counterfactual thought experiments in world politics.*

Princeton, NJ: Princeton University Press.

Todd, M. E. (2011). *The process of becoming a strong GLBT family: A grounded theory*. Open Access Theses and Dissertations from the College of Education and Human Sciences, Paper 96. Retrieved from http://digitalcommons.unl.edu/ cehsdiss/96

Toulmin, S. (1972). *Human understanding: The collective use and evolution of concepts*. Princeton, NJ: Princeton University Press.

Tourangeau, R., Conrad, F., & Couper, M. (2013). *The science of web surveys*. Oxford, England: Oxford University Press.

Truss, L. T. (2006). *Eats, shoots and leaves*. New York, NY: Penguin.

Tugman-Gabriel, L. (2011). *Seeking roots in shifting ground: Ethnic identity development and Melungeons of southern Appalachia* (Order No. 3469684, Fielding Graduate University). *ProQuest Dissertations and Theses*, 211. Retrieved from http://search.proquest.com/doc view/893802400?accountid=10868 (893802400)

Tversky, A., & Kahneman, D. (1991). Loss aversion in riskless choice: A referencedependent model. *Quarterly Journal of Economics, 106*(4), 1039-1061.

Urquhart, C. (2013). *Grounded theory for qualitative research: A practical guide*. Thousand Oaks, CA: Sage.

van den Berg, M. H., Overbeek, A., van der Pal, H. J., Versluys, A. B., Bresters, D., van Leeuwen, F. E., . . . van Dulmen-den Broeder, E. (2011). Using web-based and paper-based questionnaires for collecting data on fertility issues among female childhood cancer survivors: Differences in response characteristics. *Journal of Medical Internet Research, 13*(3).

van Kaam, A. (1966). *Application of the phenomenological method. In A. van Kaam (Ed.), Existential foundations of psychology* (pp. 294-329). Lanham, MD: University Press of America.

Wallace, M., & Wray, A. (2011). *Critical reading and writing for postgraduates* (2nd ed.). Thousand Oaks, CA: Sage.

Wei, W., Mallinckrodt, B., Russell, D. W., & Abraham, W. T. (2004). Maladaptive perfectionism as a mediator and moderator between adult attachment and depressive mood. *Journal of Counseling Psychology, 51*(2), 201-212.

Weiss, R. S. (2008). *Learning from strangers: The art and method of qualitative interview studies*. New York, NY: Free Press.

Wertz, F. J., Charmaz, K., McMullen, L. M., Josselson, R., & Andersen, R. (2011). *Five ways of doing qualitative analysis: Phenomenological psychology, grounded theory, discourse analysis, narrative research, and intuitive inquiry. New York, NY: Guilford Press.

White, L. N. (2013). Puzzle video gameplay and verbal reasoning: Leveling up in the real world (Order No. 3560452, Fielding Graduate University). ProQuest Dissertations and Theses, 140. Retrieved from http://search.proquest.com/docview/1356698971?account id=10868 (1356698971)

Whyte, W. F. (1955). Street corner society: The social structure of an Italian slum. Chicago, IL: University of Chicago Press.

Wilcox, R. (2010). Fundamentals of modern statistical methods: Substantially improving power and accuracy. New York, NY: Springer.

Williams, H. (2006). Our bodies, our wisdom: Engaging Black men who experience samesex desire in Afrocentric ritual, embodied epistemology, and collaborative inquiry (Order No. 3208854, Fielding Graduate University). ProQuest Dissertations and Theses, 155. Retrieved from http://search.proquest.com.fgul.idm.oclc.org/pqdtlocal1006242/docview /304914005/9380BD91143447F4PQ/16?accountid=10868

Willig, C. (2013). Introducing qualitative research in psychology (3rd ed.). London, England: Open University Press.

Winograd, T., & Flores, F. (1986). Understanding computers and cognition: A new foundation for design. Norwood, NJ: Ablex.

Witt, J. V. P. (1997). Learning to learn: Action research in community college administration (Order No. 9722240, Fielding Institute). ProQuest Dissertations and Theses, 184. Retrieved from http://search.proquest.com/docview/304384341?accountid=10868 (304384341)

Wolcott, H. F. (1994). Transforming qualitative data: Description, analysis, and interpretation. Thousand Oaks, CA: Sage.

Woodard, C. R. (2001). Hardiness and the concept of courage (Order No. 3022127, Fielding Graduate Institute). ProQuest Dissertations and Theses, 93. Retrieved from http://search.proquest.com/docview/251114287?accountid=10868 (251114287)

Wright, K. B. (2005). Researching Internet-based populations: Advantages and disadvantages of online survey research, online questionnaire authoring packages, and Web survey services. Journal of Computer-Mediated Communication, 10(3).

Yin, R. K. (2013). Case study research: Design and methods (5th ed.). Thousand Oaks, CA: Sage.

Zachariades, F. (2012). *A CBT self-management approach for insomnia among people with chronic pain: A randomized controlled trial* (Order No. 3511176, Fielding Graduate University). *ProQuest Dissertations and Theses*, 285. Retrieved from http://search.proquest.com/docview/1022493059?accountid=10868 (1022493059)

Zemansky, T. R. (2005). *The risen Phoenix: Psychological transformation within the context of long-term sobriety in Alcoholics Anonymous* (Order No. 3184801, Fielding Graduate University). *ProQuest Dissertations and Theses*, 198. Retrieved from http://search.proquest.com/docview/305350801?accountid=10868 (305350801)

찾아보기

인명

내용

저자 소개

Kjell Erik Rudestam

미국 필딩 대학원 대학교(Fielding Graduate University, Santa Barbara, California)의 심리학 교수로, 수년간 학장으로 재직했다. 오리건 대학교(University of Oregon)에서 심리학(임상심리) 박사학위를 받고, 토론토의 요크 대학교(York University, Toronto)와 오하이오의 마이애미 대학교(Miami University, Oxford, Ohio)에서 심리학 교수로 재직한 바 있다. 『당신의 통계 컨설턴트: 데이터 분석에 대한 답변 1, 2판(Your Statistical Consultant: Answers to Your Data Analysis Questions)』(공저자 Rae R. Newton), 『온라인학습 핸드북 1, 2판(Handbook of Online Learning)』(공저자 Judith Schoenholtz-Read) 외 8권의 서적을 출간했고, 아울러 자살, 심리치료, 가족 및 조직 시스템 등의 주제로 연구된 수많은 학술지 논문을 발표했다. 또한 미국심리학회 제 12분과(American Psychological Association, Division 12)의 펠로우(fellow)로, 미국 임상심리 자격증(American Board of Examiners in Professional Psychology, Clinical)을 취득하고, 미국 외상 스트레스 아카데미 전문가 과정(American Academy of Experts in Traumatic Stress)을 수료했다. 심리학 전문대학원(Professional School of Psychology)에서 명예 과학 박사학위를 받았다.

Rae R. Newton

미국 캘리포니아 주립대학교(California State University, Fullerton)의 사회학 명예교수이다. 최근 필딩 대학원 대학교 심리학부 교수진으로 합류하여, 박사 과정 학생 및 교수진의 연구 컨설턴트 및 통계 고문 역할을 하고 있다. 캘리포니아 대학교(University of California, Santa Barbara)에서 사회학 박사학위를 받았고, 인디애나 대학교(Indiana University)에서 정신건강 측정 분야로 박사 후 과정을 수료했다. 주요 연구 주제는 고위험 청소년 및 위탁 보호 인구에 대한 결과의 종단적 모형링, 가정폭력, 통계교육이다. 『당신의 통계 컨설턴트: 데이터 분석에 대한 답변 1, 2판』을 출판하고, 가정폭력, 아동학대 및 측정 등의 주제로 수많은 학술지 논문을 발표했다. 현재 반은퇴 상태로, 아내와 함께 RV 차량을 타며 여행하고, 멕시코와 중앙 아메리카 전역에서 서핑을 즐기고 있다.

역자 소개

이재영(Jae Young Lee)
펜실베이니아 주립대학교 Ph.D.
현 국민대학교 교양대학 조교수

임지영(Ji Young Lim)
이화여자대학교 Ph.D.
현 이화여자대학교 교육공학과 연구교수

임규연(Kyu Yon Lim)
펜실베이니아 주립대학교 Ph.D.
현 이화여자대학교 교육공학과 교수

알기 쉬운 학위논문 작성법(원서 4판)

Surviving Your Dissertation:
A Comprehensive Guide to Content and Process, 4th Edition

2022년 8월 15일 1판 1쇄 인쇄
2022년 8월 20일 1판 1쇄 발행

지은이 • Kjell Erik Rudestam · Rae R. Newton
옮긴이 • 이재영 · 임지영 · 임규연
펴낸이 • 김진환
펴낸곳 • ㈜ 학지사

04031 서울특별시 마포구 양화로 15길 20 마인드월드빌딩
대표전화 • 02-330-5114   팩스 • 02-324-2345
등록번호 • 제313-2006-000265호

홈페이지 • http://www.hakjisa.co.kr
페이스북 • https://www.facebook.com/hakjisabook

ISBN 978-89-997-2736-8 93370

정가 20,000원

출판미디어기업 **학지사**

간호보건의학출판 **학지사메디컬** www.hakjisamd.co.kr
심리검사연구소 **인싸이트** www.inpsyt.co.kr
학술논문서비스 **뉴논문** www.newnonmun.com
교육연수원 **카운피아** www.counpia.com